Weibliche Adoleszenz

Karin Flaake, Vera King (Hg.)

Weibliche Adoleszenz

Zur Sozialisation junger Frauen

Campus Verlag
Frankfurt/New York

Die Beiträge von Carol Gilligan, Catherine Steiner-Adair und Lori Stern sind entnommen dem Band *Making Connections*, herausgegeben von C. Gilligan, Nona Lyons und Trudy Hanmer, Harvard University Press
Copypright © 1989 by Emma Willard School
Copyright © 1990 by the President and Fellows of Harvard College

Die Deutsche Bibliothek – CIP-Einheitsaufnahme

Weibliche Adoleszenz. Zur Sozialisation junger Frauen /
Karin Flaake; Vera King (Hg.). – Frankfurt/Main; New York:
Campus Verlag, 1992
ISBN 3-593-34613-3
NE: Flaake, Karin [Hrsg.]

Das Werk einschließlich aller seiner Teile ist urheberrechtlich geschützt. Jede Verwertung ist ohne Zustimmung des Verlags unzulässig. Das gilt insbesondere für Vervielfältigungen, Übersetzungen, Mikroverfilmungen und die Einspeicherung und Verarbeitung in elektronischen Systemen.
Copyright © 1992 Campus Verlag GmbH, Frankfurt/Main
Umschlaggestaltung: Atelier Warminski, Büdingen
Umschlagabbildung: Claudia Poeschmann, Hochheim/Ts.
Satz: Fotosatzstudio »Die Letter«, Hausen/Wied
Druck und Bindung: Fuldaer Verlagsanstalt, Fulda
Printed in Germany

Inhalt

Vorwort der Herausgeberinnen 7

Psychosexuelle Entwicklung, Lebenssituation und
Lebensentwürfe junger Frauen. Zur weiblichen Adoleszenz in
soziologischen und psychoanalytischen Theorien
Karin Flaake, Vera King 13

Auf der Suche nach der ›verlorenen Stimme‹ in der weiblichen
Adoleszenz – Shakespeares Schwester unterrichten
Carol Gilligan 40

Berufsfindung und Lebensperspektive in der weiblichen Adoleszenz
Carol Hagemann-White 64

Körper, Kreativität und Weiblichkeit.
Schöpfungsphantasien anorektischer Mädchen und der
Frankenstein-Roman von Mary Shelley
Annegret Overbeck 84

Geburtswehen der Weiblichkeit – Verkehrte Entbindungen.
Zur Konflikthaftigkeit der psychischen Aneignung der Inner-
genitalität in der Adoleszenz
Vera King 103

Die Übermittlung von unbearbeiteten Traumen im Zusammenhang
mit dem Nationalsozialismus 1933–1945. Interaktionsformen
zwischen Eltern und Töchtern und deren Bedeutung für die
weibliche Adoleszenz
Ellen Reinke 126

Identität im Fluß. Zur Psychoanalyse weiblicher Adoleszenz
im Spiegel des Menstruationserlebens
Eva S. Poluda-Korte 147

Die Preisgabe: Überlegungen zur Bedeutung der Menstruation in
der Mutter-Tochter-Beziehung
Helga Haase 166

Die Frau ohne Hände. Über Sexualität und Selbständigkeit
Ruth Waldeck 186

Räume zur Aneignung des Körpers. Zur Bedeutung von Mädchenfreundschaften in der Adoleszenz
Karin Flaake, Claudia John 199

Das Kloster im Kopf. Weibliches Fasten von mittelalterlicher
Askese zu moderner Anorexie
Christina von Braun 213

Körperstrategien. Weibliche Adoleszenz und die Entwicklung von
Eßstörungen
Catherine Steiner-Adair 240

Vorstellungen von Trennung und Bindung bei adoleszenten
Mädchen
Lori Stern 254

Trennung und Bindung bei adoleszenten Mädchen aus
psychoanalytischer Sicht
Mechtild M. Jansen, Annemarie Jockenhövel-Poth 266

Die Autorinnen 279

Vorwort

»Jetzt weiß ich alles!!! (...) Nein, das tue ich nie, ich heirate einfach nicht (...). Und neun Monate dauert es, bis man das Kind kriegt und dabei sterben sehr viele Frauen (...). Aber das weiß ich doch nicht, warum der Robert damals bei der Schaukel gesagt hat: Du Närrin, davon kriegt man noch lang kein Kind. Vielleicht weiß es die Hella. Wenn ich nachmittags ins Turnen gehe, gehe ich vorher zu ihr und frag' sie. Gott, ich bin so neugierig. (...) Jetzt habe ich geglaubt, ich weiß schon alles und jetzt hat mir die Hella erst wirklich alles gesagt. Das ist gräßlich mit der P. ... Ich kann's gar nicht weiter schreiben (...). Und wie das nur sein muß, da muß man doch immer Angst haben. *Ströme von Blut*, sagt die Hella. Aber das wird ja alles ganz bl... (...). Mit 14 Jahre bekommt man es, und es dauert bis 20 Jahre.«*

In den Aufzeichnungen der zwölfjährigen Protagonistin des 1919 erschienenen »Tagebuchs eines halbwüchsigen Mädchens« wird sehr anschaulich, mit welchem Gemisch aus Neugier, Faszination und Entsetzen das Mädchen versucht, den Geheimnissen des Lebens auf die Spur zu kommen und die bisherigen Wahrnehmungen ihrer kindlichen familialen Welt, sich selbst und die Veränderungen ihres Körpers dazu ins Verhältnis zu setzen. Sie geben zugleich einen Eindruck von der Atmosphäre bürgerlicher Familien Anfang des 20. Jahrhunderts, in denen auf die Fragen einer Heranwachsenden zu Liebe und Sexualität, Menstruation, Schwangerschaft und Geburt keine unmittelbaren Antworten gefunden werden konnten und die Wißbegierde selbst als Schamlosigkeit empfunden werden mußte. Doch die Verwirrungen und überbordenden Phantasien dieses Mädchens lassen sich nicht allein auf mangelnde Kenntnisse und verhüllendes Schweigen der Eltern zurückführen. Denn auch dann, wenn – wie gegen Ende des 20. Jahrhunderts – Körperlichkeit und Sexualität vielerorts

---

* Aus: Hug-Hellmuth, Hermine (Hg.), 1919: *Tagebuch eines halbwüchsigen Mädchens*. Leipzig, Wien, Zürich (Neu hrsg. von Hanne Kulessa, Frankfurt/Main 1987), S. 40 f.

in zumindest scheinbarer Offenheit thematisiert werden, stellen doch die pubertären Wandlungen eine Quelle großer Verunsicherung dar.

Die körperlichen Veränderungen markieren den Abschied von der Kindheit und leiten die Herausbildung einer erwachsenen Geschlechtsidentität, eines weiblichen Lebensentwurfs ein. Damit eröffnen sich neue Räume und Lustmöglichkeiten. Die sich verstärkenden sexuellen Wünsche verändern die Beziehungen zur Familie und verweisen auf neue Liebesbindungen und Befriedigungsformen. Sie sind begleitet von Angst- und Verlustgefühlen, von der Ambivalenz, an alten Bindungen und seelischen Einstellungen festhalten und sie doch aufgeben zu wollen. Aufbruchsstimmungen, Träume und erwartungsvoller Liebes- und Lebenshunger vermischen sich und wechseln sich ab mit Einsamkeitsempfindungen, Trauer, Wut, Überdruß und vielerlei Hemmungen.

Diese vielgestaltigen Gefühlsregungen spiegeln sich und drücken sich auch aus in der Wahrnehmung und Empfindung von Körperprozessen wie der Menstruation, im Erleben sexueller Erregungen und in den Gefühlen bei der körperlichen Selbstbetrachtung, Selbsterforschung und -befriedigung. Die Fragen und Phantasien, die sich auf Körperlichkeit und Sexualität richten, schließen dabei immer auch diejenigen Fragen mit ein, welche Wege der jungen Frau zur Realisierung von Lust und Glück, zur Entfaltung ihrer kreativen Potentiale, zur Erfüllung ihrer Arbeits- und Liebeswünsche offenstehen und gangbar erscheinen, welche Einordnungen und Anpassungen gefordert und von ihr angenommen, zurückgewiesen oder umgewandelt werden können.

Aus theoretischer Perspektive ist diese Phase des Übergangs zwischen Kindheit und Erwachsensein vor allem in psychoanalytischen, entwicklungspsychologischen und jugendsoziologischen Ansätzen diskutiert worden. Entwicklungen dieser Zeit werden meist unter dem Begriff der »Adoleszenz« gefaßt, der bei der Mehrzahl der Theoretikerinnen und Theoretiker jene psychischen und sozialen Prozesse meint, die die biologischen Veränderungen – auf die sich der Begriff der »Pubertät« bezieht – begleiten und durch sie ausgelöst werden.* In allen drei theoretischen Richtungen gibt es deutliche Tendenzen, ein am Modell männlicher Entwicklung orientiertes Konzept von Adoleszenz zum normativen Bezugspunkt zu erheben und für junge Frauen Spezifisches lediglich als Abweichung von diesem Bezugspunkt zu sehen.

---

* Zum psychoanalytischen Adoleszenzbegriff vgl. z. B. Blos, Peter, 1962: *Adoleszenz. Eine psychoanalytische Interpretation.* Stuttgart 1978; zur soziologischen Definition z. B. *Lexikon zur Soziologie,* 1973, hg. von Fuchs, Werner, u. a.. Opladen. Zur entwicklungspsychologischen Diskussion der Adoleszenz vgl. Trautner, Hanns Martin, 1991: *Lehrbuch der Entwicklungspsychologie,* Bd. 2: Theorien und Befunde. Göttingen, Toronto, Zürich.

Psychoanalytische Theorien stellen einen geeigneten Zugang dar, um die psychosexuelle Entwicklung in ihrer Konflikthaftigkeit und in ihren unbewußten Dimensionen zu untersuchen. Viele der bisher vorliegenden Konzeptionen sind jedoch geprägt von vorurteilsbestimmten Weiblichkeitskonstruktionen und einer Vernachlässigung der gesellschaftlichen und kulturellen Bedingungen, innerhalb derer psychosexuelle Entwicklungen stattfinden. Gegen solche Tendenzen richtet sich die Kritik psychoanalytisch orientierter Theoretikerinnen, die an einer Reformulierung der Theorie weiblicher Identitätsbildung arbeiten. Adoleszente Entwicklungen sind in diesem Zusammenhang bisher allerdings kaum systematisch thematisiert worden.

In entwicklungspsychologischen und jugendsoziologischen Studien wurde eine systematische geschlechtsspezifische Perspektive auf Adoleszenz wesentlich im Rahmen der sich seit Ende der siebziger Jahre etablierenden Frauenforschung in die theoretischen Diskussionen eingeführt. So hat Carol Gilligan in ihrer 1982 in den USA veröffentlichten Studie »Die andere Stimme« den normativ an männlicher Entwicklung orientierten Charakter entwicklungspsychologischer Konzepte kritisiert und für den Bereich des moralischen Bewußtseins eine eigenständige Logik weiblicher Entwicklung herausgearbeitet. Dieser Entwurf einer im Vergleich zu männlichen Abgrenzungs- und Autonomiebestrebungen stärkeren weiblichen Beziehungsorientierung ist sehr kontrovers diskutiert und insbesondere unter dem Aspekt seiner Weiblichkeit idealisierenden Tendenzen kritisiert worden.* Da er die Untersuchung weiblicher Entwicklung in einer das Männliche zur Norm erhebenden Kultur ins Zentrum stellt, kann er jedoch Perspektiven eröffnen für die Analyse der Konflikthaftigkeit weiblicher Lebensentwürfe in der Adoleszenz, jener lebensgeschichtlichen Phase, in der Mädchen auf neue Weise mit gesellschaftlichen Anforderungen und damit auch der normativen Dominanz des für Männer Typischen konfrontiert werden.

In soziologischen Untersuchungen, die sich mit der Adoleszenz beschäftigen, stehen gesellschaftliche Anforderungen und deren Verarbeitung durch die Jugendlichen im Zentrum. Die Situation von Mädchen wird sowohl von der Seite der gesellschaftlich vorgegebenen Möglichkeiten der Lebensgestaltung, insbesondere der beruflichen Chancen, als auch der der subjektiven Orientierungen, Ansprüche und Lebensentwürfe beleuchtet. Das produktive Potential einer solchen Perspektive auf weibliche Adoleszenz liegt in der systematischen Verknüpfung von Subjektivem mit gesell-

---

* Zu den Diskussionen um die Studien von Carol Gilligan vgl. z. B. Davis, Kathy, 1991: Die Rhetorik des Feminismus. Ein neuer Blick auf die Gilligan-Debatte. In: *Feministische Studien 2*, S. 79–97.

schaftlichen Anforderungen und Strukturen. Ähnlich wie auch in der von Carol Gilligan vertretenen Untersuchungsrichtung bleiben jedoch die Ebene körperlicher und sexueller Entwicklungen und die damit verbundenen unbewußten Phantasien, Wünsche und Ängste ausgespart.

Die Zusammenstellung der Beiträge dieses Bandes ist orientiert an einem Verständnis von weiblicher Adoleszenz, bei dem davon ausgegangen wird, daß die mit den körperlichen Veränderungen und sexuellen Entwicklungen verbundenen, oft unbewußten Phantasien, Wünsche und Ängste wesentlich geprägt sind von den kulturellen und gesellschaftlichen Bedingungen, innerhalb derer junge Frauen ihre geschlechtliche Identität und ihre Lebensentwürfe ausgestalten. Dazu finden sich in diesem Band sowohl Beiträge, in denen die Analyse der sozialen Verhältnisse bzw. des kulturellen Geschlechterverhältnisses stärker akzentuiert ist, als auch Beiträge, die im engeren Sinne entwicklungspsychologisch oder psychoanalytisch orientiert sind. Insgesamt liegt der Schwerpunkt der Beiträge aus unterschiedlichen thematischen und theoretischen Perspektiven auf der Analyse innerer Entwicklungen bzw. auf der Untersuchung psychischer Veränderungen während der Adoleszenz. Die beiden ersten Beiträge können verstanden werden als Einführung in diese unterschiedlichen theoretischen Perspektiven auf weibliche Adoleszenz. *Karin Flaake* und *Vera King* stellen Ergebnisse jugendsoziologischer Studien und psychoanalytische Konzeptionen weiblicher Adoleszenz vor und deuten Perspektiven für eine Weiterführung der theoretischen Diskussionen an. *Carol Gilligan* analysiert jene Aspekte weiblicher Adoleszenz, die zusammenhängen mit der starken Beziehungsorientierung junger Frauen. Sie stützt sich dabei auf die Ergebnisse einer Studie, die sie von 1981 bis 1984 an einer High School für Mädchen durchgeführt hat.

Die beiden folgenden Beiträge beziehen sich auf die schöpferischen Potentiale, die sich im Verlauf adoleszenter Entwicklungen entfalten und gehen den für Mädchen spezifischen Realisierungsmöglichkeiten und Ausdrucksformen nach. *Carol Hagemann-White* verbindet soziologische und psychoanalytische Sichtweisen in ihrer Analyse jener Momente, die das Verhältnis von weiblicher Kreativität und Arbeit prägen und in Prozesse der Berufsfindung von Mädchen eingehen. *Annegret Overbeck* beschreibt weibliche Kreativität aus psychoanalytischer Perspektive am Beispiel sehr unterschiedlicher Ausdrucksformen – der Schöpfungsphantasien anorektischer Mädchen und der literarischen Produktion einer jungen Frau – und bezieht beide auf die ihnen zugrundeliegenden familialen Beziehungskonstellationen.

In den sich anschließenden Beiträgen steht die Aneignung weiblicher Körperlichkeit und Sexualität im Zentrum. *Vera King* analysiert die mit der psychischen Aneignung der Innergenitalität verbundene Konflikthaftigkeit sexueller Entwicklungen in der Adoleszenz. *Ellen Reinke* geht der für junge Frauen in Deutschland spezifischen Situation nach, sich körperliche Weiblichkeit unter Bedingungen einer Verstrickung der Eltern in das System nationalsozialistischer Lebensvernichtung aneignen zu müssen. *Eva Poluda-Korte* untersucht die an die Menstruation geknüpften Phantasien, Wünsche und Ängste. Die Bedeutung der Mutter-Tochter-Beziehung in diesem Zusammenhang ist Thema des Beitrags von *Helga Haase*. Die Möglichkeiten einer lustvollen Aneignung des eigenen Körpers durch Selbsterforschung und -befriedigung stehen in dem Beitrag von *Ruth Waldeck* im Vordergrund. *Karin Flaake* und *Claudia John* gehen der Bedeutung von Mädchenfreundschaften im Prozeß der Aneignung körperlicher Weiblichkeit nach.

Die beiden folgenden Beiträge beziehen sich auf ein für die weibliche Adoleszenz spezifisches Problem: auf die bei vielen Mädchen in dieser Phase auftretenden Eßstörungen. *Christina von Braun* zeichnet aus kulturgeschichtlicher Perspektive die Entwicklung der weiblichen Nahrungsverweigerung und die mit ihr verbundenen Bedeutungen und Paradoxien nach. *Catherine Steiner-Adair*, Mitarbeiterin von Carol Gilligan, interpretiert die bei adoleszenten Mädchen verbreiteten Eßstörungen auf der Grundlage eigener Untersuchungsergebnisse als Resultat gesellschaftlich induzierter Konflikte zwischen weiblicher Beziehungsorientierung und geforderten Autonomiebestrebungen.

Probleme der Trennung und Bindung in der weiblichen Adoleszenz sind auch Thema der sich anschließenden Beiträge. *Lori Stern*, ebenfalls Mitarbeiterin von Carol Gilligan, berichtet über die Ergebnisse einer empirischen Untersuchung von Vorstellungen, die Mädchen von Bindung und Trennung haben. Aus psychoanalytischer Perspektive beleuchten *Mechtild M. Jansen* und *Annemarie Jockenhövel-Poth* die Ebene der unbewußten Bedeutungsgehalte von Bindung und Trennung, um die mit weiblichen Aufbruchstendenzen und Autonomiestrebungen verbundenen Konflikte zu erschließen.

Psychosexuelle Entwicklung, Lebenssituation und Lebensentwürfe junger Frauen

Zur weiblichen Adoleszenz in soziologischen und psychoanalytischen Theorien

Karin Flaake, Vera King

Vorbemerkung

Die Adoleszenz ist eine lebensgeschichtliche Phase, in der der Zusammenhang zwischen körperlichen, psychischen und sozialen Prozessen besonders deutlich wird. Die sexuellen Reifungsprozesse, die körperliche Möglichkeit zu genitaler Sexualität und dazu, Kinder zeugen und gebären zu können, sind der Auslöser für die typischen psychischen und sozialen Entwicklungen während der Adoleszenz: die Ausgestaltung der geschlechtlichen Identität, die Modifizierung des Verhältnisses zu den Eltern und die von ihnen abgegrenzte Gestaltung eigener Liebes- und Arbeitsbeziehungen. In theoretischen Konzeptionen werden diese zusammengehörigen Prozesse jedoch auseinandergerissen: Soziologische Studien analysieren die Seite der Auseinandersetzung mit den sozialen Bedingungen des Erwachsenwerdens, ohne die damit verbundenen psychosexuellen Prozesse systematisch einzubeziehen; psychoanalytische Theorieansätze, in denen es um ein Verstehen psychosexueller Entwicklungen in ihrer Konflikthaftigkeit und ihrer unbewußten Dimension geht, vernachlässigen dagegen oft die gesellschaftliche und kulturelle Einbindung der von ihr festgestellten Strukturen und Prozesse. Beides ist zum Verstehen weiblicher Adoleszenz jedoch gleichermaßen wichtig: die Wahrnehmung der Körperlichkeit und die subjektiven Interpretationen des Körper- und Geschlechtserlebens sowie die damit verbundenen psychischen Prozesse sind untrennbar verflochten mit der Wahrnehmung und Interpretation der kulturellen Geschlechtsrollenvorgaben. Vor diesem Hintergrund werden im folgenden Ergebnisse jugendsoziologischer Studien vorgestellt und Entwicklungen in der Geschichte psychoanalytischer Konzeptionen zur weiblichen Adoleszenz nachgezeichnet, um mögliche Perspektiven einer Weiterführung der theoretischen Diskussion anzudeuten.

Ergebnisse jugendsoziologischer Studien

In soziologischen Untersuchungen, die sich mit der Adoleszenz beschäftigen, stehen gesellschaftliche Anforderungen und deren Verarbeitung durch die Jugendlichen im Zentrum – Körperlichkeit, sexuelle Entwicklungen und die damit verbundenen Phantasien sind dagegen nur eine Randbedingung. Zwar werden körperliche Veränderungen als Auslöser für adoleszente Entwicklungen benannt, das Schwergewicht der Analysen richtet sich jedoch auf Dimensionen der Identität, die – aus psychoanalytischer Perspektive – der Seite des Bewußten zuzurechnen sind: auf Lebensentwürfe, soziale Kompetenzen und Handlungsorientierungen (vgl. dazu z. B. Heitmeyer/Hurrelmann 1988). Diese subjektiven Dispositionen werden – anders als es in vielen Untersuchungen über psychische Entwicklungen der Fall ist – systematisch bezogen auf die gesellschaftliche Situation und die sozialen Bedingungen, mit denen Jugendliche konfrontiert sind. Allerdings war bis Ende der siebziger Jahre in jugendsoziologischen Ansätzen fast immer von einer vermeintlich geschlechtsneutralen Jugend die Rede, die implizit meist am Modell der männlichen Normalbiographie orientiert war. Mädchen kamen als Repräsentantinnen eines eigenständigen weiblichen Lebensentwurfs nicht vor.[1] Eine systematische geschlechtsspezifische Perspektive auf »Jugend« wurde erst von der Frauenforschung in die theoretischen Diskussionen und empirischen Untersuchungen eingeführt.[2] Die Lebenssituation von Mädchen wird in diesen Analysen im Kontext der strukturellen Bedingungen der gesellschaftlichen Situation von Frauen betrachtet, die geprägt ist durch eine Arbeitsteilung zwischen den Geschlechtern, in der Frauen als zuständig angesehen werden für private Reproduktionsarbeit in Haushalt und Familie (Bilden/Diezinger 1984; 1988).

Soziologische Untersuchungen beleuchten die Situation von Mädchen sowohl von der Seite der gesellschaftlich vorgegebenen Möglichkeiten der Lebensgestaltung, als auch der der subjektiven Orientierungen, Ansprüche und Lebensentwürfe. Die für Mädchen gesellschaftlich vorgegebenen

---

1 Ilona Ostner (1986) weist darauf hin, daß sich die ersten jugendsoziologischen Nachkriegsuntersuchungen durchaus auf die Probleme männlicher und weiblicher Jugend bezogen haben, eine solche geschlechtsspezifische Perspektive jedoch nicht lange aufrechterhalten wurde.
2 So war der 1984 veröffentlichte Sechste Jugendbericht der Bundesregierung ein deutliches Zeichen für eine veränderte Perspektive auf »Jugend«: Thema waren Lebenswirklichkeit, Handlungschancen und Problemlagen von Mädchen.

Möglichkeiten der Lebensgestaltung sind wesentlich abhängig von den für sie vorhandenen beruflichen Chancen. In diesem Bereich scheinen sich Ungleichheiten zwischen den Geschlechtern immer wieder zu reproduzieren. Zentrales Ergebnis entsprechender Studien ist, daß Mädchen – trotz ihrer im Vergleich zu den Jungen mittlerweile durchschnittlich besseren schulischen Qualifikation – noch immer sehr viel eingeschränktere Möglichkeiten zur Verwirklichung ihrer beruflichen Interessen haben. Der Ausbildungs- und Arbeitsmarkt ist nach wie vor deutlich geschlechtsspezifisch geteilt – mit dem Ergebnis, daß Mädchen und Frauen weiterhin auf den schlechter bezahlten, unsichereren, mit weniger Status, Aufstiegsmöglichkeiten, Entscheidungsmacht und Autonomiespielräumen verbundenen Arbeitsplätzen zu finden sind (Bednarz-Braun 1990; Horstkemper 1990). Das gilt für Tätigkeiten auf allen hierarchischen Ebenen und Qualifikationsniveaus (zur Situation von Abiturientinnen vgl. Durrer/Schaeper 1989). Am Beispiel der geschlechtsspezifischen Selektionsmechanismen im Berufsbildungssystem hat Helga Krüger (1988) sehr eindrücklich gezeigt, daß Mädchen nicht wegen fehlender, sondern trotz vorhandener Qualifikationen schlechtere berufliche Chancen haben. Parallel zur schulischen Höherqualifizierung der Mädchen in den letzten beiden Jahrzehnten haben sich Selektionsprozesse bei der Suche nach einem Ausbildungsplatz für sie verschärft. Die Eingangsvoraussetzungen für eine Lehrstelle haben sich in vielen Bereichen für Mädchen erhöht und sind für die jungen Frauen oft mit höheren Anforderungen verbunden als für die jungen Männer. Das bedeutet, daß viele Mädchen nicht den von ihnen gewünschten Beruf ergreifen können (vgl. auch Heinz/Krüger 1990; Rettke 1987). So sind die gesellschaftlichen Angebote, auf die Mädchen bei der Gestaltung ihrer zukünftigen Perspektiven treffen, so strukturiert, daß eine Orientierung primär an der Verwirklichung beruflicher Interessen von ihnen besondere Energien und Durchsetzungsbereitschaft erfordert. Aufgrund dieser Bedingungen findet indirekt eine Lenkung der Lebensperspektiven in dem Sinne statt, daß zentrale Interessen der Mädchen auf den Bereich der privaten Reproduktionsarbeit gerichtet werden, wodurch sich traditionelle Muster der geschlechtlichen Arbeitsteilung reproduzieren.

Untersuchungen der subjektiven Orientierungen, Ansprüche und Lebensentwürfe von Mädchen sprechen für ausgeprägte Interessen der meisten an einer qualifizierten Ausbildung und einem Beruf, der als anregend, sinnvoll und ausfüllend erlebt werden kann (Bilden/Diezinger 1984; Faulstich-Wieland/Horstkemper 1985; Hantsche 1990a, 1990b; Seidenspinner/Burger 1982). Damit haben sich seit Ende der sechziger Jahre entscheidende Veränderungen in den Lebensentwürfen junger Frauen ergeben: Die Zentrierung der Perspektiven um ein durch den Ehemann ökonomisch abgesichertes Leben als Hausfrau und Mutter ist abgelöst worden durch die Bedeutsamkeit einer auf ökonomischer Unabhängigkeit basierenden Lebensgestaltung und ausgeprägter Interessen an der Erweiterung persönlicher Entfaltungsmöglichkeiten hauptsächlich im Bereich beruflicher Arbeit (zu einem Vergleich der Ergebnisse empirischer Untersuchungen aus den sechziger und achtziger Jahren vgl. Horstkemper 1990, S. 18f.). Diese Entwicklungen sind nur bei oberflächlicher Betrachtung als Angleichung an männliche Lebensentwürfe zu verstehen (zu einer solchen Sichtweise vgl. Fend 1989). Eine genauere Analyse zeigt entscheidende Unterschiede in den Perspektiven junger Frauen und Männer, die auf die Stabilität zentraler Elemente der Arbeitsteilung zwischen den Geschlechten verweist: Partnerschaft, Familienleben und Kinder haben als eine Seite des weiblichen Lebensentwurfs nach wie vor eine große Bedeutung.[3]

So ist das Grundmuster der Lebensentwürfe, wie es gegenwärtig für Mädchen und junge Frauen typisch ist – strukturell anders als das der jungen Männer[4] –, gekennzeichnet durch eine »Doppelorientierung auf familiales und partnerschaftliches Zusammenleben einerseits und berufliche Tätigkeit andererseits..., durch die Individualisierungsprozesse für Frauen in spezifischer Weise« geprägt werden (Seidenspinner/Keddi, zit. nach Wagner-Winterhager 1990, S. 131; vgl. auch Eckart 1990). Gerlinde Seidenspinner und Barbara Keddi haben zu Recht darauf hingewiesen, daß die Lebensentwürfe von Mädchen nicht an männlichen Modellen gemessen und vor diesem Hintergrund mit Kategorien wie »unentschiedener«, »unvollständiger« oder »gebrochener« Individualisierungsprozeß belegt werden dürfen (zu solchen Tendenzen vgl. z. B. Beck 1990, S. 46). Sie stellen dem männlichen Modell von Individualisierung, in dem der Beruf im Zentrum steht, das Konzept der »aktiven Doppelorientierung« gegenüber,

---

3 Sehr deutlich werden die Unterschiede in den Lebensentwürfen junger Frauen und Männer in den Analysen von Brigitte Hantsche. Sie zeigt auf der Basis einer Auswertung von Interviews mit Jugendlichen im Alter von 19–25 Jahren, daß es jeweils Unterschiedliches bedeutet, wenn junge Frauen und Männer eine Balance zwischen beruflicher Arbeit und Bereichen außerhalb der Erwerbsarbeit anstreben. »Für die jungen Männer heißt Balance vorrangig, eine innere Ausgewogenheit zwischen Interessen und Verausgabung an und in Erwerbsarbeit und differierenden Interessen nach ›Selbstverwirklichung‹ in der Freizeit herzustellen, wobei die Partnerbeziehung eine wichtige, aber nicht dominante Bedeutung erhält; im Kontrast dazu bedeutet diese Balance für die jungen Frauen, eine innere Ausgewogenheit zwischen beruflichen Interessen, eigenen Interessenbereichen bzw. Freizeitgestaltung und einem auf Beziehung mit dem Partner und (zumeist antizipierten) Kindern bezogenen Leben zu entwerfen« (Hantsche 1990a, S. 46). Vgl. auch Hantsche 1990b; Baethge u. a. 1988.
4 So zeigen die Ergebnisse der Interviewauswertungen von Brigitte Hantsche bei den jungen Männern eine »Selbstverständlichkeit des Versorgtwerdens und des hohen Stellenwerts von Eigeninteressen als Bereich der Selbstdarstellung und Identifikation«, durch die deutlich wird, daß »wesentliche Züge ›männlicher Identität‹ erhalten bleiben« (Hantsche 1990a, S. 47).

»in der (junge) Frauen beide Lebensbereiche gleichzeitig leben wollen und diesem Ziel – trotz ungünstiger Rahmenbedingungen – mit Phantasie und Eigeninitiative schrittweise näherkommen« (Seidenspinner/Keddi, zit. nach Wagner-Winterhager 1990, S. 133).

So zeigen soziologische Untersuchungen, insbesondere solche aus dem Diskussionszusammenhang der Frauenforschung, zentrale Problemkonstellationen auf, mit denen Mädchen und junge Frauen konfrontiert sind: mit der Diskrepanz zwischen Wünschen und Interessen an beruflichen Entfaltungsmöglichkeiten und den Realisierungschancen auf dem Arbeitsmarkt; mit der Tatsache, daß die Doppelorientierung auf Kinder, Familie und Beruf auf Strukturen des Beschäftigungssystems trifft, die an der männlichen erwerbsarbeitszentrierten Normalbiographie ausgerichtet sind und den Frauen – um den Preis anspruchsvoller beruflicher Karrieren – die Zuständigkeit für »Vereinbarkeitsmodelle« zuweist; mit den widersprüchlichen Anforderungen, die sich aus der Orientierung an zwei unterschiedlich strukturierten Lebensbereichen ergeben: Denn Individualisierung im Sinne individueller beruflicher Lebensplanung findet ihre Grenzen in der Zuständigkeit für die Versorgung von Kindern, die ein »Dasein für andere« nahelegt (vgl. Bilden/Diezinger 1984).

Soziologische Studien zur Lebenssituation von Mädchen sind jedoch in ihrer Aussagekraft da begrenzt, wo es um den Nachvollzug von subjektiven Strukturen und Prozessen geht: nahegelegt wird in den meisten Untersuchungen ein Modell von Handeln, in dem rationale Kalküle und bewußte Reflexionsprozesse maßgeblich sind. So beschreibt Marianne Horstkemper die »Bewältigungsstrategien« der Mädchen für ihre widersprüchliche Situation: »Ihre Handlungsabsichten sind das Ergebnis eines Abwägungsprozesses zwischen eigenen Bedürfnissen und den antizipierten Schwierigkeiten der Realisierung« (Horstkemper 1990, S. 24). Auch das zitierte Bild der »aktiven Doppelorientierung« von Mädchen bewegt sich – ebenso wie die in anderen Studien dargestellten Konzepte der »Doppelorientierung« – auf der Ebene bewußter Gestaltungen und Balanceakte.[5] Ausgeblendet bleibt damit jene Dimension individuellen Verhaltens, die rationalen Interessenabwägungen, bewußten Planungen und zielgerichteten Aktivitäten zuwiderläuft: die deutlich macht, daß das »Ich« – so Freuds Formulierung – nur begrenzt »Herr ist im eigenen Hause« (Freud 1916/17, S. 284) und auf die Bedeutung unbewußter Motive verweist. Die Einbeziehung psychoanalytischer Sichtweisen kann einen neuen Blick auf Formen der Lebensgestal-

---

5 Besonders deutlich zeigt sich ein an der Bedeutung rationaler Erwägungen orientiertes »Menschen- und Gesellschaftsbild« in den Annahmen der handlungstheoretischen Ansätze. Handeln wird dabei verstanden als »das bewußte, auf ein Ziel gerichtete, geplante und beabsichtigte Verhalten eines Menschen« (Heitmeyer/Hurrelmann 1988, S. 47).

tung von Mädchen eröffnen: Durch sie erschließt sich die Konflikthaftigkeit weiblicher Lebensentwürfe auf eine Weise, die scheinbar ›irrationale‹ Bindungen an tradierte Muster ebenso verstehbar werden läßt, wie sie innere Voraussetzungen für Veränderungen bezeichnet. Durch eine Erweiterung der Analysen um die Dimension unbewußter Identifizierungen, Wünsche, Phantasien und Ängste wird deutlich, daß die Orientierung von Mädchen an beruflicher Arbeit bzw. Partnerschaft und Kindern häufig keine gleichgewichtige und nicht allein durch rationale Strategien auszubalancierende ist.[6] Denn an die Lebensbereiche ›Beruf‹ und ›Familie‹ sind unbewußte Bedeutungsgehalte geknüpft, die Resultate mütterlicher und väterlicher Identifizierungen und der damit verbundenen Widersprüchlichkeiten sind.[7] Unter den bestehenden gesellschaftlichen Bedingungen der Organisation des Geschlechtsverhältnisses sind berufliche Erfolge und die Selbstdefinition über Leistungen und Fähigkeiten in diesem Bereich weitgehend ›männliches‹ Terrain und damit lebensgeschichtlich an den Vater geknüpft – seinem Weg zu folgen kann für Mädchen heißen, die symbolisch mit der Mutter verknüpfte Lebensweise zu verlassen und psychisch die Bedeutung einer mit Schuldgefühlen verbundenen Abwendung von ihr zugunsten des Vaters erhalten, zugleich aber auch innere Konflikte im Verhältnis zum Vater mit sich bringen, wenn berufliche Erfolge als Entmachtung des Vaters empfunden werden (Chasseguet-Smirgel 1964; Eckart 1990; Flaake 1989b, 1991).[8] Jessica Benjamin hat auf einen mit diesem Problem zusammenhängenden strukturellen Konflikt hingewiesen, vor dem Mädchen und Frauen unter den gegebenen Bedingungen der Arbeitsteilung zwischen den Geschlechtern stehen: Da Selbsttätigkeit, Handlungsfähigkeit und Aktivität symbolisch an das Bild des Vaters geknüpft sind und lebensgeschichtlich noch immer weitgehend über väterliche Identifizierungen erworben werden, können solche Strebungen bei Mädchen und Frauen als »gestohlen und unrechtmäßig angeeignet« (Benjamin 1988, 110) erscheinen und mit »Weiblichkeit« konfligieren. Jessica Benjamin beschreibt als typisches »Tochter-Dilemma«: Wie kann sie »ihrem Vater ähnlich und dennoch eine Frau sein?« (Benjamin

---

6 Vgl. dazu auch die Hessische Mädchenstudie (1986) und die Untersuchungen von Margrit Brückner (1982; 1987), die diese Konflikthaftigkeit am Beispiel mißhandelter Frauen aufzeigen.
7 Zu den unbewußten und geschlechtsspezifisch variierenden Bedeutungsgehalten von beruflicher Arbeit vgl. Eggert-Schmid Noerr 1991.
8 Am Beispiel eines – gesellschaftlich und auch von den Mädchen selbst – als männlich definierten Terrains, der Beschäftigung mit dem Computer, hat Martina Ritter (1991) anschaulich die Konflikte aufgezeigt, die für Mädchen mit der Aneignung dieses Bereichs verbunden sind.

1988, 98) Eine Selbstdefinition primär über Familienbezug und Mutterschaft steht dagegen unter der Spannung, einerseits weibliche Potenz zu repräsentieren, andererseits aber von kulturellen Entwertungen geprägt und mit spezifischen Einschränkungen und Abhängigkeiten verbunden zu sein.

So sind die gesellschaftlich für Mädchen vorgegebenen Möglichkeiten der Lebensgestaltung nicht nur mit widersprüchlichen Anforderungen und unterschiedlichen sozialen Realisierungschancen verbunden, sondern auch auf eine Weise emotional besetzt und affektiv eingebunden, die sie zu Trägern unbewußter Bedeutungen und entsprechender Konfliktpotentiale werden lassen.[9] Diese unbewußten Bedeutungsgehalte einzubeziehen und zu verbinden mit gesellschaftlichen Bewertungen, Anforderungen und Strukturen kann wichtige neue Perspektiven auf die Bedingungen und Möglichkeiten weiblicher Adoleszenz eröffnen. Allerdings zeigen sich in jenen Konzeptualisierungen von weiblicher Adoleszenz, in denen es um das Verstehen solcher unbewußten Bedeutungsgehalte geht – denen aus psychoanalytischer Perspektive – deutliche Tendenzen, einer eigenständigen Betrachtung der Entwicklung weiblicher Sexualität wenig Raum zu geben und damit sozialstrukturell verankerte Ungleichheiten im Geschlechterverhältnis im theoretischen Entwurf zu reproduzieren.

Weibliche Adoleszenz aus psychoanalytischer Sicht

Weiblichkeit und Adoleszenz bei Freud

Die Entstehungszeit der Psychoanalyse ist wesentlich gekennzeichnet durch die Auseinandersetzung mit adoleszenten jungen Frauen, wie sie in den Behandlungen durch Freud und auch Breuer stattfand (vgl. Breuer/ Freud 1895; Freud 1905a). Diese Behandlungen wurden damals allerdings

---

9 Die unbewußten Bedeutungsgehalte von »Beruf« und »Familie« und die damit verbundenen Konfliktpotentiale können z. B. eine Rolle spielen bei der in empirischen Untersuchungen häufig festgestellten Tendenz vieler Mädchen, ihre beruflichen Wünsche und Interessen ebenso wie ihre Ansprüche an eine partnerschaftliche Organisation der Haus- und Familienarbeit schon vor der Begegnung mit realen Begrenzungen einzuschränken (zu solchen Tendenzen vgl. für Hauptschülerinnen die Studie von Rettke 1987, für Abiturientinnen die Untersuchung von Durrer/ Schaeper 1989). Ähnliches gilt auch für den privaten Bereich: Im Zusammenleben mit ihrem Partner scheinen nur wenige junge Frauen ihre Vorstellungen von einer gleichgewichtigen Verteilung von Haushalt und Kinderbetreuung offensiv zu vertreten (Horstkemper 1990, 22f.; Zoll u. a. 1989, 129). Solche Tendenzen gelten auch für Abiturientinnen in vergleichsweise attraktiven Berufslaufbahnen (Tillmann 1990).

noch nicht unter dem Aspekt einer Analyse adoleszenzspezifischer Konflikte reflektiert (vgl. Glenn 1980). Die ersten theoretischen Überlegungen zur Adoleszenz wurden von Freud in den *Drei Abhandlungen zur Sexualtheorie* (Freud 1905b) ausgeführt. Freud thematisiert in dieser Schrift die Pubertät unter dem Gesichtspunkt der »Wandlungen«, die »das infantile Sexualleben in seine endgültige, normale Gestaltung überführen sollen« (ebd., 112).

Er beschreibt als Aufgaben dieser Lebensphase die Unterordnung der Partialtriebe unter das Genitalprimat bzw. die »Herstellung dieses Primats im Dienste der Fortpflanzung« (105), die Vereinigung der zärtlichen und sinnlichen Strömungen des Sexuallebens in einem – nichtinzestuösen – Objekt, die Ablösung von der Familie und die »Differenzierung nach Mann und Weib« (123). Freud betonte dabei nachdrücklich die ›Zweizeitigkeit‹ der sexuellen Entwicklung. Damit ist angesprochen, daß in der Pubertät – nach der ›Frühblüte‹ der Sexualität in der Kindheit – der zweite Triebschub erfolgt: »Die Objektwahl der Pubertätszeit muß auf die infantilen Objekte verzichten und als *sinnliche* Strömung von neuem beginnen« (105). Dieser Triebschub wird nun allerdings in Freuds Konzept von Mädchen und Jungen unterschiedlich verarbeitet. Während die Pubertät dem männlichen Jugendlichen jenen »großen Vorstoß der Libido« bringt, ist sie für Mädchen durch eine »neuerliche Verdrängungswelle« (124) gekennzeichnet. Freud ging davon aus, daß zum einen die Vagina erst in der Pubertät entdeckt würde, und zum andern ein Wechsel der leitenden erogenen Zone von der Klitoris zur Vagina stattfinden müßte. Da diese Verschiebung der sexuellen Leitzone mit dem Verdrängungsschub verbunden ist, »der gleichsam die infantile Männlichkeit beiseite schafft« (125), verstärken sich dabei die »Sexualhemmnisse«. Diese Hemmungen bilden nach Freud zwar einen »Reiz« (124) für die Libido des Mannes, zugleich aber auch die Grundlage für eine neurotische Entwicklung. Insofern der ›Triebschub‹ der Pubertät beim Mädchen mit einem ›Verdrängungsschub‹ verbunden ist, der die Sexualablehnung verstärkt, wird für das Mädchen nach Freud auch die Ablösung von den familialen Liebesobjekten erschwert: Sie verharren demnach häufig »bei der vollen Kinderliebe« gegenüber den Eltern und »bleiben sexuell anästhetisch« (130).

An diesen Vorstellungen zeigt sich, daß Freud kein Modell einer genuin weiblichen Sexualität entwickelte, sondern Weiblichkeit stets unter dem Gesichtspunkt defizitärer Männlichkeit interpretierte, und damit – im Rahmen seiner Denkfiguren folgerichtig – auch die Zweizeitigkeit der sexuellen Objektwahl für die weibliche Entwicklung unter der Hand wieder zurücknahm. In seinen späteren Schriften zur weiblichen Entwicklung betonte Freud zudem immer wieder nachdrücklich, daß die »Entfaltung der Weiblichkeit der Störung durch die Resterscheinungen der männlichen Vorzeit ausgesetzt bleibt« (1933, 561). Die in der Kindheit maßgebliche Erfahrung einer im Vergleich zum Jungen ungenügenden genitalen ›Ausstattung‹, von der Freud ausging, der daraus resultierende Penisneid und die Schwierigkeiten der Zurückdrängung von Männlichkeitsstrebungen bleiben demnach lebenslänglich eine Quelle von Konflikten und mehr oder weniger gelungenen Kompensationsversuchen.[10] Als Entschädigung für die »ursprüngliche sexuelle Minderwertigkeit« verstand Freud beispielsweise die sich im Verlauf der Pubertätsentwicklung steigernde »körperliche Eitelkeit des Weibes« (1933, 562)[11], die Objektwahl nach dem »narzißtischen Ideal des Mannes, der zu werden das Mädchen gewünscht hatte« (ebd. 563), und schließlich die Mutterschaft.[12]

Freuds Konzeptualisierungen einer defizitären und kompensationsbedürftigen Weiblichkeit prägten nachhaltig die weiteren Diskussionen zur weiblichen Entwicklung innerhalb der Psychoanalyse, insofern auch zur weiblichen Adoleszenz. Die Möglichkeiten, am ›phallischen Monismus‹[13] festzuhalten, wurden allerdings unterstützt durch die Tendenz innerhalb der psychoanalytischen Theoriediskussion, sich auf die Konflikte der Kindheit zu konzentrieren[14]. Denn die in den theoretischen Diskurs eingegangene Verleugnung der weiblichen Sexualität bzw. Genitalität wird bei einer Betrachtung der Adoleszenz zwangsläufig erschwert und führt zu größeren Widersprüchen und Irritationen. Dies zeigt sich beispielsweise darin, wie Freud das Verhältnis von Triebschub und Verdrängungsschub in der weiblichen Pubertät konzeptualisiert und dabei weibliche Sexualität – kaum, daß sie deutlich sichtbar geworden ist – wieder zum Verschwinden bringt.

Soweit Adoleszenz nach den »Drei Abhandlungen zur Sexualtheorie« thematisiert wurde, geschah dies überwiegend unter dem Aspekt der Wiederholung frühkindlicher Konflikte. Es wurde zum »Klischee«, »Pubertät als eine ›Neuauflage der infantilen Periode‹ zu bezeichnen« (Deutsch 1944, 9).[15] Erdheim (1988) hat in seinem Rückblick auf die psychoanalytische Jugendforschung darauf hingewiesen, daß die Annahme eines ›Determinismus der frühen Kindheit‹ mit einer zunehmenden Ausrichtung auf die Psychopathologie und einem Rückzug von kulturtheoretischen und gesellschaftskritischen Überlegungen verbunden war. Dieser Mangel an gesellschaftstheoretischer Reflexion schlug sich auch in einer fortgesetzten, weitgehend unbegriffenen Reproduktion des Machtverhältnisses zwischen den Geschlechtern innerhalb der Thematisierungsformen dieses Verhältnisses in der psychoanalytischen Theoriebildung nieder.

---

10 Vgl. dazu auch Freud 1937, 390 ff.
11 Vgl. Freud 1914a, 55.
12 Vgl. ebd. 56.
13 Freud ging hinsichtlich der ›früh-genitalen‹ Phase der Kindheit davon aus, daß diese »nämlich nur eine Art von Genitale, das männliche« (1905, 105) kennt. Er nannte diese Phase darum die »phallische Organisationsstufe«. Zur ausführlichen Kritik des phallischen Monismus hinsichtlich der frühen Kindheit vgl. Chasseguet-Smirgel 1975.
14 Vgl. dazu Anna Freud 1958, 1740 ff. sowie Erdheim 1988.
15 Vgl. dazu Jones 1922. Der Aufsatz von Jones stellt den ersten theoretischen Beitrag zur Psychoanalyse der Adoleszenz 17 Jahre nach den »Drei Abhandlungen zur Sexualtheorie« dar.

Diskussionen zur Adoleszenz in den 20er und 30er Jahren

Die 20er und 30er Jahre zeugen jedoch durchaus (noch) von einer vergleichsweise regen Diskussion innerhalb der psychoanalytischen Vereinigung über Probleme der Pubertät, insbesondere aus der Perspektive pädagogisch-aufklärerischen, aber auch politisch-gesellschaftskritischen Interesses. Pubertäre Entwicklung wurde im Zusammenhang mit ›Erziehungsfragen‹, die sich zum Beispiel auf Schulprobleme (vgl. z. B. Bychovski 1930), sexuelle Aufklärung (vgl. Meng 1931), den »Onanie-Abgewöhnungskampf« der Jugendlichen (vgl. Balint 1934), abweichendes Verhalten (vgl. Aichhorn 1925; Zulliger 1935) u. a. bezogen, in der *Zeitschrift für Psychoanalytische Pädagogik* und entsprechenden Sonderheften (über Onanie 1928; Menstruation 1931; Psychoanalyse und Pubertät 1935) diskutiert. Dabei wurden partiell geschlechtsspezifische Differenzierungen vorgenommen und die Entwicklungsprobleme von Mädchen diskutiert (vgl. Buxbaum 1933; Chadwick 1932).

Zudem waren Überlegungen zur weiblichen Pubertät, wenn auch nur am Rande, Teil einer in dieser Zeit intensiv geführten psychoanalytischen Auseinandersetzung mit den Fragen der weiblichen Identitätsbildung (vgl. z. B. Deutsch 1925) und Bestandteil kritischer Revisionen der Freudschen Weiblichkeitskonzeptionen (vgl. Klein 1932; Horney 1933; Jones 1935; Jacobson 1937).

Diese unterschiedlichen Positionen lassen sich beispielsweise an den Interpretationen zu Reaktionen auf die Menstruation und ihrer Verarbeitung seitens beider Geschlechter nachvollziehen (vgl. Deutsch 1925; Daly 1928; Winterstein 1928; Klein 1932; Schmideberg 1931; Meng 1931; Chadwick 1931; Landauer 1931; Buxbaum 1933; Horney 1931; Rotter 1936; vgl. zusammenfassend Trescher 1985). In Anlehnung an Freud ging beispielsweise Helene Deutsch (1925) bei ihrer Interpretation des Menstruationserlebens davon aus, daß die Menstruation eine erneute Bestätigung der Penislosigkeit bzw. Kastration darstelle sowie die Enttäuschung des unbewußten Wunsches, als Ersatz für den Penis ein Kind vom Vater zu bekommen. Karen Horney (1931; 1933) dagegen teilte weder Freuds Ansicht von der Unentdecktheit der Vagina in der Kindheit – und insofern auch nicht seine Vorstellung über den weiblichen Kastrationskomplex – noch Freuds Annahme, der Kinderwunsch resultiere als sekundäre Bildung aus dem Peniswunsch. Stattdessen ging sie von einem primären, genuin weiblichen »Trieb zur Mutterschaft« (1931, 80) aus und deutete (prä-)menstruelle Beschwerden als Ausdruck einer unbewußten Enttäuschung des Kinderwunsches. Auch Melanie Klein (1932) ging bei ihrer Deutung von Ängsten, die sich um die Menstruation ranken können, von anderen Voraussetzungen aus als Helene Deutsch. Kastrationsängste von Mädchen beinhalten nach Klein Befürchtungen um die Intaktheit des Körperinneren, so daß die Menstruationsblutung unbewußt als Bestätigung dieser kindlichen Ängste erlebt werden kann.[16]

---

16 Rotter (1936) verwies auf die mit der Menstruation einhergehende gesteigerte Sexualerregung und die größere Notwendigkeit der Triebverdrängung – ein Gedanke, der in anderen ›Interpre-

Einige der damaligen, durch pädagogische oder politisch-aufklärerische Intentionen geprägten Diskussionen erscheinen aus heutiger Sicht als zu vereinfachend. Die stärkere Bezugnahme auf allgemeinere gesellschaftliche Fragen warf jedoch wichtige Problemstellungen auf, die bis heute von großem Interesse sind. Bernfeld beispielsweise versuchte im Rahmen seiner Auseinandersetzung mit der Bedeutung der Adoleszenz soziologische und psychoanalytische Aspekte zu verbinden (vgl. insbesondere ders. 1920, 1922, 1923, 1926, 1929, 1935). Er beschäftigte sich dabei nicht explizit mit weiblicher Entwicklung, seine Thesen über die Bedeutung der »gestreckten Pubertät« (1923) und über den »sozialen Ort der Neurose« (1926, 1929), mit denen er auf die Abhängigkeit der (Selbst-)Definitionen psychischer Gesundheit von den sozialen Verhältnissen hinwies, sind jedoch von weitreichender Relevanz auch für eine Theorie weiblicher adoleszenter Identitätsentwicklung, ihrer Chancen und sozialen Festlegungen.

Zur Geschlechterdifferenz als ›Stiefkind‹ der Psychoanalyse und zu Ansätzen einer eigensinnigen Bestimmung weiblicher Identität

In den 40er und 50er Jahren, die die meisten Analytikerinnen und Analytiker in der Emigration verbrachten, verstärkte sich die Tendenz zur Medizinalisierung der Psychoanalyse und die Ausrichtung auf den ›Determinismus der frühen Kindheit‹.[17] Anna Freud konstatierte in ihrem 1958 erschienenen Aufsatz »Probleme der Pubertät«, daß »trotz aller Anstrengungen und Veröffentlichungen ... die Pubertät nach wie vor ein Stiefkind in der psychoanalytischen Theorie und Therapie« (1744) geblieben sei.[18] Sie legte in diesem Zusammenhang ihre Vermutungen darüber dar, woraus die »Lücken (im) ... theoretischen Bild der Pubertät« (1746) entstanden sein könnten. Anna Freud verwies darauf, daß es Erwachsenen in der Regel schwerfällt, die Pubertätserlebnisse emotional wiederzubeleben und sich die »Erinnerungen ... gewöhnlich nur auf die Tatsachen an sich, nicht auf die sie begleitenden Affekte« (1745) beziehen. Nimmt man zu dieser Feststellung diejenige Freuds aus den *Drei Abhandlungen zur Sexualtheorie* hinzu, daß »erst mit

---

tationen zur Bedeutung der Menstruation, aber auch in Konzepten zur Entwicklung der Abwehrmechanismen in der Adoleszenz wenig Berücksichtigung fand. Anna Freud (1935, 1955) z. B. beschäftigte sich ausführlich mit der Triebangst in der Pubertät und den entsprechenden Abwehrmechanismen, nahm dabei jedoch keine geschlechtsspezifische Differenzierung vor.

17 Vgl. dazu Erdheim 1988, 221 ff.
18 Anna Freud verweist in diesem Kontext auf zahlreiche Veröffentlichungen zur Pubertät in der Nachkriegszeit bzw. auf die 1951 publizierte Übersicht von Leo A. Spiegel mit dem Titel: Review of Contributions to Psychoanalytic Theory of Adolescence. (Vgl. Spiegel 1958)

der Pubertät sich die scharfe Sonderung des männlichen und weiblichen Charakters herstellt, ein Gegensatz, der dann wie kein anderer die Lebensgestaltung der Menschen entscheidend beeinflußt« (1905b, 119), so läßt sich die Vermutung anschließen, daß die Schwierigkeiten der Aktualisierung pubertärer Empfindungen in Zusammenhang stehen mit kränkenden und konflikthaften Affekten, die sich auf die in der Pubertät mit vielen Unsicherheiten behaftete Entwicklung der Geschlechtsidentität beziehen.[19] Der Eindruck der Lückenhaftigkeit in der psychoanalytischen Theorie zur Adoleszenz rührt von daher möglicherweise gerade auch aus dem Mangel einer umfassenden und integrativen Berücksichtigung und Analyse der einzelnen Details dieses komplizierten Prozesses der Herausbildung von Weiblichkeit und Männlichkeit in der Adoleszenz.[20]

Im Verhältnis zu der von Anna Freud als ›stiefmütterlich‹ charakterisierten unzureichenden Thematisierung der Pubertät in der Psychoanalyse erscheinen zwei Arbeiten aus den 40er und 50er Jahren, in denen eine ausführliche Auseinandersetzung mit der weiblichen Adoleszenzentwicklung stattfindet, unter diesem Gesichtspunkt herausragend: die *Psychologie der Frau* von Helene Deutsch, die 1944 erschien, sowie die 1953 in Argentinien publizierte Schrift *Mutterschaft und Sexus* von Marie Langer, die erst Ende der 80er Jahre ins Deutsche übersetzt wurde.

Der Vorzug beider Entwürfe liegt darin, daß als Bezugspunkt der Analyse die erwachsene weibliche Identität gewählt wird, so daß bei der Betrachtung der Adoleszenz zwar die Momente der Wiederholung kindlicher Konflikte berücksichtigt werden können, die für die Adoleszenz konstitutive Auseinandersetzung mit der weiblichen Genitalität, mit Fruchtbarkeit und erwachsener weiblicher Körperlichkeit und Sexualität dabei jedoch nicht aus dem Blick gerät. Dies gilt im besonderen für die Arbeit von Marie Langer, die sich von den klassischen reduktionistischen Weiblichkeitstheorien der Psychoanalyse explizit distanziert. Aber auch Helene Deutsch (1944), die vor allem durch ihre stark an Freud angelehnten Konzepte über Masochismus, Passivität und Frigidität der Frau bekannt wurde, analysiert vor allem in ihren Kapiteln über die frühen Phasen der adoleszenten Entwicklung differenziert und einfühlsam die schwierigen

---

19 Diese Annahme wird hinsichtlich der weiblichen Entwicklung gestützt durch die Studien der amerikanischen Psychologin Terri Apter (1990), die bei Mädchen und jungen Frauen eine Form »pubertärer Amnesie« (30) feststellte, die das ›Vergessen‹ der Gefühle, die die Menarche begleiteten, beinhaltet.

20 In diesem Sinne verstellte die dem phallischen Monismus inhärente ›Eingeschlechtlichkeit‹ bzw. Verleugnung der Geschlechterdifferenz auch die differenzierte Analyse der männlichen Entwicklung. Als neueren Ansatz zum Verständnis männlicher Adoleszenzentwicklung vgl. Bosse, 1992.

Prozesse der Ablösung und Identitätsfindung bei Mädchen und jungen Frauen. Aus der Sicht aktueller Diskussionen zur Weiblichkeit, in denen die Bedeutung der Mutter-Tochter-Beziehung (wieder) stärker akzentuiert wird[21], erscheinen besonders ihre Überlegungen zur Frühpubertät interessant, die sie durch das Vorherrschen einer bisexuellen Orientierung im Sinne einer gleichermaßen starken libidinösen Bindung an Mutter und Vater kennzeichnet. Sie beschreibt die Bedeutsamkeit der Übertragung dieses ›bisexuellen Dreiecks‹ auf gleich- und gegengeschlechtliche Beziehungen zu Gleichaltrigen und betont die Wichtigkeit von Mädchenfreundschaften für die weitere Entwicklung in der Adoleszenz.

Langer (1953) bezieht sich in ihren theoretischen Überlegungen maßgeblich auf Melanie Klein, aber auch auf die Schriften von Helene Deutsch. Ausgangspunkte ihrer Kritik des ›phallozentrischen Standpunktes‹ (134) in der Psychoanalyse bilden dabei auch ethnologische Studien wie zum Beispiel diejenigen von Margaret Mead[22] über weibliche Pubertät. Als zentralen Konflikt in der weiblichen Entwicklung bezeichnet Langer die »Angst, sich mit dem Bild der schlechten, zerstörten Mutter zu identifizieren oder ... (die) Angst vor ihrer Rache« (100).

Dieses Konfliktverständnis ist der Bezugspunkt ihrer ausführlichen Interpretationen und Falldarstellungen zu Menstruationserleben, Deflorationsangst, Frigidität usw. Im Zentrum steht dabei die Analyse der Verarbeitungsformen der Enttäuschungen im Verhältnis zwischen Mutter und Tochter, die Ängste vor Identifizierung und Konkurrenz mit der Mutter. Daß Langer die Auseinandersetzung mit der Fruchtbarkeit als ein konstitutives Element der weiblichen Sexualität und Identität betrachtet, wird daran deutlich, daß sie diese Auseinandersetzung in einer Linie von der Verarbeitung der Menarche über die Orgasmusfähigkeit bis hin zu Schwangerschafts- und Geburtsverläufen verfolgt. Obgleich auch Langers Argumentationsfiguren nicht völlig frei sind von normativen Vorstellungen von Weiblichkeit, liegt doch die Stärke ihrer Diskussionslinie darin, daß sie konsequent den weiblichen Körper als Ausgangspunkt und ›Schauplatz‹ der psychischen Dramen der (jungen) Frau betrachtet und analysiert, ohne dabei auf Freuds ›Defizitmodell‹ zu rekurrieren. Zudem betont sie auch die Bedeutung der Arbeit für die weibliche Individuierung, die ansonsten in den Diskussionen zur weiblichen Adoleszenz wenig bzw. keine Beachtung erfuhr, und versucht auch die Auswirkungen der sozialen Bedingungen mit einzubeziehen, die der jungen Frau die Möglichkeit einer Integration von Sexualität, Berufs- und Kinderwünschen erschweren.

---

21 Vgl. dazu Chodorow 1978; Apter 1990; Gilligan u. a. 1990.
22 Vgl. Mead 1928; 1935.

Weibliche Adoleszenz und Schicksale des Narzißmus

Während Langer die Fragestellung verfolgte, aufgrund welcher Konflikte junge Frauen sich in der befriedigenden Entfaltung ihrer weiblichen Potenzen beschränken (lassen), bewegte sich die Hauptströmung psychoanalytischen Denkens weiterhin auf dem allerdings unsicheren Terrain der Freudschen Weiblichkeitskonzepte. Welche Konsequenzen das Festhalten an diesem ›Defizitmodell‹ hinsichtlich des Verständnisses weiblicher Adoleszenz nach sich zieht, läßt sich an einer Argumentationsfigur aufzeigen, die bei Freud bereits angelegt war und in verschiedenartigen Ausformungen von nachfolgenden Theoretikerinnen und Theoretikern aufgenommen wurde. Diese Argumentationsfigur folgt sowohl der Freudschen Annahme, daß in der Pubertät die ›männliche‹ Klitorissexualität verdrängt werden müsse, als auch seiner Feststellung, daß »mit der Pubertätsentwicklung durch die Ausbildung der bis dahin latenten weiblichen Sexualorgane eine Steigerung des ursprünglichen Narzißmus« (1914a, 55) auftrete. Dieser gesteigerte Narzißmus bezieht sich dabei jedoch nicht auf die weiblichen Genitalien, wie im Sinne einer Formulierung Ferenczis angenommen werden könnte, der davon ausging, »daß zwischen dem Genitale und dem narzißtischen Ich ... zeitlebens die allerintimsten Beziehungen bestehen bleiben, ja daß das Genitale vielleicht überhaupt der Kristallisationskern der narzißtischen Ichbildung ist« (1917, 249). Freud selbst hatte in seiner Darstellung der Behandlung Doras (vgl. 1905a) angemerkt, daß »der Stolz auf die Gestaltung der Genitalien ... bei unseren Frauen ein ganz besonderes Stück ihrer Eitelkeit (ist)« (1953).

Die Vorstellung einer Wertschätzung bzw. narzißtischen Besetzung der Genitalien bei Mädchen und Frauen wurde jedoch von Freud in seinen theoretischen Überlegungen zur weiblichen Entwicklung nicht aufgenommen. Die Steigerung des Narzißmus in der Pubertät gründet nach Freuds Darlegungen in seinen Schriften *Zur Einführung des Narzißmus* (1914a) sowie über *Die Weiblichkeit* (1933) im Gegenteil auf einem Mangel und dient der Entschädigung dieses Mangels. 1914 schrieb Freud dazu, daß sich »besonders im Falle der Entwicklung zur Schönheit eine Selbstgenügsamkeit des Weibes her(stellt), welche das Weib für die ihm sozial verkümmerte Freiheit der Objektwahl entschädigt« (55). Diese weibliche Form der Selbstliebe sei zudem einer wirklichen Objektliebe (nach dem »Anlehnungstypus«, 1914a, 54) abträglich: »Solche Frauen lieben strenggenommen nur sich selbst mit ähnlicher Intensität, wie der Mann sie liebt. Ihr Bedürfnis geht auch nicht dahin zu lieben, sondern geliebt zu werden, und sie lassen sich den Mann gefallen, welcher diese Bedingung erfüllt« (55). Während Freud an dieser Stelle die von ihm wahrgenommenen psychischen Verarbeitungsformen von (jungen) Frauen noch im Kontext sozialer Verhältnisse interpretiert (vgl. seinen Verweis auf die »sozial verkümmerte Freiheit der Objektwahl«), geht diese Akzentuierung in seiner späteren Begründung für das »höhere Maß von Narzißmus« bei der Frau wieder verloren: »An der körperlichen Eitelkeit des Weibes ist noch die Wirkung des Penisneides mitbeteiligt, da sie ihre Reize als späte Entschädigung für die ursprüngliche sexuelle Minderwertigkeit um so höher einschätzen muß« (1933, 562).

Die Vorstellung, daß die libidinöse Besetzung des ganzen Körpers, wie sie sich in der gesteigerten pubertären ›Eitelkeit‹ zum Ausdruck bringt, als Kompensationsmechanismus für den Penismangel zu verstehen sei, während die eigenen weiblichen Genitalien dabei eine Art narzißtischer bzw. libidinöser ›Leerstelle‹ bleiben, stellt in den nachfolgenden theoretischen Konzeptionen weiblicher Adoleszenzentwicklung einen sich hartnäckig durchhaltenden und wenig reflektierten Topos dar. Diese Gedankenführung verbindet sich zudem in der Regel mit der fraglos vorausgesetzten Annahme, daß die Menarche zu einem »Wiederaufleben der infantilen Kastrationskonflikte« und damit zu einem »Abzug der narzißtischen Besetzung von den Genitalien« führe, welche wiederum die »Sexualabwehr« des Mädchens verstärke (Jacobson 1964, 178f.). Jacobson sieht auch die Ursachen für »das enorme Bedürfnis der Mädchen nach narzißtischer Bestätigung von seiten der Männer« in den »narzißtischen Wunden der Vergangenheit«, den Kastrationskonflikten (180). Diese Form des »häufig raschen Umschlag(s)« zur sogenannten »weiblichen Position« (179) in der Pubertät wird jedoch kaum kritisch beleuchtet, sondern im wesentlichen als gelungene Entwicklung dargestellt. Problematisch erscheint an solchen Interpretationen vor allem das Stehenbleiben der Analyse auf der Ebene der Erscheinungen und Abwehrkonstellationen. Zwar stellt der Umstand, daß die »Zurschaustellung des schönen weiblichen Gesichts und des schönen weiblichen Körpers« als »Verschiebungsersatz« (Heigl-Evers/Weidenhammer 1988, 79) für die mangelnde narzißtische Besetzung der eigenen Genitalität dienen kann[23], eine Art »Alltagserfahrung« (ebd.) dar. Soweit jedoch nicht der Frage nachgegangen wird, warum junge Frauen sich »beschädigt« fühlen, die Menstruationsblutungen als ›Beweis‹ einer genitalen Verletzung bzw. als Hinweis auf eine ›Wunde‹ erleben (vgl. dazu Deutsch 1944, 47) bzw. warum es Frauen schwerfallen kann, ihre Genita-

---

23 Heigl-Evers/Weidenhammer (1988) diskutieren diesen Aspekt mit Blick auf die Kränkung des Mädchens, die aus der Unerreichbarkeit der Mutter im Hinblick auf eine »phallisch-sexuelle Befriedigung« (79) resultiere.

lien positiv zu besetzen²⁴, sondern stattdessen die analytische Betrachtung auf der Ebene der Phänomenologien und Abwehrbewegungen verbleibt, bedeutet dies nichts anderes, als eine problematische empirische Realität praktisch folgenreich im theoretischen Diskurs hermetisch abzuschließen.²⁵

Diese Problematik zeigt sich auch bei Blos (1962), der in seiner ausführlichen, kenntnisreichen und durch zahlreiche Falldarstellungen anschaulichen Arbeit über die Adoleszenz sich bezüglich der weiblichen Entwicklung von dem Freudschen ›Defizitmodell‹ leiten läßt.

Blos geht bei den frühadoleszenten Phasen von einem »bisexuellen Image« (103) bzw. Selbstbild des Mädchens aus. Anders als Helene Deutsch, die die ›bisexuelle Phase‹ in der weiblichen Adoleszenz durch die Parallelität homosexueller und heterosexueller Strebungen sowohl gegenüber den inzestuösen Liebesobjekten als auch in den außerfamilialen Bindungen kennzeichnete, charakterisiert Blos die Bisexualität des Mädchens (ähnlich wie Freud) durch ein unbewußtes Festhalten am »illusorischen Penis« (103) in einem penislosen Körper. Die heterosexuelle Wendung in der ›eigentlichen Adoleszenz‹, d. h. die Wendung zur ›Weiblichkeit‹ impliziert demzufolge die »Aufgabe des Männlichkeitskomplexes« (128) bzw. der ›phallischen Strebungen‹. Gemäß der bereits dargestellten Denkfigur²⁶ ist diese Wendung gelungen, wenn »das Mädchen jenen Teil der narzißtischen Libido, der an das bisexuelle Image gebunden war, auf ihren ganzen Körper abzulenken und nicht mehr Erfüllung in sich selbst, sondern in heterosexueller Liebe sucht« (122).

---

24 Laufer und Laufer (1984) beschäftigen sich in ihrer Arbeit »Adoleszenz und Entwicklungskrise« u. a. mit der Interpretation der »klinische(n) Erfahrung, ... daß nur einige Mädchen und Frauen masturbieren« (78). Sie vermuten dabei, daß das Mädchen »die Empfindung sexueller Lust als Folge des Gebrauchs der Hand unbewußt als die Erfüllung des Wunsches ... (erfährt), sich passiv der Befriedigung durch die Mutter zu überlassen« (81), wodurch entsprechende Ängste vor inzestuösen homosexuellen Wünschen hervorgerufen werden können. Die Ausdifferenzierung und präzise Einschätzung dieser Problematik bleibt allerdings ungeklärt; Laufer und Laufer sehen jedenfalls in der Vermeidung des onanistischen »Gebrauchs der Hand« beim Mädchen nicht wie beim Jungen ein sicheres »Zeichen einer Entwicklungsstörung« (78).

25 Heigl-Evers/Weidenhammer kritisieren die »Lehrmeinung, die anatomische genitale Beschaffenheit der Frau lasse die Entfaltung phallischer Tendenzen nicht zu« (ebd. 147).
Dabei stellt sich jedoch die Frage, inwiefern die Möglichkeit der theoretischen Bestimmung einer ›eigensinnigen‹ weiblichen Identität, Genitalität und Sexualität nicht gerade auch dadurch begrifflich verunmöglicht wird, wenn generell Begehren und Macht, Verführungskraft und Sinnlichkeit, Exhibitionslust, Schönheit, Selbstwertgefühl, Expressivität etc. unter der Rubrik des ›Phallischen‹ bzw. der ›Phallizität‹ subsumiert werden. Dieses Problem stellt sich auch in Reiches (1990) Analyse der »Geschlechterspannung«.

26 Eine Zuspitzung erfuhr diese Denkfigur bereits bei Hárnik in seinem Aufsatz »Schicksale des Narzißmus bei Mann und Weib« (1923). Hárnik ging ebenfalls davon aus, daß in der Pubertät die Schönheit der jungen Frau »zum Ersatz für den verloren gegangenen Penis« (280) wird: »Beim Manne bleibt das Genitale das Zentrum des Narzißmus, beim Weibe aber wird der Narzißmus sekundär auf das Körperganze verlegt« (281). Diese gelungene ›Verlegung des Narzißmus‹ sieht Hárnik in Anlehnung an Freud im Zusammenhang mit der Aufgabe der Onanie. Hárnik bemerkt dazu: »Es fiel mir zunächst vereinzelt auf, daß junge Mädchen, die ihre Masturbationsgelüste nach dem Auftreten der monatlichen Blutungen nicht überwinden konnten,

Die ›zweite Chance‹

1958 stellte Kurt Eissler seine Thesen zur Relevanz der psychischen Prozesse in der Adoleszenz für die weitere Entwicklung dar. Eissler setzte damit gegenüber dem in der Psychoanalyse dominierenden Konzept des ›Determinismus der frühen Kindheit‹[27] eine theoretisch folgenreiche divergierende Akzentuierung, die an Freuds Konzept der Zweizeitigkeit der sexuellen Entwicklung anknüpft. In seiner Darstellung der psychischen Neustrukturierung betont Eissler die darin liegende ›zweite Chance‹, die in der Kindheit bzw. Latenzzeit gefundenen Lösungen, im besonderen des ödipalen Konflikts, zu revidieren und ihnen eine neue Ausrichtung zu geben. Eissler vergleicht diesen Prozeß mit einer »Verflüssigung« und bemerkt dazu: »Gewiß sind beim Pubertierenden auch regressive Züge zu beobachten, ich ziehe es aber vor, das Freiwerden von Kräften, die an Strukturen gebunden waren, und die daraufolgende Reorganisation in der Form neuer Identifizierungen und der Besetzung neuer Objekte hervorzuheben« (1966, 869). Jugendliche verfügen über andere Möglichkeiten, sich mit dem neu aufflammenden ödipalen Konflikt auseinanderzusetzen. Diese neuen Möglichkeiten stellen die Bedingungen dafür dar, sich schließlich – unter anderen psychischen Voraussetzungen – neuen Liebesobjekten außerhalb der Familie zuzuwenden. Ablösung von der Familie impliziert insofern diese adoleszenten Umstrukturierungen. Eissler spricht in diesem Kontext auch von einer »Frist« (869), die den Individuen ›gewährt‹ wird. Ein ähnlicher Gedanke war bereits in Eriksons Begriff des adoleszenten psychosozialen »Moratoriums« (1950; 1959) enthalten, wobei Erikson allerdings seinen Überlegungen zur Adoleszenz eine ausgesprochen harmonisierende Konzeption des Verhältnisses von Individuum und Gesellschaft und auch desjenigen zwischen den Geschlechtern zugrundelegte. Später stellten auch Jacobson (1964) und insbesondere Blos (1962) die Momente der Neustrukturierung im Prozeß des »Aufeinanderprallens progressiver und regressiver Kräfte« (Deutsch 1944, zit. nach Jacobson 1964, 180) bzw. des »Ansturms von Triebenergien gegen das Ich« (Jacobson 1964, 181) heraus.

---

eine mangelhafte Ausbildung der sekundären Geschlechtsmerkmale, vor allem der Brüste zeigten. Weitere Erfahrung zeigt dann, daß diese Mädchen zeitlebens eine kindlich schlanke Gestalt bewahren ..., ja vielleicht fallweise auch an Gesicht unschön werden und manchmal auch unschön bleiben. Man gelangt so zur Einsicht, daß die zur Pubertätszeit vor sich gehende Unterdrückung der Klitoriserregbarkeit in der Regel eine Vorbedingung für die richtige, vollwertige Ausbildung der weiblichen ›Reize‹ ist ...« (284).

27 Vgl. dazu auch Kaplan 1984. Kaplan kritisiert die Tendenz innerhalb der Psychoanalyse, »Heranwachsende ... zu betrachten, als wären sie größere, sexuell aktivere Kinder, die sich eben noch einmal von ihren Eltern ›loslösen‹ müßten« (15). Die Adoleszenz sei demgegenüber weder als Wiederholung noch als Zwischenstation zu betrachten, sondern als ein »Raum voller Geschichte und Möglichkeiten« (16).

Eine breitere Rezeption erfuhr das Konzept von Adoleszenz als ›zweiter Chance‹ erst im Zuge der Ausdifferenzierung des Gedankens durch Mario Erdheim (1982, 1983, 1988) und die ethnopsychoanalytische Diskussion in den 80er Jahren. Im Sinne der Freudschen Überlegungen, daß die Zweizeitigkeit der sexuellen Entwicklung »eine Bedingung für die Eignung des Menschen zur Entwicklung einer höheren Kultur, aber auch für seine Neigung zur Neurose« enthält (1905b, 137), verbindet Erdheim die Analyse der Adoleszenz mit herrschaftssoziologischen und geschichtstheoretischen Perspektiven. Erdheim entwickelt die These eines inneren Zusammenhanges zwischen der Dynamik der Adoleszenz und kulturellem bzw. sozialem Wandel.

Er bezieht sich dabei auf Freuds Verständnis des Verhältnisses von Familie und Kultur als antagonistischem, insofern als die Kultur versucht, »die Menschen zu großen Einheiten zusammenzuballen«, während die Familie das Individuum nicht »freigeben« (Freud 1930, 232) will. Die »in der Kindheit allein bestehende Weise des Zusammenlebens wehrt sich, von der späteren erworbenen kulturellen abgelöst zu werden« (ebd.). Die Ablösung von der Familie stellt insofern für die Jugendlichen eine schwer zu bewältigende Aufgabe dar. Die damit angesprochene Differenz zwischen den Prozessen der Einpassung in die Familie während der Kindheit (den »Familiarisationsprozessen«) und den Prozessen der Aneignung der Kultur (den »Enkulturationsprozessen«, vgl. Erdheim 1983, 209) bezeichnet nun aber auch das Potential der ›zweiten Chance‹: »Zwar würde der Verlauf der frühen Kindheit darüber entscheiden, ob z. B. die Adoleszenz erreicht wird und welche Konflikte dabei vordringlich bewältigt werden müssen, aber während der Adoleszenz und gleichsam aus der Retrospektive käme, unter dem Einfluß der nichtfamiliären Umwelt, die Auslese derjenigen Kindheitserfahrungen zustande, die auch im Erwachsenenalter bestimmend bleiben werden« (1982, 282). Allerdings verringern sich die Veränderungspotentiale der Adoleszenz in dem Maße, in dem sich Institutionen (wie z. B. Schule, Militär, Kirche etc.) aufgrund ihrer Strukturen dafür ›anbieten‹, familiale Erfahrungen auf den institutionellen Kontext zu projizieren bzw. die Abhängigkeit von der Familie darauf zu übertragen. Diese institutionellen Strukturen verhindern von daher eine wirkliche Ablösung, und die gesellschaftliche Reproduktion von Machtverhältnissen steht aus dieser Perspektive in engem Zusammenhang mit der Eingrenzung der adoleszenten Dynamik.

In Hinblick auf eine Analyse des Geschlechterverhältnisses und eine Theorie weiblicher Adoleszenz erweist sich dieser Gedankengang als bedeutsam insofern, als er sowohl Hinweise gibt für das Verständnis der Reproduktion des Machtverhältnisses zwischen den Geschlechtern als auch für die Verortung von Veränderungspotentialen in diesem Verhältnis. Er öffnet den Blick für die Fragestellung, inwiefern die gesellschaftlichen Bedingungen für junge Frauen in der Adoleszenz Möglichkeiten dafür enthalten, die Ablösung von der Familie zu vollziehen und ihre kreativen Potentiale zu entfalten.[28] In diesem Sinne verbindet sich auch Eisslers Vorstellung einer

---

28 Erdheim bezeichnet die Ablösung von der Familie einerseits und die ›Lösung‹ des Dilemmas zwischen Größen- und Allmachtsphantasien und Arbeit andererseits als vorrangige Konflikte der Adoleszenz: »Beide Prozesse sind mühsam, vielfältig ineinander verschlungen und ohne gesicherten Ausgang« (1982, 312).

›Frist‹ bzw. ›zweiten Chance‹ sowohl mit Bernfelds 1923 formulierten Konzept der ›gestreckten Pubertät‹ als auch mit seiner These vom ›sozialen Ort der Neurose‹ (1926, 1929). Denn die sozialen Verhältnisse bestimmen auch weitgehend in Abhängigkeit von der Geschlechtszugehörigkeit die Zeit- und Spielräume, diese ›Frist‹ zu nutzen. Während die jungen Frauen aus bürgerlichen Schichten, die um die Jahrhundertwende bei Freud in Behandlung waren, bis zur Heirat vergleichsweise infantilisiert in der Obhut und Kontrolle der Herkunftsfamilie verblieben, die adoleszenten Ablösungsprozesse von daher eingeengt und behindert waren[29], hat sich seitdem die Chance einer ›gestreckten Pubertät‹ bzw. verlängerten Adoleszenz auch für Frauen in stärkerem Maße eröffnet.

Eingeengt sind allerdings nach wie vor die Möglichkeiten für junge Frauen, ihre Fähigkeiten und Begabungen in befriedigenden und abgesicherten Arbeitsverhältnissen zu realisieren und mit ihren auf Mutterschaft bzw. Familiengründung ausgerichteten Wünschen zu vermitteln. Maya Nadig (1984) hat die Bedeutung herausgestellt, die die libidinöse Besetzung der Arbeit für die Entwicklung des Selbstbewußtseins der jungen Frau hat, und darauf hingewiesen, daß der Mangel an selbstbestimmten Arbeitsfeldern die Jugendlichen daran hindert, die Bindungen an die Familie zu lokkern und die »Beziehung zur öffentlichen Kultur« (103) zu festigen.

Aktuelle Diskussionen zur weiblichen Entwicklung

Die aktuelle psychoanalytische Diskussion zur weiblichen sexuellen Entwicklung läßt sich durch eine zentrale Problemstellung kennzeichnen, nämlich die Frage, auf Grundlage welcher basaler Annahmen und theoretischer Ausdifferenzierungen innerhalb der Psychoanalyse und ihrer verschiedenen Ausrichtungen eine kritische Revision der Freudschen Weiblichkeitskonzeptionen möglich, oder aber a priori verstellt erscheint.[30] Bereits Ende der siebziger Jahre wurde vor dem Hintergrund der Debatte über weibliche Sexualität in der psychoanalytischen Theorie, wie sie einerseits insbesondere durch Chasseguet-Smirgels Kritik des ›phallischen Monismus‹[31], andererseits durch die feministisch orientierte Psychoana-

---

29 Vgl. dazu Glenn 1980. Glenn hat im Zusammenhang mit der Interpretation von Doras Analyse bei Freud darauf hingewiesen, daß die Menarche um 1900 durchschnittlich mit 16 3/4 Jahren eintrat. Da die Frauen zudem früher heirateten, war der Zeitraum zwischen Menarche und Heirat bzw. zwischen Menarche und erster Schwangerschaft wesentlich kürzer als heute.
30 Vgl. dazu auch Brede 1989 und die Beiträge und Diskussionen in jenem Band. Zur aktuellen feministisch orientierten Psychoanalysekritik vgl. insbesondere Rohde-Dachser 1991.
31 Vgl. dazu Chasseguet-Smirgel 1964, 1975.

lysekritik, beispielsweise durch Margarete Mitscherlich, angeregt worden war[32], die Frage aufgeworfen, inwiefern die kritischen Reformulierungen zur Weiblichkeit »mit der Zentralreferenz der Psychoanalyse vereinbar« seien (Reinke 1978, 722). Im besonderen schien sich das Problem zu stellen, ob möglicherweise dadurch »Annahmen über die Stellung und Funktion der Sexualtriebe zumindest relativiert« werden müßten (728).

Aufgrund der offenbar schwer zu entwirrenden Verbindung von triebtheoretischen Annahmen und von am Modell des anatomischen Defizits orientierten Weiblichkeitsvorstellungen innerhalb der ›klassischen‹ Psychoanalyse entwickelten sich bedeutsame Reformulierungen der Theorie weiblicher Identitätsbildung in Abkehr von der Triebtheorie. Dies gilt in unterschiedlichen Varianten sowohl für die in der Tradition strukturalistischer Theoriebildungen entstandenen Weiblichkeitsdiskussionen[33] als auch für die in der Tradition der Objektbeziehungstheorien formulierten Annahmen zur Genese der Geschlechterdifferenz.[34] So wurden beispielsweise auf der Grundlage objektbeziehungstheoretischer Überlegungen die eigenständigen Bestimmungen weiblicher Entwicklung und die Entfaltung spezifischer Probleme, die sich aus der Gleichgeschlechtlichkeit von mütterlicher primärer Bezugsperson und Tochter ergeben, und die sich nicht an reduktionistischen Mangelvorstellungen orientieren, erleichtert.

Dennoch stellt sich die Frage, ob die Überwindung des ›phallischen Monismus‹ notwendig mit einer rigorosen Abwendung von der Triebtheorie verbunden sein muß.[35] Denn als Folgeproblem der strikt objektbeziehungstheoretischen Argumentationen zeigt sich eine Tendenz zur »Verflüchtigung des Sexuellen«[36] aus den psychoanalytischen Bestimmungen weiblicher Subjektivität, und es besteht die Gefahr, die der ›klassischen Psychoanalyse‹ inhärente Verleugnung der weiblichen Genitalität ungewollt und in subtiler Form fortzusetzen. Ansatzpunkte einer Überwindung dieser problematischen Konstellation liegen beispielsweise darin, die Bedeutsamkeit der Mutter-Tochter-Beziehung und die spezifischen Konflikte hinsichtlich Trennung und Individuierung nicht allein aus objektbeziehungstheoretischer Perspektive im engeren Sinne zu untersuchen, sondern die sexuellen Dimensionen dieses Verhältnisses mit zu beleuchten, ohne dabei von Freuds vereinfachenden Annahmen auszugehen.[37] Die dif-

---

32 Vgl. dazu Mitscherlich 1978; Mitchell 1976; Windhoff-Héritier 1976; Hagemann-White 1978. Zu einer kritischen Analyse der Freudschen Weiblichkeitskonstruktionen vgl. Schlesier 1981.
33 Vgl. dazu z. B. Irigaray 1979.
34 Vgl. dazu insbesondere Chodorow 1978; Benjamin 1988.
35 Vgl. dazu auch Becker-Schmidt 1991.
36 Parin 1986 sowie Jacoby 1986.
37 Vgl. Poluda-Korte 1988; Heigl-Evers/Weidenhammer 1988; Becker-Schmidt 1991; Kaplan 1991, die sich dabei teilweise auf Freud (1933) beziehen.

ferenzierte Analyse der negativ ödipalen Konstellation, in der sich die erotischen Wünsche der Tochter gegenüber der Mutter zum Ausdruck bringen, eröffnet dann auch Ausblicke auf die verschiedenen Aspekte der Vater-Tochter-Beziehung und der positiv-ödipalen Entwicklung. Gegenüber der Konzentration auf die frühe Kindheit beinhaltet die Diskussion der weiblichen Adoleszenz, in der sich die erwachsene weibliche Sexualität zu entfalten beginnt, in stärkerem Maße die Chance, an der Thematisierung der weiblichen Genitalität festzuhalten. Insofern kann gerade die Betrachtung der Adoleszenz der Gefahr einer ›körperlosen‹ Bestimmung weiblicher Identität, wie sie sich mitunter in aktuellen Diskussionen andeutet, entgegenwirken.

Literatur

Aichhorn, August, 1925: *Verwahrloste Jugend*. Bern, Stuttgart, Wien 1977.
Apter, Terri, 1990: *Altered Loves. Mothers and Daughters during Adolescence*. New York.
Baethge, Martin/Hantsche, Brigitte/Pellul, Wolfgang/Voskamp, Ulrich, 1988: *Jugend: Arbeit und Identität*. Opladen.
Balint, Michael, 1934: Der Onanie-Abgewöhnungskampf in der Pubertät. In: *Zeitschrift für psychoanalytische Pädagogik*, Vol. VIII.
Beck, Ulrich/Beck-Gernsheim, Elisabeth, 1990: *Das ganz normale Chaos der Liebe*. Frankfurt am Main.
Becker-Schmidt, Regina, 1991: Wenn die Frauen erst einmal Frauen sein könnten. In: Früchtl, Josef und Calloni, Maria (Hg.), *Geist gegen Zeitgeist. Erinnern an Adorno*. Frankfurt am Main
Bednarz-Braun, Iris, 1990: *Ausbildungs- und Berufswege für Mädchen und junge Frauen – Eine Bestandsaufnahme zur aktuellen Situation*. DJI-Arbeitspapier 4–024. München.
Benjamin, Jessica, 1988: *Die Fesseln der Liebe. Psychoanalyse, Feminismus und das Problem der Macht*. Basel/Frankfurt am Main 1990.
Bernfeld, Siegfried, 1920: Ein Institut für Psychologie und Soziologie der Jugend. In: ders., *Antiautoritäre Erziehung und Psychoanalyse*, hg. von von Werder, Lutz/Wolff, Reinhart, Bd. 3. Frankfurt am Main 1970.
ders. (Hg.), 1922: *Vom Gemeinschaftsleben der Jugend*, Leipzig, Wien, Zürich.
ders., 1923: Über eine typische Form der männlichen Pubertät. In: ders., *Antiautoritäre Erziehung und Psychoanalyse*. Frankfurt 1970.
ders., 1926: Zur Psychologie der ›Sittenlosigkeit‹ der Jugend. In: ders., *Antiautoritäre Erziehung und Psychoanalyse*, Bd. 3. Frankfurt 1970.
ders., 1929: Der soziale Ort und seine Bedeutung für Neurose, Verwahrlosung und Pädagogik. In: ders., *Antiautoritäre Erziehung und Psychoanalyse*, Bd. 2. Frankfurt 1970.
ders., 1935: Über die einfache männliche Pubertät. In: ders., *Antiautoritäre Erziehung und Psychoanalyse*, Bd. 2. Frankfurt 1970.

Bilden, Helga/Diezinger, Angelika, 1984: Individualisierte Jugendbiographie? Zur Diskrepanz von Anforderungen, Ansprüchen und Möglichkeiten. In: *Zeitschrift für Pädagogik*, 2.
dies., 1988: Historische Konstitution und besondere Gestaltung weiblicher Jugend – Mädchen im Blick der Jugendforschung. In: Krüger, Heinz-Hermann: *Handbuch der Jugendforschung*. Leverkusen.
Blos, Peter, 1962: *Adoleszenz. Eine psychoanalytische Interpretation*. Stuttgart 1978.
Bosse, Hans, 1991: Zugänge zur verborgenen Kultur der Jugendlichen. In: Combe, Arno/Helsper, Werner (Hg.), *Hermeneutische Jugendforschung*. Opladen.
Bosse, Hans/Knauss, Werner, 1984: Erfahrungen mit Jugendlichen in Papua-Neuguinea. Die Gruppenanalyse als Methode, gesellschaftliche Veränderungen zu verstehen. In: Der Spiegel des Fremden, *psychosozial* 23.
Bosse, Hans, erscheint 1992: *Der fremde Mann. Ethnoanalyse von Jugend, Männlichkeit und Macht. Junge Sepiks in Papua-Neuguinea* (Arbeitstitel). Frankfurt/M..
Braun, Christina von, 1988: *Nicht ich. Logik Lüge Libido*. Frankfurt am Main.
Brede, Karola (Hg.), 1989: *Was will das Weib in mir?* Freiburg.
Breuer, Josef/Freud, Sigmund, 1895: *Studien über Hysterie*. Frankfurt am Main 1970.
Brückner, Margrit, 1982: *Die Liebe der Frauen. Über Weiblichkeit und Mißhandlung*. Frankfurt am Main.
dies., 1987: *Die janusköpfige Frau. Lebensstärken und Beziehungsschwächen*. Frankfurt am Main.
Buxbaum, Edith, 1933: Angstäußerungen von Schulmädchen im Pubertätsalter. In: *Zeitschrift für psychoanalytische Pädagogik*, Vol. VII.
Bychovski, Gustav, 1930: Schwierigkeiten in der Schule und ihre Psychotherapie. In: *Zeitschrift für psychoanalytische Pädagogik*, Vol. IV.
Chadwick, Mary, 1931: Menstruationsangst. In: *Zeitschrift für psychoanalytische Pädagogik*, Vol. V.
dies., 1932: *Adolescent Girlhood*. London.
Chasseguet-Smirgel, Janine (Hg.), 1964: *Psychoanalyse der weiblichen Sexualität*. Frankfurt am Main 1979.
dies., 1964: Die weiblichen Schuldgefühle. In: dies. (Hg.), *Psychoanalyse der weiblichen Sexualität*. Frankfurt am Main 1979.
dies., 1975: Freud und die Weiblichkeit. In: dies., *Zwei Bäume im Garten. Zur psychischen Bedeutung der Vater- und Mutterbilder*. München, Wien 1988.
Chodorow, Nancy, 1978: *Das Erbe der Mütter. Psychoanalyse und Soziologie der Geschlechter*. München 1985.
Daly, Coronel, 1928: Der Menstruationskomplex. In: *Imago*, Bd. 14. Leipzig, Wien, Zürich.
Deutsch, Helene, 1925: *Psychoanalyse der weiblichen Sexualfunktionen*. Wien.
dies., 1944: *Psychologie der Frau*. Bern 1948.
Die Onanie, 1912. *14 Beiträge zu einer Diskussion der Wiener Psychoanalytischen Vereinigung*. Wiesbaden.
Diezinger, Angelika/Marquardt, Regine/Bilden, Helga/Dahlke, Kerstin, 1982: *Zukunft mit beschränkten Möglichkeiten. Entwicklungsprozesse arbeitsloser Mädchen*. München.
Dinnerstein, Dorothy, 1976: *Das Arrangement der Geschlechter*. Stuttgart 1979.
Döbert, Rainer/Nunner-Winkler, Gertrud, 1975: *Adoleszenzkrise und Identitätsbildung*. Frankfurt am Main.
Döbert, Rainer, 1988: Männliche Moral – weibliche Moral? In: Gerhardt, Uta/Schütze, Yvonne (Hg.), *Frauensituation*. Frankfurt am Main.

Durrer, F./Schaeper, H., 1989: Studienberechtigte 86. Ausbildungswege bis 2 1/2 Jahre nach Schulabgang. In: *HIS Hochschul-Informations-System Kurzinformation* A 8/89. Hannover.
Eckart, Christel, 1988: Töchter in einer ›vaterlosen‹ Gesellschaft: Das Vorbild des Vaters als Sackgasse zur Autonomie. In: Hagemann-White, Carol/Rerrich, Maria (Hg.): *FrauenMännerBilder*. Bielefeld.
dies., 1990: *Der Preis der Zeit. Eine Untersuchung der Interessen von Frauen an Teilzeitarbeit*. Frankfurt am Main, New York
Eggert-Schmid Noerr, Annelinde, 1991: *Geschlechtsrollenbilder und Arbeitslosigkeit. Eine gruppenanalytische Studie*. Mainz.
Eissler, Kurt, 1958: Bemerkungen zur Technik der psychoanalytischen Behandlung Pubertierender nebst einigen Problemen der Perversion. In: *Psyche*, Jg. XX., 1966.
Erdheim, Mario, 1982: *Die gesellschaftliche Produktion von Unbewußtheit. Eine Einführung in den ethnopsychoanalytischen Prozeß*. Frankfurt am Main.
ders., 1983: Adoleszenz zwischen Familie und Kultur. In: ders., *Die Psychoanalyse und das Unbewußte in der Kultur*. Frankfurt am Main 1988.
ders., 1988: Psychoanalytische Jugendforschung. In: ders., *Die Psychoanalyse und das Unbewußte in der Kultur*. Frankfurt am Main 1988.
Erikson, Erik H., 1950: *Kindheit und Gesellschaft*. Stuttgart 1979.
ders., 1959: *Identität und Lebenszyklus*. Frankfurt am Main 1966.
Faulstich-Wieland, Hannelore/Horstkemper, Marianne, 1985: Lebenspläne und Zukunftsentwürfe von Jungen und Mädchen am Ende der Sekundarstufe I. In: *Die Deutsche Schule*, 6, 478–491.
Fend, Helmut, 1988: *Sozialgeschichte des Aufwachsens. Bedingungen des Aufwachsens und Jugendgestalten im zwanzigsten Jahrhundert*. Frankfurt am Main
ders., 1989: Zur Sozialgeschichte des Aufwachsens. Welche Formen der Vergemeinschaftung gibt es noch? In: *Deutsche Jugend, Zeitschrift für Jugendarbeit*, 7–8, 305–312.
Ferenczi, Sándor, 1917: Von Krankheits- und Pathoneurosen. In: ders., *Schriften zur Psychoanalyse*, Bd. I. Frankfurt am Main 1982.
Flaake, Karin, 1989a: Erst der männliche Blick macht attraktiv. In: *Psychologie heute*, Nr. 11.
dies., 1989b: Nur nicht nach den Sternen greifen, oder: Die falsche Bescheidenheit der Frauen in der Öffentlichkeit. In: *Frauen: Thema Lebensformen, Psychologie heute special* 2.
dies., 1990: Geschlechterverhältnisse, geschlechtsspezifische Identität und Adoleszenz. In: *Zeitschrift für Sozialisationsforschung und Erziehungssoziologie* 1.
dies., 1991: Frauen und öffentlich sichtbare Einflußnahme – Selbstbeschränkungen und innere Barrieren. In: *Feministische Studien* 1.
Freud, Anna, 1936: *Das Ich und die Abwehrmechanismen*. München 1980.
dies., 1958: Probleme der Pubertät. In: *Die Schriften der Anna Freud*, Bd. VI. München 1980.
Freud, Sigmund, 1969: *Studienausgabe*, Frankfurt am Main:
 – 1900: Die Traumdeutung, Bd. II,
 – 1905a: Bruchstück einer Hysterieanalyse, Bd. VI,
 – 1905b: Drei Abhandlungen zur Sexualtheorie, Bd. V,
 – 1913: Das Motiv der Kästchenwahl, Bd. X,
 – 1914a: Zur Einführung des Narzißmus, Bd. III,
 – 1914b: Zur Psychologie des Gymnasiasten, Bd. IV,

- 1916/17: Vorlesungen zur Einführung in die Psychoanalyse, Bd. I
- 1923: Die infantile Genitalorganisation, Bd. V,
- 1925: Einige psychische Folgen des anatomischen Geschlechtsunterschiedes, Bd. V,
- 1930: Das Unbehagen in der Kultur, Bd. IX,
- 1931: Über die weibliche Sexualität, Bd. V,
- 1933: Die Weiblichkeit, Bd. I,
- 1937: Die endliche und die unendliche Analyse, Ergänzungsband

Gilligan, Carol, 1982: *Die andere Stimme. Lebenskonflikte und Moral der Frau.* München 1984.

Gilligan, Carol/Lyons, Nona P./Hanmer, Trudy J., 1990: *Making Connections. The Relational Worlds of Adolescent Girls at Emma Willard School.* Cambridge (Massachusetts). London.

Glenn, Jules, 1980: Freud's Adolescent Patients: Katharina, Dora and the ›Homosexual Woman‹. In: Kanzer, Mark/Glenn, Jules, *Freud and his Patients*, New York.

Hagemann-White, Carol, 1978: Die Kontroverse um die Psychoanalyse in der Frauenbewegung. In: *Psyche*, Jg. 32.

Hantsche, Brigitte, 1989: Schritte zur Aneignung des eigenen Lebens. Stellenwert, Definition und Realisationsmöglichkeiten von Selbständigkeitsbestrebungen junger Frauen und Männer der ›60er-Generation‹. In: Müller, Ursula/Schmidt-Waldherr, Hiltraud (Hg.), *Frauensozialkunde, Wandel und Differenzierung von Lebensformen und Bewußtsein.* Bielefeld, S. 163 ff.

dies., 1990a: Angleichung der Lebenskonzepte der Geschlechter? Zum Stellenwert geschlechtsspezifischer Differenzen in den Lebensorientierungen Jugendlicher/junger Erwachsener. In: Projekt Jugend und Arbeit (Hg.), *Jugendliche beim Einstieg in das Arbeitsleben. Regionale Chancenstrukturen und individuelle Strategien.* München

dies., 1990b: Veränderte Sozialisationsmuster in der Adoleszenz – welchen Stellenwert hat Arbeit für die Identität von Jugendlichen? In: du Bois-Reymond, Manuela/Oechsle, Mechthild (Hg.), *Neue Jugendbiographie? Zum Strukturwandel der Jugendphase.* Opladen.

Hárnik, Jenö, 1923: Schicksale des Narzißmus bei Mann und Weib. In: *Internationale Zeitschrift für Psychoanalyse*, hrsg. von Sigmund Freud, Jg. IX.

Heigl-Evers, Annelise/Weidenhammer, Brigitte, 1988: *Der Körper als Bedeutungslandschaft. Die unbewußte Organisation der weiblichen Geschlechtsidentität.* Bern, Stuttgart, Toronto.

Hessische Mädchenstudie (3), 1986: Mädchen in der offenen Jugendarbeit, hrsg. von der Bevollmächtigten der Hessischen Landesregierung für Frauenangelegenheiten. Wiesbaden.

Heinz, Walter, R./Krüger, Helga, 1990: Jugendliche vor den Hürden des Arbeitsmarktes. In: du Bois-Reymond, Manuela/Oechsle, Mechthild (Hg.), *Neue Jugendbiographie? Zum Strukturwandel der Jugendphase.* Opladen.

Heitmeyer, Wilhelm/Hurrelmann, Klaus, 1988: Sozialisations- und handlungstheoretische Ansätze in der Jugendforschung. In: Krüger, Heinz-Hermann (Hg.), *Handbuch der Jugendforschung*, Opladen.

Horney, Karen, 1931: Die prämenstruellen Verstimmungen. In: dies., *Die Psychologie der Frau.* Frankfurt am Main 1984.

dies., 1933: Die Verleugnung der Vagina. In: dies., *Die Psychologie der Frau.* Frankfurt am Main 1984.

Horstkemper, Marianne, 1988: *Schule, Geschlecht und Selbstvertrauen. Eine Längsschnittstudie über Mädchensozialisation in der Schule.* Weinheim, München.
dies., 1990: Zwischen Anspruch und Selbstbescheidung – Berufs- und Lebensentwürfe von Schülerinnen. In: Horstkemper, Marianne/Wagner-Winterhager, Luise (Hg.), Mädchen und Jungen – Männer und Frauen in der Schule. In: *Die Deutsche Schule.* 1. Beiheft.
Hurrelmann, Klaus/Rosewitz, Bernd/Wolf, Hartmut K., 1985: *Lebensphase Jugend. Eine Einführung in die sozialwissenschaftliche Jugendforschung.* Weinheim, München.
Irigaray, Luce, 1979: *Das Geschlecht, das nicht eins ist.* Berlin.
Jacobson, Edith, 1937: Wege der weiblichen Über-Ich-Bildung. In: *Internationale Zeitschrift für Psychoanalyse,* 23.
dies., 1964: *Das Selbst und die Welt der Objekte.* Frankfurt am Main 1973.
Jacoby, Russell, 1986: Psychoanalyse und Sexualität. In: *Sexualität,* hrsg. vom Psychoanalytischen Seminar Zürich.
Jones, Ernest, 1922: Some Problems of Adolescence (Einige Probleme des jugendlichen Alters). In: ders., *Paper on Psychoanalysis.* Baltimore 1948.
ders., Über die Frühstadien der weiblichen Sexualentwicklung. In: *Intern. Z. f. Psychoanalyse 1921.*
Kaplan, Louise, 1984: *Abschied von der Kindheit. Eine Studie über die Adoleszenz.* 1988.
dies., 1991: *Weibliche Perversionen. Von befleckter Unschuld und verweigerter Unterwerfung.* Hamburg.
Kestenberg, Judith S., 1968: Outside and Inside. Male and Female. In: *Journal of the American Psychoanalytical Association,* 26.
Klein, Melanie, 1932: *Die Psychoanalyse des Kindes.* Frankfurt am Main 1987.
Krüger, Helga, 1988: Zum Verhältnis von Allgemeinbildung und beruflichen Fähigkeiten von Frauen. In: Institut Frau und Gesellschaft, *Frauenforschung,* 4/88, 20–27.
Landauer, Karl, 1931: Das Menstruationserlebnis des Knaben. In: *Zeitschrift für psychoanalytische Pädagogik,* Vol. V.
Langer, Marie, 1953: *Mutterschaft und Sexus.* Freiburg 1988.
Laufer, Moses/Laufer, M. Eglé, 1984: *Adoleszenz und Entwicklungskrise.* Stuttgart 1989.
Mead, Margaret, 1928: Kindheit und Jugend in Samoa. In: dies., *Leben in der Südsee. Jugend und Sexualität in primitiven Gesellschaften.* München 1965.
dies., 1935: Geschlecht und Temperament in drei primitiven Gesellschaften. In: dies., *Leben in der Südsee. Jugend und Sexualität in primitiven Gesellschaften.* München 1965.
Meng, Heinrich, 1931: Über Pubertät und Pubertätsaufklärung. In: *Zeitschrift für psychoanalytische Pädagogik,* Vol. V.
Menstruation, 1931: *Sonderheft, Zeitschrift für psychoanalytische Pädagogik,* Vol. V.
Mitchell, Juliet, 1976: *Psychoanalyse und Feminismus.* Frankfurt am Main.
Mitscherlich-Nielsen, Margarete, 1978: Zur Psychoanalyse der Weiblichkeit. In: *Psyche,* Jg. 32.
dies., 1989: *Psychoanalyse als Aufklärung – nur für Männer? In: Was will das Weib in mir?* Hg. von Karola Brede. Freiburg.
Nadig, Maya, 1984: Frauen in der Kultur – Macht und Ohmacht. In: *Konkursbuch 12,* hrsg. von Gehrke, Claudia. Tübingen.
Olivier, Christiane, 1980: *Jokastes Kinder. Die Psyche der Frau im Schatten der Mutter.* Düsseldorf 1987.

Onanie, 1928: *Sonderheft, Zeitschrift für psychoanalytische Pädagogik*, Vol. II.
Ostner, Ilona, 1986: Die Entdeckung der Mädchen. Neue Perspektiven für die Jugendsoziologie. In: *Kölner Zeitschrift für Soziologie und Sozialpsychologie*, Jg. 38, 352–371.
Parin, Paul, 1986: Die Verflüchtigung des Sexuellen in der Psychoanalyse. In: *Sexualität*, 1986, hrsg. vom Psychoanalytischen Seminar Zürich.
Poluda-Korte, Eva, 1988: Brief an eine Freundin. In: *Mein heimliches Auge. Jahrbuch der Erotik III*. Tübingen.
Prokop, Ulrike, 1991: *Die Illusion vom großen Paar*, Bd. 1: Weibliche Lebensentwürfe im deutschen Bildungsbürgertum 1750–1770 und Bd. 2: Das Tagebuch der Cornelia Goethe. Frankfurt am Main.
Psychoanalyse und Pubertät, 1935: *Sonderheft, Zeitschrift für psychoanalytische Pädagogik*, Vol. IX.
Reiche, Reimut, 1990: *Geschlechterspannung*. Frankfurt am Main.
ders., 1991: *Einleitung zu: Freud, Sigmund, Drei Abhandlungen zur Sexualtheorie*. Frankfurt am Main.
Reinke, Ellen, 1978: Zur heutigen Diskussion der weiblichen Sexualität in der psychoanalytischen Bewegung. In: *Psyche*, Jg. 32.
Rettke, Ursula, 1987: Berufswünsche von Mädchen unter dem Diktat des Arbeitsmarktes. Die schrittweise »Verweiblichung« der Bildungs- und Berufsbiographien von Hauptschülerinnen. In: Bolder, Axel/Rodax, Klaus (Hg.), *Das Prinzip der aufge-(sc)hobenen Belohnung. Die Sozialisation von Arbeiterkindern für den Beruf*. Bonn.
Ritter, Martina, 1991: *Mädchen und Computer*. Unveröffentlichtes Manuskript. Frankfurt am Main.
Rohde-Dachser, Christa, 1990: Über töchterliche Existenz. In: *Zeitschrift für psychosomatische Medizin und Psychoanalyse*, 36. Jg.. Göttingen, Zürich.
dies., 1991: *Expedition in den dunklen Kontinent. Weiblichkeit im Diskurs der Psychoanalyse*. Berlin, Heidelberg, New York.
Rohr, Elisabeth, 1990: Begegnung mit Fremden – geschlechtsspezifische Unterschiede. In: Frischkopf, A./Schneider-Wohlfahrt, U., *Von der Utopie der multikulturellen Gesellschaft*. Köln.
Rotter, Lillian, 1936: Die Dynamik der Pubertät (Kongreßvortrag Marienbad). In: *Sexappeal und männliche Ohnmacht*, hrsg. von Benz, Andreas. Freiburg 1989.
Schlesier, Renate, 1981: *Konstruktionen der Weiblichkeit bei Sigmund Freud*. Frankfurt am Main.
Schmideberg, Melitta, 1931: Psychoanalytisches zur Menstruation. In: *Zeitschrift für psychoanalytische Pädagogik*, Vol. V.
Schnabel, Beate/Schwab, Angelika, 1991: Gesprächskreis mit Müttern: Töchter in der Pubertät. In: *Frankfurter Frauenblatt* 6.
Sechster Jugendbericht, 1984: Verbesserung der Chancengleichheit von Mädchen in der Bundesrepublik Deutschland. Hg. vom Deutschen Bundestag. In: *Zur Sache 1/84, Themen parlamentarischer Beratung. Probleme der Frau in unserer Gesellschaft*. Bonn.
Seidenspinner, Gerlinde/Burger, Angelika, 1982: Mädchen 82. In: Deutsches Jugendinstitut/Redaktion Brigitte: *Mädchen 82*. Hamburg.
Spiegel, Leo A., 1958: Comments on the psychoanalytic psychology of adolescence. In: *The Psychoanalytic Study of the Child*, 13. New York.
Tillmann, Klaus-Jürgen, 1990: Das Leben nach der Schule – Ausbildung, Beruf und Familie in den Lebensentwürfen junger Männer und Frauen. In: Rolff, Hans-G. u. a. (Hg.), *Jahrbuch der Schulentwicklung*, Band 6. Weinheim.

Torok, Maria, 1974: Die Bedeutung des »Penisneides« bei der Frau. In: Chasseguet-Smirgel, Janine (Hg.), *Psychoanalyse der weiblichen Sexualität*. Frankfurt am Main.

Trescher, Hans-Georg, 1985: *Theorie und Praxis der psychoanalytischen Pädagogik*. Frankfurt am Main.

Wagner-Winterhager, Luise, 1990: Bericht über den Teil 1: Jugendforschung als Zeitdiagnose. In: Bilanz für die Zukunft: Aufgaben, Konzepte und Forschung in der Erziehungswissenschaft, *Zeitschrift für Pädagogik*, Beiheft 25. Weinheim, Basel.

Waldeck, Ruth, 1988: Der rote Fleck im dunklen Kontinent. In: *Zeitschrift für Sexualforschung*, Nrn. 3 und 4.

Windhoff-Héritier, Adrienne, 1976: *Sind Frauen so wie Freud sie sah? Weiblichkeit und Wirklichkeit. Bausteine zu einer neuen analytisch-sozialpsychologischen Theorie der weiblichen Psyche*. Reinbek.

Winterstein, Alfred, 1928: Die Pubertätsriten der Mädchen und ihre Spuren im Märchen. In: *Imago*, Bd. 14. Wien.

Zoll, Rainer u. a., 1989: *›Nicht so wie unsere Eltern!‹ Ein neues kulturelles Modell?* Opladen.

Zulliger, Heinz, 1935: Über Hochstapler und Verwahrloste. In: *Zeitschrift für psychoanalytische Pädagogik*, IX.

Auf der Suche nach der ›verlorenen Stimme‹ in der weiblichen Adoleszenz – Shakespeares Schwester unterrichten*

Carol Gilligan

Letztes Jahr begann nach langen Diskussionen ein Frauen-Studien-Programm am Harvard College. Frauen-Studien sind heute nichts Neues mehr, dennoch stellt sich immer wieder die Frage: Was sind die Erfahrungen von heranwachsenden Mädchen in einer Kultur, die Frauen-Studien notwendig macht? Die Abwesenheit von Frauen im Curriculum, die für die Ausbildung ein Problem darstellt, schafft auch ein Problem in der weiblichen Entwicklung, ein Problem, mit dem Mädchen im Verlauf ihrer Ausbildung konfrontiert werden. Wie die lebhafte Kontroverse immer wieder bestätigt, bedeuten Gymnasial- und Hochschulbildung eine Initiation in die westliche Kultur, bei der die Studenten und Studentinnen mit der Art und Weise zu sehen, zu hören und zu sprechen bekannt gemacht werden, die nicht nur die westliche Zivilisation über die Jahrhunderte geprägt, sondern auch die Notwendigkeit von Frauen-Studien erzeugt hat. Die Abwesenheit von Frauen als signifikantes Fehlen zu erkennen, bedeutet demnach die Zivilisaton zu verändern, die Disziplinen zu reformieren und dadurch die Hochschulausbildung als ganze neu zu strukturieren. Wenn also Studentinnen – die Hälfte der Universitätsangehörigen – ihre Wahrnehmungen oder ihre Fragen als verwirrend erfahren, so deshalb, weil sie es auch tatsächlich sind.

Es war in der Graduate School, sagte eine Frau – selber soeben graduiert –, wo sie die Bedeutung »der Disziplinen« lernte. In der Graduate School mußte sie ihre Fragen in der Politikwissenschaft (ihrem Wahlfach) beiseiteschieben und lernen, was die richtigen Fragen sind bzw. die Fragen, die sie stellen müßte, um eine gute Politologin zu werden. Deshalb entwickelte sie

---

* aus: Making Connections. The Relational Worlds of Adolescent Girls at Emma Willard School, hg. von Carol Gilligan, Nona P. Lyons, Trudy J. Hanmer, Cambridge/London 1990, S. 6–29. (Copyright 1989 Carol Gilligan)

folgende Praxis: Sie saß an ihrem Schreibtisch und notierte ihre Gedanken zu Hannah Arendt (deren Werke sie während des Sommers gelesen hatte) auf kleinen Zetteln, die sie dann in die Schublade stopfte, und ließ die Schreibtischplatte frei für Locke und Mill und Rousseau. Hannah Arendt, so sagte man ihr, schreibe zwar gut und sei interessant, aber sie sei keine wirkliche Politikwissenschaftlerin. Die graduierte Studentin fürchtete insgeheim, daß sie selbst auch keine sei. Beim Unterrichten solcher Studentinnen stellt sich die Frage: Was lehrt man sie?

Ich will mit Shakespeare beginnen, der sich am Anfang seines letzten Stücks der Frage der Töchtererziehung widmet. Miranda, die die furchtbare Sturm- und Schiffbruchszene miterlebt, mit welcher *Der Sturm* einsetzt, ruft aus, daß sie es nicht ertragen könne, solche Leiden mitanzusehen. »Wär' ich ein Gott der Macht gewesen«, sagt sie, sie würde diesem Geschehen Einhalt geboten haben. An diesem Punkt entscheidet Prospero, daß es nun Zeit für ihre Erziehung sei. »Nimm den Zaubermantel von mir«, sagt er, »öffne dein Ohr,/Gehorch und merke!« Zuvor aber fragt er, ob sie sich an eine Zeit erinnern könne, bevor sie zu dieser Insel gekommen waren. »S'ist weit weg«, sagt Miranda, »Und eher wie ein Traum als wie Gewißheit ... [aber] Hatt' ich nicht/Vier bis fünf Frauen einst zu meiner Wartung?« – »Mehr«, sagt Prospero, »doch wie kommt's,/Daß dies im Geist dir lebt?«

Kurz, Mirandas Fragen – Warum all das Leiden? und: Wo sind die Frauen? – sind ohne Bedeutung für die Geschichte, die Prospero zu erzählen beginnt: von Hofintrigen; vom Verrat durch seinen Bruder, der eine Allianz mit dem König von Neapel einging und sein Königreich übernahm; von ihrer Mutter, die, wie Prospero erklärt, »ein Tugendbild war« und deren Tugend sich darin manifestierte, daß Miranda tatsächlich seine Tochter sei, die ihm, Prospero, der Trost während der dunklen Zeit des Exils und der Seereise war, welche sie beide, Vater und Tochter, zu dieser seltsamen Insel mit ihrer Mischung aus alter und neuer Welt geführt habe.

Miranda hört der Erzählung ihres Vaters zu, dieser Geschichte von Schmerz und Leiden, von Intrige und heroischem Abenteuer. Sichtlich bewegt, dankt sie ihm für seinen Unterricht. »Doch nun«, sagt sie, auf ihre Frage zurückkommend, »denn stets noch tobt mir's im Gemüt, – ich bitt Euch/Warum erregt Ihr den Sturm?« Prosperos Antwort ist *Der Sturm* – das Theaterstück –, jenes große Musikdrama, das Festspiel westlicher Zivilisation, das Miranda am Ende Ehre, Reichtum, Hochzeit und den Segen des Vaters bringt. Die Kosten dieser Erziehung sind allerdings auch klar. In der letzten Szene sagt Miranda, die mit ihrem Ehemann Ferdinand Schach spielt, daß sie »um ein Dutzend Königreiche« durchaus gewillt wäre, ein falsches Spiel ehrlich zu nennen. Was in dem Stück *Der Sturm* eigentlich untergegangen oder in den Untergrund abgedrängt worden ist, ist Mirandas authentische Stimme.

1928 schrieb Virgina Woolf darüber, was es heißt, aus dieser Welt ausgeschlossen zu sein – wortwörtlich ausgeschlossen aus ihren großen Universitäten, nicht autorisiert, in die Bibliotheken zu gehen und zu sehen, wie sie es gemacht hatten: wie Milton sein Manuskript verfaßte, welche Wörter er durchgestrichen, welche Korrekturen er vorgenommen hatte. Ausgeschlossen auch aus dem kreativen Prozeß, der mit Shakespeares Stücken seinen Fortgang nahm. Um dieses Problem zu untersuchen, erfindet Woolf nicht die Figur von Prosperos Tochter, sondern von Shakespeares Schwester, die sie Judith Shakespeare nennt – die Dichterin, die »jung starb und nie ein Wort schrieb«. Sie liegt begraben, erzählt uns Woolf, an einer Wegkreuzung – dem Ort, wo Ödipus seinen Vater tötete, »wo jetzt die Omnibusse halten, außerhalb von Elephant und Castle«.* Woolf aber war überzeugt, daß unter dieser scheinbar gewöhnlichen Oberfläche des täglichen Lebens »diese Dichterin, die nie ein Wort schrieb und an einer Straßenkreuzung begraben wurde, noch lebendig ist ... und nur der Gelegenheit bedarf, im Fleische unter uns zu wandeln«. Ihr diese Gelegenheit zu geben, schärft sie ihren Leserinnen ein, »liegt nun in Ihrer Macht«. Das war im Jahr 1928.

In meinem Seminar über klinische Interviews im vergangenen Herbst forderte ich die Studenten und Studentinnen auf, eine ›echte‹ Frage zu stellen, eine Frage, auf die sie wirklich gern eine Antwort hätten, und die es erforderlich machen würde, mit jemand anderem zu sprechen. Für einige Frauen im Seminar erwies sich diese Übung als befremdlich. Eine ›echte‹ Frage in ihre Beziehung zu anderen hineinzubringen, wirkte verunsichernd und schien ihre gewohnten Beziehungen, selbst zu alten und guten Freunden, zu verändern. Andere machten sich Gedanken über diese Übung und schrieben über die Anstrengung, die es erforderte, »gute Fragen« oder »wichtige Fragen« aus ihrem Kopf auszusortieren, so als ob sie erst herauskriegen müßten, was ihre echten Fragen eigentlich seien. Ich dachte darüber nach, warum die Übung besonders aufschlußreich für Studentinnen war, und auch über die damit verbundene Hoffnung, daß Frauen echte Fragen stellen, da sie qua Erziehung eine Welt betreten, deren Tradition von Sturm und Schiffbruch nun unsere Zivilisation bedroht.

Vor einigen Jahren habe ich die Entwicklung von Frauen anhand von Beobachtungen beschrieben, wie Frauen über Moral und über sich selbst

---

* »Elephant und Castle« ist ein belebter Platz im Südosten von London und hat seinen Namen von einem Gasthaus, das im Mittelalter bis zum Beginn der Industrialisierung Knotenpunkt wichtiger Handelsstraßen und Reisewege war (Anm. der Herausgeberinnen).

sprechen (Gilligan 1977, 1982). Die Themen, die in diesen Gesprächen angeschnitten wurden, hatten zu tun mit dem Existenzkampf, mit dem Guten und dem Wahren – besonders mit der Wahrheit über soziale Beziehungen und über Gewalt. Als ich die Veränderungen des Denkens innerhalb eines Zeitraums nicht nur bei College-Studentinnen und Graduierten verfolgte, sondern auch bei schwangeren Frauen, die darüber nachdachten, was sie jetzt tun sollten, stellte ich fest, daß die Sorge um die Existenz (die sich in einem Gefühl des Alleinseins manifestierte) von der Sorge um das Gutsein abgelöst wurde – eine gute Frau zu sein, d. h. fürsorglich zu sein oder die Sorge für andere zu übernehmen, oft auch eine Bereitschaft, sich selbst für andere aufzuopfern, in der Hoffnung, von denen geliebt und umsorgt zu werden, um die man sich sorgt. Das zentrale Problem – sich von den anderen verlassen fühlen oder glauben, man sollte sich selbst für die anderen aufgeben – war ein Problem der Bindungslosigkeit und führte oft zu verzweifelten Handlungen, zu verzweifelten Bemühungen, irgendeine Verbundenheit herzustellen. Einige Frauen sprachen jedenfalls so über ihre Schwangerschaft. Frauen können mit ihrem Körper eine Bindung dadurch herstellen, daß sie ein Kind haben, das bei ihnen ist und sie liebt.

In diesen Kämpfen um Bindung und Verbundenheit wurde für mich ein zentrales Inklusions-Dilemma evident: Wie beides, sich selbst und andere, vermitteln? Die Bindung zu anderen zu suchen, indem man sich selbst ausschließt, ist eine zum Scheitern verurteilte Strategie. Dennoch scheinen heranwachsende Mädchen und erwachsene Frauen oft in dieses Dilemma zu geraten: Ist es besser, auf andere einzugehen und sich selbst aufzugeben, oder auf sich selbst einzugehen und andere aufzugeben? Die Hoffnungslosigkeit dieser Frage markierte eine Blockierung in der weiblichen Entwicklung, einen Punkt, an welchem der Wunsch nach Beziehungen dem Gutsein oder der Existenzbehauptung geopfert wurde. Adoleszenz schien für Mädchen, die in der westlichen Kultur heranwachsen, eine Bindungskrise darzustellen. Mehr und mehr interessierte mich, welche Rolle Erziehung und Ausbildung in dieser Krise spielen.

In Gesprächen mit verschiedenen Frauen und beim Nachzeichnen ihres Denkens und Lebens über einen gewissen Zeitraum stellte ich fest, daß Überlebensbemühungen als »selbstsüchtig« abgestempelt wurden. Als Bedingung für Beziehungen wurde stattdessen die Bereitschaft angesehen, auf andere einzugehen. Diese Bereitschaft verband sich oft mit konventionellen Vorstellungen von weiblichem »Gutsein«, gemäß welchen die gute Frau »selbstlos« auf die Bedürfnisse der anderen eingeht. Das Bedürfnis, selbstlos zu erscheinen, führte bei den Frauen zu Anpassungsstrategien, die manchmal eine Krise beschleunigten. Dies hatte zur Folge, daß die Frauen sich mit der Frage nach der Wahrheit beschäftigten: der psychologischen Wahrheit, daß Beziehungen die Präsenz von beiden, dem Selbst und den anderen, impliziert, und der sozialen Wahrheit, daß die Fürsorge für andere eigener Ressourcen bedarf, in der nordamerikanischen Gesellschaft jedoch mit ökonomischen Nachteilen verbunden ist. Konfrontiert mit diesen Wahrheiten, tendieren Frauen entweder dazu zu fragen, warum also Fürsorge? Oder zu fragen, wie es für sie möglich sei, in Verbundenheit mit sich selbst, den anderen und der Welt zu leben.

Diese Untersuchung hinterließ bei mir eine ungelöste Frage. Die Entwicklungssequenz, die ich auf drei Ebenen verfolgt hatte – Existenzkampf, Gutsein und Wahrheit – sowie bei zwei Übergängen – Wiederherstellung von Beziehungen, indem der Ausschluß entweder ihrer selbst oder von anderen vermieden wird –, entsprach nicht meinen Beobachtungen bei jüngeren Mädchen. Kurz, die Sequenz, die ich bei heranwachsenden Mädchen und erwachsenen Frauen über einen bestimmten Zeitraum und durch die Krise hindurch beobachtet hatte, schien nicht auf die Kindheit zurückführbar zu sein. Vielmehr schien sie eine Antwort auf die Krise zu sein, und die Krise war vermutlich die Adoleszenz. Die Adoleszenz stellt junge Mädchen in der westlichen Kultur vor Bindungsprobleme, und die Mädchen sind versucht oder ermutigt, diese Probleme dadurch zu lösen, daß sie sich selbst ausschließen oder andere ausschließen – das heißt, eine gute Frau zu sein oder egoistisch zu sein. Viele gängige Bücher raten zur einen oder zur anderen dieser Lösungen. Aber das Problem, mit dem Mädchen in der Adoleszenz konfrontiert sind, ist auch ein Problem unserer Zeit: die Notwendigkeit, in Anerkennung der Differenzen Wege der Verbindung zu finden.

Margaret Atwood
Das ist ein Foto von mir

Das Foto wurde gemacht
am Tag nachdem ich ertrunken war.
Ich bin in dem See, im Mittelpunkt
des Bildes, gerade unter der Oberfläche.

Es ist schwer zu sagen wo
genau, oder zu sagen
wie groß oder klein ich bin:
Der Einfluß von Wasser
auf Licht bewirkt eine Verzerrung

aber wenn man lange genug hinschaut,
schließlich
wird man mich sehen können.

(gekürzte Übersetzung von Angelika Löfflat)

Adoleszenz scheint ein Wendepunkt in der weiblichen Entwicklung zu sein, eine Zeit, in der Mädchen in Gefahr sind, unterzugehen oder zu verschwinden. »Das ist ein Foto von mir«, ein Gedicht von Margaret Atwood, verdeutlicht die Erfahrung von Mädchen, gleichsam von der Bildfläche verschluckt zu werden oder aus dem Blick zu schwinden.

Psychologen, die festgestellt haben, daß Jungen negativer auf Streß reagieren als Mädchen, beobachteten, daß sich dieses Muster während der Adoleszenz umkehrt (Rutter 1986, Werner und Smith 1982, Elder u. a. 1985). In der Adoleszenz zeigen sich bei Mädchen eher psychische Probleme (Ebata 1987), und sie reagieren während der frühen Adoleszenz negativer auf Streßsituationen (Crockett und Peterson 1987). Zudem nehmen Phasen von Depression bei Mädchen in der Adoleszenz zu (Rutter 1986); Mädchen haben eher als Jungen einen verachtenden Ton in ihrer Selbstdarstellung (Gove und Herb 1974) und zeigen häufiger Störungen in der Selbsteinschätzung (Crockett und Peterson 1987).

Daß diese Probleme in der adoleszenten Entwicklung von Mädchen eher Bindungs- als Trennungsprobleme darstellen (wie Psychologen traditionellerweise angenommen hatten), wird durch neuere Forschungen belegt – durch die Feststellung von Rogers, daß die Entwicklung eines klaren Selbstbewußtseins bei Mädchen mit dem Interesse an Fürsorge und Hingabe in Beziehungen verknüpft sei (1987), sowie durch Skoe und Marcia, die herausfanden, daß ein starkes Selbstgefühl bei College-Frauen mit der Fähigkeit einhergehe, Probleme der Fürsorge in Beziehungen zu lösen und dabei mit sich selbst wie mit anderen verbunden zu bleiben (1988).

Um sich selbst nicht aufzugeben, müssen Mädchen den Konventionen von weiblicher Güte widerstehen; um anderen gerecht zu werden, müssen sie die Wertschätzung zurückweisen, die in der nordamerikanischen Kultur dem Egoismus und der Unabhängigkeit beigemessen wird. Deshalb verweist die Herausbildung eines klaren Selbstbewußtseins in Beziehungen zu anderen bei Mädchen – zumindest innerhalb der durchschnittlichen nordamerikanischen Kultur –, zugleich auf das Problem des Widerstands und zudem auf die Frage, was eine Beziehung für sie, für andere und für die Welt bedeutet.

Josselson (1987) berichtet, daß Frauen, die durch Krisenerfahrungen in wichtigen Beziehungen in diese Fragen verstrickt waren, ein stärkeres Selbstgefühl herausgebildet haben, und Miller und ihre Kollegen (1976 und 1984) stellen klinische Untersuchungen zur Verfügung, welche die zentrale Bedeutung von Bindungen im Leben und in der psychischen Entwicklung von Frauen belegen.

In Erinnerung an Eriksons Akzentuierung der alten medizinischen

Bedeutung des Wortes »Krise« – Wendepunkt zum Besseren oder Schlechteren, oder gemäß dem chinesischen Schriftzeichen die Kombination von Chance und Gefahr – fragte ich mich: Sind Mädchen aufgrund ihrer sehr akuten persönlichen Konfrontation mit Bindungslosigkeit in der Adoleszenz Bindungsproblemen gegenüber aufgeschlossener? Trifft dies insbesondere in einer Epoche zu, in der Beziehungen im allgemeinen korrumpiert sind, und zwar in ähnlicher Weise korrumpiert wie die Autorität in der Reformationszeit, die Erikson in seiner Studie über Martin Luther (1958) beschrieb? Stimulieren die Sensibilität eines Mädchens, ihre Faszination durch die menschliche soziale Welt und ihr Wissen über Beziehungen bei ihr gegenwärtig die Angst vor Bindungslosigkeit auf einer gesellschaftlichen und globalen Ebene?

Eriksons Martin Luther-Analyse zufolge sensibilisierte die kindliche Wahrnehmung der verkommenen Familienautorität Luther für die allgemeine Verkommenheit der Autorität in der Welt des Spätmittelalters. Sind Mädchen, die verletzlicher auf die Korruption der Liebe innerhalb der Familie reagieren, auch empfänglicher für Bindungsverlust und Vertrauensbruch, für Beziehungsprobleme und Gewalt in der Welt, in die sie als junge Frauen eintreten, so daß auf der Schwelle der Adoleszenz, da Mädchen diese Probleme bemerken und sich Gedanken darüber machen, eine Kampf- und Krisensituation entsteht?

In diesem Kontext begann ich, den elf- und zwölfjährigen Mädchen, die ich untersuchte, mehr Aufmerksamkeit zu schenken und zu beobachten, wie häufig sie sich den psychologischen Interviewern standfest verweigerten, fest entschlossen, Meinungsverschiedenheiten zu ertragen, und unwillig, zurückzustecken, wenn sie gefragt wurden: »Bist du sicher?« So schreibt eine Zwölfjährige in einem Satzergänzungstest: »Ein Mädchen fühlt sich gut, wenn – sie ihren Standpunkt bewiesen hat und außerdem die einzige war, die dachte, daß er richtig ist.« Eine andere schreibt: »Was mich in Schwierigkeiten bringt, ist: Kaugummikauen und ein zerknautschtes Hemd, aber meistens lohnt es sich« (Rogers und Gilligan 1988). In einer Studie über Jugendliche, die im Stadtzentrum leben, erklärt eine Zwölfjährige ihre Entscheidung, das Haus zu verlassen (als es ihr untersagt war) und auf das Hilfsbedürfnis einer Nachbarin einzugehen, einfach dadurch, daß sie sagt: »Ich mußte ihr helfen ... es war absolut notwendig« (Bardige u. a. 1988).

Mädchen in diesem Alter gelten oft als »rechthaberisch«. Eine Lehrerin in der 6. Klasse berichtet, daß, wenn sie die Aussage eines Mädchens unkorrekt wiedergebe, das betreffende Mädchen sie meistens scharf fixiert und sagt: »Das ist nicht das, was ich meine.« Lehrer finden es oft schwierig, mit der Direktheit von Mädchen in diesem Alter umzugehen. Und Lehrerinnen finden es besonders unangenehm, das Experimentieren mit Einschluß und Ausschluß zu ertragen – die quälenden Cliquenbildungen, durch welche Mädchen entdecken können, wie man sich fühlt, wenn man ausgeschlossen ist, und was es heißt, in der Clique aufgenommen zu sein, und die auch eine Art Pantomime oder Spiegel der Erwachsenenwelt darstellen, so wie Mädchen sie sehen.

Mütter sprechen manchmal von einem Gefühl großen Verlustes, wenn ihre Töchter die Adoleszenz erreichen, ich glaube, weil sie die freimütige Kameradin vermissen, die sie zuvor in ihren Töchtern fanden. Und das Bild des zwölfjährigen Mädchens kehrt in Gedichten wieder, geschrieben von zeitgenössischen Frauen. Zwei Lyrikerinnen, die in einem ganz unterschiedlichen kulturellen Rahmen arbeiten, präsentieren auffallend ähnliche Beschreibungen der Rückkehr ihres zwölfjährigen Selbst – imaginiert als ein Mädchen, das sie allein am Wasser sitzend verlassen hatten. Beide Lyrikerinnen verdeutlichen die Tradition von Sturm und Schiffbruch, und ihre Gedichte enthalten als Echo Mirandas Fragen: Warum all das Leiden, und wo sind die Frauen? So schreibt die in Jamaica geborene Michelle Cliff in ihrem Gedichtband *The Land of Look Behind* (Das Land des Rückblicks) in dem Abschnitt »Claiming an Identity They Taught Me to Despise« (Anspruch auf eine Identität, die zu verachten sie mich lehrten) in einer Passage, betitelt »Obsolete Geography«:

»I. Flugzeugschatten bewegen sich über die Berge, lassen mich zurück bei klaren Flüssen, tanzenden Vögeln, süßen Früchten. Sitze auf einem Fels am Fluß, meine Beine baumeln im Wasser. Ich bin zwölf – und einsam.
II. An einem Abhang suche ich nach Mangos. Als ich den Baum schüttle, fällt die Frucht herunter: ihre Süße zerplatzt an meinen Füßen. Ich sauge das restliche Fleisch vom haarigen Kern. Der Saft des Stiels verfärbt meine Lippen – die später eitern. Ich bin gewarnt, daß ich verletzt werden könnte.«

Diese Zwölfjährige, mit ihren im Wasser baumelnden Beinen, genießt die Freuden der natürlichen Welt, ist aber gewarnt, daß sie verletzt werden könnte.

»III. Mein anderes Leben der Schulbücher, Lektionen, Hausaufgaben geht weiter. Ich versuche, es nicht zu beachten.
IV. Dinge, die hier leben: Sternfrucht, Ananas, Zimtapfel, Südseeapfel, Tamarinde, Ginep, Avocado, Guave, Cashew, Zuckerrohr; gelbe und weiße Jamswurzel, St. Vincent-Jamswurzel, rote Ameisen, schwarze Ameisen, Pfefferameisen; Fledermäuse, Skorpione, Nachtigallen, Spinnen; Maniok, Annona, Guanabana, Cho-cho, Okra, Guango, Mahoe, Mahagoni, Ackee, Kochbanane, Zwergbanane; Poly-Eidechse, Smaragdeidechse, krächzende Eidechse, Erd-Eidechse.
V. Die Sau ist groß und hängt an ihren Hinterbeinen aufgeknüpft von einem Baum im Hof. Sie schreit – ihre Agonie ist nicht bewußt. Man hatte mir verboten, zuzusehen, wie sie geschlachtet wird, aber mein zwölfjähriges Ich will das Strömen des Bluts. Ein

kleines Messer wird an ihrem Hals angesetzt, wird vorgestoßen und zurückgezogen, bis die Kehle aufgeschlitzt ist, die Wunde sich weitet und das Blut herausfließt und den Hof bedeckt. Als ihre Schreie aufhören, fangen meine an. Ich habe schon öfter das Schlachten gesehen, aber dieses eine werde ich nicht vergessen.«

In Cliffs dunkler Wiedergabe der Garten-Eden-Geschichte sieht das zwölfjährige Mädchen etwas, was ihr verboten war anzusehen – »wie sie geschlachtet wird«. Ihr Wunsch, daß das Blut fließen möge, mischt sich mit dem Anblick fließenden Blutes, eine verwirrende Mischung von Blut und Blut, von Lebendigkeit und Gewalt.

Sharon Olds, geboren in Kalifornien, beschreibt in einem Gedicht mit dem Titel »Time-Travel« eine Reise zu Stationen ihrer Kindheit. »Ich habe gelernt, zurückzugehen«, sagt die Erzählerin, »und herumzulaufen und die Fenster und Türen zu finden.« Das Thema ist wieder das Überleben, und sie, die Überlebende, ist wegen ihres zwölfjährigen Ichs gekommen. Während sie still zurückgeht in »den letzten Sommer, den die Familie zusammen war«, findet sie sich selbst unten am Seeufer:

> ein Mädchen,
> zwölf Jahre alt, beobachtet, wie das Wasser
> kommt und geht. Ich gehe von hinten auf sie zu,
> ich berühre ihre Schulter, sie dreht ihren Kopf –
> ich sehe mein Gesicht. Sie sieht durch mich hindurch
> hinauf zum Haus. Das ist es, warum ich
> gekommen bin. Ich blicke in ihre Augen, die Wellen,
> dickflüssig wie die Luft in der Hölle, kräuseln sich
> über und über. Sie weiß nicht,
> ob all dies jemals aufhören wird.
> Sie weiß nicht, daß sie die einzige
> Überlebende ist.

Diese Gedichte, geschrieben von erwachsenen Frauen, legen nahe, daß Shakespeares Schwester – die Dichterin, die jung starb und nie ein Wort schrieb – im Alter von zwölf Jahren gestorben ist. Und begraben wurde sie an der Kreuzung zwischen Kindheit und Adoleszenz, dem Treffpunkt von Mädchen und Frauen. Dadurch, daß Sharon Olds ihr Gedicht an dieser Schnittstelle plaziert, lenkt sie den Blick der Leser/in auf eine überraschende Disjunktion: Das Mädchen in ihrem Gedicht dreht in Reaktion auf die Berührung der Frau den Kopf und sieht durch die Frau hindurch. Das zwölfjährige Mädchen, das die Gegenwart einer Frau spürt, die sie nicht sieht, deutet auf ein fehlendes Glied in der Generationenkette hin – ein Glied, das Woolf im Hinblick auf Frauen für entscheidend hielt und das mit Erziehung zu tun hat.

Bei Interviews mit Mädchen in der Adoleszenz, in der Zeit zwischen dem Wissen von Zwölfjährigen und der Erinnerung von erwachsenen

Frauen, hatte ich manchmal das Gefühl, eine Welt des Untergrunds zu betreten, von Mädchen in Höhlen des Wissens geführt zu werden, die dann plötzlich verdeckt waren, als ob nichts gewußt und nichts geschehen wäre. Was ich hörte, war zugleich vertraut und verblüffend: das Wissen von Mädchen über die soziale Welt, ein Wissen, aufgelesen durch Hinsehen und Zuhören, durch Zusammenstückeln von Gedanken und Gefühlen, Tönen und Blicken, Antworten und Reaktionen, bis sie ein Muster ergeben, bezwingend in seiner psychischen Logik. Solches Wissen auf seiten der Mädchen wird in Beschreibungen der psychologischen Entwicklung oder in klinischen Fallstudien nicht repräsentiert, und was schlimmer ist, es wird von Mädchen in der Adoleszenz selbst verworfen, die oft von ihrem eigenen Wissen getrennt zu sein scheinen und ihre Beobachtungen regelmäßig dadurch einleiten, daß sie sagen, »ich weiß nicht«.

In einer Mädchenschule in einer großen Stadt im Mittelwesten waren Zwölfjährige, als sie aufgefordert wurden, eine mächtige Lernerfahrung zu beschreiben, ebenso bereit, eine Erfahrung zu beschreiben, die innerhalb der Schule stattfand, wie eine, die sich außerhalb der Schule abspielte. Im Alter von fünfzehn lokalisierten mehr als doppelt so viele Mädchen eindrückliche Lernerfahrungen außerhalb der Schule. Im Hinblick auf die Art der Erfahrungen waren Fünfzehnjährige eher als Zwölfjährige geneigt, über Erfahrungen außerhalb der Schule zu sprechen, wo die Familie, Freunde und Bekannte die zentralen Katalysatoren des Lernens waren (Braun 1988). Zwischen zwölf und fünfzehn – wenn der Schulabbruch in den städtischen Zentren zur Normalität wird – scheint die Erziehung von Mädchen sich aus der öffentlichen Sphäre in einen privaten Bereich zu verlagern. Ist das die Zeit, fragte ich mich, in der das Wissen von Mädchen begraben wird? Ging das Lernen von Mädchen in den Untergrund?

Diese Frage tauchte immer wieder auf, als ich über meine Erfahrungen beim Interviewen von adoleszenten Mädchen an der Emma Willard School in Troy, New York, nachdachte. Die isolierte Lage und seine von Mauern umgebenen Anlagen machten dieses Internat zu einer seltsamen Insel im Strom unseres gegenwärtigen Lebens, zu einer eigenartigen Mischung aus alter und neuer Welt. An diesem widerhallenden Schauplatz hörte ich die Mädchen sprechen über stürmische Ereignisse in Beziehungen und über Vergnügen in Beziehungen, wobei sie ein Wissen erkennen ließen, das oft in detaillierten Beschreibungen von inneren psychischen Welten gründete – relationale Welten, durch welche die Mädchen sich manchmal frei bewegten und durch die sie manchmal blockiert oder eingeengt zu sein schienen. Als ich diesem Wissen nachspürte, hatte ich das Gefühl, gleichsam die Untergrund-City weiblicher Adoleszenz zu betreten, den Ort, wo mächtige Lernerfahrungen gemacht wurden. Das Tor zu dieser Unterwelt trug die Inschrift »Ich weiß nicht« – das Zeichen von Repression, und das Codewort der Mitgliedschaft oder das Paßwort war die Phrase »Du weißt schon«. Ich fragte mich nach dem Verhältnis zwischen diesem Wissen und dem anderen von Schulbüchern, Lektionen und Hausaufgaben bestimmten Leben der Mädchen.

Eines Nachmittags, im zweiten Jahr der Studie, und am Ende eines Interviews mit Gail, einem Mädchen, zu dem ich keinen besonderen Kontakt bekommen hatte, fragte ich sie, ob sie nicht neugierig sei auf das »es«, das sie beschrieb, »das Problem«, das zwischen ihr und ihrer Fähigkeit stand, »das ihrem Potential Entsprechende zu erreichen«, das Ding, das sie daran hinderte, »meine Sache durchzuziehen«. Gail sagte, sie wüßte nicht, ob sie »jemals verstehen würde, was das Problem ist, aber ich hoffe, daß es eines Tages verschwunden ist und ich glücklich sein werde«. Ich fragte, wie es verschwinden wird. Sie sagte, sie wüßte es nicht, daß es aber »traurig wäre, wenn nicht«. Ich fragte sie, ob sie neugierig sei; sie sagte, sie wüßte nicht. Wir fuhren fort mit den Interview-Fragen. Als sie über sich selbst in der Zukunft nachdachte, fragte ich, wie sie sich ihr Leben vorstellte, was ihrer Meinung nach andere von ihr erwarteten und was sie für sich selbst erhoffte. Sie würde warten, sagte sie, um zu sehen, ob »es passiert«. Sie fühlte, sie sei an »diese große Mauer« gestoßen. Wir fuhren fort. Am Ende sagte Gail, »vielleicht zeichne ich es irgendwann mal.« Scheinbar wußte sie, wie es aussah. Ich fragte, in welcher Farbe sie es machen würde; »so wie dunkles Elfenbein«, sagte sie. Welche Form? »Ein Riesen-Eisblock. So hoch ... sehr dick. Ein Eiswürfel, der vor mir steht.« Sie sagte, daß sie ihn schmelzen könnte, aber daß sie »sehr hohe Temperaturen dazu brauchte«.

Das Wasser, dachte ich, an dem das zwölfjährige Mädchen saß, war mittlerweile zugefroren. Seine Oberfläche bewegte sich nicht mehr und reflektierte nicht mehr. Sie war zugedeckt. Was einmal flüssig war, ist fest geworden, hat sich in »diese große Mauer« verwandelt.

Im darauffolgenden Jahr fing Gail an – nun Schülerin der Abschlußklasse –, in der Sprache der Sozialwissenschaften mit mir zu reden. »Ich möchte anmerken«, sagte sie, »daß mit Bezug auf meine letzten beiden Interviews es mir schwierig erscheint, an die tatsächlichen Meinungen von weiblichen Teenagern in diesem jungen Alter heranzukommen, weil die meisten Mädchen wirklich nicht wissen, was sie denken.« Wenn ich sie an einem anderen Tag interviewt hätte oder wenn ich eine andere Person gewesen wäre, hätte ich »ganz andere Dinge herausgekriegt«, besonders weil »eine Menge Fragen, die Sie gestellt haben, nicht die Fragen sind, die ich mir jemals gestellt habe ... und hinterher überlegte ich, meinte ich das wirklich? ... Ich glaube nicht, daß Sie an das herankommen, was mir wichtig ist; Sie bekommen das und anderes, alles ganz gleichgewichtig.« Ich fragte:

»Also, gibt es keine Möglichkeit zu wissen, was wahr oder was wichtig ist?« Sie stimmte zu. Ich begann mit den Interview-Fragen: »Im Rückblick auf das vergangene Jahr« – und schlug ihr vor, als wir fortfuhren, mir zu erzählen, welche Fragen das waren, die sie sich selbst gestellt habe und die ... Gail wechselte plötzlich die Diskursart. »Ich fühle mich jetzt sehr viel älter als letztes Jahr.« Ein Modus, über sich selbst zu sprechen (»weibliche Teenager ... wissen wirklich nicht, was sie denken«) wich einem anderen (»ich fühle mich jetzt«). Die Beziehung zwischen diesen beiden Arten, über sich selbst zu sprechen, schien entscheidend zu sein. Um in ihrem eigenen Bild zu bleiben, verfestigte ein Sprachmodus die Barriere zwischen ihr und ihrem Wissen, und ein anderer stellte über das Wissen, wie sie sich fühlte, eine Öffnung her, eine Passage. »Ich fühle mich wirklich fähig«, erklärte Gail, indem sie die Öffnung wahrnahm,

»mir eine Perspektive zu geben bei einer Reihe von Problemen, die mich verwirrt haben, und ich habe die Tendenz, alles für mich zu behalten. Sachen, die mir zu schaffen machen. Ich behalte sie für mich, und dann fange ich an, mich so zu fühlen, einfach gequält, und ich kann wirklich nicht – es verdreht einfach jede Wahrnehmung ... Aber ich habe die Ursache meiner ganzen Blockierung entdeckt. Also, ich kriegte schlechte Noten, und ich erzählte Ihnen von einem mysteriösen Block letztes Jahr, der wie eine Mauer war. (*Ich erinnere mich genau.*) Nun, ich kriegte heraus, was da los war. Ich kriegte es letzte Woche heraus. Durch meine ganze Kindheit hindurch interpretierte ich, was meine Eltern im Geist zu mir sagten. Nie artikulierte ich diese Interpretation.«

Das Nichtartikulierte oder Ungesprochene, bindungslos geworden, hatte alles unter einen falschen Blickwinkel gestellt, »verdrehte einfach jede Wahrnehmung«. Was sie als Meinungen ihrer Eltern über sie interpretierte, war, daß »ich schon sehr früh unabhängig und selbständig sein sollte«. »Deshalb«, sagte Gail, »mußte ich alles, was meine Auffassung von dem, was ich sein sollte, irritierte, in mich hineinsaugen, als wäre ich ein großer Schwamm und hätte eine enorme Erschütterungsfestigkeit, an der alles abprallt.« Was Gail in sich aufnahm, war mit Sicherheit etwas, was sie erschütternd fand, aber sie hatte das Gefühl, daß sie sich so verhalten müßte, als ob sie ein Schwamm wäre und das Schockierende einfach aufsaugen könnte. Und so »fühlte ich mich schlecht, (aber) ich konnte nichts dagegen tun. Ich konnte nichts sagen. Weder über Noten noch über persönliche Probleme und Beziehungen« – während fast der ganzen Zeit ihrer Adoleszenz. Aber dann, »letzte Woche, letzten Mittwoch, kam alles ins Rollen, und ich habe jetzt wirklich das Gefühl, daß ich verstehe, was mit mir los war, ich kann meinem Leben jetzt eine Perspektive geben«. Daher, erklärte Gail, müßte sie nicht länger an diesem Nichtwissen festhalten, was sie so beschreibt:

»Was ist los, was ist los mit mir? Was passiert? Warum bin ich nicht in der Lage, es zu sehen? Warum ist das so schwierig für mich? Und dann natürlich, wenn ich es schließlich rauslasse, vielleicht alle sechs Monate, ist es wie ein Stuhl, der Schatten wirft und enorme Gitter an die Wand malt. Alles wird riesengroß. Ich fühle mich schrecklich, und es ist wirklich sehr beunruhigend.«

Mit diesem eindrucksvollen Bild des Stuhls, der Schatten wirft und enorme Gitter produziert und dieses »Es« repräsentiert, verdeutlicht Gail, wie das Alltägliche monumental und sehr beunruhigend werden kann. Was in dieser Passage explizit wird, ist, daß Gail von ihren eigenen Gedanken und Gefühlen abgetrennt wurde und sich Fragen stellte, die sie nicht beantworten konnte. Der Prozeß, wissen zu wollen und diese Abtrennung zu bekämpfen, war übermächtig geworden. Ich fragte Gail, ob sie eine Idee hätte, was sie zu diesem Verstehen, das sie beschrieben hatte, geführt hat, und sie berichtete über eine Unterhaltung mit einer Freundin:

»Es fing an, als meine Freundin mir sagte, wie wütend sie auf ihren Mathelehrer war, der, als sie ihn um Nachhilfe bat, schlechte Laune hatte und böse auf sie war. Da fiel mir auf, daß mein Stiefvater genauso reagieren würde. Und dann dachte ich an meinen Stiefvater, und mir wurde klar, daß ich als Kind wirklich mißbraucht worden war, nicht körperlich; aber noch im letzten Sommer, immer wenn er sich unsicher fühlt, ist er eifersüchtig auf mich, er ist unsicher meiner Mutter gegenüber, und dann schimpft er auf mir rum und kritisiert mich wegen nichts und gerät fürchterlich in Rage. Und das bei jemand, die damit aufgewachsen ist und die sich selbst nicht versteht, anstatt zu sagen: ›Hör mal zu, was machst du da? Schließlich bin ich auch ein Mensch.‹ Ich verschloß mich einfach und tat so, als ob ich ein Stein wäre. Alle Muskeln angespannt, saß ich einfach da, ließ es über mich ergehen und war froh, wenn es vorbei war. Und dann dachte ich über mich nach und darüber, wie ich auf Dinge reagiere, und ich dachte über all die Probleme nach, die ich letztes Jahr hatte ... Es war immer, daß ich alles in mir zurückhielt. Und ich glaube wirklich, daß ich einen enormen Durchbruch geschafft habe.«

Indem sie wie ihre Freundin auf Wut selbst wütend reagierte, anstatt diese Wut aufzusaugen wie ein Schwamm oder ihre Muskeln anzuspannen und zu versteinern, fühlte Gail, daß sie die Mauer durchbrochen hat, die ihre »Reaktionen auf Dinge«, ihre Gefühle und Gedanken, zurückgehalten hatte. »Es war verblüffend, die Sache so zu sehen«, sagte ich zu Gail nach ihrer präzisen Beschreibung der psychischen Prozesse – ihr schrittweises Aufspüren der eigenen Gefühle und Gedanken, ausgelöst durch die Geschichte ihrer Freundin über die Wut und den Mathematiklehrer, ebenso wie ihre Analyse, daß Unsicherheit und Eifersucht zu Aggressionen führen. »Meine Mutter«, sagte Gail, indem sie sich der noch fehlenden Person in diesem Drama zuwandte (und durch die Phrase »Du weiß schon« signalisierte, daß dies zum Teil eine Untergrundgeschichte war),

»kam vorgestern her, und ich erzählte ihr davon. Sie war Tag und Nacht besorgt um mich gewesen, seit ich klein war, weil ich immer verstockt war. Sie sagte dann immer: ›Du stellst dein Licht unter einen Scheffel‹, und wurde dann ein- oder zweimal im Jahr unglaublich wütend, Sie wissen schon, weil irgendwie alles zuviel wurde. Natürlich, meine Mutter hatte wahnsinnige Schuldgefühle ... ›Was habe ich diesem armen Kind bloß getan? Ich weiß wirklich nicht, was ich getan habe, aber irgend etwas ist da. Bloß, was?‹«

»Haben Sie *König Ödipus* gelesen?« fragte Gail. Ich hatte es gelesen. »Ödipus jedenfalls hat sich sein ganzes Leben lang nur durch sich selbst betrachtet, und ich habe das auch getan, und das ist es, was mich aller Verhältnismäßigkeit beraubt. Nichts bespreche ich mit anderen, jedenfalls nicht das, was mich beunruhigt.«

Ich dachte an die Königin in der Ödipus-Geschichte – Gails Beschreibung ihrer Mutter hatte etwas von dem verzweifelten Wahnsinn der Jokaste, als sie versucht, Ödipus davon abzuhalten, die Wahrheit über seine Herkunft herauszubekommen. Keine Wahrheit mehr, fleht sie. Hatte Gail ein ähnliches Flehen von ihrer Mutter gehört? Das Problem war, daß »es« – die namenlose und unausgesprochene Wahrheit – »sich aufrollt wie ein Schneeball, und er wird größer und größer, und meine Wahrnehmung verzerrt sich ins Formlose«, so daß Gail, wie Ödipus, das, was sie in gewisser Weise weiß, nicht sehen kann. Ihre Frage: »Warum bin ich nicht in der Lage, zu sehen?« ist die Resonanz auf die Frage, die sie ihrer Mutter zuschreibt: »Was habe ich diesem armen Kind bloß getan?« Aber Gail breitet auch die Logik aus, die ihre Fragen über das Leiden und über Frauen unterdrückt hat. Gail folgerte, daß wenn die Attacken ihres Stiefvaters wirklich schmerzhaft für sie gewesen wären, ihre Mutter etwas unternommen hätte, um ihn daran zu hindern. Daraus, daß ihre Mutter nichts tat, jedenfalls soweit Gail es wahrnahm, schloß sie, daß die verbalen Hiebe ihres Stiefvaters sie nicht wirklich verletzt haben können. Die Gefühle, die sie dabei hatte, warfen schwierige Fragen auf: Was heißt es, eine gute Mutter zu sein, was heißt es für eine Mutter, ihre Tochter zu lieben, und was heißt es für eine Tochter, beide, ihre Mutter und sich selbst zu lieben?

Die Entweder/Oder-Logik, die Gail in der Adoleszenz lernte, die linearen Kategorien des westlichen Denkens (Selbst/Anderer, Körper/Geist, Gedanken/Gefühle, Vergangenheit/Gegenwart) und die Wenn-dann-Konstruktion logischer Folgerungen drohten Gails Wissen über menschliche Beziehungen zu unterminieren, indem die Logik der Gefühle weggewaschen wurde. Psychische Prozesse verstehen heißt, der Sowohl-als-auch-Logik der Gefühle zu folgen und den Assoziationsströmen, Erinnerungen, Tönen und Bildern auf der Spur zu bleiben, die hin- und herfließen und Selbst und Anderes, Körper und Geist, Vergangenheit und Gegenwart, Bewußtsein und Kultur verbinden. Das Denken von menschlichen Beziehungen zu trennen und so eine Aufspaltung zwischen formeller Erziehung und mächtigen Lernerfahrungen herbeizuführen, bedeutet, wie Ödipus zu werden, dem die Dinge jenseits jeder Relation gerieten, indem »er sich nur durch sich selbst betrachtete«. Gail verknüpft die Wiederkehr der Perspektive mit der Wiederkehr der Beziehung und beschreibt die Einsicht und das Wissen, das plötzlich aus dem Hin-und-Her-Spiel der Unterhaltung mit ihrer Freundin an die Oberfläche trat:

> »Ich unterhielt mich mit meiner Freundin, und sie sprach über ihren Mathelehrer, und ich dachte an meinen Stiefvater, und dann, mit den ganzen Gedanken, die ich mir vorher darüber gemacht hatte, fragte ich mich, wo hier eigentlich der Unterschied liegt, und schließlich kriegte ich es zusammen und bang! ... Vorher, als ich total verstrickt war, war alles eine riesige Mauer, und jetzt ist es keine Mauer mehr.«

Das »Es« ist keine Mauer mehr, sondern eine Beziehung, die Gail mit sich selbst und ihrer Freundin verbindet.

Das Bild von der Mauer tauchte in Interviews mit adoleszenten Mädchen immer wieder auf – eine physikalische Übersetzung von Blockaden, die Bindungen verhindern, Beziehungssackgassen, die die Mädchen eindringlich beschrieben, und die mit intensiven Gefühlen von Wut und Trauer erlebt wurden. Der Wunsch der Mädchen, Bindungen zu anderen herzustellen, spiegelte sich in der Freude, die sie in Beziehungen fanden. Als Molly gefragt wurde, ob sie und ihre Freundin voneinander abhängig seien, sagte sie:

> »Wir sind eigentlich nicht abhängig voneinander. Es ist eher so, daß wir abhängen von ... daß wir so stark für einander sind, weil wir so tolle Sachen zusammen machen können ... wir fühlen uns so sehr zu einander hingezogen ... um ein bestimmtes Gefühl hervorzurufen ... eine glückliche Form von *joie de vivre*.«

Und Susan sagt, als sie über die Beziehung zu ihrer Mutter spricht, daß sie und ihre Mutter voneinander abhängig seien,

> »aber nicht bis zu dem Grad, daß wenn jemand uns trennen würde ... ich nicht mehr funktionieren könnte ... ich finde die Abhängigkeit (von meiner Mutter) gut, weil ich weiß, ohne sie würde mir irgend etwas in meiner Persönlichkeit fehlen, und ich glaube, ich wäre als Person nicht so vollwertig und interessant, wie ich glaube, daß ich bin. (*Was würde fehlen?*) Ich weiß nicht. Der Humor meiner Mutter und einfach die Art, wenn sich jemand aufregt, Sie wissen schon, irgendwer regt sich immer auf, sich dann einfach hinzusetzen und alles in Ruhe zu besprechen und die Leute zu beruhigen und aufzumuntern. Ich weiß nicht. Ich glaube, da gibt es noch mehr, was ich erst herausfinden muß.«

Freude an Beziehungen ist also verbunden mit dem Wissen, das durch Beziehungen gewonnen wird, und Mädchen artikulieren ihren Wunsch, mehr zu wissen über andere und selbst besser erkannt zu werden. »Ich möchte besser werden in der Beziehung zu meiner Mutter«, sagt Ellen, »damit ich eher in der Lage bin, ihr zu widersprechen« – wobei Widersprechen oder Nichtübereinstimmung hier ein Zeichen von Beziehung ist, eine

Manifestation von zwei Menschen, die sich verstehen. Und es sind gerade die engen Beziehungen, in denen Mädchen am ehesten bereit sind, zu argumentieren und zu widersprechen, weil sie gerade von denen erkannt und wahrgenommen werden wollen, denen sie sich nahe fühlen, und weil sie auch glauben, daß diejenigen, die nahe sind, dasein werden, ihnen zuhören und versuchen werden, sie zu verstehen. »Wenn du jemanden liebst«, erklärt Anna,

»fühlst du dich normalerweise wohl mit dieser Person. Und wenn du dich wohlfühlst, kannst du dich leichter streiten und sagen: schau her, ich möchte, daß du es auch von meiner Seite her siehst. Es ist viel einfacher, mit jemandem zu kämpfen, den du liebst, weil du weißt, man wird dir immer vergeben, jedenfalls meistens ... und du weißt, daß auch nach der Meinungsverschiedenheit jemand für dich da ist.«

Wahrscheinlich sprechen Mädchen aus diesem Grund innerhalb ihrer Verwandtschaft über Konflikte am ehesten mit ihrer Mutter – der Person, die, wie ein Mädchen sagte, »immer für mich da ist«. Die Bereitschaft von Mädchen, für eine echte Bindung zu ihren Müttern zu kämpfen, wird gut veranschaulicht durch Kate, eine Fünfzehnjährige, die paradoxerweise sagt:

»Ich rief meine Mutter an und sagte: ›Warum kann ich nicht mehr mit dir reden? Was ist los?‹ Und ich fing schließlich an zu heulen und legte auf, weil sie mir nicht zuhören wollte. Sie hatte ihre eigenen Ansichten darüber, was Wahrheit und was Realität ist, und sie gab mir keine Chance ... Was sie in ihrem Kopf hatte, war die Wahrheit. Und ich, Sie wissen schon, sagte immer nur: ›Aber du tust mir weh‹, und sie sagte: ›nein, das tu ich nicht.‹ Und ich sagte: ›Aber warum fühle ich mich verletzt?‹, und sie bestreitet einfach meine Gefühle, als ob es sie nicht gäbe und als ob ich nicht das Recht hätte, sie zu haben, Sie wissen schon, obwohl sie doch da waren.«

Das Pendant zum Bild der Mauer ist die Suche nach einer Öffnung, einer Möglichkeit, die andere Person zu erreichen, einen Zugang zu finden. Sich einer anderen Person zu öffnen, impliziert jedoch, sich verletzbar zu machen, und deshalb erfordert der starke Wunsch von Mädchen nach Beziehungen auch die Notwendigkeit, sich vor betrügerischen Beziehungen und seelischen Verletzungen zu schützen. »Für mich«, sagt Jane, »bedeutet Liebe zu jemand Anhänglichkeit«, womit sie eine Bereitschaft oder den Wunsch meint,

»eine Menge Dinge mit dieser Person zu teilen, aber nicht so, als ob man seine Seele offenbaren müßte und dann falsch verstanden werden könnte. Eher so, daß die andere Person ... irgendwie innerlich weiß, wie weit sie gehen kann, und wenn sie zu weit geht, wird sie verstehen, wenn du sagst, das ist nicht das, was ich will ... Wo Leute deine persönliche Eigenart akzeptieren ... so daß du dich wohlfühlen kannst und anderer Meinung sein kannst, daß aber der Streit keine Sache ist, die dich monatelang verletzt ... Einige sagen zu schnell ›Ich liebe‹. Es braucht Zeit, jemanden kennenzulernen. Ich glaube nicht, daß man auf den ersten Blick lieben kann ... Man kann eine Zuneigung zu jemand haben, aber man kann ihn nicht gleich lieben.«

Diese sorgfältigen Unterscheidungen, die Differenzierung zwischen Zuneigung und Liebe, zwischen Sich-Wohlfühlen und Meinungsverschiedenheiten haben einerseits, und Streit, der monatelang wehtut, andererseits, verraten eine genaue Beobachtung von Beziehungen und psychischen Prozessen und auch die Erfahrung, falsch verstanden und nicht gehört zu werden, die sowohl Erkenntnis wie auch Wunden zurückgelassen haben. Jane sagt, sie möchte jemanden, der sie versteht, wenn sie sagt: »Das ist nicht das, was ich will«. Im Gegensatz dazu hat Mira das Schweigen als Strategie gewählt, um zu verhindern, daß sie verletzt wird:

»Ich hatte eine Zeitlang große Schwierigkeiten, Fragen zu stellen ... weil ich schüchtern war und nicht gerne darüber sprach, was ich wirklich dachte. (*Warum nicht?*) Ich dachte, es wäre viel sicherer, es einfach für mich zu behalten und auf diese Weise zu verhindern, daß jemand einen wunden Punkt an mir entdeckt, durch den man an mich rankäme. Das dachte ich jedenfalls. Schon der Gedanke, daß jemand mich irgendwie verletzen könnte, machte mir Angst und hielt mich eine ganze Zeitlang davon ab, mit jemandem zu sprechen.«

Wie die Figur in Woolfs Erzählung »Ein ungeschriebener Roman« behält Mira ihr Leben für sich; auch ihr sprechendes Selbst ist »in die Gruft gelegt ... hinein, hinein in die innerste Katakombe hineingetrieben ... Wie es so mit seiner kleinen Lampe ruhelos in den dunkeln Gängen hin und her huscht« ([1921] 1972). Belenky und ihre Kollegen haben beschrieben, wie Frauen sich ins Schweigen zurückziehen, wenn Worte zu Waffen werden und gebraucht werden, um zu verletzen (1986). Adoleszente Mädchen beschwören Bilder von Gewalt und sprechen in der Kriegssprache oder über Gewinnen und Verlieren, wenn sie die inneren Prozesse explosiver Beziehungen beschreiben, die »uns für immer auseinanderreißen« können.

(*Was ist das Schlimmste, das in einer Beziehung passieren kann?*) »Ich denke, wenn Leute Ressentiments haben und nicht darüber sprechen, können sich diese Gefühle immer mehr anstauen, bis sie einen Explosionspunkt erreichen, und es geht dann so etwas wie ein kalter Krieg vor sich. Jeder verbarrikadiert sich auf einer Seite der Mauer und läßt dem anderen keinen Zutritt auf seine Seite, bis es zur Explosion oder so kommt.

Wenn Leute auf zwei verschiedenen Ebenen denken ... gibt es einen Mangel an Kommunikation ... man versteht sich nicht.« (*Können Leute, die verschiedene Ebenen haben, miteinander kommunizieren?*) »Na ja, sie können es versuchen, vielleicht können sie es ... wenn sie beide eine Kommunikation herstellen wollen, (aber) wenn eine Person versucht, sie total zu blockieren, dann gewinnt die Person, die blockiert, und hört kein einziges Wort von dem, was die andere Person sagt. Wenn es das ist, was sie versuchen, werden sie ihr Ziel erreichen: die vollständige Nichtbeachtung des anderen.«

Andere Mädchen beschreiben »das Mauerbilden« oder die Unterminierung der Nähe:

(*Was ist das Schlimmste, das in einer Beziehung passieren kann?*) »Nicht miteinander sprechen. Eine Mauer bilden ... Ich glaube, das kann noch zu ganz anderen Sachen führen, weil man dem anderen keine Chance gibt, etwas zu sagen ... Man ist zu engstirnig, um zuzuhören, was die anderen zu sagen haben ... Wenn du deinen Freund/inn/en nicht zuhörst, sind sie nicht deine Freund/inn/en, es gibt da keine Beziehung, weil du nicht zuhörst.« (Emma)
»Das Schlimmste ist, wenn du ... aufhörst, mit dieser Person zu kommunizieren. Weil du ihr nicht vertraust, ein Geheimnis zu bewahren, ... verlierst du dein Vertrauen in sie und bist nicht mehr offen.« (*Warum ist das das Schlimmste?*) »Weil du dich mit der Zeit von ihr entfernst ... oder du glaubst, du wärst mit ihr zusammen, und doch bist du innerlich böse auf sie, aber du sagst nichts, und so kommt es an ganz anderen Stellen heraus ... Es unterminiert alles, die ganze Nähe zu jemand.« (Joan)

Zusammengenommen zeigen diese Beobachtungen dessen, wie Menschen einander bewegen und affizieren, wie sie voneinander betroffen sind, wie sie in der Beziehung zu sich selbst und zu anderen in Erscheinung oder in den Hintergrund treten, ein Verständnis psychischer Prozesse, das der Physik näherstebt als der Metaphysik – weil es auf der Wahrnehmung von Stimmen und Bildern, Gedanken und Gefühlen quer durch das unübersichtliche alltägliche Leben basiert. Einige Beobachtungen sind atemberaubend simpel in ihrer Logik, obwohl profund in ihren Implikationen, insbesondere im Hinblick auf das Tempo unseres gegenwärtigen Lebens. Emma sagt: »Wenn du deinen Freund/inn/en nicht zuhörst, dann sind sie nicht deine Freund/inn/en.« Andere Beobachtungen sind komplexer, wie Joans Auslegung des indirekten Verrats: »Wenn du jemandem nicht vertraust, ein Geheimnis zu bewahren ... entfernst du dich ... oder du glaubst, du wärst mit dieser Person zusammen und bist ihr doch innerlich böse ... aber du sagst nichts, und so kommt es raus ... an ganz anderen Stellen.« Oder Marias Aussage über die verwirrende Mischung von Wut und Verletztsein:

»Wenn ich wütend und verletzt bin, kann ich beides nicht mehr auseinanderhalten ... Ich weiß nicht einmal, ob das verschiedene Gefühle sind ... Ich war wütend, ich glaube, in dieser Beziehung auf mich selbst, weil ich mich habe ausnutzen lassen ... weil ich meine Schutzmechanismen so außer acht gelassen habe. Ich war total verletzbar. Und ich wollte es auch sein ... Ich sagte immer wieder: ›Ich hasse ihn‹, aber ich stellte fest, daß er mich mit meinem Haß noch nicht einmal bemerkte, weil er in seiner eigenen Welt steckte. Und deshalb denke ich ... all mein Zorn kommt daher, daß ich verletzt bin und daß es da eine Verwirrung gibt.«

Mädchen haben wiederholt die Notwendigkeit offener Konflikte und der Artikulation von Meinungsverschiedenheiten betont. Catherine beschreibt die produktive Qualität von Meinungsverschiedenheiten mit ihrer Freundin:

»Wir haben mehr über uns selbst gelernt ... glaube ich ... sie hatte nie eine enge Freundin, nur eine Menge Bekannte. Sie kriegte nie Streit oder so ... Ich denke, sie hat erkannt, daß man Meinungsverschiedenheiten braucht, damit eine Beziehung Bestand hat. (*Wieso?*) Weil, wenn du nicht klarmachst, daß du anderer Meinung bist, dann hast du eigentlich nichts damit am Laufen, verstehen Sie, was ich meine? Es ist eben etwas, eine andere Seite von dir, die du jemand anderem zeigst.«

Tracy spricht darüber, was geschieht, wenn Meinungsverschiedenheiten nicht geäußert werden, und erklärt, wie ein Konflikt zum Katalysator von Veränderung werden kann:

»Es gibt Leute, die sagen nicht, was sie denken, wenn sie anderer Meinung sind, und deshalb wissen die anderen nicht, warum sie ihnen eigentlich Ärger machen. Und derjenige, der verärgert ist, glaubt einfach, daß der andere sich niemals ändern wird. Und das ärgert den wiederum ... Ich denke, es ist schlimm, wenn man schlecht mit einem Konflikt umgehen kann. Aber Konflikte können auch gut für eine Beziehung sein, denn wenn eine Freundin ihre Meinung offen sagt, kann man sich besser darauf einstellen und braucht sich nicht gleich ganz zu ändern, sondern nur aufmerksamer zu sein.«

Und Liza beschreibt, wie schmerzlich es am Ende einer langen Suche ist, herauszufinden, daß man mit jemandem, auf den man sich verlassen hatte, nicht sprechen kann:

(*Was ist das Schlimmste, das in einer Beziehung passieren kann?*) »Daß man aufwächst oder nebeneinander herlebt, ohne miteinander reden zu können, besonders, wenn man darauf angewiesen ist, mit jemandem zu sprechen, es aber nicht kann. Das tut sehr weh, weil man sich ja darauf verlassen hatte. Es ist, als ob du in der glühenden Wüste fünfzig Meilen für ein Glas Wasser laufen würdest, auf das du schon seit Tagen angewiesen bist, und wenn du ankommst, feststellst, es ist nicht mehr da; du bist zehn Meilen zuvor falsch abgebogen.«

Das Wissen über Beziehungen und das Leben von Beziehungen, das sich auf dieser abgeschiedenen Insel weiblicher Adoleszenz entfaltet, ist – um eine andere Metapher zu gebrauchen – wie eine Nachricht aus dem Untergrund. Vieles von dem, was Psychologen über Beziehungen wissen, ist auch adoleszenten Mädchen bekannt. Aber wie die Mädchen selbst deutlich zum Ausdruck brachten, sind sie nur gewillt zu reden, wenn sie das Gefühl haben, daß ihnen auch jemand zuhört und daß man sie in Konflikten oder bei Meinungsverschiedenheiten nicht im Stich läßt. Somit ist das Schicksal des Wissens und der Ausbildung von Mädchen gebunden an das Schicksal ihrer Beziehungen.

Wenn man Frauen-Studien mit dem Studium der Entwicklung von Mädchen verbindet, wird deutlicher, warum die Adoleszenz eine entscheidende Zeit im Leben von Mädchen ist – eine Zeit, in der Mädchen in Gefahr sind, ihre Stimme zu verlieren und dadurch die Verbindung zu anderen, und auch eine Zeit, in der Mädchen, sobald sie Stimme und Wissen erlangen, in Gefahr sind, das Unsichtbare zu wissen, das Ungesprochene zu sprechen und dadurch den Kontakt zu dem verlieren, was normalerweise für die

»Realität« gehalten wird. Diese Bindungskrise im Leben von adoleszenten Mädchen verbindet die Psychologie von Frauen mit den grundlegendsten Fragen zur Natur von Beziehungen und zur Definition von Realität. Fragen von Mädchen über Beziehungen und über Realität jedoch zerren auch am Schweigen von Frauen.

Auf der Schwelle der Adoleszenz beobachten elf- und zwölfjährige Mädchen, wo und wann Frauen sprechen und wann sie schweigen. Im Widerstand neigen sie wahrscheinlich besonders dazu, die Komplizenschaft von Frauen mit der männlichen Autorität zu bemerken und in Frage zu stellen. Eine der Fragen in Woolfs *Ein Zimmer für sich allein* lautet, warum Mütter für ihre Töchter nicht mehr Zimmer zur Verfügung stellen, warum sie für ihre Töchter keine größeren Erbschaften vorsehen und insbesondere, warum Mütter die Erziehung ihrer Töchter nicht großzügiger ausstatten. Eine Lehrerin von Zwölfjährigen erzählte nach einer Fakultätssitzung, in der die Abneigung von Frauen, in der Öffentlichkeit zu widersprechen, diskutiert wurde, folgende Geschichte: Ihre elfjährige Tochter hatte eine Bemerkung gemacht über ihre Abneigung, ihrem Mann (dem Vater des Mädchens) zu widersprechen. Sie sei wütend auf ihre Mutter, sagte sie, weil sie immer nachgäbe. Daraufhin begann die Mutter zu erklären, daß der Vater des Mädchens zwar manchmal ein bißchen schimpfe, aber dennoch liebevoll sei und nur das Beste wolle – an diesem Punkt unterbrach ihre Tochter sie und sagte, daß sie es sei, ihre Mutter, auf die sie wegen des ewigen Nachgebens wütend sei. »Ich war so gedemütigt«, sagte die Lehrerin, »so beschämt«. Als sie später in demselben Jahr ihre Meinungsverschiedenheit mit einem Kollegen unterdrückte und ihre Kritik an einer neuen Lunch-Regelung nicht äußerte, die er eines Tages im Hausaufgaben-Raum verkündete (weil sie, wie sie sagte, seine Autorität nicht untergraben wollte), dachte sie an einem Tag, als die Regelung besonders sinnlos erschien, offenbar nach und entschuldigte einige Mädchen, die gegen die Regeln verstoßen hatten, vor allen anderen. »Toll von Ihnen«, sagten die Mädchen, »wir sind stolz auf Sie«. Es war klar, daß sie alles mitgekriegt hatten.

In seiner Würdigung der Dichtung von Sylvia Plath liest Seamus Heaney eine berühmte Passage von Wordsworth als eine Parabel mit drei Stationen auf der Reise eines Dichters. Als erstes geht man hinaus in die Wälder und pfeift, um zu hören, ob die Eulen antworten. Hat man einmal entdeckt, so sprechen zu können, daß man eine Antwort aus der Welt der Natur hervorruft, muß man lernen, sein Handwerk zu perfektionieren: einzutreten in die Welt der Stimmen – der Vogelrufe, der Traditionen, der Geschichte der Poesie – bis, sagt Heaney, falls man Glück hat und begabt ist, man zum Instrument wird, durch welches die Töne der Welt hindurchgehen. Heaney verfolgt diese Transformation in Plaths Dichtung, wobei er die Leser/innen in seine eigene Begeisterung hineinzieht, je mehr ihre Sprache sich entwickelt (1989). Aber Plaths Beziehung zur Tradition der männlichen Stimmen, in die sie eintrat und die sie dadurch veränderte, war nicht die gleiche wie Heaneys, und ihr Eintritt stellte in einer tieferen Weise einen Bruch dar. Das gleiche kann von weiblichen Studenten gesagt werden.

Eine Studentin muß als erstes lernen, eine Reaktion aus der Welt hervorzurufen: eine Frage zu stellen, der Leute zuhören, die sie interessant finden und auf die sie eingehen. Dann muß sie die Kunst des Nachforschens lernen, damit sie ihren Fragen einen bestimmten Ton verleihen, ihr Gehör für die Sprache verfeinern und so klarer und freier sprechen kann, mehr sagen und genauer zuhören kann. Aber wenn auch die Welt der Natur, wie Heaney meint, in gleicher Weise auf die Rufe von Frauen und von Männer reagiert, die Zivilisation tut es nicht oder hat es zumindest bisher nicht getan. Der Wind der Tradition, der den Frauen entgegenbläst, ist ein kalter Wind, weil er die Botschaft vom Ausschluß bringt – bleib draußen; weil er die Botschaft von der Unterordnung bringt – bleib unten; weil er die Botschaft von der Objektivierung bringt – werde Objekt der Anbetung und des Begehrens anderer, sieh dich selbst so, wie du jahrhundertelang durch einen männlichen Blick gesehen wurdest. Und weil das ganze Leiden, die endlose Litanei von Sturm und Schiffbruch, als notwendig und sogar gut für die Zivilisation präsentiert wird, lautet die Botschaft für Frauen: bleib still, nimm die Abwesenheit von Frauen zur Kenntnis und sage nichts.

Die Ausbildung von Frauen stellt gegenwärtig zugleich ein Dilemma und eine reale Chance dar. Frauenfragen – insbesondere Fragen über Beziehungen und über Gewalt – kommen den Frauen oft äußerst bedrohlich vor, weil sie gegenwärtig sowohl im privaten wie im öffentlichen Leben zerstörerische Wirkung entfalten. Und Beziehungen unter Frauen sind oft angespannt. Es ist in keiner Weise klar, was es heißt, eine gute Mutter oder eine gute Lehrerin von adoleszenten Mädchen zu sein, die in der westlichen Kultur aufwachsen. Die Wahl, die Frauen treffen, um zu überleben und als gut in den Augen anderer zu erscheinen (und so ihre Unterstützung zu sichern), geschieht oft auf Kosten von Beziehungen, die Frauen untereinander haben, und Mädchen beginnen, diese Wahlmöglichkeiten im Alter von etwa elf oder zwölf Jahren zu beobachten und zu kommentieren. Wenn Frauen von Mädchen wahrgenommen werden können, einschließlich von der Zwölfjährigen in ihnen selbst, wenn Frauen dem Blick von Mädchen standhalten und den Stimmen von Mädchen antworten können, dann vielleicht – wie Woolf es sich vorstellte – »wird diese Gelegenheit kommen, und die tote Dichterin, die Shakespeares Schwester war, wird den Körper annehmen, den sie so oft abgelegt hat, und es möglich finden, zu leben und ihre Gedichte zu schreiben« (Woolf 1928) – wie Plath es tat für einen Augenblick, bevor sie sich das Leben nahm. Damit jedoch, wie Woolf uns erinnert, Shakespeares Schwester kommen kann, müssen wir an die Freiheit und den Mut gewöhnt sein, genau das zu schreiben und zu sagen, was wir denken.

Zur Zeit sind 7,8 Prozent der Lehrstuhlinhaber in Harvard Frauen, bei rund 50 Prozent Studentinnen und 25 Prozent der Fakultätsmitglieder, die nicht fest angestellt sind (Harvard University 1989). Um mit Virginia Woolf zu sprechen, haben nur sehr wenige Frauen in der Universität ein Zimmer für sich allein. Solange dies der Fall ist, brauchen wir große Geduld, stabile Freundschaften und eine Interimsstrategie für die Mädchenausbildung. In diesem Essay wurde auf naturalistische Weise versucht, das Wissen der Mädchen detailliert nachzuzeichnen und Resonanzräume für die Stimmen von Mädchen zu schaffen in der Hoffnung, daß in dem Moment, da irgendein moderner Prospero seinen Zaubermantel anzieht und zu einer zwölfjährigen Miranda sagt: »Hier laß dein Fragen« und »diese Müdigkeit ist gut«, sie sich an ihre Fragen über das Leiden und über die Frauen erinnert und die Stimme des Widerstands in ihr beachtet.

In meinem Seminar im letzten Frühjahr weigerte sich eine schwarze Studentin, die wöchentliche Hausarbeit abzuliefern, die dann von allen Seminarteilnehmern und -teilnehmerinnen gelesen wurde. Sie sei neu an der Universität, sagte sie, und sie fürchte sich davor, was andere über sie denken könnten, wenn sie ihren Text lesen. Ich fragte sie, was sie sich vorstellte, das die anderen denken würden, und sie sagte, »daß ich den Verstand verloren hätte«, womit sie ihre Einschätzung vermittelte, daß sie scheinbar irgendwo außerhalb ihres Verstandes lebe, und auch die Verlorenheit von Selbst, Körper und Geist verdeutlichte, die bei Frauen an der Universität zunimmt und die sie als Schwarze und als Studienanfängerin stärker gespürt haben mag.

Durch Eintritt von Frauen in die Wissenschaften kann die weibliche Stimme wiedergefunden werden und mit ihr die Vision, daß – wenn wir die Tradition von Sturm und Schiffbruch nicht beenden – dies sehr wohl das Ende von Natur wie Zivilisation bedeuten könnte. Aber Frauenfragen erregen auch Konflikt und Widerspruch und können deshalb eher in Beziehungen besprochen werden, in denen einander zugehört wird und niemand geht.

Übersetzt von Käthe Trettin

Literatur

Atwood, M., 1976: »This Is a Photograph of Me.« In: *Selected Poems*, 1965–1975. Boston, Mass., S. 8.

Bardige, B./Ward, J. V./Gilligan, C./Taylor, J. M.,/Cohen, G., 1988: »Moral Concerns and Considerations of Urban Youth.« In: *Mapping the Moral Domain*, Hg. C. Gilligan, J. V. Ward and J. M. Taylor, Cambridge, Mass.: Harvard University Graduate School of Education, Kapitel 8.

Belenky, M./Clinchy, B./Goldberger, N.,/Tarule, J., 1986: *Women's Ways of Knowing*. New York, N. Y.

Braun, A., 1988: Themes of connection. Powerful learning among adolescent girls. Working Papers of the Laurel/Harvard Project, The Study Center. Cambridge, Mass., Harvard University, S. 3.

Brown, L. M., 1989: Narratives of Relationship. The Development of a Care Voice in Girls Ages 7 to 16. Dissertation Harvard University.

Cliff, M., 1985: »Claiming an Identity They Taught Me to Despise«. In: *The Land of Look Behind*. New York, N. Y., S. 19.

Crockett, L./Peterson, A., 1987: »Pubertal Status and Psychological Developments. Findings from Early Adolescence Study.« In: *Biological-Psychosocial Interactions in Early Adolescence*, hrsg. von R. Lerner und T. Foch. Hillsdale, N.J.

Ebata, A., 1987: A longitudinal study of distress in early adolescence. Diss. phil., University of Pennsylvania.

Elder, G./Nguyen, T./Caspi, A., 1985: Linking family hardship to children's lives. *Child Development* 56, S. 361–75.

Eme, R., 1979: Sex differences in childhood psychopathology: A review. *Psychological Bulletin* 86, S. 574–95.

Erikson, E., 1958: *Young Man Luther*. New York, N. Y.

Gilligan, C., 1977: In a different voice. Women's conceptions of the self and morality. *Harvard Educational Review* 47, S. 481–518.

Gilligan, C., 1982: *In a Different Voice*. Cambridge, Mass. (dt.: Die andere Stimme. Lebenskonflikte und Moral der Frau. München 1984)

Gove, W./Herb, T., 1974: Stress and mental illness among the young. A comparison of the sexes. *Social forces* 53, S. 256–65.

Heaney, S., 1989: *The Government of the Tongue. Selected Prose 1978–1987*. New York, N. Y.

Josselson, R., 1987: *Finding Herself*. San Francisco, Calif.

Miller, J. B., 1976: *Toward a New Psychology of Women*. Boston, Mass.

dies., 1984: Development of women's sense of self. Stone Center Working Paper Series Number 12. Wellesley, Mass.

Olds, S., 1980: »Time-Travel.« In: *Satan Says*. Pittsburgh, S. 61.

Report of the committee to review affirmative action, 1989. Faculty of Arts and Sciences, Harvard University.

Rogers, A., 1987: Questions of gender differences. Ego development and moral voice in adolescence. Unveröffentlichtes Manuskript. Harvard University.

Rogers, A./Gilligan, C., 1988: Translating the language of adolescent girls. Monograph No. 5, GEHD Study Center, Harvard University.

Rutter, M., 1986: »The Developmental Psychopathology of Depression. Issues and Perspectives.« In: *Depression in Young People. Developmental and Clinical Perspectives*, hrsg. von M. Rutter, C. Izzard und P. Read. New York, N. Y.

Shakespeare, W.: *The Tempest*, hrsg. von L. B. Wright und V. A. LaMar, New York, N. Y. (dt.: *Der Sturm*. Übers. von W. A. Schlegel. Stuttgart 1976)
Simmons, R./Blyth, D., 1988: *Moving into Adolescence. The Impact of Pubertal Change and School Context*. New York, N.Y.
Skoe, E. E./Marcia, J. E., 1988: Ego identity and care-based moral reasoning in college women. Unveröffentlichtes Manuskript, Acadia University.
Werner, E./Smith, R., 1982: *Vulnerable But Invincible. A Study of Resilient Children*. New York, N.Y.
Woolf, V. [1928], 1957: *A Room of One's Own*. New York, N.Y. (dt.: *Ein Zimmer für sich allein*. Frankfurt/M. 1981)
dies., [1921, 1944], 1972: »An Unwritten Novel.« In: *A Haunted House and Other Short Stories*. New York, N.Y. (dt.: Ein ungeschriebener Roman. In: *Die Dame im Spiegel und andere Erzählungen*. Frankfurt/M. 1978)

Berufsfindung und Lebensperspektive in der weiblichen Adoleszenz

Carol Hagemann-White

Die These, daß »echte Chancengleichheit« im Ausbildungswesen durch die »einseitige geschlechterspezifische Arbeitsteilung« verhindert wird[1], findet heute breite Zustimmung. Diese Arbeitsteilung lebt aber wiederum von der Bereitschaft der Frauen, sie für sich anzunehmen und schon im Jugendalter zu antizipieren.

So kontrovers die Erklärungen für die Berufsfindung von Mädchen auch sind, sicher ist jedenfalls, daß die meisten Berufe keineswegs für beide Geschlechter gleichermaßen zugänglich sind. Mädchen richten ihre Vorstellungen künftiger Berufsarbeit auf weiblich geprägte oder beherrschte Felder. Es hat für die meisten Mädchen keinen Reiz, die erste oder noch vereinzelte Frau in einem Männerberuf zu sein; und sie legen zumeist Wert auf einen Beruf mit sozial-kommunikativer Ausprägung (Lemmermöhle-Thüsing 1990). So wichtig ihnen eine (möglichst qualifizierte) Berufsausbildung auch ist, ihr Zukunftsentwurf beinhaltet auch Familie, insbesondere eigene Kinder, und sie gehen davon aus, mindestens zeitweilig ihre Berufstätigkeit deshalb einschränken zu müssen.

Doris Lemmermöhle-Thüsing beschreibt die Zukunftsentwürfe der Mädchen, die sie in der achten Klasse befragt hat, als realistisch aber resigniert: »Die benachteiligende Realität wird ... durchaus wahrgenommen aber als unveränderbar gesehen« (174). In »vorauseilendem Gehorsam« (184) reduzieren die Mädchen ihre subjektiven Lebensansprüche, für deren Erfüllung die Gesellschaft keinen leicht gangbaren Weg aufzeigt.

Auch die Befragung von Abiturientinnen zu ihrem Studienwunsch ergibt ein geschlechtsspezifisch geprägtes Bild: »Mädchen wählen in der Schule wie in der Berufsausbildung immer noch die sogenannten typisch

---

[1] So die Formulierung der Mehrheitsauffassung der Enquête-Kommission des Deutschen Bundestages 1990 (Bildung 2000, 316).

weiblichen Fachrichtungen, die in der Regel auf typisch weibliche Berufe und die Zuständigkeit für den Reproduktionsbereich vorbereiten« (Metz-Göckel/Nyssen 1990, 61).

Wie kommt es zu einer solchen Haltung schon bei jungen Mädchen? Wird doch die Adoleszenz als Phase des Aufruhrs, des Kampfes gegen Tradition und Autorität, des Ausbruchs ungebärdiger Leidenschaften und Wünsche beschrieben. »Die Adoleszenz erschüttert die etablierte Ordnung, um neue und noch unerprobte Ideale aufzustellen«, schreibt Louise Kaplan (1988, 387). Findet dieses Drama bei den Mädchen etwa nicht statt?

Aus der Literatur über den Prozeß von Berufsfindung, über Adoleszenz und über weibliche Jugendliche ist derzeit kein zusammenhängendes Bild zu gewinnen. Verschiedene Teilaspekte werden einleuchtend beschrieben, doch sie passen nicht zu anderen, ebenso einleuchtend dargestellten Sachverhalten. Über die Unstimmigkeiten scheint es bisher keine theoretische Reflexion zu geben. So habe ich mich schließlich dafür entschieden, meine Interpretation vorliegender Erkenntnisse in Bruchstücken darzustellen, um auf Brüche und Fragen aufmerksam zu machen.

1. Die Pubertät: Die Verwandlung des Körpers, die das Gleichgewicht seelischer Kräfte erschüttert

Kaum eine psychologische Studie über die Adoleszenz versäumt es, die körperlichen Veränderungen der Pubertät als Auslöser der seelischen Dynamik dieser Lebensphase darzustellen. Die Reifung zur Fortpflanzungsfähigkeit weckt heftiges Verlangen und den »Hunger nach dem genitalen Liebesdialog« (Kaplan 1988, 157); die schnelle Umgestaltung des Körpers verunsichert das Selbstbild, macht übersensibel und erzeugt Gefühle der Entfremdung (Erdheim 1988). Pubertätskonflikte prägen demnach die Adoleszenz und stürzen die Jugendlichen in eine Identitätsverwirrung (Erikson 1968, 134), die sie erst überwinden können, wenn sie eine berufliche und eine geschlechtliche Identität gefunden haben, einen eigenständigen Weg zur Liebe und zur Arbeit. Dabei müssen sie die innere Bindung und die alte Liebe zu den Eltern überwinden, da die Eltern ihnen weder einen Platz in der Welt der Arbeit vermitteln, noch ihre Partner für erwachsene sexuelle Bedürfnisse darstellen können und dürfen. Der biologische Wandel der Pubertät ruft daher sowohl innerpsychische Konflikte als auch Konflikte mit den Eltern und der älteren Generation überhaupt hervor.

Diese Prozesse sind je nach Geschlecht verschieden und unterliegen einem historischen Wandel. Bekannt ist die Verlängerung der sozialen Adoleszenz in der Neuzeit; neuerdings wird auch beachtet, daß die Pubertät immer früher einsetzt. Das durchschnittliche Alter für die erste Menstruation bei Mädchen ist in den USA inzwischen auf 12,3 Jahre gesunken; ein Drittel aller Mädchen erlebt sie mit elf Jahren oder früher (Lott 1987, 87). Dabei markiert die Menstruation keineswegs den Beginn der Pubertät, sondern eher den Abschluß einer etwa vier Jahre dauernden Veränderung des Körpers; insbesondere der schnelle Wachstumsschub ist bei den Mädchen mit der Menarche in aller Regel beendet (Lancaster 1985, 18–19).

Demnach findet die klassische Phase stürmischer körperlicher Veränderung für die Hälfte der Mädchen schon zwischen neun und zwölf Jahren statt. Für die große Mehrheit betrifft dies spätestens die Altersphase von zehn bis vierzehn. Ein regelmäßiger Zyklus und Eisprung entsteht erst zwei bis sechs Jahre später.

Nach allen vorliegenden Einschätzungen vollzieht sich die Pubertät bei Mädchen rund zwei Jahre früher als bei Jungen, und dieses Verhältnis bleibt auch bei sinkendem Durchschnittsalter bestehen. Darüber hinaus ist die Abfolge der analogen Ereignisse bei den Geschlechtern verschieden (Lancaster 1985). Die Pubertät beginnt bei männlichen Jugendlichen mit der potentiellen Fortpflanzungsfähigkeit, der ersten Ejakulation; der Beginn steht daher erlebnismäßig mit der eigenen Sexualität im Zusammenhang. Erst danach beginnt die Verwandlung des Körpers durch schnelles Wachstum, Körperbehaarung und Gestaltveränderung. Für das Mädchen ist die Fruchtbarkeit der Endpunkt einer Entwicklung, und der erste Eisprung wird zudem nicht unbedingt bewußt wahrgenommen.

Weder durchlaufen Mädchen also zur gleichen Zeit wie Jungen die Pubertät, noch kann das gleiche Verhältnis der Pubertät zur Psychodynamik und zur sozialen Verortung angenommen werden. Dennoch definieren *alle* AutorInnen die Adoleszenz mit geschlechtsunabhängigen Altersangaben. Louise Kaplan, die sehr genau auf die jeweiligen Körperveränderungen bei Mädchen und Jungen eingeht, bewerkstelligt diese Angleichung, indem sie diejenige Phase, worin der körperliche Wandel vor allem bei den Mädchen stattfindet, als »Vorpubertät« bezeichnet, während sie den Begriff der Pubertät für beide Geschlechter dem Alter von 15 bis 18 vorbehält.

Es scheint ein bemerkenswertes Bedürfnis zu bestehen, eine einzige, gemeinsame Phase der Pubertät festzulegen. Solche Definition verrät nicht nur die Neigung, das männliche Modell zu verallgemeinern. Sie erzeugt darüber hinaus den Schein einer in sich zusammenhängenden Lebensphase, in welcher soziokulturelle Entwicklungsaufgaben der Partnerschafts- und Berufsfindung gleichzeitig mit der körperlich stürmisch verlaufenden Pubertät bewältigt werden. Dies alles scheint mit der Notwendigkeit und dem Bedürfnis eng verknüpft, sich von den Eltern loszulösen. Alles scheint ineinanderzugreifen und alles steuert auf die magische Volljährigkeit zu.

Dieses Modell kann für die Mädchen auf keinen Fall stimmen. In ihrer körperlichen Pubertät (9–14) stehen die klassischen Entwicklungsaufgaben der Adoleszenz (vgl. z. B. Hurrelmann u. a. 1985) noch gar nicht an. Eher bietet sich das Bild an, daß die Mädchen zuerst die Pubertät durchlaufen, dann in eine Phase der Berufs- und Partnerfindung eintreten, um dann mit 18 bis 19 Jahren die Trennung von den Eltern zu vollziehen. Die Gleichzeitigkeit einer neuen *sozialen* Selbstfindung mit dem *psychischen* Sturm der Körperveränderungen, und deren Gleichzeitigkeit mit einem neuen Schub des *Liebesverlangens* – diese Gleichzeitigkeit, welche die Adoleszenz geradezu definieren soll – zerfällt bei den Mädchen in ein weitgehendes, womöglich sogar getrenntes Nacheinander.

Aus diesem Blickwinkel wäre es nötig, die Aussagen der Psychoanalyse über diese Entwicklungsphase zu überdenken. Die körperliche Entwicklung ist es, die zu einem »neu aufblühenden« Narzißmus (Erdheim 1988) führen soll, sowie zum Wiederaufleben frühkindlicher Allmachtsphantasien in der Form eines neuen Idealismus. Verunsichert im Körper-Ich, aufgewühlt von einem heftigen, doch noch sehr diffusen Liebesbegehren, wird der/die Jugendliche vom Sog unbewußter Erinnerungen angezogen: die Erinnerung an einen Zustand der Verschmelzung mit den Quellen des Glücks, als das Kind sich restlos geborgen, vollkommen und grenzenlos mächtig fühlen konnte, weil es zwischen sich und der Mutter nicht unterschied. Die Ruhmesträume von einem großartigen künftigen Selbst, welches das eigene Leben und die Welt nach idealen Wunschvorstellungen zu gestalten vermag, zehren aus dieser erinnerten Phantasie. So können die mit hoher Sensibilität wahrgenommenen Mängel in der wirklichen Welt im Zukunftsentwurf oder im Ideal getilgt werden, und Allmachtsphantasien tragen die Adoleszenten auch über eigene Unsicherheit und Unbeholfenheit in der Gegenwart hinweg.

Wenn die Gesellschaft die Größenphantasien und die unerbittliche Kritik der Jugendlichen verfolgt und deren Eigenwilligkeit bricht, kommt es zur resignativen Anpassung und zur Spaltung zwischen Arbeit und Leben, so daß der Wunsch nach Glück gänzlich auf Freizeit oder Beziehungen gerichtet wird. Die Adoleszenz ist in besonderer Weise diesem Druck ausgeliefert, weil sie spontan die Mühe ablehnt, die damit verbunden ist, große Wünsche mittels Arbeit in die Realität umzusetzen. »Jene Phantasien machen zwar die Stärke der Adoleszenz aus, aber gleichzeitig sind sie auch deren Achillesferse« (Erdheim 1988, 200). Die Chance aber – das »Rettende« der Kultur gegenüber der Familie in Erdheims Begriffen – besteht darin, daß Anteile aus dem pubertären Narzißmus mit dem Erleben eigener Kompetenz und dem Spaß am Gelingen einer Aufgabe zusammenfließen und eine Zukunftsperspektive in der Arbeit schaffen können. Dies wäre ein psychodynamisch gangbarer Weg, einen Beruf zu finden, der Lebenssinn und Befriedigung bietet. Sollte es nun zutreffen, daß diese Wünsche und Phantasien durch die Pubertät hervorgerufen werden, müßten wir entsprechende Prozesse bei den zehn- bis zwölfjährigen Mädchen vermuten. Wo aber kommen sie zum Ausdruck, wie wirken sie sich aus, welches Schicksal erfahren sie?

2. Der Übergang zum Erwachsenenstatus »Frau« stellt besondere »Entwicklungsaufgaben«, für die es nicht unbedingt einen Schonraum Adoleszenz gibt

Gänzlich unabhängig von der physiologischen Reifung stellt die Adoleszenz einen vorgegebenen Zeitabschnitt dar, worin der Übergang von der Kindheit zum Erwachsenenstatus vollzogen werden soll. Die Entwicklung der Fortpflanzungsfähigkeit ist hierfür kaum mehr als eine Randbedingung, die – angesichts der Folgen ihrer Betätigung – kontrolliert und gelenkt werden muß. Aufgaben in diesem Sinne sind (nach Hurrelmann u. a. 1985, 12–13):

– der selbstverantwortliche Vollzug einer schulischen und beruflichen Qualifikation bis zur Fähigkeit, durch Erwerbsarbeit die eigene Existenz zu sichern;
– Klärung der eigenen Geschlechtsrolle und Befähigung dazu, Bindungen zu Gleichaltrigen des eigenen und des anderen Geschlechts einzugehen, perspektivisch eigene Kinder großzuziehen;
– Entwicklung eines selbst angeeigneten Wert- und Normensystems, so daß langfristig möglich wird, verantwortlich zu handeln;
– Entwicklung von Handlungsmustern für den Umgang mit Konsum und Freizeit.

Blicken wir genauer auf die erste Aufgabe, welche verlangt, im Rahmen institutioneller Vorgaben den Übergang zur Teilnahme an gesellschaftlicher Verantwortung und gesellschaftlicher Arbeit zu finden. Schule und Ausbildungsplätze bilden ein System, in dem die Wege hierfür klar vorgezeichnet sind; die Jugendlichen sind dazu verurteilt, unter diesen Wegen eine Wahl zu treffen. Der innere Reichtum an Phantasien, Wünschen und Bedürfnissen in bezug auf die Zukunft reduziert sich mit dieser Wahl gewissermaßen von selbst, Entlastung und Enttäuschung in einem. Eine gegebene Ausbildung führt zu einer beschränkten Palette von Berufen; Scharnier zwischen beiden ist das Zertifikat über den Abschluß.

Nun ist, was in solchen soziologischen Analysen nicht vorkommt, der Erwachsenenstatus für Frauen noch anders definiert: Sie sollen – ob zusätzlich oder vorrangig – eine nichterwerbsförmige Haus- und Erziehungsarbeit verrichten können. Die Entwicklung der Fähigkeit hierzu kommt jedoch bei den Entwicklungsaufgaben für die Jugendphase im Lebenslauf nicht vor. Immerhin: Der Umgang mit dem Konsumwarenmarkt und die spätere Erziehung eigener Kinder deuten sachte an, daß ein solcher Bereich existiert. Dem entspricht, daß es in der gesellschaftlichen Realität auch Vorbereitungen für die Übernahme dieser Aufgabe gibt. Es gibt Schulfächer und Schulzweige, in denen Mädchen für Hausarbeit, Erziehungsarbeit und Pflege qualifiziert werden. Ferner werden Mädchen in der Institution Familie dazu angehalten, weit mehr als Jungen, sich an dem einschlägigen Erwachsenenarbeitsplatz Haushalt/Familie aufzuhalten und einen Teil der Arbeit mit zu verrichten; sie werden von einer erwachsenen Frau, die diese Fähigkeiten verkörpert, angelernt. Es gibt also einen Rahmen, worin der Übergang stufenweise vollzogen werden kann, Maßstäbe geprägt und Anerkennung für gelungene Leistung vergeben werden. Insoweit könnten wir der Adoleszenz eine fünfte Entwicklungsaufgabe zuschreiben, die größtenteils allein den Mädchen abverlangt wird.

Eine solche einfache Ergänzung des soziologischen Modells hätte jedoch einen Pferdefuß. Wenn Mädchen sowohl die Fähigkeit zu einer qualifizierten Berufstätigkeit wie auch die Fähigkeit zur Haushaltsführung etwa nach Maßstäben der Mutter erworben haben, ist ihre Entwicklungsaufgabe noch nicht beendet. Sie haben lediglich gelernt, zwei Dinge zu tun, die sich gegenseitig widersprechen. Der Erwachsenenstatus verlangt aber von Frauen, daß sie diesen Widerspruch bewältigen können; dies ist eine Verantwortung und eine Arbeit, welche ihren Erwachsenenstatus ganz wesentlich auszeichnet. Ursula Müller bezeichnet dies als die »Vereinbarkeitsleistung«, die von der Gesellschaft auf die Frau abgewälzt wird (Müller 1989). Die spannende Frage wäre nun, wo und wie Mädchen die Fähigkeit entwickeln, diese Leistung zureichend und selbstverantwortlich zu erbringen. Es ist nicht ohne weiteres anzunehmen, daß sie dies, ähnlich wie das Putzen oder das Bügeln, informell innerhalb der Familie erlernen, denn die Muttergeneration hat größtenteils Erwerbsarbeit und Mutterschaft/Hausarbeit unter anderen Prämissen gehandhabt.

Es wäre äußerst schwierig, den Rahmen zu bezeichnen, worin Mädchen verbindliche Maßstäbe für die Qualität der Vereinbarkeitsleistung erwerben könnten: Wann ist sie ausreichend gelungen, was ist gut genug, um mit durchschnittlicher sozialer Anerkennung rechnen zu können? Welche Weise der Vereinbarung von Beruf und Familienarbeit sichert längerfristig die eigene Existenz und die Teilhabe an der Gesellschaft? Wir könnten uns sogar fragen, ob es den gesellschaftlichen Schonraum einer Übergangszeit, einer Adoleszenz im sozialen Sinne für diese Entwicklungsaufgabe überhaupt gibt. Bedenken wir einmal deren Wesenszüge: »Charakteristisch und konstitutiv« sei ein »Prozeß der Integration«, bis »ein dem Erwachsenenstatus entsprechender Grad der Autonomie der Handlungssteuerung erreicht wird«; dieser Lebensabschnitt sei »durch ein Nebeneinander von unselbständig-kindheitsgemäßen und selbständig-erwachsenengemäßen Handlungsanforderungen charakterisiert«. Am Ende stehe »ein vollständiger oder zumindest weitreichender Grad von Autonomie und Eigenverantwortlichkeit des Handelns« (Hurrelmann u. a. 1985, 15). Ist der Weg der Mädchen zur Vereinbarkeitsleistung nicht eher wie ein unvermittelter Sprung vom noch-kindlichen (»Ich will beides«) zum schon erwachsenen Verhalten (»Einer muß wohl zurückstecken«)? Wo findet da ein *Prozeß* der allmählichen Integration statt?

3. Selbstfindung und Individuation finden für Mädchen vor der Jugendphase oder nach ihr statt; die Adoleszenz ist eine Warteschleife

Das bewußte Studium der Persönlichkeitsentwicklung von Frauen ist dabei, alte Theoriemodelle zu erschüttern. Einige neuere Entwürfe geben über Jugend und Reifung Auskunft. Emily Hancock (1989) entdeckte bei überdurchschnittlich selbstbewußten Frauen[2] das »verborgene Mädchen«, das im Erwachsenenalter bei der Bewältigung einer Lebenskrise wiedergefunden wurde. Bei diesem Schritt zur Reife und Selbständigkeit hatten sie das Gefühl, nach einer langen Lebensphase der Fremdbestimmtheit ihr eigentliches Ich wieder freizulegen. Dieser verschüttete Kern wurde oft mit Erinnerungen aus der Zeit geschildert, als die Frau rund neun Jahre alt gewesen war.

Hancock stellt den linearen Modellen der Entwicklungspsychologie, welche ein beständiges Fortschreiten zu immer neuen Stufen der Überlegenheit entwerfen, ein eher spiralförmiges Modell gegenüber: Reifung bedeutet auch Wiederfinden und Neubewertung dessen, was schon einmal

---

2 Ihre Interviewpartnerinnen wurden anhand psychologischer Testergebnisse insb. aufgrund ihrer »Ich-Stärke« ausgewählt.

da war. Dabei erscheint allerdings die Jugend als düstere Phase, in der die Potenzen und das Selbstbewußtsein des neunjährigen Mädchens untergehen. Lange vor der Pubertät, so Hancock, beginnen für das Mädchen verwirrende Rückmeldungen aus dem sozialen Umfeld, welche die bis dahin selbstverständliche Verbindung zwischen dem, was sie tut und kann und will, und dem, was sie »ist«, verdecken und verleugnen, ihre Zukunftsentwürfe auf weibliche Berufswege umlenken.

Zudem erleben Mädchen schon bei der sich anbahnenden Pubertät, daß ihre Körperveränderungen von der Umwelt bemerkt und bewertet werden. Das Mädchen erfährt eine befremdliche, von eigenen inneren Impulsen unabhängige Sexualisierung ihres Körpers: Was sie für andere darstellt, hat keine Beziehung zu dem, was sie selbst fühlt oder tut. Für den Knaben mag die Sexualität einen Triebschub darstellen, der ungebärdig (und oft peinlich) an ihm selbst sich Ausdruck verschafft. Für das Mädchen in der frühen Pubertät trifft hingegen Sexualität als etwas ein, was andere an ihr entdecken.

Auch Bernice Lott überschreibt das Kapitel nach der Kindheit: »Adolescence – the Loss of Self?« (Lott 1981) Weil Mädchen dazu gedrängt werden, darauf zu achten, was andere von ihnen halten, erscheinen ihnen ihre sozialkommunikativen Fähigkeiten als überlebenswichtig; nur mit deren Hilfe können sie die sozialen Erwartungen erkennen, nach denen sie sich richten müssen, um zur Frau zu werden. Gefälligkeit und Beliebtheit sind daher »Leistungen«, welche die adoleszente Ablösung vom Elternhaus ermöglichen. Da Mädchen zugleich eigene Wünsche und Zukunftsträume haben, die ein aktives Handeln beinhalten, stehen sie in einem »approach-avoidance-conflict«, bei dem jede verlockende Zielrichtung zugleich auch bedrohend ist.

Sozialisationstheoretisch entsteht so ein relativ stimmiges Bild: Das selbstbewußte, eigene Kompetenzen erlebende Mädchen verliert mit dem Beginn der Adoleszenz ihr Selbst und verbringt die Jugendphase damit, dem Wunschbild ihres sozialen Umfeldes entsprechen zu wollen. Eine verunsicherte, überkritische Beziehung zum eigenen Körper verstärkt die Bereitschaft, sich der Außenbewertung zu unterwerfen (vgl. Apter 1990). Erst als Erwachsene, wenn Liebessehnsucht und Aufopferungsphantasien enttäuscht sind, findet die Frau zum aktiven Selbst zurück.

4. Das Feld für mögliche Berufsfindung ist in den Köpfen der Mädchen in der siebten Klasse schon eingezäunt

Bei Gesprächen in Gesamtschulen[3] wurde uns von engagierten LehrerInnen immer wieder ihr Eindruck mitgeteilt, spätestens in der achten Klasse hätten Mädchen die Grenzen ihres Horizonts subjektiv abgesteckt; sie seien dann für weitergehende Berufsziele schlechthin nicht ansprechbar. Das wird als eine geradezu sichtbare Veränderung wahrgenommen, die mit der Pubertät zusammenhängt. In der (nur begrenzt vorhandenen) empirischen Forschung finden wir hierfür verschiedene Erklärungsmöglichkeiten.

Nach Walter Heinz u. a. (1985) sind bei der Beschränkung von anfangs weit gestreuten Berufswünschen vor allem Einschätzungen über die reale Chance auf eine Lehrstelle maßgeblich. Nachträglich wird als lebensgeschichtlich und subjektiv sinnvoll interpretiert, was im Entstehungsprozeß eher Folge der Resignation war.

Lemmermöhle-Thüsing fand bei ihrer Befragung von Schülerinnen in Haupt-, Real- und Gesamtschulen zwar eine beachtliche Bandbreite der Berufswünsche in der achten Klasse: 83 Mädchen nannten 45 Berufsziele. Andererseits liegt der Schwerpunkt der vielen Berufswünsche »eindeutig im sozialen, erzieherischen und kaufmännischen Bereich« (Lemmermöhle-Thüsing 1990, 172). Ob dieses Muster eher ein Ergebnis der Sozialisation oder eher eine Vorwegnahme des Arbeitsmarktes ist, vermag Lemmermöhle-Thüsing vorerst nicht zu entscheiden. Eindeutig wird aber die künftig erforderliche Vereinbarkeitsleistung von den Mädchen vorweggenommen und der Frau zugeordnet. So setzen sich Mädchen gar nicht erst mit den Berufsmöglichkeiten im gewerblich-technischen Bereich auseinander (ebd., 177) und informieren sich ingesamt wenig: Sie »verfügen über nur geringe Kenntnisse, was die Anzahl der Ausbildungsplätze sowie Inhalt und Form der Ausbildung anbetrifft« (ebd., 173). Demnach ergäbe sich die Wahl vor allem aus der Überzeugung, daß Frauenberufe »leichter mit privaten Lebensvorstellungen und Berufsunterbrechungen vereinbar« seien (ebd. 174).

Weder Lemmermöhle-Thüsing noch andere haben bisher die Implikationen der Möglichkeit ausgeleuchtet, daß Frauenberufe Mädchen deshalb anziehen, weil sie Frauenberufe sind, und zwar unabhängig davon, ob sie hausarbeitsnah, sozialkommunikativ oder lukrativ sind. Dies jedoch wäre

---

[3] In den Vorarbeiten zum Forschungsprojekt »Schulerfolg und Berufsfindung von Mädchen« vom Berliner Institut für Sozialforschung (BIS), jetzt in dessen Arbeitsstelle AFIN in Osnabrück in Bearbeitung.

theoretisch einleuchtend. Die schlichte Tatsache, daß der Frauenanteil eines Berufs hoch ist, verleiht eine geradezu unwiderstehliche Plausibilität der Annahme, daß die Vereinbarkeitsleistung (als Grundanforderung der weiblichen Normalbiographie) in diesem Beruf gelingt. Da weder Berufsberatung noch Alltagswelt die Mädchen auf eine eigenverantwortliche Gestaltung der Vereinbarkeitsleistung vorbereitet, müßten sie ein außerordentlich hohes Selbstvertrauen aufbringen, um zu meinen, daß ihnen diese Leistung auf noch nicht begangenen Wegen gelingen würde.

Ferner eignet sich ein Frauenberuf von vornherein für die Konstruktion und Darstellung einer weiblichen Identität; sie hat daher im Bereich der symbolischen Interaktion große Vorteile. Zwar ziehen Mädchen nicht ausschließlich Frauenberufe in Betracht; wir müssen jedoch die Möglichkeit prüfen, daß die Geschlechtstypik einen eigenständigen Reiz hat.

Nur aus amerikanischen Untersuchungen haben wir relevante Aussagen auf der Grundlage repräsentativ erhobener Massendaten und Längsschnittuntersuchungen. Jerry Jacobs (1989) stuft Berufe als frauen- bzw. männertypisch ein, wenn der Anteil des anderen Geschlechts in diesem Beruf unter 30% liegt. In den USA ist der Frauenanteil in den männerdominierten Berufen ständig gestiegen, doch sind die Berufswünsche junger Frauen dieser Entwicklung noch immer voraus (Jacobs 1989, 28 ff.; 74 ff.). Diese Berufswünsche – junge Frauen wurden gefragt, in welchem Beruf sie mit 35 tätig zu sein hoffen – sind hochgradig veränderlich. Im Laufe von zehn jährlichen Befragungen hatten 60% aller jungen Frauen einmal einen männlich dominierten Beruf als Ziel genannt, aber 98% hatten mindestens einmal einen frauentypischen Beruf angestrebt.

Tatsächlich wird auch ein hoher Anteil junger Frauen (44%) zeitweilig in einem männertypischen Beruf tätig. Die berufliche Mobilität in den USA ist sehr hoch und überquert ständig die Geschlechtergrenzen. Bei Frauen in Männerberufen besteht eine deutlich höhere Wahrscheinlichkeit des Berufswechsels als in Frauenberufen, und in der Hälfte der Fälle wechseln sie dann zu einem frauentypischen Beruf über. Nach zehnjähriger Erwerbstätigkeit sind 93% aller jungen Frauen in einem frauentypischen Beruf tätig gewesen (ebd., 101 ff.).

Angesichts des starken Trends, Männerberufe zu verlassen, wägt Jacobs ab, ob auch das höhere Risiko von sexueller Belästigung dafür verantwortlich ist. Die Forschungsergebnisse, die er zusammenstellt, unterstützen diese Vermutung. So scheint weniger die Diskriminierung bei Einstellungsentscheidungen Frauen auszugrenzen (denn sie finden Beschäftigung in männerdominierten Bereichen), als der sexistische Zusammenschluß gegen die Frau an einem männlich besetzten Arbeitsplatz. Dies wird aber von Frauen und Mädchen antizipiert, wenn sie einen Männerberuf in Aussicht nehmen (vgl. ebd., 152–155).

So müssen wir bei der Berufswahl ein weiteres Element der weiblichen Situiertheit berücksichtigen: Das beständige Risiko der sexuellen Verletzung. Aus den Modellversuchen in der Bundesrepublik wird berichtet, daß Mädchen in Männerberufen vom ersten Lehrjahr an massiven Sexismus in allen Formen aushalten müssen (Glöß 1985). Wir wissen aber aus der Schulforschung auch, daß ein unterschwelliger Strom von – teils geringfügigen – sexuellen und körperlichen Angriffen der Jungen gegenüber den Mädchen stattfindet[4] (vgl. z. B. Barz/Meier-Störmer 1984, Enders-Dragässer/Fuchs 1988; aber auch Oswald u. a. 1988), und daß Jungen im Unterricht geradezu männerbündlerisch agieren können, um mathematisch-naturwissenschaftliche und gewerblich-technische Gebiete gegen die Aktivität von Mädchen zu verteidigen.

Derartige Erlebnisse mögen für viele Mädchen weder massiv noch bedrohlich erscheinen (Oswald u. a. nennen es »Ärgern« oder »Piesakken«); ohne Zweifel vermischen sie sich mit der Erotisierung gegengeschlechtlicher Beziehungen in diesem Alter und wirken daher oft als Berührungsversuch, nicht immer als Gewalt. Dennoch stärken diese Erfahrungen das unterschwellige Wissen, als weibliches Individuum dem Zugriff von Männern ausgesetzt zu sein. Dies kann ein Beweggrund sein, einen Schutz- und Erholungsbereich beibehalten zu wollen, der mit anderen Mädchen/Frauen geteilt wird. Das Gerechtigkeitsempfinden mag die Überzeugung stärken, daß Frauen alle Berufe ergreifen *können*; aber die gelebte Erfahrung kann zweifelhaft erscheinen lassen, ob sie gut beraten wären, einen Männerberuf zu wollen.

5. Der »Triebschub« der Pubertät zieht alles Interesse der Mädchen von Schule und Ausbildung ab: Hauptsache einen Freund

Eine andere Perspektive auf die Selbstbeschränkung von Mädchen finden wir bei AnnMarie Wolpe (1988), die im Rahmen einer zweijährigen Beobachtungsstudie in einer englischen Gesamtschule Mädchen und Jungen mit zwölf und mit 15 Jahren befragt hat. In ihrer Analyse hebt sie das Element der von der Schule weitestgehend verleugneten Sexualität hervor. Sie stellt ein Wechselverhältnis zwischen schulischer Leistung und aktivem Interesse an Sexualität fest (Wolpe 1988, 158). Mit dem »Einbruch der Sexualität«

---

4 In der »hessischen Mädchenstudie« hatten 12 der 40 befragten Mädchen sexuellen Mißbrauch oder Vergewaltigung erlebt, alle kannten handfeste sexuelle Belästigung durch gleichaltrige Jungen (Hessische Mädchenstudie 1986, 42).

(97) verändere sich die Ausrichtung der Bedürfnisse, Vorstellungen, Wünsche der Mädchen massiv: Kleidung und Schminke werden sehr wichtig und ihre Gedanken kreisen um Jungen, Discos und Liebesbeziehungen. Dabei sinken die schulischen Leistungen auch der besten Schülerin rapide ab, und zwar als Folge eines eintretenden Desinteresses an allen Inhalten, welche die Schule zu bieten hat. Hand in Hand damit, so der Eindruck aus ihrer Darstellung, wird der Inhalt des künftigen Berufs ebenfalls entwertet.

Unter »Sexualität« versteht Wolpe den Wunsch nach einem intimen Partner des anderen Geschlechts sowie die schrittweise Annäherung an den Geschlechtsverkehr und den Vollzug desselben.[5] Wenn den Mädchen Kleider und Aussehen wichtig wird, versteht sich von selbst, daß dies zu ihrer Sexualität gehört. Während Wolpe bei den Jungen unter der Rubrik Sexualität den körperlichen Zugriff auf Mädchen (insb. »Abtatschen« als Gruppenüberfall), den Geschlechtsverkehr und den Wettkampf über angebliche sexuelle Erfahrungen behandelt, ist im Kapitel Sexualität bei Mädchen vom Ausgehen (Kino oder Rollschuhfahren), Sich-schick-machen, und vor allem von ausgiebigen Gesprächen unter Mädchen über Sex die Rede.

In Wolpes Verständnis von Sexualität findet die Frau auf dem Weg über das Begehren des Mannes Lust; daher sind Bemühungen um männliche Aufmerksamkeit die Form, in der ein Mädchen ihre Sexualität zu erkennen gibt. Dieses Modell beherrscht auch die reale Erfahrung der Mädchen, denn ein eigenständiges Begehren der Frau findet keinen symbolischen Ausdruck (vgl. Benjamin 1988). Dazu die hessische Mädchenstudie (1986): »Eine Tradition lustvoller weiblicher Sexualität, analog zur männlichen, auf die die Mädchen sich bei der Entwicklung eigener erotischer Phantasien beziehen könnten, existiert in ihrer Wahrnehmung nicht« (38).

Dennoch unterstelle ich, daß in der weiblichen Pubertät eine eigene Sexualität, und d. h. ein eigenes, wenn auch diffuses und sprachloses Begehren erwacht, so es nicht mit Gewalt niedergedrückt wird. Während der Junge zwischen der erwachenden eigenen Sexualität und der (peinlich-bedrohlichen) Unzulänglichkeit eigener Handlungsfähigkeit schwankt, hat das Mädchen mit zweierlei sexuellen Erweckungen zu tun: Sie muß sich mit dem aktiven, symbolisch allgegenwärtigen Begehren junger Männer auseinandersetzen, und sie muß eigene Bedürfnisse und Begierden entdecken und für sie Ausdruck finden. Es ist durch nichts belegt, daß diese bei-

---

5 Die Gleichsetzung von Sexualität mit Heterosexualität war, wie sie selbst zugibt, während der empirischen Phase völlig unhinterfragt; bei ihrer Auswertung ergänzt sie einige Bemerkungen über mögliche gleichgeschlechtliche Bestrebungen, ohne ihr Grundkonzept zu verändern. Die Unterschiedlichkeit in den Äußerungen der Mädchen und der Jungen in bezug auf Sexualität ist in ihren Zitaten deutlich, wird aber nicht interpretiert, da für Wolpe »Sexualität« eben bedeutet, daß Mädchen und Jungen »das Eine« miteinander wollen und so auf gleiches aus sind.

den »Triebschübe« auch nur annähernd gleichzeitig stattfinden, gerade weil das weibliche Begehren sprachlos ist. Wann auch immer sie ein Erwachen der eigenen Liebessehnsucht erlebt: Das Mädchen sieht für deren Befriedigung nur die Chance, das eigene Luststreben in das Bestreben zu verwandeln, die Begierde des Mannes zu wecken.

Ein solch unsicherer Umweg zur Bedürfnisbefriedigung dürfte ähnlich schwierig und der Egozentrik und Unbedingtheit der Adoleszenz ähnlich fremd sein, wie die Aufgabe, Allmachtswünsche in eine Perspektive mühsamer Arbeit umzumünzen. Die Kanalisierung des weiblichen Begehrens in ein soziokulturell herrschendes Modell der Heterosexualität, in der allein das männliche Begehren gilt, dürfte enorme Energien binden. Erst mit Blick auf diese erzwungene Verwandlung ihrer eigenen Sexualität durch das Mädchen selbst wäre zu verstehen, warum dabei andere Bereiche von Befriedigung und Bestätigung entwertet werden können.

Wir sind es gewohnt, daß die Frage nach der Vereinbarkeit von Familie und Beruf für Frauen aufgeworfen wird. Vielleicht hat sie eine Vorform in der strukturellen Unvereinbarkeit zwischen der Entwicklungsaufgabe der Qualifikation (Selbstfindung in der Arbeit/Schule) und der Entwicklungsaufgabe, eine zur heterosexuellen Bindung geeignete Geschlechtsidentität herauszubilden. Ein psychosoziales Moratorium der Selbstfindung wäre dann die Adoleszenz nicht; im Gegenteil, Mädchen stehen in dieser Lebensphase unter besonderem Druck, sich psychosozial festzulegen. Kein Wunder, daß sie die wohlgemeinte Ermutigung oft nicht annehmen, es stünden ihnen alle Möglichkeiten offen.

6. »Sich von den Eltern lösen« ist nicht die Aufgabe der weiblichen Adoleszenz – »Beruf« ist nicht die Lösung

Insbesondere in der psychologischen und psychoanalytischen Literatur zur Adoleszenz wird es als deren zentrale Aufgabe bestimmt, die innere und äußere Trennung von den Eltern zu erlangen. In den letzten fünf Jahren hat eine Fülle von Studien bestätigt, daß die weibliche Adoleszenz diesem Modell nicht entspricht.

Mädchen scheinen während der Adoleszenz nicht mit der Trennung und Loslösung aus Beziehungen, sondern mit deren Pflege und Umgestaltung beschäftigt zu sein (vgl. Gilligan u. a. 1988, Jordan u. a. 1991). Insbesondere betonen mehrere Studien (z. B. A. Kaplan u. a. 1991, Apter 1990, Gilligan 1988), daß vor allem die Beziehung zwischen Mutter und Tochter durch die gesamte Adoleszenz hindurch gleichbleibend wichtig ist, und daß nicht die Entfernung, die innere Trennung für die Reifung des Mädchens förderlich ist, sondern die verwandelte Nähe, die beibehaltene Loyalität, die Erringung einer Stimme im Dialog anstelle des Zwangs, die Mutter zu verlassen. Die wachsende Selbständigkeit, die neu erworbenen Kompetenzen, die Schritte in Richtung auf ein selbstverantwortetes eigenes Leben sind in einem Kampf um Anerkennung mit der Mutter eingebettet, dessen Ziel nicht die Loslösung, sondern die Wiederherstellung von Vertrautheit und Nähe auf neuem Niveau ist. Die Mutter ist für die Selbstfindung und das emotionale Befinden des adoleszenten Mädchens weit wichtiger, wie Apter zur eigenen Überraschung feststellte, als gleichaltrige Freundinnen.

In diesem Zusammenhang gibt Terri Apter einen Hinweis, dessen Tragweite erst zu erkunden wäre. Die Bedeutung ihrer Beziehung zur Mutter kennen die Mädchen durchaus selbst:

»Mädchen, wie auch professionelle Frauen im Rückblick auf die eigene Kindheit, schätzen die Zeit und die Fürsorge, welche ihre Mutter ihnen zugewandt hat. An sich selbst erleben sie den Nutzen, der aus der traditionellen Mütterlichkeit erwachsen ist. Als Folge sind sich die meisten adoleszenten Mädchen bewußt, daß sie selbst in Zukunft irgendeinen Konflikt zwischen mütterlichen Zielen und ihrem Leistungsbestreben austragen müssen« (Apter 1990, 137/138, Übers. CHW).

Das innige und intensive Erleben der Bedeutung mütterlicher Zuwendung für ihr eigenes Wohlergehen wäre demnach die Ursache dafür, daß Mädchen einen Konflikt zwischen Beruf und Mutterschaft vorwegnehmen.

Die reichhaltige neue Literatur über weibliche Entwicklung ist zugleich bemerkenswert einseitig: Bei ihrer Beleuchtung des »Selbstsein-in-Beziehungen« richtet sie ihren Blick auf das Feld der Liebe, der Freundschaft und der privaten Nähe. Die Reifung zu selbstverantworteten neuen Beziehungen ist nur eine Seite der Adoleszenz; die andere wäre die Besetzung neuer Selbstobjekte und die Gestaltung eines produktiven Narzißmus. Die der Adoleszenz angemessene Form der Liebe und Bewunderung für sich selbst und für Ideale, die das Selbst spiegeln oder in Zukunft darstellen, hat nunmehr einen Erfahrungshintergrund; sie erfordert einen Prozeß der Aneignung von Welt, worin das Selbst als »Selbst-in-der-Welt« Gestalt annimmt. Auch dies ist ein relationales Selbst, das durch erfahrene Anerkennung für eigene Entwürfe, Ideale, Kompetenzen und Leistungen, für Aufgabenlösungen und vollbrachte Werke vermittelt wird. Zu fragen bleibt, wie Mädchen in der Adoleszenz ein solches Selbst entwickeln, ein unverwechselbares Ich, welches nicht nur liebenswert und liebesfähig wäre, sondern auch, im Wechselspiel der Kräfte mit anderen Menschen gemeinsam arbeiten, handeln und in der Welt etwas zu bewirken vermag.

Birgit Geissler und Mechthild Oechsle (1990) haben herausgearbeitet, daß der Berufsbegriff eine spezifisch männliche Balance der zwei zentralen Dimensionen von Arbeit zusammenfaßt:

»Dies ist zum einen die Dimension einer Ethik der Arbeit. Diesen Begriff verwenden wir als Oberbegriff für alle Identifikationsangebote der Arbeit an das Subjekt in seiner unveräußerlichen Individualität. Hier knüpft das Verschiedenheitspostulat der bürgerlichen Gesellschaft an. Zweitens benennt ›Beruf‹ als soziales Konstrukt die kollektive Dimension von Erwerbsarbeit. Diese Dimension enthält soziale Integrations- und Strukturierungskräfte der Arbeit (von der Bereitstellung von Einkommen und Status bis zur Herstellung sozialer Zeitstrukturen), die alle Arbeitenden ungeachtet ihrer Individualität in gleicher Weise betreffen; hier erweist sich die Gleichheit der Lohnarbeiter als solche« (Geissler/Oechsle 1990, 22).

Insbesondere auf der Seite der Ethik der Arbeit fließen in das Identifikationsangebot bei Frauen auch Erfahrungen und Orientierungen ein, die aus der weiblichen Zuständigkeit für Familie und für Kinder erwachsen. Nicht erst die Doppelorientierung auf Familie einerseits, Beruf andererseits, sondern die schon früher erfahrene Besetzung von Aufgabenbewältigung (etwa in der Schule) mit Ansprüchen des Subjekts auf Anerkennung und Selbstentfaltung gestaltet sich demnach für Mädchen zum spezifischen Dilemma.

Das Konstrukt »Beruf« vereinigt für männliche Jugendliche die auf Arbeit gerichteten Orientierungen und Erwartungen nach beiden Seiten hin. Erwachsenwerden führt in jeder Hinsicht über den Beruf: Er verkörpert ebenso die Chance der geglückten Ehe und die mögliche Verantwortung für eine neue Generation wie die Anerkennung von Leistung, welche die Selbstliebe trägt.

Für die Mädchen hingegen bündeln sich die auf Arbeit gerichteten Orientierungen und Erwartungen nicht auf diese Weise, unter anderem weil Identifikationselemente mit der Familienarbeit diese Erwartungen mitprägen. Sie können auch nicht annehmen, daß der Beruf ihnen die geglückte Ehe vermittelt; völlig abwegig wäre die Hoffnung, durch Berufserfolg zur »guten Mutter« zu werden. So versuchen Mädchen bei der Berufsfindung etwas zu wählen, welches sich mit dem Begriff »Beruf« nicht ganz deckt. Insbesondere diejenigen Ansprüche an Arbeit, welche auf verbindliche Beziehungen, persönliche Offenheit und Mitteilungsbereitschaft sich richten, finden darin nicht ohne weiteres Eingang.

Ich vermute, daß junge Frauen ihre kommunikativen und beziehungsbezogenen Ansprüche dadurch in das Konstrukt »Beruf« einbringen, daß sie sagen, sie wollen »auf jeden Fall etwas machen, was mit Menschen zu tun hat«. Nüchtern betrachtet böten sich hierfür durchaus auch Management oder Politik an; real funktioniert dieser Wunsch jedoch als Signal dafür, Mädchen in schlechtbezahlte Dienstleistungsberufe einzuschleusen. Doch in der unbestimmten Äußerung, »mit Menschen zu tun haben wollen« sind mutmaßlich Subjektansprüche an die Arbeit verborgen. Es kommt darin der Wunsch zum Ausdruck, etwas Großartiges zu sein und zu leisten, ist doch das Einfühlungsvermögen eng mit den frühkindlichen Allmachtsphantasien verwandt. Wer andere restlos versteht, kann – so die unbewußte Phantasie – auf sie einwirken, sie verändern.

Wir treffen hier erneut auf das Problem der fehlenden symbolischen Repräsentanz für aktive, selbstbewußte Weiblichkeit (vgl. Hagemann-White/Hermesmeyer-Kühler 1987). In den Arbeits- und Erfahrungsbereichen, welche aus der Erwerbsarbeit abgespalten und zugleich in ihr vorausgesetzt sind, entsteht ein kaum artikuliertes weibliches Wissen über eigene Kompetenzen. Daher enthalten die Arbeitsorientierungen, die aus dem weiblichen Lebenszusammenhang erwachsen, ein Potential zur Erweiterung und Vervollständigung des Berufskonstrukts. Aber die weiblichen Erfahrungen mit Arbeit finden keine wirkkräftige Symbolisierung; sie werden vielmehr naturalisiert, zu Merkmalen der Geschlechtszugehörigkeit definiert.

So finden Mädchen wichtige Elemente ihrer Beziehung zur Arbeit im Prozeß der Berufseinmündung nirgends wieder, es sei denn, als Zuschreibung der Angemessenheit bestimmter Berufe für Frauen. Diese Zuschreibung ist das diffuse Versprechen, dort als Frauen zurechtzukommen. Als Folge wird, und das ist nun wirklich erschütternd, der Narzißmus, das Bedürfnis nach Größenphantasien, nach Aneignung von Welt und nach verläßlicher Selbstliebe schlichtweg in Hingabe an die Bedürfnisse anderer umgedeutet. Den darin enthaltenen Wunsch, mächtig und großartig im gemeinschaftlichen Leben zu wirken, sich als potent und kreativ zu erfahren, hören wir schon gar nicht mehr, so sicher sitzt unser Vorurteil, daß Selbstaufgabe gemeint ist.

7. Widersprüche bleiben

Die Unstimmigkeiten im Bisherigen sollen nicht abschließend geglättet werden. Ob eine psychosexuelle Entwicklungsphase, genannt Pubertät, mit neun, mit zwölf oder mit fünfzehn einsetzt und was mit einem Aufbruch oder Einbruch der Sexualität gemeint ist – eigene Begehrlichkeit oder Umgang mit der des Mannes –, scheint je nach Blinkwinkel sehr verschieden auszufallen. Die Mädchen haben endlich eine echte Jugendphase als Freiraum für Identitätsfindung historisch erlangt, und in diesem Raum findet der Identitätsverlust statt. Frauentypische Berufe werden gewählt, weil zum Zeitpunkt der Berufswahl die stürmische Pubertät schon vorbei ist, weil Mädchen die spätere Vereinbarkeit mit Familie für zwingend halten, weil sie übermäßig von der Bewertung und Bestätigung durch das soziale Umfeld abhängig sind, weil ihre starke Beschäftigung mit Sexualität alles Interesse von Schule und Beruf abzieht, weil die Sexualität in einem männlich dominierten Beruf ihnen bedrohlich und unerwünscht erscheint, weil sie im Beruf ein ausreichend weitgestecktes Identifikationsangebot mit Arbeit suchen, weil sie im Kampf um die Anerkennung der Mutter unmittelbar überzeugt sind, später Zeit und Energie für mütterliche Zuwendung zu benötigen. Zudem interessieren sie sich durchaus für männerdominierte Berufe, werden aber dort ausgegrenzt.

Vorerst scheint mir, daß die Forschung über Berufsfindung, Schulerfahrungen und Lebensentwurf bei Mädchen noch zu wenig Komplexität aufweist. Diese Forschung, zumal in der Bundesrepublik, ist nach wie vor von dem Gedanken der Benachteiligung im Sinne einer Zurücksetzung bestimmt. Daher malt sie ein Bild der Wirklichkeit, worin die Mädchen selbst sich nicht wiederfinden würden. Benachteiligung, Einschüchterung und sexuelle Verletzung finden ohne Zweifel statt. Doch müßten wir, um Veränderungen zu denken, mehr darüber wissen, wie Mädchen die kreativen, narzißtischen, mutigen und lebenshungrigen Anteile ihres Selbst ausdrücken. Selbstverständliche Konzepte, zu denen u. a. »Sexualität« und »Beruf« gehören, verblenden mehr als sie aufschließen.

Auch müssen wir das Harmoniebestreben, welches »Jugend« schon immer gleichzeitig und komplementär für beide Geschlechter denken will, als Zwangsvorstellung ablegen. Sie entstammt einer mächtigen Tradition, wonach Theorie erst eigentlich Theorie sei, wenn an ihr nichts mehr Besonderes, zumal Geschlechtsspezifisches sei. Vom Erleben der Mädchen auszugehen, könnte die Adoleszenz für beide Geschlechter erhellen, wobei beiden mehr Raum zur Selbstfindung zugestanden wäre.

Literatur

Apter, Terri, 1990: *Altered Loves. Mothers and Daughters during Adolescence.* Hertfordshire/New York.
Barz, Monika/Maier-Störmer, Susanne, 1982: Schlagen und geschlagen werden. In: Brehmer, Ilse (Hg.): *Sexismus in der Schule. Der heimliche Lehrplan der Frauendiskriminierung.* Weinheim/Basel, S. 279–287.
Benjamin, Jessica, 1988: *The Bonds of Love.* New Jersey. (dt.: Die Fesseln der Liebe. Frankfurt/Main 1990)

Bilden, Helga/Diezinger/Angelika, 1989: Historische Konstitution und besondere Gestaltung weiblicher Jugend. Mädchen im Blick der Jugendforschung. In: Krüger, Heinz-Hermann (Hg.): *Handbuch der Jugendforschung.* Opladen, S. 135–156.

Brehmer, Ilse, 1988: Koedukation aus der Sicht der Lehrerinnen, in: Pfister, Gertrud (Hg.): *Zurück zur Mädchenschule? Beiträge zur Koedukation.* Pfaffenweiler, S. 137–152.

Brooks-Gunn, J., 1987: Pubertal Processes and Girls' Psychological Development, in: Lerner, Richard M./Foch, Terryl T. (Hg.): *Biological-Psychological Interactions in Early Adolescence.* Hillsdale/London, S. 123–154.

Bildung 2000 – Enquête-Kommission des Deutschen Bundestages: *Zukünftige Bildungspolitik.* Schlußbericht der Enquête-Kommission des 11. Deutschen Bundestage und parlamentarische Beratung am 26. Oktober 1990.

Enders-Dragässer, Uta/Fuchs, Claudia, 1988: *Interaktion und Erziehungsstrukturen in der Schule.* Eine Untersuchung an hessischen Schulen im Auftrag des hessischen Instituts für Bildungsplanung und Schulentwicklung. Frankfurt/Main, Wiesbaden.

Erdheim, Mario, 1988: Adoleszenz zwischen Familie und Kultur, in: Erdheim, Mario: *Psychoanalyse und Unbewußtheit in der Kultur.* Frankfurt, S. 191–214.

Erikson, Erik H., 1968: *Jugend und Krise. Die Psychodynamik im sozialen Wandel.* 3. Aufl., New York (1980).

Fend, Helmut, 1988: *Sozialgeschichte des Aufwachsens. Bedingungen des Aufwachsens und Jugendgestalten im 20. Jahrhundert.* Frankfurt.

Geissler, Birgit/Oechsle, Mechthild, 1990: *Lebensplanung als Ressource im Individualisierungsprozeß.* Vom Sonderforschungsbereich 186 der Universität Bremen: Statuspassagen und Risikolagen im Lebensverlauf. Arbeitspapier. Bremen.

Gilligan, Carol, 1982: *In a Different Voice.* (dt.: Die andere Stimme. München 1984)

dies., 1988: Exit-Voice Dilemmas in Adolescent Development. In: Gilligan, Carol u. a., 1988, S. 59–71.

Gilligan, Carol u. a. (Hg.), 1988: *Mapping the Moral Domain. A Contribution of Women's Thinking to Psychological Theory and Education.* Cambridge

Glöß, Petra, 1985: Sexismus am Arbeitsplatz. Ein Bestandteil beruflicher Erfahrungen von Frauen. In: *Frauenforschung. Beiträge zum 22. Deutschen Soziologentag.* Dortmund 1984, hrsg. v. d. Sektion Frauenforschung in den Sozialwissenschaften in der DGS. Frankfurt/New York, S. 177–186.

Hagemann-White, Carol/Hermesmeyer-Kühler, Astrid, 1987: Mädchen zwischen Autonomie und Abhängigkeit. Zu den strukturellen Bedingungen der weiblichen Sozialisation. In: Schlapeit-Beck, Dagmar (Hg.): *Mädchenräume. Initiativen – Projekte – Lebensperspektiven.* Hamburg, S. 13–30.

Hancock, Emily, 1989: *The Girl Within.* New York.

Hantsche, Brigitte, 1989: Schritte zur Aneignung des eigenen Lebens. Stellenwert, Definition und Realisationsmöglichkeiten von Selbständigkeitsbestrebungen junger Frauen und Männer der »60er-Generation«. In: Müller, Ursula/Schmidt-Waldherr, Hiltraud (Hg.): *FrauenSozialKunde. Wandel und Differenzierung von Lebensformen und Bewußtsein.* Bielefeld, S. 163–185.

Heinz, Walter R. u. a., 1985: *»Hauptsache eine Lehrstelle.« Jugendliche vor den Hürden des Arbeitsmarktes.* Weinheim/Basel.

Hessische Mädchenstudie, 1986: Zur Situation von Mädchen in der offenen Jugendarbeit in Hessen. Projektleitung Christina Klose, hrsg. von der Bevollmächtigten der Hessischen Landesregierung für Frauenangelegenheiten. Frankfurt/Main.

Horstkemper, Marianne, 1987: *Schule, Geschlecht und Selbstvertrauen. Eine Längsschnittstudie über Mädchensozialisation in der Schule.* Weinheim/München.

Hurrelmann, Klaus/Rosewitz, Bernd/Wolf, Hartmut K., 1985: *Lebensphase Jugend. Eine Einführung in die sozialwissenschaftliche Jugendforschung*. Weinheim/München.
Johnsten, D. Kay, 1988: Adolescents' Solutions to Dilemmas in Fables: Two Moral Orientations – Two Problem Solving Strategies. In: Gilligan, Carol u. a. 1988, S. 141–158.
Jacobs, Jerry A., 1989: *Revolving Doors. Sex Segregation and Women's Careers*. Stanford.
Jordan, Judith V. u. a., 1991: *Women's Growth in Connection. Writings from the Stone Center*. New York/London.
Kaplan, Alexandra G./Klein, Rona/Gleason, Nancy, 1991: Women's Self Development in Late Adolescence. In: Jordan, Judith V. u. a., 1991, S. 122–142.
Kaplan, Louise, J., 1989: *Abschied von der Kindheit. Eine Studie über die Adoleszenz*. Stuttgart
Lancaster, Jane B., 1985: Evolutionary Perspectives on Sex Differences in the Higher Primates. In: Rossi, Alice S. (Hg.): *Gender and the Life Course*. New York.
Lemmermöhle-Thüsing, Doris, 1990: »Meine Zukunft? Naja, heiraten, Kinder haben und trotzdem berufstätig bleiben. Aber das ist ja fast unmöglich.« Über die Notwendigkeit, die Geschlechterverhältnisse in der Schule zu thematisieren: das Beispiel Berufsorientierung. In: Rabe-Kleberg, Ursula (Hg.): *Besser gebildet und doch nicht gleich! Frauen und Bildung in der Arbeitsgesellschaft*. Bielefeld, S. 163–196.
Lott, Bernice, 1981: *Becoming a Woman. The Socialization of Gender*. Springfield.
dies., 1987: *Womens' Lives. Themes and Variations in Gender Learning*. Pacific Grove.
Metz-Göckel, Sigrid/Nyssen, Elke, 1990: *Frauen leben Widersprüche. Zwischenbilanz der Frauenforschung*. Weinheim/Basel.
Miller, Jean B., 1991: The Development of Women's Sense of Self. In: Jordan, Judith V. u. a., 1991, S. 11–26.
Müller, Ursula, 1989: Warum gibt es keine emanzipatorische Utopie des Mutterseins? In: Schön, Bärbel (Hg.): *Emanzipation und Mutterschaft. Erfahrungen und Untersuchungen über Lebensentwürfe und mütterliche Praxis*. Weinheim/München, S. 55–79.
Nunner-Winkler, Gertrud, 1985: Adoleszenzkrisenverlauf und Wertorientierungen. In: Baacke, Dieter/Heitmeyer, Wilhelm (Hg.): *Neue Widersprüche. Jugendliche in den 80er Jahren*. Weinheim/München, S. 86–107.
Oswald, Hans/Krappmann, Lothar/Salisch, Maria von, 1988: Miteinander – Gegeneinander. Eine Beobachtungsstudie über Mädchen und Jungen im Grundschulalter. In: Pfister, Gertrud (Hg.): *Zurück zur Mädchenschule? Beiträge zur Koedukation*. Pfaffenweiler, S. 173–193.
Petersen, Anne C., 1987: The Nature of Biological-Psychosocial Interactions: The Sample Case of Early Adolescence. In: Lerner, Richard M./Foch, Terryl T. (Hg.): *Biological-Psychosocial Interactions in Early Adolescence*. Hillsdale/London, S. 35–62.
Schnorrenberg, Krista/Völkel, Karin, 1988: Koedukation oder: Die Anpassung an das allgemeine Männliche. In: Pfister, Gertrud (Hg.): *Zurück zur Mädchenschule? Beiträge zur Koedukation*. Pfaffenweiler, S. 61–72.
Simmons, Roberta G./Blyth, Dale A., 1987: *Moving into Adolescence. The Impact of Pubertal Change and School Context*. New York.
Stiver, Irene P., 1991: Beyond the Oedipus Complex: Mothers and Daughters. In: Jordan, Judith V. u. a., 1991, S. 97–121.

Wolpe, AnnMarie, 1988: *Within School Walls. The Role of Discipline, Sexuality and the Curriculum*. London/New York.

Zinnecker, Jürgen, 1985: Jugend der Gegenwart – Beginn oder Ende einer historischen Epoche? In: Baacke, Dieter/Heitmeyer, Wilhelm (Hg.): *Neue Widersprüche. Jugendliche in den 80er Jahren*. Weinheim/München, S. 7–23.

Körper, Kreativität und Weiblichkeit

Schöpfungsphantasien anorektischer Mädchen und der
Frankenstein-Roman von Mary Shelley

Annegret Overbeck

Mary Shelley ist Anfang des vorigen Jahrhunderts aus der weiblichen Sprachlosigkeit hervorgetreten. Sie hat einen Stoff erfunden und ein Werk gestaltet, welches unsere Phantasie bis heute beschäftigt und über Verfilmungen zu einem populären Kulturgut wurde. Das Werk repräsentiert eine Subjektivität der Autorin, die aufklärungsbedürftig ist, um unser eigenes Verhältnis von Kreativität und Weiblichkeit außerhalb unserer biologischen und generativen Aufgaben zu klären.

Der Roman hat mich nachhaltig gefesselt, weil ich im Behandlungsprozeß mit Anorektikerinnen in besonderer Weise in das Drama der psychischen Geburt involviert war und mich mit archaischen und destruktiven Affekten und Phantasien auseinandersetzen mußte.

I. Schöpfungsphantasien im Behandlungsprozeß mit anorektischen Patientinnen

Über die Behandlung magersüchtiger junger Frauen im emotionalen Feld von Übertragung und Gegenübertragung wurde ich vertraut mit grandiosen hypomanischen Gefühlszuständen und ihrer Kehrseite: Langeweile, Einsamkeit, Entfremdung, Erstarrung. Begleitet werden diese Zustände von Phantasien, sich selbst oder einen anderen zu erschaffen und lebendig zu machen, Leben und Tod selbst zu bestimmen, oder an diesen Wünschen zu scheitern. Eng mit den anorektischen Eßstörungen, aber auch mit der Adoleszenz überhaupt verbunden ist die Illusion, nicht von Vater und Mutter gezeugt, genährt und aufgezogen zu sein, sondern seinen Körper und sich selbst aus eigener Kraft erschaffen zu haben – Schöpfer und Geschöpf zugleich zu sein. Dieser grandiosen Vorstellung von einzigartiger göttlicher Potenz korrespondiert in der Gegenübertragung die ebenso grandiose therapeutische Schöpfungsphantasie, das Gegenüber aus seiner fassadenhaften Erstarrung zu erlösen, ihm Leben einzuhauchen und die körperliche Hülle zu beseelen.

Wenn man in den therapeutischen Sitzungen die Interaktionsproblematik mit den Eltern und den hier ausgetragenen Kampf um Autonomie hinter sich lassen kann, stößt man auf eine Schicht von Phantasien über den Körper und Erfahrungen mit ihm, die aus der Kommunikation gewöhnlich ausgeschlossen sind und in Träumen eine Gestaltung erfahren. Dabei erweist sich der Körper als Symbol des Selbst. Häufig träumen die jungen Frauen, daß sie ein Kind auf dem Arm tragen. Es stellt sich jedoch sogleich ein Befremden ein, und das Kind verwandelt sich in etwas wie ein Holzgestell, eine tote Puppe oder ein Ding, mit welchem man nichts anfangen kann. Ein als möglich und wünschenswert antizipierter Austausch körperlicher Gesten wie zwischen Mutter und Kind stirbt ab. In diesen Träumen ist die Träumerin zugleich die Mutter, welcher es nicht gelingt, ein Phantasieobjekt lebendig zu machen und lebendig zu erhalten, wie auch das Kind, welches nicht dauerhaft beseelt in die Welt der toten Materie zurückfällt. Ein möglicher Dialog scheitert.

In der Vorstellung der Anorektikerinnen ist der Körper ein Ding – und zwar nicht nur im Hinblick auf den Mann –, welcher unverletzlichgeschlossen, sauber, trocken und anständig, von allem Anstößigen und Mangelhaften gereinigt werden soll, und nur in technisch manipulativer Handhabung narzißtische Befriedigung gewährt. Von der Unheimlichkeit seiner Metamorphose weiß die Anorektikerin nichts und der situative Behandlungskontext, in dem die Phantasien von Selbsterschaffung oder Entlebendigung auftreten, ist ihrer Wahrnehmung meistens nicht zugänglich. Andererseits tauchen Wünsche nach Erlösung und Berührung auf, um wie aus einem »Koma« erwachen zu können. Daß ein geheimer Name oder ein Wort zur Brücke werden soll, um Begegnung zu ermöglichen und einen Raum für Beziehung und Wachstum zu eröffnen, ist ein wiederkehrendes Motiv in den Behandlungen. Hier läßt sich die Gegenübertragungsphantasie verankern.

Diese eingangs beschriebenen und auf den ersten Blick erhebenden Phantasien und Illusionen verdecken Affekte von bedrohlicher Kraft und einen gefährlichen Kampf auf Leben und Tod. In der Durcharbeitung der Einfälle zu den Träumen zeigt sich, daß der Moment des Befremdens, der Entlebendigung und Verdinglichung oft verbunden ist mit Haß, Verachtung, Neid und Gier gegenüber den Eltern, insbesondere der Mutter oder einer mit der Mutter assoziierten Figur, und daß diese Affekte dem Wunsch nach Nähe und Berührung unweigerlich folgen. Der Vorgang beruht auf einer schweren narzißtischen Verletzung, dem nicht aufzuhebenden grundlegenden Mangel an Resonanz und Beantwortung: nicht gehört, gesehen, erkannt, in ihrer subjektiven Eigenheit und Individualität geachtet zu werden, nicht Subjekt im eigenen Recht zu sein, der Identität beraubt zu sein.

In ihrer schönen Symmetrie reproduzieren die erwähnten Schöpfungsphantasien in der Behandlung den gefährlichen Autonomie- und Identitätskampf zwischen Mutter und Tochter. Der Selbstentwurf der einen wird im Selbstentwurf der anderen jeweils negiert: Die Phantasie der magersüchtigen Tochter, sich selbst in Schönheit, Unverletzlichkeit und Unsterblichkeit zu erschaffen, negiert ihren Ursprung aus der Mutter und der einst nur über sie möglichen symbiotischen Omnipotenz, die es dem ganz kleinen Kind einst gestattete, in realer und imaginierter Verbindung mit der mütterlichen Brust die Illusion von Ganzheit, Vollkommenheit und Lebendigkeit zu erleben. Diese Phantasie negiert auch die Notwendigkeit, im Laufe der psychischen Geburt dieses Objekt Mutter innerlich wiederzuerschaffen und zugleich als äußeres Gegenüber zu konstituieren (vgl. Winnicott 1969). Die mütterliche Gegenübertragungsphantasie ist – symmetrisch dazu – die Negation des Unabhängigkeitswunsches der Tochter, ihres Wunsches nach körperlicher und geistiger Eigentätigkeit, Lebendigkeit und Kreativität.

Die Selbst-Objekt-Differenzierung und mit ihr die Subjekt-Subjekt-Beziehung ist bei den Anorektikerinnen in signifikanter Weise gestört. Die nichtempathische Mutter wird als übermächtig, kontrollierend und eindringend erlebt, das fragile Ich der Jugendlichen verschlingend. Die eigene Körpererfahrung hebt sich nicht genügend prägnant aus dem mit der Mutter geteilten körperlichen Erfahrungsraum ab. So wird im eigenen Körper, um dessen Aneignng aus der Leibeigenschaft der Mutter unendlich gerungen wird, immer zugleich der Körper der unberechenbaren Mutter erlebt und abgelehnt. Die anorektische Phantasie von der Selbsterzeugung des idealen und reinen Körpers beinhaltet gleichzeitig, daß der mitenthaltene mütterliche Körper abgetötet und ausgeschieden werden soll – in der aufgenommenen mütterlichen Nahrung, vor allem jedoch in der durch Medikamente herbeigeführten Kotentleerung. Der von Kot, Affekt und böser Mutter gereinigte Körper wird als lebendig und schön antizipiert, aber die Verfügung des Ichs über die Aneignungs- und Ausscheidungsvorgänge versagt, so daß dieses Idealbild immer in die Zukunft projiziert wird (Overbeck 1979; 1988).

In dieser katastrophalen innerpsychischen Konstellation wird deutlich, daß die Entwicklungsziele der analen Phase nicht erreicht wurden: das aktive Trennen von einem Teil, der Teil des eigenen Körpers war und von innen nach außen aufgrund eigener Ich-Anstrengungen hervorgebracht wird. Kot und das Leibesinnere, damit auch alle Affekte, Gedanken und Phantasien, die im inneren Raum entstehen und nach außen in die Mitteilung drängen, werden in der magischen Verfügung der mächtigen Mutter gesehen. Die analen Kämpfe der Jungen mit ihrer Mutter sind in der Regel heftiger und dauern länger. Er grenzt sich hierbei stärker von ihr ab, während sich das Mädchen aufgrund seines Geschlechtes in einer früh-ambivalenten Beziehung zur Mutter erlebt: Einerseits vom gleichen Geschlecht zu sein wie sie selbst und damit vor der schwierigen Aufgabe, sich zu unterscheiden und aus der undifferenzierten Nähe der Ähnlichkeit Individuation zu erreichen. Andererseits häufig aufgrund des gleichen weiblichen Geschlechts in spezifischer Weise getrennt von der Mutter, weil sie soziokulturell bedingt die Weiblichkeit des kleinen Mädchens und sein erotisches Werben ihr gegenüber nicht bestätigen kann (Chasseguet-Smirgel, 1974: 1986; Heigl-Evers, u. Weidenhammer, 1988; Olivier, 1987; Benjamin, 1988; Rohde-Dachser, 1990).

So erhofft es in der analen Phase eher durch Bravheit und Leistung eine Verbindung zu ihr zu schaffen. Da das später magersüchtige Kind darüber hinaus eher Mutter seiner Mutter oder deren eigenes Übergangsobjekt war und sich mit seinen ganzen Lebensäußerungen an ihre narzißtischen Bedürfnisse angepaßt hat statt umgekehrt, ist es ihm nicht möglich, sich von der Mutter zu entfernen, eigenwillig, trotzig, böse zu sein, ohne sofort seine einzige durch sich selbst garantierte Verbindung zum Lebendigen hin in Frage gestellt zu sehen. In der Entwicklung zum »falschen Selbst« (Winnicott) kann es selbst Hervorgebrachtes und Gefundenes nicht mit narzißtischer Phantasie besetzen, als seinen eigenen kostbaren Besitz begreifen und als gewährtes oder vorenthaltenes Geschenk in das Geschäft von Geben und Nehmen zwischen den Subjekten einbringen. Das gelungene anale Produkt dagegen ist selbst hervorgebracht oder gefunden. Es ist anders als das Übergangsobjekt vom Objekt vollständig getrennt und kann der Realitätsprüfung unterworfen werden mit der Frage, ob es lebendig, leblos oder tot ist. Diese Kotobjekte können durch illusionäre Schöpferkraft des Kindes selbst im Spiel belebt werden und in den Status des Dings zurückfallen, wenn das Spiel beendet ist. Das Kind kann am Autonomieziel der analen Phase angekommen tot oder lebendig machen und erlebt sich daher als grandioser kleiner Schöpfergott. Es kann aber auch seine Phantasie der Realitätsprüfung unterziehen und lebendig und tot, innen und außen wirklich unterscheiden. Enttäuschungen, Mißerfolge, Zurechtweisung und Kritik durch die Eltern lassen es sich im Kontrast zur eingebildeten Größe klein und ohnmächtig, zerknirscht erleben. Wut und Zornausbrüche begleiten sein Schwanken zwischen dem Erleben eigener Größe und Kleinheit bzw. von Idealisierung und Entwertung der anderen, die seine Vorbilder oder Kritiker sind. Aber nur aufgrund einer Fixierung oder schweren Regression zur brüchigen Subjekt-Objekt-Differenzierung der oralen Phase mündet ein solcher Zustand von Enttäuschung und Getrenntheit in ein Erleben von narzißtischer Vernichtung, Auslöschung und Vergeltung.

Im therapeutischen Prozeß mit anorektischen Patientinnen hat mich also etwas *Unheimliches* gefesselt: Die archaische Aggression, die im Gewand positiver Werte daherkommende Negation, das Ideal der Lebendigkeit und Reinheit in der Metamorphose zum Toten und Abgestorbenen hin. Magersuchtbehandlungen sind immer von einer tödlichen Gefahr überschattet. Die narzißtische Besetzung des Körpers kann aufgegeben werden. Der Körper kann als Symbol des Selbst unbrauchbar werden, so daß sich in tiefer Regression eine manische Dissoziation von Ich und Körper vollzieht. Das Ich hält sich fern vom Körper – entmaterialisiert – nun für unsterblich und gibt den Körper der Vernichtung preis.

II. Inhalt und Struktur des Frankenstein-Romans

Durch Gegenübertragungsphantasien in das Trauma einer verspäteten, nicht gelingenden psychischen Geburt verstrickt und involviert in archaische Affekte habe ich mich vom 1818 zuerst erschienenen Frankenstein-Roman Mary Shelley's faszinieren lassen. Die Autorin hatte in ihrem Werk Schöpfungsphantasien Gestalt werden lassen und in der Erfindung eines künstlichen Menschen archaischen Affekten Raum gegeben. Der Roman gestaltet in eindrücklichen Bildern die Struktur des Borderline-Syndroms: Das Selbst und die Affekte überlebensgroß; Innen und Außen entdifferenziert; die Überzeugung, daß Leben und Tod selbst gemacht sind.

Mary Shelley war 18 Jahre alt, als sie den Roman »Frankenstein – oder der moderne Prometheus« schrieb. Eingebettet in eine vielschichtige und komplizierte Rahmenhandlung erfand sie die Geschichte eines jungen Wissenschaftlers, der einen künstlichen Menschen erzeugt.

Frankenstein verläßt nach dem Tode seiner Mutter das Schweizer Elternhaus und begibt sich nach Ingolstadt, um sich dort naturwissenschaftlichen Studien zu widmen. Er flieht außerdem vor einem innigen und seine Gefühle verwirrenden Verhältnis zu Elisabeth, einer verwaisten Base, die in der Familie wie eine Schwester aufgezogen wurde. Zu den Phänomenen, denen sein besonderes Interesse von nun an gilt, gehört die Struktur des menschlichen Körpers. In Ingolstadt gerät er in einen leidenschaftlichen wissenschaftlichen Rausch. Er glaubt das Lebensprinzip und das Geheimnis des Todes entdeckt zu haben. Er macht sich daran, ein Lebewesen selbst zu erschaffen, 8 Fuß hoch und entsprechend breit, eine gigantische Gestalt. Er sammelt das Material in Leichenhäusern, Seziersälen und Schlachthäusern. In zweijähriger Arbeit, in der er sich – abgezehrt, blaß und erschöpft – von der Außenwelt völlig zurückzieht, setzt er das Wesen in allen Einzelheiten sorgfältig zusammen und belebt es schließlich in einer chemischen Prozedur. Als seine Arbeit getan ist, entsetzt ihn ihr Ergebnis:

»Es ist ein trüber Novemberabend, als ich die Frucht meiner Bemühungen sah. Mit einer Spannung, die fast zu einer Agonie wurde, ordnete ich die Instrumente um mich, die dem zu meinen Füßen liegenden leblosen Ding den Lebensfunken geben sollten. Es war schon ein Uhr nachts, der Regen prasselte unheilvoll an die Fensterscheiben, und meine Kerze war beinahe heruntergebrannt, als ich im Schimmer des halberloschenen Lichtes sah, wie sich das stumpfe gelbe Auge des Geschöpfes öffnete. Es atmete mühsam, und ein krampfhaftes Zittern ging durch seine Glieder. Wie kann ich meine Gefühle bei dieser Katastrophe schildern, wie den Unhold beschreiben, den ich unter so unendlichen Mühen und mit Sorgfalt gebildet hatte? Seine Glieder hatten das richtige Verhältnis, und ich hatte ihn auch mit schönen Gesichtszügen ausgestattet. Schön! Großer Gott! Die gelbe Haut verdeckte kaum die Muskelmasse und die Arterien darunter, sein Haar war glänzend schwarz und glatt, die Zähne perlweiß; aber diese Züge standen in um so schrecklicherem Gegenstaz zu den Triefaugen, die fast dieselbe Farbe hatten wie die fahlweißen Höhlen, in denen sie lagen, der verschrumpelten Gesichtshaut und den dünnen schwarzen Lippen ... dafür hatte ich Erholung und Gesundheit hingegeben ... Ich warf mich in den Kleidern aufs Bett, um ein wenig Vergessen zu suchen. Umsonst, ich schlief zwar ein, wurde jedoch von den wildesten Träumen heimgesucht. Ich meinte zu sehen, wie Elisabeth in blühender Gesundheit durch die Straßen von Ingolstadt ging. Freudig überrascht umarmte ich sie, doch als ich den ersten Kuß auf ihre Lippen drückte, wurde sie fahl, mit der Farbe des Todes; ihre Züge veränderten sich, und ich glaubte meine tote Mutter in den Armen zu halten. Sie war in ein Leichentuch gehüllt, und in den Falten des Flanells sah ich die Grabwürmer kriechen. Erschrocken fuhr ich aus dem Schlaf auf; kalter Schweiß bedeckte meine Stirn, die Zähne klapperten mir, und alle meine Glieder zuckten krampfhaft; denn im fahlen Mondschein, der durch die Fensterscheiben sickerte, gewahrte ich den Unhold – das elende Ungeheuer, das ich geschaffen hatte – ach, kein Sterblicher konnte den Anblick des grauenhaften Gesichts ertragen. Eine wiederbelebte Mumie hätte nicht so häßlich aussehen können wie dieser Unhold. Ich hatte ihn betrachtet, als er noch unfertig gewesen war; freilich auch da war er häßlich gewesen, doch als sich die Muskeln und Gelenke zu bewegen vermochten, wurde er ein Ungeheuer, das sich nicht einmal Dante hätte vorstellen können.«

Frankenstein flieht und erleidet einen Nervenzusammenbruch, der ihn monatelang ans Bett fesselt. Das Ungeheuer, inzwischen zum Leben erwacht, schildert in einer späteren Begegnung seinem Schöpfer, wie es sich entwickelte, Sinneseindrücke unterscheiden lernte, das Feuer entdeckte, Nahrungsmittel anbaute, die Sprache erlernte und Gefühle zu differenzieren vermochte. Wie ihm schließlich ein Begriff von den menschlichen Beziehungen in einer Familie zuteil wurde. Das namenlose Geschöpf entwickelte Gefühle von Sehnsucht, Liebe und einen Begriff vom Guten im Menschen. Diejenigen aber, denen er begegnet, ergreifen vor ihm die Flucht oder schlagen in blinder Wut und Verzweiflung auf ihn ein. So wird bitterer Neid und ein unmäßiger Haß in ihm geweckt, der sich schließlich in mehreren Wellen gegen die Familie seines Erzeugers richtet: Er tötet den kleinen Bruder, eine junge Frau, die er schlafend erwürgt, schließlich den Vater und Elisabeth. Das Ungeheuer zieht sich in die Berge zurück und trifft dort auf seinen ebenfalls die Einsamkeit suchenden Schöpfer. Er trägt ihm seine Geschichte vor und bittet darum, daß er eine Frau für ihn erschaffen möge. Menschen wollten nichts mit ihm zu tun haben, eine Frau aber, die so mißgestaltet und häßlich sei wie er, werde sich ihm nicht versagen.

Dr. Frankenstein richtet sich daraufhin einen Arbeitsplatz auf den Orkney-Inseln ein, die ihm für ein solches Vorhaben geeignet erscheinen. Bei der Arbeit überfallen ihn jedoch heftige Zweifel. Es könnte möglich sein, daß dieses Wesen 2000 mal bösartiger wäre als sein Gefährte und aus reiner Schlechtigkeit dem Morden und Zerstören frönen könnte. Sie könnte sich weigern, den vor ihrer Erschaffung geschlossenen Pakt anzuerkennen. Beide könnten einander hassen. Es könnte sein, daß das bereits lebende Geschöpf einen noch größeren Abscheu als vor sich selbst vor einem weiblichen Gegenstück empfände. Aber auch die Frau ihrerseits könnte sich mit gleichem Abscheu von ihm abwenden und sich zur Schönheit des normalen Mannes hingezogen fühlen. Auch fürchtete er das Ergebnis der Zweisamkeit: Eine Gattung von Teufeln, die das ganze Menschengeschlecht gefährden und bedrohen könnte. Frankenstein zerstückelt in rasender Leidenschaft das Ding, das er im Begriff war zusammenzusetzen und gelobte feierlich, diese Arbeit nie mehr aufzunehmen. Er versenkte seine Instrumente im Meer.

Von nun an wird Dr. Frankenstein in unstillbarer Rache von seinem entsetzlichen Geschöpf verfolgt und Frankenstein selbst findet keine Ruhe, bis er in Verfolgung seines Verfolgers diesen zerstört und für immer unschädlich gemacht hat.

Ich habe den Roman durch die besondere subjektive Perspektive nicht nur als ersten wissenschaftskritischen Science-fiction-Roman der Romantik gelesen, so wie es die vielen filmischen Popularisierungen, aber auch sein Untertitel nahelegen: Als Roman der modernen Wissenschaft, die die Kräfte, die sie entfesselt, nicht mehr bannen kann und statt Fortschritt zum Wohle der Menschen zu bewirken, destruktiv in den Untergang treibt.

Mich hat an dem Kernstück des Romans, dem Stoff, so wie ich ihn nacherzählte, vor allem die manische Abwehr des Verlustes durch den Tod der Mutter und die hierdurch bewirkte psychische Dekompensation des Helden interessiert. In einem ersten Regressionsschritt erreicht er die anale

Stufe: Er fühlt sich zu besonderer wissenschaftlicher Leistung berufen, will tote Materie zusammensetzen und beleben. Er macht sich in einem Selbstheilungsversuch zum Herrn über Leben und Tod. Aber er ist von tieferer Regression bedroht: In seinem makabren wissenschaftlichen Tun wird sowohl seine Selbstfragmentierung, die Hoffnung auf ihre Überwindung als auch ihr Scheitern dargestellt. Der Held leidet und trauert nicht. Das Bild der Mutter wird nicht unter dem Einfluß der mit der Trauer verbundenen Gefühle verändert, reinternalisiert und als ganzer und unzerstörter Besitz innerlich bewahrt. Die archaischen Affekte, die hierzu gehören, werden vielmehr in der Abspaltung auf das künstliche Geschöpf lebendig, welches wegen seiner Getrenntheit und Isolation zunächst in ohnmächtiger Wut seinem Schmerz zu entkommen sucht, dann aber in bitterem Neid und grenzenlosem Haß zum Mörder wird. In der Zerstückelung des künstlichen weiblichen Gebildes richtet sich der abgespaltene Haß schließlich auf den Körper der Mutter selbst, so daß der Tod nicht als Verlust erlitten und betrauert, sondern selbst herbeigeführt wird.

An dieser Stelle des Romans gehen die Gestalten von Schöpfer und Geschöpf in psychotischer Weise ineinander über und sind als Motiv des Doppelgängers gestaltet: Der Unhold jagt voll Rache und Haß seinen Erzeuger, Frankenstein verfolgt seinen Verfolger. Ihre Affekte sind ununterscheidbar eins und streben nach Vernichtung und Auslöschung der eigenen Existenz im anderen.

Diese Wendung und Zuspitzung ist jedoch nicht *nur* als regressive Zuspitzung einer psychischen Krise, mithin als Krankengeschichte zu lesen. Der Romankern gestaltet vielmehr *auch* den Vorgang der künstlerischen Produktion und wurde durch die Einbettung des Romankerns in eine von den Interpreten wenig beachtete Rahmenhandlung ermöglicht. Der Erzähler, Dr. Walton, ein äußerst ehrgeiziger Forschungsreisender, schreibt Briefe an seine Schwester in London, während er auf eine Nordpolexpedition in eisige Gefilde vordringt. Voll innerer Unrast wäre er bereit, für Ruhm und Ehre die größten Opfer zu bringen und sein eigenes Leben und das der Mannschaft aufs Spiel zu setzen, wie er seiner Schwester bekennt. Im vierten Brief berichtet er von einer unheimlichen und sonderbaren Erscheinung: Eingeschlossen ins Eis glaubte er in der eisigen dunklen Ferne eine Gestalt von riesigem Wuchs auf einem Gefährt auf Kufen und gezogen von Hunden gesehen zu haben. Es bleibt zunächst offen, ob es sich dabei um eine äußere oder eine innere Wahrnehmung handelt. Die künstlerische Vision wird als Einbruch des Imaginären in die reale Alltagswelt dargestellt. Erst als am nächsten Tag eine Grundsee aufkommt, das Eis zu bersten beginnt und ein menschliches Wrack, abgezehrt, halberfroren, in den Leinen seiner Hunde verfangen, von einer Eisscholle aufgelesen und an Bord genommen wird – Dr. Frankenstein – kann der Erzähler sich selbst und seiner Schwester die beruhigende Gewißheit vermitteln, daß er noch nicht an Trugbilder verfallen ist. Er kündigt ihr vielmehr die Geschichte des Dr. Frankenstein an, die er als sein Biograph aufzeichnen will. Während seine Selbstrepräsentanz sich kurzfristig mit einer schemenhaften Wahrnehmung verbunden hatte, und er ein inneres Bild als Einfall vor Augen hatte, kehrt er wieder in die Rolle des Briefschreibers zurück. Mit der Aufnahme des Schiffbrüchigen und der Entwicklung freundschaftlicher Verbundenheit, die sich in einigen Gesprächen ergibt, tritt nun jedoch der Brieferzähler zurück. Er geht in der Rolle des Ich-Erzählers auf, der Dr. Frankenstein selbst ist. Die mörderischen Leidenschaften, die Schöpfer und Geschöpf miteinander verketten, sind so Leidenschaften des Erzählers selbst. Nur ein einziger, reflektierender Ich-Anteil – die Schwester in London – bleibt außerhalb des Geschehens.

Erst als Frankenstein in immer tiefere Erschöpfung und geistige Umnachtung fällt und schließlich stirbt, tritt der erzählende Briefschreiber wieder hervor. Sein Ich ist nicht mit in die Zerstörung gerissen worden. Die besondere Raffinesse dieser Konstruktion zeigt sich aber darin, daß das schicksalhaft Böse in Gestalt des Unholds abermals am Romanende in die Rahmenhandlung einbricht und so die Struktur des Romans zu sprengen droht. Als der Erzähler gerade ein von Dr. Frankenstein autorisiertes Manuskript mit einem Begleitbrief an seine Schwester versieht, um es nach London zu verschicken, erlebt er einen unheimlichen Zwischenfall: In der Schiffskabine trifft er auf den fiktiven Doppelgänger seiner Wissenschaftsbiographie – struppig, mumienhaft, im Ansturm unberechenbarer Leidenschaft über die Leiche seines Schöpfers gebeugt. Der Unhold beklagt seinen Tod, rechtfertigt seine unstillbare teuflische Rache und verlangt seinen eigenen Tod, damit die Erinnerung an beide ausgelöscht sei. Für einen Moment ist Dr. Walton versucht, an Freundes statt das Geschäft der Rache fortzusetzen. Mit der Ankündigung seines eigenen Todes im Feuer eines selbsterrichteten Scheiterhaufens verläßt jedoch der Unhold den Raum durch ein Kabinenfenster, und Dr. Walton kann seiner Schwester mitteilen, daß er nun für immer in der Dunkelheit verschwunden sei.

III. Der künstlerische Produktionsprozeß bei M. Shelley

In pathographischer Sicht stellt der Frankenstein-Roman Mary Shelleys die Auseinandersetzung mit der biographischen Realität von Gebären und Sterben, der Phantasie von Töten und Überleben und dem unbewußten

Wunsch, wiedergutzumachen dar. Die Autorin hat vor dem realen Hintergrund eigenen Mutterverlustes – ihre leibliche Mutter, eine in ihrer Zeit berühmte Schriftstellerin starb bei ihrer Geburt, Mary wurde von der zweiten Frau des Vaters aufgezogen (Ousby 1988) – eine Figur gestaltet, die im Kern von Ich-Verlust und Fragmentierung bedroht ist. In einem verzweifelten Selbstheilungsversuch bläht sich jedoch das Ich des Helden zu gigantischer Größe auf, sprengt alle Ketten und zerstört, um zu überleben. Wir finden die unheilvollen Doppelgänger in der gesamten Welt: In den eisigen Gefilden der alpinen Gletscherwelt, auf den Orkney-Inseln, am Nordpol. Die Idee der Unsterblichkeit nimmt bedrohliche Formen an – das Ungeheuer überlebt seinen Schöpfer. Schließlich vollzieht sich der Einbruch der Phantasiegebilde in die formgebenden Strukturen des Romans. Daher liegt als eine weitere Interpretationsmöglichkeit der Gedanke nahe, daß das Thema der schriftstellerischen Kreativität und die Hervorbringung eines literarischen Werkes selber und in ihm die Wiedererweckung der toten Mutter gestaltet wurde. Hier geht es um das Verhältnis von Phantasie und Realität, Ich-Regression und Ich-Erweiterung, die Frage der Zerstörung und Bruchstückhaftigkeit, oder der Gestaltung und Kohärenz, und um die Frage, welches Eigenleben das Werk annimmt, wenn es sich von seinem Verfasser abgelöst hat. Dies ist zugleich das bewußte Identitätsthema der Schriftstellerin, die von klein auf gewohnt war, sich eigene Phantasiewelten zu erschaffen und sich über kleine künstlerische Produkte mit anderen in Beziehung zu setzen (M. Shelley, Einführung zur Neuausgabe von 1831).

In dieser Perspektive hat sich Mary, die Autorin, im Durchgang durch die Person des Briefschreibers in die Figur des männlichen Wissenschaftlers hineingestaltet, die einen zusammengebastelten männlichen Körper zum Leben erweckt, einen weiblichen Körper jedoch wieder zerstückelt und an der Existenz hindert. Wie ihr Held Dr. Frankenstein konnte sie sich am Körper der Mutter möglicherweise für Einsamkeit und Getrenntheit rächen. In der außenstehenden Adressatin des Romanmanuskripts wurde jedoch zugleich ein beobachtender, moralisch ethische Prinzipien garantierender Ich-Anteil eingerichtet. Diese reflexive Position ist weiblich besetzt. Im analytischen Prozeß würde man von der Fähigkeit zur therapeutischen Ich-Spaltung und Introspektion oder der Regression im Dienste des Ichs sprechen.

Die Handlungsträger sind männlich. Sie repräsentieren wahrscheinlich das, was der Autorin im Lichte ihrer bewußten Identifikationen eher fremd ist und Männern kulturell eher zugeschrieben wird: Die aggressive Trennung vom ersten Objekt, die Desidentifikation mit den weiblichen Erfahrungen der Frühzeit, die Zerstörung des Objektes im Sinne Winnicott's (Schacht 1973). So werden vermutlich auch viele Liebhaber des Frankenstein-Stoffes das Motiv wahrscheinlich eher einem männlichen als einem weiblichen Schriftsteller zuschreiben.

Zunächst erschien der Roman 1818 anonym. Er war in seiner Idee 1816 entstanden und 2 Jahre später fertiggestellt. Erst nach dem Tode ihres Mannes erschien im Jahre 1831 eine Neuauflage unter dem Namen der Autorin. Mit der Rolle ihres Mannes, des Romantikers P. B. Shelley, für die Entwicklung ihrer eigenen Schriftstellertätigkeit setzt sie sich leicht ironisch auseinander:

»Mein Mann war jedoch von Anfang an darauf erpicht, daß ich mich meiner Herkunft würdig erwies, und auf einem Ruhmesblatt eingetragen würde ... Er wünschte, daß ich schrieb, nicht weil er dachte, ich würde etwas Bemerkenswertes hervorbringen, sondern damit er selbst beurteilen könnte, inwieweit ich vielversprechend wäre.«

Für die Entstehung des Romans ist der geistige, persönliche und gruppendynamische Kontext des Jahres 1816 wichtig. Mary Godwin, Tochter der Schriftstellerin und ersten Frauenrechtlerin Englands, Mary Wollstonecraft-Godwin und des Philosophen William Godwin, 18 Jahre alt, weilte mit ihrem Verlobten, Lord Shelley, am Genfer See. Beide waren fast täglich Gäste im Hause ihres Nachbarn, Lord Byron. Sie heirateten noch im selben Jahr (1816), nachdem sich Shelley's Ehefrau das Leben genommen hatte: Vordem 16jährig von Shelley entführt, geheiratet, verlassen. Zur Schriftstellerrunde im Hause Byron gehörten außerdem Polidori, dessen Leibarzt, der mit einer Dissertation über den Alptraum hervorgetreten war, und Mary's Stiefschwester, mit Byron befreundet. Die gastliche Runde kaum überein, sich die trüben und regnerischen Nachmittage mit der Erfindung von Geschichten im Stil der beliebten Gespensterromane zu verschönen. Zwischen Byron, Shelley und Polidori fanden zur gleichen Zeit philosophische Gespräche statt, in denen es unter anderem um das Wesen des Lebensprinzips ging, und ob man sich den Menschen als bloße Maschine vorstellen dürfe.

Polidori hatte zunächst die Idee von einer Dame mit einem Totenkopf, die mit dieser Strafe geschlagen war, weil sie durch ein Schlüsselloch gespäht und dabei etwas Fürchterliches gesehen hatte. Diese Idee kam aber nicht zur Ausführung. Stattdessen rezitierte Byron offenbar in assoziativer Anknüpfung an das Fürchterliche einige Verse aus dem Gedicht von Coleridge über die Brust der Hexe (zit. n. Kaiser 1990):

> Keuchend ging ihr Atem,
> als würde sie zittern, da löste sie
> den Knoten unter ihrer Brust:
> Ihr seidenes Gewand und auch ihr Hemd
> fielen zu Füßen, und deutlich
> sichtbar –

> sieh doch! Ihr Busen und der halbe Leib,
> häßlich und mißgestalt und bleich getönt,
> ein Traumschreckbild, mit Worten
> nicht beschreiblich!«

Daraufhin entstand Stille. Shelley stieß einen Schrei aus, griff sich an den Kopf und stürzte aus dem Zimmer. Er erholte sich schwer. Er hatte, wie später berichtet, Mary angesehen. Dabei habe sich ein Bild seiner bemächtigt und ihn mit Entsetzen erfüllt: Das Bild einer Frau, die anstelle der Brustwarzen Augen hatte. Es ist nicht bekannt, ob Shelley diese Schreckensvision literarisch gestaltete – die todbringende archaische Mutter, eine Art Medusa.

Byron erfand den Stoff der späteren Vampirromane. Dieser Text wird als Fragment erst 1819 unter dem Titel »Der Vampir« veröffentlicht. Polidori hatte jedoch inzwischen Byron's Einfälle erweitert und für eine eigene Veröffentlichung benutzt, die ebenfalls 1819 als Buch anonym in England erschien. Hier geht es um die verschwundene Leiche eines Mannes, der schon zu Lebzeiten eine merkwürdige unheimliche Faszination auf seinen Reisegeführten ausübte; ihm den Schwur abverlangte, seinen Tod geheimzuhalten; das Auftreten desselben nach seinem Tod in der englischen Gesellschaft; das Verschwinden der Schwester des Reisegefährten, die den Durst des Vampirs gestillt hatte. Polidori, noch im »Gespenstersommer« 1816 aus den Diensten Lord Byron's entlassen, hatte die Figur mit Zügen Lord Byron's selbst ausgestattet und dem Reisegefährten Ähnlichkeit mit sich selbst gegeben. Durch die anonyme Veröffentlichung, der er einen »Brief aus Genf« voranstellte, erweckte er die Vermutung, das Werk stamme aus der Feder Byron's selbst. Dieser hatte wiederum die Sorge, ihm solle etwas Minderwertiges untergeschoben und in Verbindung mit seinem Namen in den Rang eines Meisterwerks erhoben werden. Polidori zapfe als Vampir seine Ruhmesfülle an. Erst da entschloß sich Byron zur Veröffentlichung seines Fragments (Kaiser 1990).

In dieser Atmosphäre von Geniekult, Bewunderung, Neid, Konkurrenz und latenter Ausbeutung wurde Mary Shelley zunächst von Einfallslosigkeit und Arbeitsstörungen geplagt. Beinahe hätte sie aufgegeben. Eines Nachts – zwischen Wachen und Schlafen – stellte sich jedoch eine Art Traum ein: Sie sieht mit geschlossenen Augen, aber deutlich im Geist, den blassen Studenten unheiliger Künste neben dem Ding knien, das er zusammengesetzt hatte.

Ich sah das häßlich Phantom eines ausgestreckten Mannes, der durch die Funktion eines mächtigen Apparats Lebenszeichen von sich gab und sich halblebendig, schwerfällig bewegte. Erschreckend mußte es sein, denn höchst erschreckend würde es sein, wenn sich ein Mensch anmaßte, den erstaunlichen Mechanismus des Schöpfers der Welt nachzuahmen ... Der Erfolg würde den Künstler entsetzen; von Grauen gepackt, würde er von seiner abscheulichen Handarbeit davonlaufen. Er würde hoffen, daß der sich selbst überlassene Lebensfunke, den er entzündet hatte, erlöschen und daß dieses Ding, das solch unvollkommene Belebung erfahren hatte, zu toter Materie zusammenfallen werde. Er mochte in dem Glauben einschlafen, daß die Stille des Grabes die vorübergehende Existenz des häßlichen Körpers, den er als die Wiege des Lebens erblickt hatte, für immer zunichte machen werde. Er schläft ein, aber er erwacht; er schlägt die Augen auf, und siehe da! Das häßliche Wesen steht an seinem Bett, zieht den Vorhang zurück und betrachtet ihn mit gelben, wässrigen, aber forschenden Augen (M. Shelley, Einführung 1831).

Mary Shelley konnte sich als Autorin einem Bewußtseinszustand überlassen, der eine Verdichtung dessen hervorbrachte, was ihr Bewußtsein in den Tagen zuvor aufgenommen hatte: Das emotionale Klima, die philosophischen Gespräche, Shelley's ohnmächtiges Entsetzen, die Brustaugen und der bleiche Körper der häßlichen Hexe aus Coleridge's Gedicht. Das Motiv und die Figur ihres Romans waren ihr zugefallen.

In welch eigenständiger Weise die 18jährige diesen Einfall formte, ist zu ermessen, wenn wir ihr Produkt und ihre Einstellung zu ihrem Produkt vergleichen mit den Ansprüchen, welche die sie umgebenden männlichen Genies an literarische Werke stellten: Ihr Mann sagt programmatisch:

Poesie ist ein Spiegel, der schön macht, was verzerrt ist – die Geschichte der Tatsachen ... ist wie ein Spiegel, der verdunkelt und verzerrt, was schön sein sollte! (Wuthenow 1990).

Mary selbst bewunderte Byron, den Dichtergott der englischen Romantik:

... er las uns jeweils das Geschriebene vor – eingehüllt ins Licht und in die Harmonie der Poesie, sie schienen geprägt zu sein vom göttlichen Glanz der Erde und des Himmels, dessen Eindrücke wir mit ihm teilten (Shelley, Einführung).

Von dieser lähmenden Bewunderung hat sie sich freimachen können. Sie schreibt im Vorwort zur Neuauflage: »Und jetzt bitte ich *mein häßliches Geisteskind* nochmals aufzustehen und zu gedeihen ...« So ist ihr nicht nur ein »moderner« psychologischer Stoff eingefallen. Dieser Stoff hat – in Abwandlung der traditionellen Form des Briefromans – mit dem Einbruch der Figur des Unheimlichen in die strukturgebende Rahmenhandlung eine gewissermaßen moderne literarische Fassung gefunden. Die Intensität der psychologischen Phänomene und der Strukturdefekt einer Borderline-Störung bilden sich außerhalb der Kernerzählung noch einmal ab. Dabei bleiben jedoch die Sprachlogik und der Sprachkörper selbst frei von Deformation.

Im künstlerischen Produktionsprozeß setzt sie – anders als die magersüchtigen Patientinnen, von denen ich berichtete – ihre eigene destruktive Phantasiewelt deutlich aus sich heraus und erschafft hierfür eine ganz

»andere Welt«. Sie markiert den Unterschied zwischen innen und außen deutlich durch das andere *männliche* Geschlecht ihres Erzählers und ihres Helden. Sie bedient sich also psychologisch des Geschlechtsunterschiedes, um die regressive Verschmelzung mit ihren eigenen Fiktionen und damit das Scheitern des literarischen und Identitätsprojekts zu verhüten. Um die fiktive männliche Welt des Labors und der Kälte im Kontrast zur mütterlichen Welt spannend und schauervoll gestalten zu können, was ihr Ziel ist, kann sich ihr Ich offenbar passager männliche Erfahrungsweisen zugänglich machen und an väterlich-männliche Identifikationen mit einem dritten Objekt anknüpfen. In dieser Externalisierung und Identifikation kann sie dann sogar den Gedanken ausführen lassen, einen weiblichen Körper an der Existenz zu hindern, Weiblich-Mütterlich-Bindendes zu zerstören und eine nicht selbstzerstörerische Rache zu üben. Sie selbst deutet im Vorwort von 1831, nach dem Tod ihres Mannes, aber auch an, daß sie damals (1816) Trauer, Tod, Trennung und Verlust noch nicht wirklich empfinden und verstehen konnte. Es handelte sich also ganz eindeutig um innere Phantasmen einer um Individuation und Individualität ringenden 18jährigen jungen Frau im Kreise bedeutender Männer.

Da sie die schöngeistigen Ideale der Naturpoesie ihres Mannes nicht nachahmt, sondern deren dunkle Kehrseite ans Licht bringt und das Klischee der Weiblichkeit verläßt, nehme ich an, daß sie die Angst der Männer vor der Büchse der Pandora und den Haß ihrer männlichen Figuren auf die Frau nicht wirklich voll, sondern partiell teilt. Es handelt sich wahrscheinlich eher um eine passagere projektive Identifizierung mit der Angst ihres Mannes, der die Natur verherrlicht, die Brust mit Entsetzen fürchtet, und testamentarisch verfügt, daß seine Asche im Falle des Todes ins Meer gestreut werden solle. Dabei muß die Fähigkeit, Ich-Grenzen durchlässig zu machen oder in dieser Hinsicht wirklich sensitiv und durchlässig zu sein, dienlich gewesen sein. So halte ich für möglich, daß sie auf der Basis des eigenen frühen Mutterverlustes etwas von der Brüchigkeit ihres Mannes intuitiv erfaßte. Interessanterweise trägt der künstlich geschaffene Mensch in seiner sentimentalen Natur- und Muttersehnsucht Züge ihres Mannes, was den Roman im Hinblick auf die Romantik und ihre Dichter in gewisser Weise zu einer Karikatur macht. Das künstliche Geschöpf wird zum Monster dadurch, daß es wie in einem Vergrößerungsspiegel auch deren destruktive Leidenschaften und Sehnsüchte spiegelt.

IV. Objektzerstörung und die Autonomie des weiblichen Identitätsentwurfs

Es ist reizvoll, die charakteristischen Eigentümlichkeiten des künstlerischen Produktionsprozesses, der zum Frankenstein-Roman führte, mit den Selbsterschaffungs- und Selbstgestaltungsphantasien der Anorektikerinnen zu vergleichen, die ihren Körper selbst zu ihrem »Werk« machen möchten. Ich habe bereits dargelegt, in welcher Weise die brüchige Subjekt-Objekt-Differenzierung den Körper der Patientinnen zum Austragungsort des Autonomie- und Individuationskonfliktes mit der Mutter macht und die anale Trennung in Subjekt und Objekt mißlingt. Dem geht nach übereinstimmender Auffassung eine Störung in den frühen dyadischen Einigungen im Austausch körperlicher Gesten zwischen Mutter und Kind voraus. In diesem Prozeß wird der Säugling in der Anpassung an eine nicht genügend empathische Mutter seinen eigenen körperlichen Bedürfnissen und Wahrnehmungen entfremdet, so daß eine basale Desorientierung des Körper- und Lebensgefühls entsteht (Bruch 1961; Palazzoli-Selvini 1967) und eine tiefe Abhängigkeit von der omnipotenten Mutter als dem primären Objekt produziert und aufrechterhalten wird. In den ichstrukturellen Störungen herrscht ein brüchiges Ich, welches mit aller Kraft vorwiegend mit Spaltungsmechanismen um seine Kohäsion ringt und doch immer von Dekompensation bedroht ist.

Eine Regression im Dienste des Ichs zu frühen Stufen der dyadischen Erfahrung, wie sie für den kreativen Prozeß nötig ist, wird als gefährlich erlebt. Das Ich funktioniert in der »asymbiotischen Distanz« (Ettl 1988). Die Fähigkeit, sich in das Spiel und in die Phantasien selbstvergessen zu verlieren, in der Illusion, d. h. einem erregenden Netzwerk von Subjektivität und objektiver Beobachtung (Winnicott 1965) aus Vorhandenem Neues zu schaffen und mit Bedeutung zu versehen, ist beeinträchtigt. Mit ihr aber auch die Selbstfindung, weil fortlaufend Äußeres in innere Erfahrung integriert und subjektive innere Realität verändert und erweitert werden muß, um die Subjekt-Objekt-Beziehung in eine Subjekt-Subjekt-Beziehung umformen zu können. In der Gegenseitigkeit der Beziehung wirklicher Subjekte vollzieht sich die Validierung der eigenen Selbstwahrnehmung und Identität.

Als ein faszinierendes Beispiel für das Vorhandensein einer solchen, die Kreativität und die Identitätsbildung tragenden Fähigkeit, wurden die Tage der Erfindung des Stoffes dargestellt: Sich in der Fähigkeit zur Ich-Regression dem Chaos und den Gestaltungskräften des Primärprozesses hinzugeben ohne Furcht von Ich-Verlust. Die analen Fähigkeiten zur Trennung in das Subjekt und die fiktiven Objekte, die Möglichkeit, den Geschlechtsunterschied psychologisch zu benutzen und über projektive Identifikation die eigene Erfahrungswelt zu bereichern und zu erweitern, wurden als Grundlagen der schriftstellerischen Gestaltung gesehen. Daß die Autorin bei der Durcharbeitung ihrer Phantasien und der Gestaltung des Romans an der eigenen Unvollkommenheit, dem »Penisneid« nicht scheiterte, eröffnet eine Betrachtung des Phänomens der Kreativität – aber auch der frühen Störungen – über die Mutter-Kind-Dyade hinaus. Sie verweist auf Triangulierung und die Entdeckung und produktive Verarbeitung des Geschlechtsunterschiedes im präödipalen und ödipalen Dreieck. Es erhebt sich die Frage, wie sich die Vater-Tochter-Beziehung gestaltete und wie auch diese Beziehung schließlich in der Adoleszenz gelöst wird.

In neuerer Zeit wird die Fixierung des Hasses auf die Mutter öfter auch als »Umbuchung« von Enttäuschung und Wut über den Vater auf das Konto der Mutter verstanden (Rohde-Dachser 1989). Dies ist insbesondere der Fall, wenn in der Entwicklung des Kindes die Enttäuschung an der Mutter zu einer hoffnungsvollen und überidealisierenden Hinwendung zum Vater führte, indem ein symbiotischer Mutterersatz gesucht und nicht gefunden werden kann. Diese Konstellation führt häufig in hoffnungslose Ausbeutungsverhältnisse, weil diese Beziehung innerlich nicht mehr abgelöst werden kann, wie die Mutter-Tochter-Beziehung. Sie strukturiert unbewußt das Verhältnis zwischen den Geschlechtern als Täter-Opfer- oder als Herrschaftsbeziehung. Hierin verleugnet und verliert die Frau ihren Wunsch nach Subjektivität, gibt sich auf und sucht allein in der Partizipation an der männlichen Macht und dem männlichen Sieg über ihren verdinglichten Körper ihr psychisches Auskommen und Überleben. Wie Benjamin (1988) in der Analyse der »Geschichte der O.« darstellte, dient der Masochismus der Frau und ihre Selbstverleugnung bis zum Verlust der Selbstkohäsion einzig dem Ziel, die Macht des Mannes und seine Selbstkohärenz zu begründen, damit sie bei ihm als einem omnipotenten Objekt Zuflucht nehmen kann.

Andererseits ist die Idealisierung des Vaters und die identifikatorische Liebe zu ihm ein wichtiger Schub für die Ich-Entwicklung und Individuation bei beiden Geschlechtern. Der Penis wird zum Symbol der Individuation und die mit ihm assoziierten, die Welt erobernden und über den privaten Raum hinausgreifenden Fähigkeiten werden zunächst phantasmatisch als »Negation der Mutterwelt« (Rohde-Dachser 1990) erlebt.

Im Hinblick auf die Autorin Shelley wäre daher anhand ihrer Tagebuchaufzeichnungen und anderer Quellen exemplarisch der Frage nachzugehen, inwieweit ihre literarische Produktivität mit der Verinnerlichung schriftstellernder Elternfiguren und einer ganz bestimmten realen Beziehung zu Vater und Stiefmutter einhergeht. Beruht der künstlerische Einfallsreichtum, die sprachliche Gestaltungskraft und der Mut zur Vollendung und Unvollkommenheit auf der wirklichen Anerkennung der individuellen und schöpferischen Subjektivität des kleinen Mädchens oder eher auf der Phantasie von den leiblichen Eltern als einem gleichwertigen Paar? Wie wurde es ihr möglich, männliche und weibliche Aspekte des Selbstseins zu integrieren und zum Ausdruck zu bringen? Welche Rolle spielten die Bücher und Tagebücher der leiblichen Mutter für die heranwachsende Tochter und deren Vorstellung vom persönlichen und schriftstellerischen Leben der Mutter? In welcher Weise förderte die Stiefmutter die Beziehung des Mädchens zum Vater, damit sich die Tochter der väterlichen Potenz als Repräsentanz des Unterschiedes und der Individuation zu bedienen lernte? In welcher Weise konnte sich der Vater dem kleinen Mädchen selbst als Objekt idealisierender und identifikatorischer Liebe anbieten und angemessen versagen? Für das Kind Repräsentant des Ich-Ideals sein, ohne damit seine Frau zu entwerten? Diese Fragen beruhen auf den Hypothesen zur weiblichen Entwicklung, wie sie von Olivier (1987) und Benjamin (1988) vorgelegt wurden.

Da Mary Shelley als Autorin des Frankenstein-Romans eine Meisterin der doppelten Negation ist, ist der Ausgang der Vater-Tochter-Beziehung von theoretisch besonderer Bedeutung. Die romantischen Schriftsteller und Dichter machten schön, was in der Wirklichkeit häßlich und verzerrt ist und erhoben die Einbildungskraft in den Rang eines Organon des sittlich Guten. Mary Shelley teilt diese Haltung in bewundernder Identifikation. D. h. sie teilt auch die männliche Desidentifikation mit der Mutter, deren allmächtiges Urbild zerstört wird, um ein von archaischen Qualitäten gereinigtes Idealbild der Frau zu errichten – so wie es auch die Anorektikerinnen in Identifikation mit den männlichen Werten der Naturbeherrschung und Unterwerfung versuchen. Aber die Autorin Shelley zerstört auch das romantische Ideal. In der Negation der Negation erscheint die Wirklichkeit und der affektive Hintergrund der zwischenmenschlichen Beziehungen tritt grotesk gesteigert hervor.

Insofern legt der Roman auch Zeugnis ab von der Desidentifikation mit dem Mann und einer »töchterlichen Absage« an den Vater (Rohde-Dachser 1990). Die kreative junge Frau »zerstört« nach der »Mutter« auch den »Vater«, d. h. sie nimmt die zunächst notwendige Idealisierung zurück, weil sie hierdurch auf Dauer in sein Bild von ihr hineingeformt würde. Sie zerstört sich damit selbst als »Selbstobjekt« des Vaters, um Subjekt sein und aus der weiblichen Sprachlosigkeit heraustreten zu können. Die Entwicklung von Kreativität und Identität erfordert somit die Imagination, aber auch die Überwindung der Omnipotenz (Winnicott 1965; Schacht 1973; Khan 1972): Das subjektive innere Objekt muß fortlaufend zerstört werden, um zu erfahren, daß das äußere Objekt dadurch nicht wirklich verloren geht und nicht Vergeltung übt. Die »Zerstörung« der leiblichen Mutter war bei Mary schicksalhafte Realität, die »Zerstörung« des Vaters ist ihre psychische Leistung, die die symbolbildende Kraft ihres Ichs stärkt. Der Vorgang der »Objektzerstörung« ist mit aggressiven Gefühlen und Phantasien verbunden. Er produziert die Erkenntnis, daß das Objekt »im eigenen Recht«, d. h. nicht nur kraft seines Bezuges zum Subjekt existiert, und daß es nicht magisch beherrscht werden kann. Das reale Objekt wird so verwendbar für die Identifikation. Diese Erkenntnis reduziert paradoxerweise die Angst vor dem übermächtigen inneren Objekt, denn in gleicher Weise findet und objektiviert sich das Subjekt. Auch es nimmt sich als existent und gegeben außerhalb des Raumes der Omnipotenz wahr und wird zum Gegenstand seines Selbsterkennens. Dabei wird es seiner Aggression als einer inneren, eigenen Kraft gewahr. Das Subjekt befaßt sich nun mit eigenen, nicht akzeptierten Eigenschaften und Zuschreibungen. Es wird »rücksichtslos« gegen sich selbst, aber es überlebt seine Rücksichtslosigkeit als Subjekt – so wie der Brieferzähler des Romans die destruktive Dynamik der Handlung überlebte. Das Subjekt wird fähig, sich aus Interaktion zurückzuziehen, es kann »mit sich selbst« in Anwesenheit von anderen allein sein, und es kann in persönlicher Relativierung sozialer Rollen ein »Ich-Selbst« sein.

Literatur

Benjamin, J., 1990: *Die Fesseln der Liebe – Psychoanalyse, Feminismus und das Problem der Macht*, Frankfurt.
Bruch, H., 1962: Perceptual and Conceptual Disturbances in Anorexia nervosa. In: *Psychosomatic Medicine* 24, 1962, S. 187–194.
Chasseguet-Smirgel, J., 1964: Die weiblichen Schuldgefühle. In: *Psychoanalyse der weiblichen Sexualität*, Frankfurt 1974.
dies., J., 1986: *Zwei Bäume im Garten*, München/Wien 1988.
Ettl, Th., 1988: Bulimia nervosa – die heimliche unheimliche Aggression. In: *Psychoanalytische Theorie und Praxis* III, 1988, 1.
Heigl-Evers, A./Weidenhammer, B., 1988: *Der Körper als Bedeutungslandschaft. Die unbewußte Organisation der weiblichen Geschlechtsidentität*. Berlin/Stuttgart/Toronto 1988.
Kaiser, R., 1990: Gespenstersommer: Über das Wetter und die Literatur im kalten Jahr 1816. In: *Frankfurter Rundschau*, 10. 11. 1990
Khan, M., 1972: The Finding and Becoming of Self. In: *International Journal for Psychoanalysis and Psychotherapy* 1, 1972.
Olivier, Ch. 1980: *Jokastes Kinder – Die Psyche der Frau im Schatten der Mutter*. Düsseldorf 1987.

Overbeck, A., 1979: Zur Wechselwirkung intrapsychischer und interpersoneller Prozesse in der Anorexia nervosa: Beobachtungen und Interpretationen aus der Therapie einer Magersucht-Familie. In: *Zeitschrift für Psychosomatische Medizin und Psychoanalyse* 25, 1979.

dies., 1988: »Krankheitsbild, Epidemiologie und soziokultureller Hintergrund bei Anorexie, Bulimie, Bulimarexie«, sowie: »Zur psychologisch-psychoanalytischen Konzeptbildung bezüglich der Eßstörungen«. Beides in: *Jugend und Süchte*, Hg.: Niedersächsische Landeszentrale gegen Suchtgefahren, Hamburg.

Ousby, J. (Ed.), 1988: The Cambridge Guide to Literature in English. Cambridge University Press.

Palazzoli-Selvini, M., 1967: Die Bildung des Körperbewußtseins. Die Ernährung des Kindes als Lernprozeß. In: *Psychotherapie und Psychosomatik* 15, 1967.

Rohde-Dachser, Ch., 1989: Abschied von der Schuld der Mütter. In: *Praxis Psychotherapie und Psychosomatik* 34, 1989.

dies., 1990: Über töchterliche Existenz – Offene Fragen zum weiblichen Oedipuskomplex. In: *Zeitschrift für Psychosomatische Medizin und Psychoanalyse* 36, 1990.

Schacht, L. 1973: Subjekt gebraucht Subjekt. In: *Psyche* 27, 1973.

Shelley, M. 1818: *Frankenstein oder der moderne Prometheus. Roman mit einer Einführung aus dem Jahr 1831*. Zürich 1983.

Winnicott, D. W., 1958: Übergangsobjekte und Übergangsphänomene. In: *Psyche* 23, 1969.

ders., 1969: Objektverwendung und Identifizierung. In: *Vom Spiel zur Kreativität*. Winnicott (Hg.), Stuttgart 1973.

Wuthenow, R., 1990: Der rebellische Poet – P. B. Shelleys Werke in Auswahl. In: *Frankfurter Rundschau*, 21. 07. 1990.

Geburtswehen der Weiblichkeit – verkehrte Entbindungen

Zur Konflikthaftigkeit der psychischen Aneignung der Innergenitalität in der Adoleszenz

Vera King

»Die Heranwachsenden sind Kreißende, die ihre individuelle Freiheit gebären« – so beschreibt Lilian Rotter (1989, 19) die stürmische Entwicklungsphase, in der das »Erstarken des Sexualtriebes« (179) bei Mädchen und Jungen einen heftigen inneren Widerstreit zwischen den Strebungen, sich an die familialen Bindungen zu klammern, und denjenigen, sich neue Objekte in der Außenwelt zu suchen, entfacht.

Die Metapher des Kreißens für den Prozeß des Erwachsenwerdens legt nahe, die psychische Ablösung als einen Vorgang zu begreifen, bei dem die Jugendlichen sich selbst als Frau bzw. Mann zu ›gebären‹ bzw. psychisch hervorzubringen suchen. Dieser Prozeß setzt von daher Momente einer Identifikation mit der reproduktiven Potenz der Mutter und der ›in ihr enthaltenen‹ zeugenden Potenz des Vaters voraus. Die innere Auseinandersetzung mit den prokreativen Aspekten der Elternimagines wird dabei zwangsläufig geprägt von den innerhalb der kulturellen Geschlechterpolarisierung hervorgebrachten Bildern von Männlichkeit und Weiblichkeit. So stellt sich insbesondere für die junge Frau hinsichtlich ihrer Bedürfnisse nach Identifizierung mit einer potenten Mutter das Problem, daß die Mutter zwar innerhalb des familialen Raumes über Macht, vor allem über das Kind, verfügt, im kulturellen Bild jedoch depotenziert und entwertet erscheint und ›Kultur‹ eher mit dem Bild eines idealisierten Männlichen konnotiert ist.[1]

Die Dilemmata, die mit der Identifizierung mit der Mutter verbunden sind, konfliktualisieren auch – wie im folgenden zu zeigen versucht wird – die Auseinandersetzung des Mädchens mit ihrer ›inneren Gebär-Mutter‹

---

[1] Zur kulturellen Nicht-Anerkennung der Weiblichkeit durch ihre Reduktion auf eine entsubjektivierte Mütterlichkeit vgl. Rumpf 1989.

bzw. die psychische Aneignung der Innergenitalität.² Die Schwierigkeiten dieser psychischen Aneignung werden im Zentrum der Ausführungen stehen und in Beziehung gesetzt zu konflikthaften Mutterbildern, wie sie innerhalb des bestehenden Geschlechterverhältnisses hervorgebracht werden. Die einzelnen Aspekte dieser Thematik sowie kulturelle Bearbeitungsformen werden dabei exemplarisch dargestellt anhand der Interpretation fehlindizierter ›Blinddarmoperationen‹, die besonders häufig bei jungen Frauen in der Adoleszenz vorgenommen werden.

I. Die entsexualisierte Gebär-Mutter

Beim Mädchen verbinden sich in der Pubertät die sexuellen Phantasien und Wünsche erstmals mit der physischen Möglichkeit der Fortpflanzung. Durch die Menarche werden die sinnlichen Empfindungen des Körperinneren verstärkt und Phantasien über die Fruchtbarkeit angeregt.³ Helene Deutsch, die in ihrer Analyse über die ›Psychologie der Frau‹ das Spannungsverhältnis von Mütterlichkeit und Sinnlichkeit hervorgehoben hat, geht davon aus, daß in Pubertät und Adoleszenz die ›heißen sexuellen Wünsche‹ des Mädchens und die Wünsche, die sich an die Mütterlichkeit heften, noch in einem »absoluten Widerstreit der Gefühlsforderungen stehen« (1948, 132). Ab dem Einsetzen der Menstruation

»wird die Problematik des zum Weib gewordenen Mädchens klar definiert sein: es wird ein Kampf oder eine Harmonie zwischen mehrfachen Gegensätzen werden. Zu den Fragen ›Männlich-weiblich‹, ›Aktiv-passiv‹ tritt noch die vielleicht am meisten komplizierte dazu: ›Sexualwesen oder Dienerin der Art‹.« (156)

---

2 Freud relativierte bzgl. der Mädchen sowohl die Fähigkeit zur Ablösung in der Pubertät (vgl. 1905, 130) als auch das ›Erstarken des Sexualtriebes‹: Nach Freud kennzeichnen sich die »Umgestaltungen der Pubertät« (1905, 112), »welche den Knaben jenen großen Vorstoß von Libido« (124) bringen, beim Mädchen durch eine »neuerliche Verdrängungswelle« (ebd.), die die ›männliche‹ ›aktive Klitorissexualität‹ erfaßt. Freuds allgemeine konzeptionelle Desexualisierung der Weiblichkeit, wie sie in seiner Gleichsetzung von Libido, Aktivität und Männlichkeit zum Ausdruck gebracht wird (vgl. 1905, 123; 1923, 241; 1931, 277; 1933, 561), basiert insofern im besonderen auf einer Desexualisierung der weiblichen Innergenitalität und auf einer Leugnung ihrer aktiven Seiten, die sich auf Einverleibung, Loslassen, Ausstoßen und das Gebären beziehen. Freuds Vorstellungen und Auslassungen können jedoch nicht nur als Ausdruck von Befangenheit in individuellen und kollektiven Vorurteilen über Weiblichkeit und Sexualität verstanden werden, sondern auch als Hinweise, daß gerade die libidinöse Besetzung und psychische Aneignung der Innergenitalität aufgrund der spezifischen Sozialisationsbedingungen für junge Frauen in der Pubertät erschwert ist und damit auch die umfassende Entfaltung der weiblichen Potenz gehemmt wird.

3 Durch das Einsetzen der Menstruation müssen »die inneren Organe ... akzeptiert werden, und mit Einsetzen der Fruchtbarkeit muß das Mädchen sich mit allen Schwangerschaftsphantasien früherer Jahre auseinandersetzen« (Kestenberg 1988, 361). Vgl. dazu auch Deutsch 1948, 156.

Zwar hat sich das gesellschaftliche Ideal der aufopfernden Mutter seit den Formulierungen Deutschs partiell verändert, und die kulturellen Bestimmungen der Weiblichkeit gehen nicht ohne weiteres in der Mütterlichkeit auf, doch nach wie vor lastet der »Antagonismus von Mütterlichkeit und sexueller Leidenschaft« (Poluda-Korte 1988, 112) wie ein »Verhängnis« (ebd., 114) auf dem weiblichen Geschlecht. Die Veränderungen im Geschlechterverhältnis haben kaum an der »traurigen Tatsache« (Benjamin 1990, 86) gerüttelt, daß Weiblichkeit auch heute noch mit einem Verzicht auf sexuelle Aktivität verknüpft wird. Dabei scheint vor allem das Bild der Mütterlichkeit auf dem der sexuell aktiven Frau zu ›lasten‹. Benjamin bemerkt im Zusammenhang ihrer Überlegungen zum Fehlen einer kulturellen Symbolisierung weiblichen Begehrens:

»Die symbolische Repräsentanz der Frau ist zwar mit Mutterschaft und Fruchtbarkeit verbunden, aber die Mutter wird nicht als sexuelles Subjekt vorgestellt, nicht als jemand, die aktiv begehrt. Im Gegenteil, die Mutter ist eine vollständig entsexualisierte Figur«. (87)

Das entsexualisierte Mutterbild muß das Mädchen in der Pubertät zwangsläufig in eine paradoxe Situation bringen – von Deutsch als Widerstreit der Gefühlsforderungen eher harmlos umschrieben. Einerseits sind »die für das Körper-Ich wichtigen Erscheinungen der Pubertät wie das Wachsen der Brüste, vaginale Lustgefühle, Menstruation« (Mitscherlich 1989, 201) mit sexuellen Phantasien und Wünschen verknüpft. Andererseits verweisen die körperlichen Veränderungen verstärkt auf die Identifizierung mit einer Mutter, die zwar »von Anfang an als in Besitz einer Vagina und einer fruchtbaren Gebärmutter erlebt wurde« (Chasseguet-Smirgel 1988, 27), die aber gemäß dem kulturellen Mutterbild gerade der Sexualität entbehrt. Da der Körper des Mädchens sich dem der Mutter angleicht, befindet es sich in der paradoxen Situation, seine intensiven sexuellen Erregungen in einem potentiell – im kulturellen Bild – ›vollständig entsexualisierten‹ Körper begreifen zu müssen. Entweder, so scheint es aus dieser Perspektive, endet der Triebschub der Pubertät in der Entsexualisierung. Oder das Mädchen weist die mütterliche Identifizierung zurück, wodurch jedoch auch die positive Besetzung der weiblichen Geschlechtsorgane bzw. des weiblichen Körpers insgesamt sich konfliktualisiert, da diesen Organen zwangsläufig das Potential der Mütterlichkeit anhaftet.

Insofern ist zu vermuten, daß gerade auch die innere Verbindung von Sexualität und potentieller Mutterschaft, wie sie in der erwachsenen weiblichen Genitalität repräsentiert ist, die Konflikthaftigkeit der machtvollen sexuellen Erregungen in der Pubertät erzeugt.[4]

---

[4] Beauvoir (1968) beschreibt das »Mysterium«, das die junge Frau in der Pubertät verspürt, wenn »ihre Erotik sich wandelt und ihren ganzen Körper durchdringt«. Diese Erregungen werden nach Beauvoir »wie eine schändliche Krankheit« erlebt; die junge Frau fühlt sich »in ihrem entfremdeten Körper bedroht« (309).

Dabei erhebt sich jedoch die Frage, inwiefern das gesellschaftliche Bild der entsexualisierten Mutter dem Erleben der Tochter entspricht, bzw. welchen Wünschen und Ängsten der Tochter die Akzeptanz dieser Vorstellung entgegenkommt.

II. Zwischen Ohnmacht und Allmacht – Scylla und Charybdis der Mutteridentifizierung

Theorien zur Entwicklung der Geschlechtsidentität, die den phallischen Monismus der Psychoanalyse kritisch reflektieren, betonen hinsichtlich der Konflikthaftigkeit der Integration der Weiblichkeit häufig entweder das Bild der allmächtigen verschlingenden kastrierenden Mutter oder das Bild einer entwerteten Mutterfigur ohne Begehren.[5]

Chasseguet-Smirgel z. B. versteht die Ablehnung der weiblichen Organe und den Penisneid des Mädchens als Ausdruck seines Wunsches, »die allmächtige Mutter dadurch zu besiegen, daß man das Organ besitzt, das der Mutter fehlt« (1988, 25). Dieser Zusammenhang wird dabei im wesentlichen als anthropologisches unvermeidliches Faktum begriffen: Die Mutter und ihr Körper, aus dem beide Geschlechter hervorgehen, stehen für Allmacht und Verführung zur Regression, der ein männliches (Realitäts-)Prinzip entgegengesetzt werden muß. Daraus wäre zu schließen, daß ein konflikthaftes Verhältnis zur eigenen Genitalität für die Frau unumgänglich ist, da die »Abziehung der narzißtischen Besetzung von den mütterlichen Fähigkeiten und Organen die Identifizierung mit der Mutter sowie das Akzeptieren der Weiblichkeit erschwert« (ebd.).

In diesem Modell wird die Problematik des weiblichen Begehrens und der psychosexuellen Entwicklung des Mädchens nicht auf die gegenwärtige Struktur des Geschlechterverhältnisses bezogen. Der Vater verkörpert scheinbar ›naturwüchsig‹ Realitätsprinzip und Differenz. Zudem verwischt diese Vorstellung den »Unterschied zwischen symbolischer Repräsentanz und konkreter Realität«, wie Benjamin betont (1990, 147).

Benjamin legt den Schwerpunkt ihrer Argumentation darauf, daß gerade das Fehlen eines real anwesenden, anerkennenden Vaters ihn als symbolische Repräsentanz der Differenz ›vernichtet‹ und damit auch die

---

[5] Zur Kritik der projektiven Aufladung der mütterlichen »Allzweck-Imago« (Schimmel 1987, 15) innerhalb der psychoanalytischen Theorie vgl. Gast 1991, Kap. V.2; Rohde-Dachser 1991; Schimmel 1987. Im folgenden wird davon ausgegangen, daß im Kontext der kulturellen Geschlechterordnung die Imagines der allmächtigen *und* ohmächtigen Mutter im *Erleben* der jungen Frau real erzeugt werden.

Fähigkeit des Mädchens zur selbst-bewußten heterosexuellen Liebe hemmt (vgl. 109). Sie verweist jedoch auch darauf, daß die Anerkennung der Tochter durch den Vater in ihrem Bedürfnis nach Identifizierung mit seiner Handlungsfähigkeit und seinem Begehren nicht ausreicht. Diese Identifizierung muß als »gestohlen oder unrechtmäßig angeeignet« (110) erscheinen, wenn die Tochter die Mutter nicht als sexuell handlungsfähiges Subjekt wahrnehmen kann. So kommt Benjamin darauf zurück, daß die »›wahre‹ Lösung für das Dilemma des weiblichen Begehrens ... eine Mutter [voraus-]setzt, die sich als sexuelles Subjekt artikuliert« (112), so daß sie der Tochter ein »gewisses Selbstwertgefühl« (ebd.) vermitteln kann. Solange die Mutter nicht als sexuelles Subjekt vorgestellt werden kann, führt die Identifizierung mit beiden Elternteilen das Mädchen in einen unversöhnlichen Konflikt zwischen mütterlicher Identifizierung und sexueller Handlungsfähigkeit, »so daß man versucht sein könnte, Weiblichkeit genau durch diesen unversöhnlichen Konflikt zu definieren« (114).

Benjamin präzisiert detailliert die problematischen Folgen der bestehenden Geschlechter- und Elternrollenpolarisierungen (und der damit verbundenen Aufspaltung von Abhängigkeit und Autonomie) für die Möglichkeit der Tochter, ihr sexuelles Begehren und ihre Autonomiewünsche auszugestalten und mit ihrer geschlechtlichen Identität zu vereinbaren. Ihre Analyse des Konflikts zwischen mütterlicher Identifizierung und sexueller Handlungsfähigkeit erweckt an dieser Stelle allerdings den Anschein, als sei die kulturelle Repräsentanz der entsexualisierten und entsubjektivierten Mutter im Erleben der Tochter umfassend und widerspruchsfrei abgebildet. Ein Verständnis der Konflikthaftigkeit der sexuellen Entwicklung der Tochter erfordert insofern eine weitere Ausdifferenzierung des Verhältnisses von symbolischen Repräsentanzen, ›konkreter Realität‹ und dem Erleben der Tochter hinsichtlich der Mutter- und Vaterbilder. Benjamin selbst hat darauf hingewiesen, daß

»die Phantasie der gefährlichen mütterlichen Allmacht ... durch die spezifischen (in der westlichen Kultur herrschenden) Bedingungen der Mutterschaft verstärkt [wird], die Mutter und Tochter in eine emotionales Treibhaus sperren und beiden die Ablösung erschweren.« (95)

Da die Tochter mit ihrer ›ersten Liebe‹ »in der frühen Kindheit auch körperlich triebhaft eng verbunden« (Mitscherlich 1989, 207) ist, und die Konflikte um Ablösung und Individuation auf allen Ebenen der Entwicklung an triebbestimmtes Erleben und die Wahrnehmung und Interpretation von Körperprozessen gebunden sind, erlebt die Tochter die Mutter innerhalb dieses ›Treibhauses‹ nicht nur als allmächtiges, sondern auch als triebhaftes, begieriges sexuelles Wesen. Auch dann, wenn die Tochter die Mutter im

Verhältnis zum Vater als ohnmächtig bzw. als Objekt wahrnimmt, so wirkt sie doch im Verhältnis zur Tochter auch als mächtig Handelnde; als Handelnde, die die Erregungen des Mädchens kontrolliert *und* stimuliert. Zudem fließen die Erfahrungen und Erlebnisweisen aus der Mutter-Tochter-Beziehung ein in die Phantasien über die Beziehung zwischen den Eltern.

Aus dieser Perspektive wirkt das Bild der ›Mutter ohne Begehren‹ eigentümlich abstrakt. Allerdings ist davon auszugehen, daß unter den kulturellen Bedingungen, in denen sich die libidinöse Beziehung zwischen Mutter und Tochter entfaltet, die Triebhaftigkeit der Mutter als bedrohlich wahrgenommen wird. Denn innerhalb dieses ›Treibhauses‹ ist die erotische Berührung zwischen Mutter und Tochter eingebettet in einen Kontext tendenziell grenzüberschreitender Versorgung und Kontrolle.

Von daher erscheint es sinnvoll, die Überlegungen Chasseguet-Smirgels zur Imago der allmächtigen Mutter in die Analyse der Hemmungen des weiblichen Begehrens miteinzubeziehen und vor dem Hintergrund des Machtverhältnisses zwischen den Geschlechtern zu interpretieren.

Chasseguet-Smirgel (1979) hat dargestellt, wie die Imago einer allmächtig kastrierenden Mutter entstehen und zu einer Konfliktualisierung der Einverleibungswünsche führen kann. Ihre Ausführungen lassen sich verbinden mit denjenigen Toroks (1979), die die Konflikthaftigkeit der sexuellen Wünsche des Mädchens aus der analen Mutter-Tochter-Beziehung herleitet. Torok beschreibt, daß »exzessive oder frühzeitige anale Dressur und die Ausdehnung dieses Despotismus auf alle analogen Gebiete« (205) beim Kind den Eindruck vermittelt, daß lustvolle Aktivitäten und Sensationen sowie das Körperinnere der Kontrolle der Mutter unterliegen. Die »überfordernde Mutter« (205) erscheint sowohl kastrierend und allmächtig, als auch neidisch, leer und unbefriedigt, da sie im Erleben der Tochter darauf angewiesen ist, sich des Körpers der Tochter zu bemächtigen, ihn zu ›berauben‹ und die Tochter an sich zu ketten. Daraus entsteht eine Hemmung des Mädchens, unabhängig von der Mutter Lust zu empfinden. Die Hinwendung zum Vater wird als Möglichkeit interpretiert, sich von der Mutter zu trennen, und die Erlaubnis zu erhalten, autonom Lust an sich selbst erleben zu dürfen.

Wie Chasseguet-Smirgel ausführt, ist dieser Objektwechsel notwendig mit einer – im günstigen Fall: vorübergehenden – Idealisierung des Vaters verbunden. Je stärker das Mädchen jedoch die Mutter als kastrierend erlebt hat und zudem von Enttäuschungen durch den Vater überfordert wird, um so mehr muß das Mädchen an einer (Enttäuschung verleugnenden) Idealisierung festhalten. Diese starre Idealisierung verschärft die Konflikte der ödipalen Konstellation und erzeugt spezifische Dilemmata. Das Begehren gegenüber dem Vater setzt eine Identifizierung mit der Mutter voraus. Da das Mädchen jedoch die Erlebnisweisen aus der Beziehung zur Mutter auf die Beziehung der Eltern überträgt in dem Sinne, daß die Mutter auch gegenüber dem Vater als kastrierend phantasiert wird, steht der Identifizierung mit dieser Mutter das Bedürfnis nach einer ›reinen‹, ›guten‹ Beziehung zum Vater entgegen.

Vor diesem Hintergrund werden die Bemächtigungswünsche gegenüber dem Vater bzw. Wünsche, sich ein Objekt aktiv einverleiben, aneignen und festhalten zu wol-

len⁶, als zerstörerisch erlebt. Innergenitale Erregungen und vaginale Einverleibungswünsche erzeugen von daher Schuldgefühle und Bestrafungsängste.[7]
Als defensive Lösung dieses Konflikts bzw. zur ›Wiedergutmachung‹ unterwirft sich das Mädchen dem Vater und bietet sich ihm als passives Objekt der Bemächtigung und Manipulation an. Das Mädchen nimmt dabei eine Position ein, die dem ›Gegenbild‹ der allmächtigen kastrierenden Mutter entspricht und insofern mit einer »Gegenbesetzung« (139) der aggressiven anal-sadistischen Komponenten der Sexualität verbunden ist.

Toroks und Chasseguet-Smirgels Analyen legen nahe, daß das Begehren der Mutter gegenüber der Tochter und dem Vater i. w. als Wunsch nach analsadistischer Beraubung und Bemächtigung erlebt wird. Sie ermöglichen es, die Erlebnis-›Rückseite‹ des Machtverhältnisses zwischen den Geschlechtern, in dem die Mutter ohnmächtig erscheint und der Vater Macht und Attraktivität der ›Außenwelt‹ repräsentiert, zu erfassen: Innerhalb der kulturell isolierten und entwerteten Sphäre der Mütterlichkeit[8] werden zugleich auch Bilder einer allmächtigen Mutter und eines von der Mutter depotenzierten und kastrierten Vaters erzeugt. In dieser Konstellation wird die Differenzierung zwischen leidenschaftlichem Begehren, versorgender Überwältigung und bemächtigender Kontrolle tendenziell verunmöglicht. Entsprechend erschwert sich die Möglichkeit des Mädchens, das sexuelle Begehren der Mutter anzuerkennen und die eigenen Erregungen im Begehren der Mutter zu ›spiegeln‹ – sich mit ihr zu identifizieren und mit ihr zu rivalisieren. Die unterwerfungsbereite Idealisierung des Vaters, wie sie von Chasseguet-Smirgel und Benjamin beschrieben wird[9], zeugt von einem Mißlingen der Identifizierung mit dem Begehren der Mutter, von einer von Schuldgefühlen motivierten Unterdrückung der sexuellen Gier, im besonderen der Einverleibungswünsche.

Der »Triebwirbel« der Pubertät (Rotter 1989, 202) bringt die bisherigen Verarbeitungsweisen zwangsläufig ins Wanken. Durch das Einsetzen der

---

6 Vgl. dazu Chasseguet-Smirgel 1979, 142: »Bemächtigung – Sadismus – Analität. Diese Kette ist eine notwendige Komponente für die sexuelle Vollendung. Ihre vollkommene Verquickung ist das Zeichen der genitalen Reife.«
7 Chasseguet-Smirgel verweist darauf, daß beim Objektwechsel beide Elternteile angegriffen werden. Die Schuldgefühle gelten dabei vorrangig dem Vater, die (Trennungs- und Rivalitäts-)Ängste sind mit der Mutter verbunden. Vgl. ebd., 165.
8 Vgl. dazu Nadig 1989, 154.
9 Chasseguet-Smirgel (vgl. 1979, 137ff.) und Benjamin (1990) gelangen auf unterschiedlichen Wegen zu ähnlichen Ergebnissen. (Nach Benjamin resultiert die Idealisierung des Vaters und seines Penis aus einer Konstellation, in der der Vater selbst *fehlt*, »wenn er nicht Anteil nimmt oder wenn er Verführung statt Identifikation anbietet« (108). Vom Vater zurückgedrängt in die Beziehung zur Mutter, in die Schwierigkeiten der Ablösung und in die Hilflosigkeit, verzichtet die Tochter auf ein eigenes Begehren und idealisiert und beneidet den Mann, der all das zu besitzen scheint, was die Tochter selbst nicht hat. Sie unterwirft sich dem Vater, um aus dieser Position an dessen Macht und Begehren zu partizipieren.)

Menstruation, das damit verbundene Pulsieren der Gebärmutter und die allgemeine Verstärkung genitaler Empfindungen werden die sexuellen Wünsche auf neue Weise virulent und die »Verleugnung der Vagina« (Horney) aufgehoben. Die Phantasien drehen sich vermehrt um das Körperinnere; vaginale Einverleibungswünsche und Fruchtbarkeitsphantasien werden durch die größere Realitätsnähe aktualisiert. Das Mädchen wird erstmals in aller Deutlichkeit mit der erregenden und angsterzeugenden Tatsache konfrontiert, Organe so wie die Mutter zu haben bzw. körperlich so wie die Mutter zu sein. Aufgrund dieser körperlichen ›Annäherung‹ zwischen Mutter und Tochter wird die Möglichkeit (bzw. Unmöglichkeit) positiver ›Spiegelung‹ für die sexuelle Entwicklung der jungen Frau in der Pubertät besonders bedeutsam. ›Spiegelung‹ hieße in diesem Zusammenhang: das eigene Begehren im Begehren der Mutter wiederzuerkennen und umgekehrt. Dieses Wiedererkennen würde sowohl eine homoerotisch-narzißtische Komponente im Verhältnis zwischen Mutter und Tochter als auch die Wahrnehmung lustvollen Begehrens zwischen den Eltern implizieren.[10]

In diesem Sinne müßte die junge Frau, um die Menarche mit Stolz und Freude als Signum ihrer neuen Zugehörigkeit zur »bisher verschlossene[n] Gesellschaft der Frauen« (Rotter 1989, 197) erleben zu können, sich mit der (potenten) Weiblichkeit der Mutter identifizieren können. Soweit die Mutter jedoch innerhalb des beschriebenen Spannungsfeldes von Ohnmacht und Allmacht wahrgenommen wird, geraten auch die Besetzung und psychische Repräsentanz der inneren ›Gebär-Mutter‹ bzw. die an die Innergenitalität gebundenen sexuellen Phantasien in diese Konfliktdynamik.

Die Schwierigkeiten der Identifizierung mit der Mutter erfahren aus dieser Perspektive in der Pubertät eine Zuspitzung. Dabei verschieben sich die Akzentuierungen des Erlebens der Macht-Ohnmacht-Konstellation, denn in der Pubertät verschärft sich die bewußte Wahrnehmung der realen kulturellen Entwertung der Mutter, während die unbewußten infantilen Vorstellungen über ihre Allmacht erhalten sind:

Die Phantasie von der allmächtigen gierigen Mutter wird zum einen unterstützt durch die Sehnsucht, an der kindlichen Position festhalten zu können. Soweit die Mutter vorrangig oder ausschließlich den familialen Raum verkörpert, steht sie auch für die Verlockungen der Regression. Ohnehin erzeugen die körperlichen Veränderungen, insbesondere die Menarche, Gefühle von Hilflosigkeit und Kränkung und damit auch Bedürfnisse nach Versorgung und Passivität. Wenn sie als einzig zuständige Bezugsperson in der Kindheit scheinbar über die Macht über Befriedigun-

---

10 Zur Illustration der homoerotisch-narzißtischen Komponente vgl. auch Zeul 1989, die eine Phase in der Analyse einer 27-jährigen Frau beschreibt, in der die Analysandin »in mir sich und mich in sich liebte« (337).

gen und Versagungen verfügte, kann die Mächtigkeit der regressiven Wünsche in der Pubertät projektiv in das Bild einer allmächtigen Mutter, die nicht loslassen will, verschoben werden – ein Vorgang, der sich durch die realen Trennungsschwierigkeiten seitens der Mutter wiederum bestätigen läßt.

Zum anderen muß auch die verstärkte Konfrontation des Mädchens mit der eigenen Genitalität in der Pubertät das Bild der gierigen allmächtigen Mutter aus der infantilen Vorzeit in den Vordergrund schieben. Die eigenen sexuellen Regungen des Mädchens verbinden sich mit diesem Bild, wodurch ihre psychische Integration erschwert wird.

Die pubertären Erregungen aktualisieren zudem die inzestuösen Wünsche gegenüber den Eltern, die zärtlichen Bindungen an sie werden resexualisiert, so daß Abhängigkeitswünsche und ödipale Phantasien sich auf bedrohliche Weise vermischen und die verschiedenen Seiten des ›bisexuellen Schwankens‹ (Deutsch 1948, 103), der Liebe zur Mutter und zum Vater, prägen. Da innerhalb der bestehenden Geschlechterkonstellation sowohl die regressiven Strebungen als auch die Heftigkeit der sexuellen Erregungen, die als Entgrenzung und Kontrollverlust[11] erfahren werden, das aus der Kindheit ›bereitliegende‹ unbewußte Bild der allmächtigen verschlingenden und kastrierenden Mutter nähren, verschärfen sich die an das sexuelle Erwachen geknüpften Bedrohungen und Ängste. Die reale Entwertung der Mutter trägt nicht dazu bei, das Bild der allmächtigen Mutter zu korrigieren, sondern belebt im Gegenteil das Bild einer Mutter, die über keine andere Lust verfügt als die der Bemächtigung anderer. Vor dem Hintergrund der spezifischen Erfahrungen des Mädchens mit der Mutter in der Kindheit erzeugt von daher das intensive Verlangen des Mädchens das Bild eines gefährlich ›gierigen Schoßes‹ von Mutter *und* Tochter. Dieses Bild vergrößert die Bedrohlichkeit der mit der Nähe zwischen Mutter und Tochter verbundenen homoerotischen Wünsche und erschwert ihre Integration. Homosexuelle Wünsche können begleitet sein von unbewußten projektiven Phantasien, »von einer gierigen Gebärmutter aufgesogen zu werden« (Chasseguet-Smirgel 1988, 40). Poluda-Korte (1992) hat darauf hingewiesen, daß die homoerotische Selbstvergewisserung der Tochter ›in‹ der Mutter die Voraussetzung dafür darstellt, den Mann mit sexueller Gier angreifen zu können. Die Phantasie des destruktiv verschlingenden Schoßes wirkt sich stattdessen hemmend auf die heterosexuellen Wünsche und auf die Fähigkeit zur Ablösung aus – stellt doch das sexuelle Verlangen als Sub-

---

11 Benjamin weist darauf hin, daß die Lust der Frau sich von der männlichen Art, Lust zu erfahren, unterscheidet (127). Erregungen und Befriedigungen z. B. in der Onanie sind räumlich weniger lokalisierbar und physiologisch weniger begrenzt als beim Mann und können von daher als beängstigend erlebt werden.

stanz des Wunsches, sich neue Objekte zu suchen, die stärkste Triebkraft für die Trennung von der Familie dar.

Die Wahrnehmung der realen Ohnmacht und Entwertung der Mutter in der Kultur erschwert auch dadurch die Integration der Identifizierung mit der ›ersten Liebe‹ des Mädchens, daß der Narzißmus der Pubertierenden durch den tendenziellen Ausschluß der Mütter aus der öffentlichen Sphäre eine enorme Kränkung erfährt, sofern sie an dieser Identifizierung festhält. Unter dem Gesichtspunkt des sozialen Erfolges und des gesellschaftlichen Individualisierungsdrucks muß das Mädchen die mütterlich-weiblichen Geschlechtsorgane als dysfunktional empfinden. Die kulturellen Bedingungen legen dem Mädchen nahe, daß Individuierung gleichzusetzen ist mit dem Verlassen des mütterlichen Raumes und eine Desidentifizierung mit der entwerteten Mutter voraussetzt.

So ist innerhalb der kulturellen Geschlechterpolarisierung für die junge Frau in der Adoleszenz die psychische Aneignung der Innergenitalität von zwei Seiten erschwert: die Innergenitalität repräsentiert zugleich die Gier der allmächtigen Mutter und die Entwertung, die Ohnmacht und den Ausschluß aus der Kultur.

Das kulturell erzeugte und innerhab der psychosexuellen Struktur lebensgeschichtlich verankerte Vexierbild der allmächtig-ohnmächtigen Mutter kann von daher tendenziell zu einer Aufspaltung der Mutteridentifizierung führen:

Entweder werden Autonomiewünsche und Sinnlichkeit freizuhalten versucht von den bedrohlichen Potentialen der Mutterschaft, die durch den ›gierigen weiblichen Schoß‹ repräsentiert sind – um den Preis einer Konfliktualisierung der Innergenitalität, und damit auch der Einverleibungs-, Passivitäts- und Hingabewünsche, und um den einer umfassenden positiven Besetzung des weiblichen Körpers. Denn die ambivalente Besetzung der innergenitalen Organe, die zugleich die sinnlichen und reproduktiven Potentiale repräsentieren, wirkt sich zwangsläufig einschränkend auf die Möglichkeiten sexueller Genußfähigkeit aus.

Oder – ›alternativ‹ dazu – und gleichermaßen unter dem Vorzeichen einer Abwehr der (integrierten) Identifizierung mit der Mutter als Sexualwesen *und* Mutter – liegt das Bild einer entsexualisierten Mutter bereit. Beide ›Alternativen‹ stehen in hartnäckigem Widerspruch scheinbar unverbunden nebeneinander und realisieren sich unter den gegenwärtigen Bedingungen häufig lebensgeschichtlich verschoben.

Deutsch hat als zentrale »Aufgaben« der weiblichen Adoleszenz, als Voraussetzungen der inneren Ablösung, zum einen die Bewältigung des Ödipuskomplexes und zum anderen die Notwendigkeit, die »alte, viel tiefere und elementare Bindung an die Mutter in reife Formen zu bringen« (1948, 103), beschrieben.

Anhand der bisherigen Überlegungen ist davon auszugehen, daß beide Prozesse eng miteinander verbunden sind und unter den herrschenden Bedingungen von Arbeitsteilung und Geschlechterpolarisierung erschwert werden.

Das von Deutsch beschriebene ausgeprägte ›bisexuelle Schwanken‹ des Mädchens in der Pubertät[12] und der nie vollständig vollzogene Objektwechsel (vgl. Deutsch 1948, 24) führen unter diesen Bedingungen weniger zu einer flexiblen Integration mütterlicher und väterlicher Momente und einer selbstbewußten Liebesfähigkeit – basierend auf einer Mutterbeziehung, die die erste Form von ›homosexueller Rückversicherung‹ (Poluda-Korte)[13] darstellen könnte. Stattdessen steht die häufig beschriebene fortgesetzte Mutterbindung adoleszenter Mädchen[14] unter dem Vorzeichen des Ausschlusses aggressiv-sexueller Impulse, die dem Männlichen zugeschrieben werden: Im Mutter- und Selbstbild der Tochter wird der ›schwarze Eros‹ in einen »pausbäckigen Amor« (vgl. Chasseguet-Smirgel 1979, 185) verwandelt, die Aggression ›nach innen‹ gewendet.

III. Hysterische Verschiebungen und moderne Beschneidungsrituale

Innergenitale Ängste und kulturelle Bearbeitungen

»Sie war bis vor fünf Monaten, d. h. bis zum Auftreten der ersten Menstruation, völlig gesund. Damals beklagte sie sich über starke Schmerzen im Unterleib. Die Schmerzen stellten sich dann immer vor ihrer Periode ein ... Diese Unterleibsschmerzen waren manchmal von Kopfschmerzen begleitet. Man diagnostizierte Blinddarm, und sofortige Operation wurden angeraten. Der Verlauf der Operation und die Heilung waren normal.«

So leitete Helene Deutsch die Darstellung der »Krankengeschichte« der 13-jährigen Nancy ein. Der »Drang zu Operationen« (71) trete bei Mädchen in

---

12 Vgl. dazu auch Blos. 1978, 98–104.
13 Vgl. dazu Poluda-Korte 1988, 115. »Schutz und Rückversicherung unter Frauen sind aber für die Realisierung von sexueller Potenz grundlegend, und zwar sowohl für den Umgang mit Angst-Lust und Trieb-Schuld beim ›Coming out‹ verdrängter Lust auf Frauen als gerade auch für die Lust mit den Männern!« (116).
  Nach Poluda-Korte bewältigt das Mädchen die unausweichliche Enttäuschung, die Mutter nicht gegengeschlechtlich befriedigen zu können, durch Identifizierung (zur homosexuellen Enttäuschung vgl. auch Rohde-Dachser 1990, 309; Becker-Schmidt 1991, 218). Die angeführten Konflikte, die die Identifizierung mit der Mutter und ihrer sexuellen Potenz erschweren, verschärfen insofern die Schwierigkeiten der Verarbeitung dieser Enttäuschung.
14 Vgl. Chodorow 1985, 183, sowie Apter 1990.

der Pubertät häufig auf, und ein Eingriff erzeuge im späteren Leben die Tendenz zur Wiederholung. »Typischerweise« sei der ›Blinddarm‹ in der »Rolle des ›Agent provocateur‹« (71). Deutsch sieht die Bedeutung des Operationswunsches in der »Befriedigung von Vergewaltigungs-, Schwangerschafts- und Entbindungsphantasien« (ebd.).

Simone de Beauvoir interpretierte den Wunsch nach einer Blinddarmoperation als Ausdruck von Ängsten, die mit den Wahrnehmungen und Antizipationen des ›Frauenschicksals‹ (vgl. 1949, 307) verbunden sind. Da das Frausein »Selbstentäußerung und Unterlegenheit« beinhalte, mache der soziale Zusammenhang aus der Menstruation einen »Fluch« (305) und rufe zusammen mit den pubertären sexuellen Erregungen zahlreiche Befürchtungen hervor, die Mädchen in bezug auf ihr Körperinneres empfinden: »Sie fühlen in ihrem Leib dunkle Drohungen und hoffen, daß der Arzt sie von dieser unbekannten Gefahr befreit, die ihnen auflauert« (307).

Die Vermutung, daß ›Blinddarmoperationen‹ (Appendektomien) in Zusammenhang stehen mit spezifischen Wünschen und Ängsten, die mit dem ›Frauwerden‹ während der Adoleszenz verknüpft sind, wird durch zahlreiche Untersuchungen insofern untermauert, als sie den großen Anteil junger Mädchen bzw. Frauen, insbesondere unter den ›unnötig‹ Operierten, belegen.[15] In einer Studie, in der sich Bernd Hontschik (1987) u. a. mit Hintergründen und Konstellationen fehlindizierter Appendektomien beschäftigte, verweist er auf die »exzessiven Fehldiagnoseraten« bei jungen Frauen v. a. zwischen 13 und 18 Jahren (204). Anhand einer Untersuchung, die 1982 in einem Krankenhaus in Frankfurt-Höchst durchgeführt wurde, beschreibt Hontschik das typische »Vorspiel« (1988, 323), welches mit großer Sicherheit in eine Operation ›einmündet‹: Vorzugsweise montags erscheinen demnach die Mütter mit ihren unter Bauchschmerzen leidenden Töchtern im Krankenhaus, verlangen mit großem Nachdruck eine Operation und finden das höchste ›Entgegenkommen‹ bei jungen männlichen Chirurgen. Die einzelnen Details dieser Konstellation führen Hontschik zu der These, daß die zu den Operationen führenden Bauchschmerzen der jungen Frauen »als Ausdruck psychosexueller und psychosozialer Konflikte im Adoleszentenalter« (1987, 245) verstanden werden können.

Das ›präoperative Setting‹ mit der Trias Mutter, Tochter, Chirurg wird dementsprechend als »unbewußte Wiederholung« (ebd.) dieser Konfliktmomente angesehen, innerhalb derer sich ein affektiver Sog herstellt, der sich schließlich in der Operation aggressiv ›entlädt‹. Hontschik legt in der Interpretation des Konflikts den Akzent v. a. auf die Rivalität zwischen

---

15 Zur internationalen Literatur zu diesem Thema vgl. Hontschik. 1987, Kap. 4.6.1.

einer »alternden« (248) Mutter und der hinsichtlich ihrer erwachenden Sexualität mit Schuld- und Trennungsangst kämpfenden ›aufblühenden‹ Tochter. In diesem Sinne sieht er die Mutter als »›treibende Kraft‹ auf dem Weg der Töchter zu dem symbolisch bestrafenden kastrierenden oder deflorierenden Eingriff« (246). Hontschik veranschaulicht die präoperativen ›Verführungs‹- bzw. Überwältigungsversuche aus der Sicht des Chirurgen anhand eines beispielhaften Falles:

»Im Untersuchungszimmer liegt ein [15-jähriges] Mädchen. Neben der Untersuchungsliege stehen ein Koffer und ein tragbarer Fernseher, darüber liegt ein Bademantel. Am Kopfende der Liege steht eine etwa 40-jährige Frau, nervös, leicht schwitzend, bayrisch-ländlich gekleidet und beginnt zu sprechen, kaum daß ich das Zimmer betreten habe. Es handelt sich um die Mutter der Patientin. Was denn das hier noch solle, der Hausarzt sei nun schon seit einem Jahr vergeblich dabei, die Schmerzen ›wegzumachen‹, ... jetzt müsse der Blinddarm endlich raus, und zwar schnell, denn nach Weihnachten müsse ›das Kind‹ eine Lehrstelle antreten, bis dahin müsse ›alles in Ordnung‹ sein ... Während ich ›das Kind‹ untersuche, redet die Mutter ununterbrochen weiter. ›Das Kind‹ ist kein besonders hübsches Mädchen, hat aber im Gegensatz zur Mutter einen gewissen körperlichen Liebreiz ... Frage ich die Patientin, seit wann sie denn die Bauchschmerzen habe, antwortet die Mutter sofort: ›Seit einem Jahr.‹ Frage ich die Patientin, wo im Bauch denn die Schmerzen seien, antwortet die Mutter: ›Rechts unten, rechts unten!‹ Die Tochter schweigt, ich habe fast das Gefühl, daß sie interessiert beobachtet, wie denn der beginnende Machtkampf zwischen mir und ihrer Mutter ausgehen werde ...« Während der Blutentnahme ist »die Mutter endlich still, und das Mädchen sagt zum ersten Mal etwas: ›Vor einem Jahr habe ich zum ersten Mal meine Periode bekommen.‹ ›Na und?‹ sagt die Mutter sofort ...« (10f.)

Da in diesem Beispiel, ebenso wie in dem von Deutsch ausgeführten ›Fall‹ Nancy, die chronischen Bauchschmerzen zeitgleich mit der ersten Menstruation auftreten, liegt die Vermutung nahe, daß die Schmerzen im Zusammenhang mit der Innergenitalität und sexuellen und reproduktiven Identität stehen. In diesem Sinne können sie als Ausdruck von Ängsten und Irritationen, die mit der weiblichen Körperlichkeit verbunden sind, und als Konversion innergenitaler Empfindungen verstanden werden. Die Idee, als Ursache der Beschwerden eine ›Blinddarmentzündung‹ anzunehmen, läßt sich insofern als Verschiebung begreifen, die von den irritierenden und schwer faßbaren innerpsychischen, familialen und kulturellen Spannungshintergründen beruhigend ablenken kann. Durch diese Verschiebung und Verdinglichung wird die Angst-Erregung, d. h. das gemeinsame Auftreten von Erregung und damit verbundener Angst, in einen kulturell zugelassenen Interpretations-, Begriffs- und Kontrollzusammenhang gestellt und institutionell bearbeitbar.

Ausgehend von den Überlegungen zur spezifischen Konflikthaftigkeit der Mutteridentifizierung ist zu vermuten, daß im Operationswunsch der Tochter nicht nur Versuche der Vermeidung oder Wiedergutmachung rivalisierender Tendenzen gegenüber der Mutter zum Ausdruck kommen, sondern – darüber hinausgehend – Probleme der psychischen Integration der Innergenitalität. Hinsichtlich der These, daß die Aneignung der Innergenitalität erschwert ist durch die Bedrohlichkeit der Identifizierung mit einer zugleich triebhaft-gierigen-kastrierenden und ohnmächtig-leeren Mutterimago, lassen sich die eine Operation bedingenden und begleitenden Szenen verstehen als Versuche der Darstellung, Bewältigung und spezifischen Auflösung der mit den Identifizierungsschwierigkeiten verbundenen inneren und äußeren Dramatik:

Im Zug der adoleszenten Entwicklung, eingeleitet v. a. durch die Menarche, wird das Mädchen mit dem Problem konfrontiert, die körperlichen Veränderungen mit den inneren zwiespältigen Mutterimagines und mit widersprüchlichen kulturellen Weiblichkeitsbildern zu vermitteln und zu einem kohärenten weiblichen Selbstbild zu ›synthetisieren‹. Der Versuch der Ablösung von der Familie ist von daher geprägt von der Suche nach einer Lösung dieser vielfältigen Dilemmata. Dabei trifft das Mädchen auf eine gesellschaftliche Praxis, die durch vielfältige Formen der Rationalisierung, der Kontrolle und instrumentellen Verfügung über den weiblichen Körper, durch ›Technologisierung‹ von Sexualität und Reproduktion gekennzeichnet ist. Teil dieser Praxis ist der kulturelle Umgang mit der Menstruation bzw. ihre Repräsentation als schmutzig oder krankheitsähnlich, als lästig, überflüssig, dysfunktional. Diese Zuschreibung der Dysfunktionalität strahlt auf die Gesamtheit der weiblichen reproduktiv-sexuellen Potenzen zurück; umgekehrt können die kulturellen Konnotationen und Praxen, die sich um die Menstruation ranken, als stellvertretende exemplarische oder symbolische Kontrollformen gegenüber der weiblichen Sexualität angesehen werden.

In diesem Kontext kann auch die kulturelle Bedeutung der Appendektomie begriffen werden. Hontschik hat hervorgehoben, daß die große Zahl fehlindizierter ›Blinddarmoperationen‹ bei jungen Frauen v. a. in Industrieländern durchgeführt werden. Dieses Phänomen

»bildet sich bis zu den zwanziger Jahren in Europa und den USA heraus und scheint Ausdruck einer neuen allgemeinen Einstellung zu Sexualität, Schwangerschaftsverhütung, Schmerz und entbehrlichen Körperteilen zu sein« (1987, 237).

Er formuliert in diesem Zusammenhang die These, daß das Zurücktreten der ›grande hysterie‹ seit der Jahrhundertwende durch die Entwicklung der operativen Medizin bedingt war, so daß zu hysterischen Reaktionen neigende junge Frauen operativen Eingriffen unterzogen wurden, ehe die Hysterie im klassischen Sinne ungehemmt hätte ›aufbrechen‹ können. Dem »›großen hysterischen Bild‹ im Sinne Charots« wurde und ist in diesem Sinne »der Riegel des ein- oder mehrfach erduldeten Skalpells vorgeschoben« (162).

»Jene Frauen, die appendektomiert sind und/oder ovarektomiert, cholecystektomiert ... oder ›total‹ operiert ..., stellen in unserer heutigen Gesellschaft ohne jeden Zweifel die erdrückende Mehrheit dar. Zu Charcots Zeiten lagen diese Verhältnisse dagegen umgekehrt ...« (163).

An diese Feststellung schließt er die »Spekulation« an:

»Während nach der mittelalterlichen Verteufelung und Verbrennung der ›geheimnisvollen‹ Frau als Ganze, als Hexe, das aufgeklärte 19. Jahrhundert nur noch deren Psychiatrisierung erlaubte, scheint das 20. Jahrhundert zumindest in unserem Kulturkreis bestimmte Körperteile – sozusagen als pars pro toto – zur Verantwortung zu ziehen (ebd.).

Aus dieser Perspektive läßt sich die Appendektomie als modernes Ritual begreifen, in dem die im Kontext des bestehenden Geschlechterverhältnisses gesellschaftlich produzierten individuellen Konfliktlagen mit institutionellen Mitteln aufgegriffen und ›zugerichtet‹ werden. Dabei werden die intrapsychischen Konflikte des Mädchens, die Irritationen, die innerhalb der Familie durch die adoleszente Entwicklung der Tochter ausgelöst werden, und der kulturelle Umgang mit weiblicher Sexualität zusammengeschlossen und verdichtet.

Der Appendix als ›pars pro toto‹ repräsentiert dabei das Überflüssige, Überschießende und Dysfunktionale der weiblich-mütterlichen Sexualität. Ihre symbolische Beschneidung wird über die Transformation von Erregung und Potenzphantasien in Schmerzen und Krankheitsvorstellungen ermöglicht.

Verkehrte Einverleibung

Die Einigung auf den ›Blinddarm‹ als »Ausweichorgan« (Hontschik 1987, 17), das entfernt werden muß, um ›Ordnung‹ und Gesundheit im Bauch der jungen Frau wiederherzustellen, deutet auf eine anale Thematik, anhand derer Konversion und Verschiebung sich vermitteln.

Konflikte, die sich auf Fortpflanzungsfähigkeit und (genitale) Einverleibungswünsche beziehen – Horney hat auf die enge Verbindung zwischen Koitus und Gebären verwiesen, die im Unbewußten besteht[16] –, verschieben sich häufig auf Ernährungs- und Ausscheidungsfunktionen, wie Deutsch hervorgehoben hat: Die entsprechenden Ängste und Phantasien

---
16 Vgl. Horney 1984, 108.

»verlassen die Frau nicht mehr, auch wenn sie herangewachsen ist, und verursachen oft hysterische, körperliche Symptome, die mit diesen Funktionen zusammenhängen« (1948, 208).

Eine Verbindungslinie zwischen genitaler und analer Thematik stellt dabei – so kann vermutet werden – die Menstruation dar, die anale Ängste und Kränkungen aktiviert und kulturell mit analen Attributen und Konnotationen belegt wird.

An den Äußerungen der Mutter in der von Hontschik dargestellten Szene läßt sich die Assoziationskette Sexualität/Fortpflanzungsfähigkeit – Menstruation – Schmerzen und Unordnung – ›Blinddarmentzündung‹ verfolgen, anhand derer Konversion und Verschiebung sich vollziehen. Die Formulierungen der Mutter, der Hausarzt versuche seit einem Jahr, die Schmerzen »wegzumachen« und bis zum Antritt der Lehrstelle müsse »alles in Ordnung sein«, legen die Assoziation einer Abtreibung nahe. Die Tochter selbst verweist darauf, daß die Schmerzen mit der Menarche einsetzten und – so kann angenommen werden – mit den damit verbundenen Angst-Erregungen, sexuellen Wünschen und möglichen Schwangerschaftsphantasien. Aus dieser ›Logik‹ läßt sich der Operationswunsch begreifen als Wunsch, Menstruation, innergenitale Erregung bzw. das Phantasiekind »wegzumachen«. Die bevorstehende Veränderung im Verhältnis zwischen Mutter und Tochter bzw. die partielle Trennung, die mit dem Einstieg in die ›Arbeitswelt‹ verbunden ist, soll vorbereitet werden mittels einer rituellen Handlung, bei der – verdeckt unter dem Thema ›Appendektomie‹ – die innere Gebär-Mutter ›abgetrieben‹ bzw. operiert wird. Die Individuierung der Tochter, ihre Hinwendung zur ›männlichen‹ Kultur folgt insofern einem Modell von Ablösung, bei dem die Sexualität symbolisch aufgespalten und die mütterlichen Anteile bzw. reproduktiven Potentiale ›zurück‹- bzw. bei der Mutter bleiben, um das ›ordentliche‹ Funktionieren der Tochter zu sichern. Damit wird gleichzeitig das ›Frauwerden‹ der Tochter gehemmt: sie soll »Kind« bleiben und keine eigenständige erwachsene Sexualität entwickeln. So läßt sich die Szene auch dahingehend interpretieren, daß die erste intime Begegnung mit einem erwachsenen Mann, der in die Tochter eindringt, die Defloration, unter der (An-)Ordnung und Kontrolle der Mutter stattfindet.

Die Momente einer ›analen‹ Deutung, die durch die Einigung auf die Phantasie einer ›Blinddarmentzündung‹ vorgegeben sind, verweisen dabei auf Aspekte einer unbewußten infantilen Szene, die in das Geschehen innerhalb der Trias Mutter – Tochter – Chirurg einfließen. Die ›anale‹ Interpretation rückt die ›Handhabung‹ der weiblichen Sexualität, die durch den Operationswunsch vorgeschlagen wird, in die Perspektive von Sauberkeitserziehung und analer Dressur. Sie läßt die anale Mutter-Tochter-Beziehung mit dem Bild der zugleich gierigen und leeren Mutter, die sich des Körperinneren der Tochter bemächtigt, wiederauferstehen. Diesem Bild entspricht, daß die Mutter verfügt, daß etwas ›weggemacht‹ werden muß, um, »alles in Ordnung« zu bringen. Insofern davon auszugehen ist, daß die Erfahrungen und Phantasien der Tochter aus der analen Mutter-Tochter-Interaktion von der Tochter auf die Vorstellungen über die sexuelle Beziehung der Eltern transponiert werden, lassen sich die Szenen, die zur Operation führen (können), auch als Darstellung der Bedingungen und Formen des Objektwechsels und der ödipalen Hinwendung zum Vater begreifen. Nach Hontschiks Beschreibung ist die Zustimmung zur Durchführung der Operation i. w. das Resultat einer Überwältigung des Chirurgen durch die Mutter (Hontschik verweist in der oben ausgeführten Szene darauf, daß die Tochter interessiert den »beginnenden Machtkampf« zwischen Mutter und Chirurg beobachtet). Dieser Konstellation entspricht aus der Perspektive der Tochter die unbewußte Phantasie von der übermächtigen Mutter, die den Vater bewegen, kastrieren und depotenzieren kann. Entsprechend der ›Gegenbesetzung‹ der Identifizierung mit dieser Mutterimago bietet sich die Tochter dem Chirurgen in einem Akt der Wiedergutmachung als Objekt der Bemächtigung und Manipulation an. Die Einverleibungswünsche werden ›symbolisch‹ gleichzeitig realisiert und gesühnt. Das Eindringen des Mannes ist identisch mit einem Akt der Beschneidung. Wunscherfüllung und Bestrafung, Verführung und Kastration fallen zusammen. Die Hinwendung zum Mann vollzieht sich als Unterwerfungsakt.

Die Hemmung der Identifizierung mit der ›gierigen und verschlingenden Gebär-Mutter‹ führt i. d. S. zu einer masochistischen Ausgestaltung der Ablösung: Der Chirurg ›zerschneidet‹ das Band zwischen Mutter und Tochter, die Tochter begibt sich passiv aus der Abhängigkeit von der Mutter in die Hände des Mannes. Der ödipale Triumph über die Mutter – die Vereinigung und Paarbildung mit dem Chirurgen bei der Operation – erfolgt unter der Bedingung des Verlustes von Subjekthaftigkeit und Aktivität – die junge Frau wird narkotisiert und ›wehrloses‹ Opfer des Chirurgen.

Verkehrte Spiegelungen

Angesichts dieser aggressiven Dramatik stellt sich die Frage, welche Wünsche im Verhältnis zwischen Mutter und Tochter sich im Operationswunsch destruktiv ›verkehren‹.

Nach Hontschik liegt v. a. den Müttern an der Operation, während die Töchter durch ihr stummes Einverständnis auffallen.

»Die Region des Unterbauchs der Tochter ist offensichtlich das adäquate Projektionsfeld für biographische innerfamiliäre Konflikte, die diese Mütter (Eltern) mit ihren gerade erwachsen werdenden oder gewordenen Töchtern haben und die die innerfamiliären Auseinandersetzungsmöglichkeiten überfordern« (1987, 17).

Zweifellos ist davon auszugehen, daß das sexuelle Erwachen der Tochter die familiäre Dynamik in Krisen stürzen kann, die zu aggressiven Lösungsversuchen führen. Im besonderen die Mütter werden durch die adoleszente Entwicklung der Töchter mit unrealisierten Wünschen und mit ihren Entbehrungen konfrontiert. Rotter berichtet von einer Frau, die durch die Menarche der Tochter in tiefe Depressionen verfiel, eine Reaktion, die von Rotter in einer bündigen Deutung übersetzt wird:

»Ich selber war nie jung und fröhlich – jetzt ist die Reihe schon an meiner Tochter – und ich muß endgültig entsagen« (1989, 192).

Doch ebenso wie in dieser Vorstellung bereits die Eindeutigkeit der Entsagung von Mutter *oder* Tochter irritiert, so auch die Eindeutigkeit der Polarisierung von Mutter und Tochter als aggressive Täterin einerseits und unterwerfungsbereites stummes Opfer andererseits, wie sie sich in der von Hontschik als typisch aufgeführten Szene zunächst aufdrängt.

Chirurg und Tochter erweisen sich aus unterschiedlichen Blickwinkeln entweder als Opfer oder als Komplize der Mutter bei der Überwältigung der bzw. des jeweils Dritten, während die Mutter alle Fäden in der Hand zu halten und der reale Vater keine Rolle zu spielen scheint. Als Kehrseite der mächtig-aggressiven Mutterfigur zeigen sich jedoch bei eingehenderer Betrachtung ihre Abhängigkeit und Entwertung. Gerade in ihrem bedrängenden Verführungsbedürfnis und Manipulationsimpetus gegenüber Tochter und Chirurg verdeutlicht sich auch ihre Ohnmacht: Die Mutter scheint ›nichts‹ zu haben, außer der Kontrolle über andere, die Eigenständigkeit der Tochter ließe die Mutter offenbar leer und bedeutungslos zurück. Im Blick des Chirurgen (bzw. des Mannes) ist die Mutter als Frau bereits vernichtet: Die 40-jährige (!) scheint als sexuelles Wesen in der Mutterschaft verschwunden zu sein; sie ist ohne »Lieb-Reiz« (vgl. Hontschik 1987, 10), kein Subjekt-Objekt des Begehrens, eben ›Nur‹-Mutter.

Die Schmerzen der Tochter lassen sich insofern auch verstehen als Ausdruck der Angst vor einer schicksalhaften Bedrohung, die mit der Angleichung ihres Körpers an den mütterlichen am Horizont auftaucht: Als erwachsene Frau, so wie die Mutter, ohne ›Lieb-Reiz‹ zu sein, ›nichts‹ zu haben. Gleichzeitig drückt die Tochter in ihrem masochistischen Schweigen ihre Wahrnehmung der Mutter aus; ihre Opferhaltung bringt die Mutter als Ohnmächtige ›ins Spiel‹.[17]

Christina von Braun (1988) hat in ihren Überlegungen zu Freuds Analyse der 18-jährigen Dora deren hysterische Symptome als ›Sprache‹ interpretiert, mittels derer sie signalisierte, daß sie die »›Botschaft‹ der Mutter erhalten und begriffen hatte« (194). Die Leiden der Mutter, die entwertet und »dazu verurteilt [wurde], ›nichts‹ zu bedeuten« (ebd.) – der Vater hatte die Beziehung zu Doras Mutter auf die kurze Formel gebracht, ›nichts‹ an seiner Frau zu haben –, wurden von der Tochter in ihren hysterischen Symptomen offenbar mit übernommen. Auffällig ist in diesem Sinne in der Tat die systematische Auslassung der Reflexion der Beziehung Doras zu ihrer Mutter, die die Behandlung Doras bzw. ihre Darstellung durchzieht. Freuds Deutungen kreisen durch die ausschließliche Zurückführung der Symptome auf die Konflikthaftigkeit der unbewußten Liebesregungen und sexuellen Wünsche gegenüber männlichen Bezugspersonen, v. a. gegenüber Herrn K., einem Freund des Vaters und dem Vater selbst, um diese Leerstelle. Freud selbst merkte in seinen nachträglichen Reflexionen zu dieser abgebrochenen Analyse selbstkritisch an, daß er es versäumt hatte, »die stärkste der unbewußten Strömungen ihres Seelenlebens« (Freud, 1905a, 184), ihre homosexuellen Strebungen rechtzeitig zu erkennen und zu deuten.[18] Dies zu erkennen hätte vorausgesetzt, daß Freud Doras Angebote, ihn zum Objekt einer homosexuellen Übertragung zu machen, angenommen hätte (vgl. Neyraut 1976, 149). Es kann vermutet werden, daß Freud sich dieser ›Rolle‹ auch deshalb entzog, weil sie eine Identifizierung mit der von allen, einschließlich von ihm selbst, entwerteten Mutter, eine Auseinandersetzung mit dem ›Nichts‹-Bedeuten impliziert hätte.

Glenn (1980) machte darauf aufmerksam, daß Freud Dora als erwachsene Frau behandelte und deshalb ihr adoleszenztypisches ›bisexuelles Schwanken‹ und ihre Bemühungen um Ablösung von familialen bzw. inzestuösen Objekten übersah. Diese Versuche der Ablösung, so wäre hinzuzufügen, waren notwendig begleitet von der verzweifelten Suche nach einer Selbstvergewisserung und Spiegelung ihrer Weiblichkeit als Subjekthaftigkeit, die sie in der zum ›Nichts‹ entwerteten Mutter nur im (hysterischen) Leiden finden konnte. Entsprechend übersah Freud auch – so wie Dora, nach Freuds Worten, ihre Mutter »übersah« (Freud, ebd., 99) – spezifische Bedeutungsmomente ihrer Symptomatik.

Freud berichtet, daß Dora als 17-jährige an einer Erkrankung litt, die als Blinddarmentzündung diagnostiziert wurde. Sie hatte Fieber und Unterleibsschmerzen, und am zweiten Tag sei sie unter heftigen Schmerzen die seit längerem unregelmäßige Periode eingetreten. Freud deutete diese »angebliche Blinddarmentzündung« (169) anhand von Doras Assoziationen als Entbindungsphantasie, eine plausibel nachvollziehbare Vermutung, zumal die ›Erkrankung‹ 9 Monate nach einer bedeutsamen Begegnung Doras mit Herrn K., der ihr einen »Liebesantrag« (103) gemacht hatte, sich einstellte. Wichtig erscheint zum Verständnis von Doras ›Blinddarmentzündung‹ jedoch auch, daß sie diese »kurz nach dem Tod der Tante ... durchgemacht« (168) hatte, einer Tante, die von Dora sehr geliebt und zum »Vorbild« (98) genommen worden war. Mit dem Tod der Tante verlor Dora ein weiteres wichtiges Identifikationsobjekt, mit dem sie sich ihrer

---

17 Benjamin (1990) bezeichnet Unterwerfung als »Kopie der mütterlichen Haltung überhaupt« (79). »Das Selbstgefühl des Mädchens steht im Zeichen der Erkenntnis, daß die Macht der Mutter aus ihrer Selbstaufopferung entspringt« (ebd.).
18 Vgl. dazu auch Poluda-Korte 1992 und Wellendorf 1987.

Weiblichkeit positiv versichern konnte. Die ›Blinddarmentzündung‹ kann als Reaktion auf diesen Verlust verstanden werden, mit der sie in einem den Verlust zum Ausdruck brachte und auszugleichen suchte, indem sie »mit den bescheidenen Mitteln, die (ihr) ... zu Gebote standen, den Schmerzen und der Periodenblutung« (169) eigenständig versuchte, sich selbst als Frau hervorzubringen und das Weiblich-Mütterliche aus dem ›Nichts‹ (wieder) ins Leben zu bringen.

Dora drückt mit ihrer ›Blinddarmentzündung‹ sowohl das Ringen um ihre Weiblichkeit als auch das Scheitern der Identifizierung mit einem potenten Mütterlich-Weiblichen aus. Das In-Szene-Setzen dieses Scheiterns bringt zugleich ihre Wahrnehmung der ohnmächtigen Mutter zur Darstellung. Bezieht man diese Interpretation zurück auf die Szenen, die sich innerhalb der Trias Mutter – Tochter – Chirurg abspielen, so lassen sich die Figuren dieses Dreiecks als Protagonisten einer Inszenierung begreifen, bei der der Wunsch nach Anerkennung und Spiegelung der Weiblichkeit in Form einer destruktiven ›Verkehrung‹ hin- und hergewendet wird:

Da die Mutter die Tochter in ihrer Weiblichkeit nicht spiegeln kann, werden die Erregungen und Beunruhigungen, die die Tochter in ihrem Bauch verspürt, als Krankheit gedeutet. Dabei wenden sich Mutter und Tochter an den männlichen Chirurgen, als wüßten sie ›nichts‹ von ihrer Weiblichkeit, von ihrer Genitalität. Sofern der Arzt diese Deutung bestätigt, spiegelt er dieses ›Nichts‹ zurück: Gegenstand der Beunruhigung ist nichts als ein Appendix, ein überflüssiges erkranktes Anhängsel, das entfernt werden kann.

An die Stelle einer positiven weiblichen Selbstvergewisserung tritt die wechselseitige Spiegelung der beiden konflikthaften Pole, der zwiespältigen Mutterimagines zwischen Mutter und Tochter. Während die unterwerfungsbereite stumme Tochter die Seite der Ohnmacht repräsentiert, steht die aggressiv überwältigende Mutter für die infantile kastrierende Mutterimago bzw. die verleugneten Bemächtigungswünsche der Tochter. Die Darstellung dieser Imagines in verteilten Rollen verweist wiederum auf die Schwierigkeit der Abgrenzung, die aus dem Scheitern einer positiven Identifizierung resultiert. Handlungsmächtigkeit und ›Trennungs-Kompetenz‹ werden dem Chirurgen überantwortet bzw. von ihm übernommen.

Die ›verkehrte‹ Spiegelung führt zu einer ›verkehrten‹ Entbindung, in der sich der Wunsch des Mädchens, sich selbst als Frau zu gebären und von der Mutter abzulösen, negiert.

IV. Schluß

Ein Verständnis der die Operation bedingenden und begleitenden Szenen als Momente eines (modernen) Rituals ermöglicht es, bei der Interpretation des Geschehens aus der Sicht der Tochter die beteiligten Figuren – ähnlich wie im Traum – auch als Protagonenten eines inneren Konflikts und als Objektivationen des Selbst zu verstehen. Dadurch können die verschiedenen Aspekte der Handlung, in denen sich Wünsche und Ängste, Konflikte und Auflösungen verdichten, in Beziehung gesetzt werden.

Aus unterschiedlichen Perspektiven ließ sich die passive Opferbereitschaft der Tochter sowohl als Auseinandersetzung bzw. ›Gegenidentifizierung‹ mit der übermächtig kastrierenden Mutter als auch als Identifizierung mit der ohnmächtig entwerteten Mutter begreifen. Dabei wurde zu zeigen versucht, daß das Scheitern von ›Spiegelung‹ bzw. die Schwierigkeiten der Identifizierung mit der Weiblichkeit der Mutter zur Konversion innergenitaler Erregungen in Schmerzen und Krankheitsvorstellungen führen kann. Die Konflikthaftigkeit der psychischen Aneignung der Innergenitalität mündet von daher in eine ›Verkehrung‹ von genitaler Einverleibungslust und von (pro-)kreativen Phantasien und damit auch zur ›Verkehrung‹ von Ablösung.

Anders als im Traum wirkt die ›Verkehrung‹ von Wünschen in der realen Handlung traumatisierend. Bei der Appendektomie vermischen sich wie im Initiationsritual »Phantasie und Wirklichkeit auf undurchdringliche Art und Weise ... . Trieb- und Realangst [sind] nicht mehr voneinander unterscheidbar« (Erdheim 1982, 291).[19] Aus dieser Sicht wurde das institutionelle Angebot der Appendektomie als Form der kulturellen Kontrolle und Beschneidung weiblicher Sexualität und Potenz gedeutet: Innergenitale Erregungen, sexuelles Verlangen und Hingabewünsche werden dabei in ihrer phantasierten Gefährlichkeit bestätigt und der Zurichtung durch den Mann (in Gestalt des Chirurgen) unterworfen.

Die Beteiligung der Mutter läßt sich zugleich als aggressiver Akt und als Ausdruck von Hilflosigkeit verstehen, sofern sie auf die ›Fragen‹ der sexuell erwachenden Tochter nicht mit einem Verweis auf eine Beziehung der Anerkennung zwischen Mann und Frau ›antworten‹ und die kulturelle Entwertung der Weiblichkeit, insbesondere der Mütterlichkeit, nicht aufheben kann. Umgekehrt stellt von daher die Veränderung der kulturellen Geschlechterordnung die Voraussetzung dafür dar, den konflikthaften Dialog zwischen Mutter und Tochter in der Adoleszenz zu entschärfen. Eine gleichgewichtigere Form der Elternschaft bzw. der Arbeitsteilung könnte

---
19 Zur ›Zurichtung‹ jugendlicher Sexualität im Initiationsritual vgl. auch Bosse 1991.

die Identifizierung mit der Mutter aus dem Spannungsbogen von Ohnmacht und Allmacht und damit auch die psychische Repräsentation der Innergenitalität aus ihrem beängstigenden Zwielicht befreien und die Bedrohlichkeit, die mit der Anerkennung der Sexualität und Triebhaftigkeit der Mutter verbunden ist, vermindern. Diese Veränderung würde es dem Mädchen erleichtern, in den Geburtswehen der adoleszenten Ablösung ihre Weiblichkeit in all ihren sinnlichen und kreativen Potenzen hervorzubringen.

Literatur

Apter, Terri, 1990: *Altered Loves. Mothers and Daughters during Adolescence.* New York.
Beauvoir, Simone de, 1968: *Das andere Geschlecht.* Reinbek.
Becker-Schmidt, Regina, 1991: Wenn die Frauen erst einmal Frauen sein könnten. In: Früchtl, Josef und Calloni, Maria (Hg.): *Geist gegen Zeitgeist.* Frankfurt.
Benjamin, Jessica, 1990: *Die Fesseln der Liebe.* Frankfurt.
Blos, Peter, 1978: *Adoleszenz.* Stuttgart.
Bosse, Hans, 1991: Zugänge zur verborgenen Kultur der Jugendlichen. In: Combe, Arno/Helsper, Werner (Hg.): *Hermeneutische Jugendforschung.* Opladen.
Braun, Christina von, 1988: *Nicht ich.* Frankfurt.
Chasseguet-Smirgel, Janine, 1979: Die weiblichen Schuldgefühle. In: dies., (Hg.): *Psychoanalyse der weiblichen Sexualität.* Frankfurt.
dies., 1988: Freud und die Weiblichkeit. In: dies., *Zwei Bäume im Garten.* München/Wien.
dies., 1988: Die Weiblichkeit des Psychoanalytikers bei der Ausübung seines Berufes. In: dies., *Zwei Bäume im Garten.* München/Wien.
Chodorow, Nancy, 1985: *Das Erbe der Mütter.* München.
Deutsch, Helene, 1948: *Psychologie der Frau.* Bern.
Erdheim, Mario, 1982: *Die gesellschaftliche Produktion von Unbewußtheit.* Frankfurt.
Freud, Sigmund, 1969: Studienausgabe, Frankfurt:
 – 1905: *Drei Abhandlungen zur Sexualtheorie*, Bd. V,
 – 1905 a: *Bruchstück einer Hysterieanalyse*, Bd. VI,
 – 1923: *Die infantile Genitalorganisation*, Bd. V,
 – 1931: *Über die weibliche Sexualität*, Bd. V,
 – 1933: *Die Weiblichkeit*, Bd. I.
Gast, Lilli, 1991: *Zur Geschlechtlichkeit des Narzißmus.* Diss., Kassel.
Glenn, Jules, 1980: Freud's Adolescent Patients: Katharina, Dora and the ›Homosexual Woman‹. In: Kanzer, Mark/Glenn, Jules: *Freud and his Patients*, New York.
Hontschik, Bernd, 1987: *Theorie und Praxis der Appendektomie.* Köln.
ders., 1988: Fehlindizierte Appendektomien bei jungen Frauen. In: *Zeitschrift für Sexualforschung.* Jg. 1, Heft 4.
Horney, Karen, 1984: Die Verleugnung der Vagina. In: dies., *Die Psychologie der Frau.* Frankfurt.

Kestenberg, Judith S., 1988: Entwicklungsphasen weiblicher Identität. In: *Psyche*, XLII. Jg., Heft 4.
Mitscherlich-Nielsen, Margarete, 1989: Psychoanalyse als Aufklärung – nur für Männer? In: Brede, Karola (Hg.): *Was will das Weib in mir?* Freiburg.
Nadig, Maya, 1989: Die gespaltene Frau – Mutterschaft und öffentliche Kultur. In: Brede, Karola (Hg.): *Was will das Weib in mir?*, ebd.
Neyraut, Michel, 1976: *Die Übertragung*. Frankfurt.
Poluda-Korte, Eva, 1988: Brief an eine Freundin. In: *Mein heimliches Auge. Jahrbuch der Erotik III*. Tübingen.
dies., 1992: *Freud und die Töchter*. In: *Jahrbuch der Psychoanalyse* XXIX, Stuttgart.
Reiche, Reimut, 1989: Rezension. In: *Psyche*, Jg. XLIII.
Rohde-Dachser, Christa, 1990: Über töchterliche Existenz. In: *Zeitschrift für psychosomatische Medizin und Psychoanalyse*, 36. Jg., Göttingen/Zürich.
dies., 1991: *Expedition in den dunklen Kontinent*. Berlin/Heidelberg/New York.
Rotter, Lillian, 1989: Sexappeal und männliche Ohnmacht. Hrsg. von Andreas Benz. Freiburg.
Rumpf, Mechthild, 1989: *Spuren des Mütterlichen*. Frankfurt.
Schimmel, Ilana, 1987: Übeltaten der urzeitlichen Mutter. In: Konnertz, Ursula (Hg.): *Die übertragene Mutter*. Tübingen.
Torok, Maria, 1979: Die Bedeutung des ›Penisneides‹ bei der Frau. In: Chasseguet-Smirgel 1979.
Wellendorf, Franz, 1987: Der Fall Dora: eine Mésalliance. In: Belgrad, Jürgen u. a. (Hg.): *Zur Idee einer psychoanalytischen Sozialforschung*. Frankfurt.
Zeul, Mechthild, 1988: Die Bedeutung des Vaters für die psychosexuelle Entwicklung der Frau. In: *Psyche*, XLII. Jg., Heft 4.

Die Übermittlung von unbearbeiteten Traumen im Zusammenhang mit dem Nationalsozialismus 1933–1945

Interaktionsformen zwischen Eltern und Töchtern und deren Bedeutung für die weibliche Adoleszenz

Ellen Reinke

Dieser Text ist die um ausführliche Fallgeschichten gekürzte Fassung einer längeren Arbeit[1] zu ganz spezifischen Bedingungen in der »gestreckten Pubertät« (Bernfeld 1923).

Unter dem Begriff der ›gestreckten Pubertät‹ faßt Bernfeld ein sozialpsychologisches Phänomen, wonach (junge) Menschen über die durchschnittlichen Jahre der triebbegründeten pubertären Anpassungsbemühungen hinaus im Rahmen der sozialen Gruppierungen ihr Leben organisieren, welche für diese Lebensphase typisch sind.[2] In diesem Sinne beginnt Pubertät zwar mit dem ersten Auftreten der präpubertären Triebschübe, ist jedoch »nach oben unbegrenzt«. In der soziologischen Literatur nennt man die Lebensphase zwischen dem Beginn der Pubertät und dem Eintritt in das Erwachsenenleben i. a. Adoleszenz.

Meine Überlegungen handeln von besonderen Bedingungen dieser gestreckten Pubertät, angelehnt an die Geschichte junger Frauen, die meine Analysandinnen waren. Meine Patientinnen waren zwischen 25 und 35 Jahre alt, als sie die Analyse bei mir begannen. Sie gehörten zum größten Teil der »alternativen Szene« an, die sich im Anschluß an die Studentenbewegung ab ca. 1967 gebildet hat. Obgleich oft nur 10 Jahre im Alter auseinander, gehörten sie zwei verschiedenen Generationen in bezug auf ihre

---

1 Durch das Weglassen der zusammenhängenden Fallgeschichten, die methodologisch gesehen die Basis jeder psychoanalytischen Aussage darstellen, setze ich meine Ausführungen der Gefahr von vorschnellen Verallgemeinerungen des aus Analysen Mitgeteilten auf die Ebene der gesellschaftlichen Prozesse aus. Die Darstellung der Fallgeschichten mußte in diesem Band aus Platzgründen entfallen, der gesamte Text wird an anderer Stelle veröffentlicht werden.
2 Bernfeld 1970 – hier: Bd. 3, 754 ff. Bernfeld schreibt: »In den Kreis der gestreckten Pubertät gehört die auffälligste und lärmendste Pubertätsform, die sich auch soziologisch ihren sichtbaren, ja auffälligen Ausdruck geschaffen hat in einem sehr weitverzweigten Organisationswesen, das heute in Deutschland und Österreich unter dem Namen Jugendbewegung bekannt ist ... und als studentische Organisation seit Jahrhunderten sich eine gewisse Geltung zu erzwingen wußte ... Die gestreckte Pubertät meint man, wenn man von Jugend im kulturellen Sinne spricht; ...« (755).

Nähe zur Nazi-Herrschaft an. Während die einen jüngere Töchter von Eltern waren, die Nationalsozialismus, Krieg und Flucht miterlebt hatten, waren die Eltern anderer zum Ende des NS-Regimes selbst noch Adoleszente. Es war für mich in den meisten Analysen auffällig, wie sich die Erlebnisse der Eltern in der NS-Zeit auf Pubertät und Adoleszenz dieser Frauen, auf ihre Schwierigkeiten mit der Entwicklung eines Körperbildes, der weiblichen Geschlechtsidentifikation, auf Abtreibung, Mutterschaft, Einsamkeit und Fähigkeit zu sozialen und emotionalen Beziehungen auswirkten.

Das Familienmilieu in der frühen Kindheit meiner Patientinnen war durch außerordentliche Tendenzen zur Bindung der Kinder an die (psychischen und emotionalen) *Bedürfnisse der Eltern* geprägt. Die meisten Elternpaare waren unfähig, ihre Bedürftigkeit bei sich zu behalten und ihren Kindern eine eigene, von dieser Bedürftigkeit unabhängige Entwicklung einzuräumen. Stattdessen kam es meist zu einem mehr oder weniger radikalen Beziehungsabbruch zwischen den Töchtern und der Familie durch ein sich »Losreißen aus der Familie«. Dabei war meinen Analysandinnen nicht immer bewußt, daß sie »ihr Päckchen« weiterhin mit sich herumschleppten, wie es eine von ihnen später formulierte. Sie tauchten im Laufe der Adoleszenz in Gruppen der Jugendkultur ein, in deren Schutz ihnen eine teilweise weitere Entwicklung ihrer eigenen Persönlichkeit möglich wurde. Sie konnten im Rahmen ihrer »gestreckten Pubertät« damit das wahrnehmen, was Eissler die »zweite Chance« nannte. Sie empfanden auch dort bald – wenn sie auch z. T. erst nach sehr vielen Jahren ihr eigenes Handeln danach richteten – die sie als Frauen weiterhin behindernden Aspekte der Gruppenideologie bzw. deren Fragemente. Sie erkannten z. B., daß auch in den Gruppen starke Bindungstendenzen herrschten, daß sie in Teilbereichen die infantilen Abhängigkeiten nur durch altersadäquatere Gruppenabhängigkeiten ersetzt hatten. Je mehr diese Frauen sich in ihrem realen Lebensalter von dem entfernten, was ihnen auch bei einer gestreckten Pubertät noch erlaubte, den jugendlich-alternativen Lebensstil als angemessen zu erleben[3], desto mehr gerieten sie mit ihren emotionalen und sozialen Beziehungsobjekten in Konflikte. Eine (neue) Ablösung von emotionalen Bindungen mußte stattfinden – was sich jedoch auf dem Hintergrund der Wiederbelebung infantiler Traumen und Verlassenheitsängste als äußerst problematisch erwies. Nicht zufällig wurden gerade ihre Sexualität und der Wunsch nach Mutterschaft oft zum Stein des Anstoßes. Solche Wünsche ließen sich damals noch nicht mit den (inzwischen gewandelten)

---

3 Allerdings schreibt Bernfeld 1970, 753: »Nach oben hin ist die mögliche Dauer der Pubertät theoretisch unbegrenzt.«

Gruppenidealen in Einklang bringen. Auf dem Hintergrund der gescheiterten Ablösung von den infantilen Beziehungsverhältnissen – es war ja doch ein Losreißen gewesen – konnten sie sich wiederum nur ein solches Losreißen vorstellen. Eigene Veränderung – weg von der Gruppe – bei gleichzeitigem Verbleiben emotionaler Besetzungen zu einzelnen Gruppenmitgliedern, bei Weiterbestehen emotionaler und sozialer Beziehungswünsche in bezug auf die Gruppe, schien unvorstellbar.

Einige Analysandinnen kamen mit deutlichen Tendenzen zur Entwertung ihrer bisherigen emotionalen und sozialen Umwelt in die Analyse. Diese Entwertungstendenzen schienen ein Fallenlassen der Gruppe vorzubereiten. So erwarteten sie sich »nun alles von der Psychoanalyse«, insbesondere von der Psychoanalytikerin, die sie nach ihrem »Erfolg« ausgesucht hatten. Bewußt wie unbewußt hatten bei der Auswahl der Analytikerin die Kreativität, die intellektuellen Potenzen sowie die Erfolgswünsche der Analysandinnen eine Rolle gespielt. Einige waren Frauen – und sie nahmen die Analytikerin ebenso wahr – die eine »zweite (soziale) Chance« in bezug auf formale und künstlerische Bildung bzw. Berufsqualifikation wahrgenommen hatten. Mehr oder weniger bewußt nahmen die Analysandinnen die Analytikerin auch als »sympathisierend mit der grünen und feministischen Szene« wahr. Wie sich im Laufe der Analysen herausstellte, hatten die Schicksale der Anaytikerin in bezug auf weibliche Identifikation, stabile heterosexuelle Beziehungen und die Realisierung ihrer Mutterschaftswünsche ebenfalls eine Rolle gespielt. Für diesen letzteren Bereich kann ziemlich ausgeschlossen werden, daß die Analysandinnen vor und zu Beginn der Analyse hier konkrete Kenntnisse aus dem Leben der Analytikerin bekommen hatten. Dieser Aspekt zeigt, daß sie – und zwar in bezug auf die Auswahl der Analytikerin – mit Umsicht vorgegangen waren. Sie waren in der Regel selbst recht erfolgreich in Studium, Beruf und künstlerischen Möglichkeiten.

Wie andere intelligente und arbeitsfähige Frauen ihrer Umgebung auch, beurteilte man sie als »fitte Frauen«, was in der Regel auch ihrer Selbstdarstellung entsprach. Man nahm ihnen eigene »psychische Probleme« nicht ab. Im Gegenteil: sie waren im Klima der flippigen siebziger Jahre eher Vertraute vieler Freunde, die sich an sie anlehnten. Ihre eigenen, z. T. bedrohlichen Erlebnisse im Rahmen der sexuellen und emotionalen Beziehungen konnten sie dagegen meist mit niemandem besprechen. Hier hielten sie total »dicht«: Zu der Ungläubigkeit der anderen, daß sie bedürftig sein könnten, kam ihre eigene Panik, sich als schwach zu zeigen.

Erkenntnis und Erkenntnisinteresse in der Psychoanalyse

Mitteilungen aus der Interaktion zwischen Analytiker und Analysand – sog. Fallgeschichten oder Fallvignetten – stehen methodisch am Ausgangspunkt psychoanalytischer Erkenntnis. Dieses Material impliziert beide am analytischen Prozeß Beteiligte und erfährt in bezug auf die *unbewußte* Bedeutung des Mitgeteilten und der Beziehung seine Interpretation.

In der Psychoanalyse finden sich daher Therapie und Forschung untrennbar verbunden, was Freud das »Junktim von Therapie und Forschung« nannte. Der Theoriebildungsprozeß selbst ist unvorstellbar ohne das Verfügen über eine solche solide forscherische und therapeutische Basiserfahrung[4] und ohne intersubjektive Verständigung mit anderen Psychoanalytikern. Dies ist gerade auch dann der Fall, wenn Aussagen gemacht werden, die sich z. B. auf kulturelle und nicht nur auf individuelle Erkenntnisprobleme beziehen. Abstraktionen und Konzepte sowie Begriffe, Theorieumformulierungen etc. in der Psychoanalyse sind insofern notwendig immer Realabstraktionen. Dies macht die Psychoanalyse zu einer Praxis und Theorie »im Prozeß«, da sie ihren zeitlichen und sozialen Ort (Bernfeld) jeweils mit zu reflektieren hat.

Aus dem Universum der psychischen, psychosozialen und sozialkulturellen Prozesse bezieht sich Psychoanalyse per definitionem auf das *Unbewußte*. Sie verlangt folglich eine andere Wahrnehmungseinstellung, da aus dem Alltagsbewußtsein und dem Alltagshandeln der Subjekte auf die unbewußten Sinngehalte im Rahmen des analytischen Prozesses zwischen beiden Beteiligten – Analytiker und Analysand – nur indirekt geschlossen werden kann. Der Analysand ist ebenso wie der Analytiker integraler Bestandteil dieses Erkenntnisprozesses, einer Beziehung zwischen zwei lebendigen Menschen. Hierbei kommt es allerdings dem Analytiker zu, seine Person »bewegen« zu lassen, sich als »Ort der Erkenntnis« in diesem Prozeß mit zu reflektieren (Devereux 1967). Das Erkenntnisinteresse in der Psychoanalyse richtet sich folglich auf die unbewußten Bedeutungen für den Analysanden.

Wenn man sich nun auf Erkenntnisse der Psychoanalyse überhaupt einlassen möchte, so ist hierfür die Bereitschaft Voraussetzung, eine Umkehr der üblichen Wahrnehmungseinstellung sowie unserer üblichen Denkmethoden der *ordo* und *causa* zu akzeptieren. Das Erkenntnisinteresse der Psychoanalyse ist ja gerade *nicht* – und dies bis zur Provokation

---

4 Es ist mir wichtig, noch einmal daran zu erinnern, daß für diesen Text ebenfalls ausführliche Fallgeschichten vorliegen, die hier aus Platzgründen nicht wiedergegeben werden konnten.

sozialer Ärgernisse – auf die Äußerungen des Alltagsbewußtseins[5] gerichtet.

Interaktions- und Übermittlungsformen zwischen der Eltern- und Kindergeneration

Die Erkenntnismethode der Psychoanalyse setzt also die Bereitschaft voraus, sich auf eine »Übertragungsbeziehung« und d. h. auf einen lebendigen Prozeß einzulassen, an dem in der Regel[6] zwei Subjekte *direkt* beteiligt sind. Sie sind es jedoch mit ihrer ganzen Person, mit ihren ganzen Schicksalen und Beziehungen, seien diese aktueller oder infantiler Natur. Dies bedeutet, daß eine Psychoanalyse bei der Suche nach den Sinnzusammenhängen für die Lebensgeschichte einer bestimmten Analysandin immer mehrere Generationen umgreift: Zumindest die Elterngeneration, die Objekte der infantilen Beziehungen des Patienten, meist noch die Generation der Großeltern, deren reale oder phantasierte Wirkungen enorme Bedeutung für die Wahrnehmung der Eltern durch die Kinder haben. Auf diesem Hintergrund kann es nicht überraschen, daß die einschneidenden Geschehnisse des Nationalsozialismus in den Analysen der zweiten und dritten Generation und gerade dort eine Rolle spielen, wo diese Zeit angeblich »nie ein Thema« in der Familie war. Tatsächlich sind nach meinen Erfahrungen jedoch solche Familien recht selten;[7] meist sind die Zeit des Nationalsozialismus und die Schicksale der Eltern/Großeltern in diesen Jahren fest in den »Familienroman« eingewoben. Dieser gilt als mehr oder

---

5 Ich verstehe hier das Alltagsbewußtsein im Anschluß an die grundlegenden Ausführungen und Analysen von Leithäuser, Volmerg und anderen als die Art und Weise, wie wir uns (oder anderen, die uns danach befragen) die Welt und unsere Rolle darin erklären, wie wir verstehen, was uns geschieht und wie wir handeln. – Auskunft über das Alltagsbewußtsein unserer Gesprächspartner erhalten wir typischerweise im Rahmen der u. a. auch von den US-amerikanischen Frauenforscherinnen verwendeten Befragungsmethoden: (mehr oder weniger) strukturiertes Interview, sentence completion, u. ä.. Die dabei gewonnenen Daten werden gemäß dem science-Paradigma (mittels Hypothesentests, cluster-Analysen, t-Tests etc.) bearbeitet und interpretiert. Dieses Vorgehen, auch wenn es von Frauen verwendet wird, die sich als Feministinnen verstehen, folgt damit dem Denken und Schlußfolgern des üblichen etablierten Wissenschaftsbetriebes. Es steht noch aus, daß Frauen dieses Wissenschaftsverständnis *systematisch* und ideologiekritisch in bezug auf seine Bindung an den herrschenden Wissenschaftskanon kritisch hinterfragen. Jürgen Ritsert (1975) hat in seinem Buch »Wissenschaftsanalyse als Ideologiekritik« die allgemeine Vorarbeit für eine solche noch ausstehende Kritik durch Frauen geleistet. Ich habe verschiedentlich in meinen Aufsätzen zu Frauenthemen die unreflektierte Übernahme von herrschenden Wissenschaftsauffassungen durch Frauen kritisiert (u. a. in Reinke 1985, 58ff).

6 S. dagegen die Bedeutung des Text-Leser-Verhältnisses bei der tiefenhermeneutischen Interpretation von Literatur, Kultur und Geschichte (Alfred Lorenzer).

7 Dies sehe ich auch bei Anne Springer 1989, 289, bestätigt.

weniger unantastbar, wobei die Eltern (bei Strafe des Beziehungsabbruches) mehr oder weniger explizit von den Kindern fordern, ihr Schweigen – im und über den Nationalsozialismus – mitzutragen. Sie geben sich als die Art von bedürftigen Eltern zu erkennen, die den Bedürfnissen ihrer Kinder weder in der frühen Kindheit noch in der Pubertät gerecht werden können. Im Rahmen der infantilen Beziehungen nehmen die Kinder zahlreiche unbewußte Verinnerlichungs- und Identifikationsprozesse vor, in denen die Erlebnisse und Traumen eine Rolle spielen, welche das Leben der Eltern bestimmt hatten. Es versteht sich so, daß auch für die zweite und dritte Generation die Geschehnisse im Nationalsozialismus sich »naturwüchsig« auswirkten. Erst in den Jahren der Pubertät und der Adoleszenz ergeben sich Möglichkeiten der »Verflüssigung« (Eissler) solcher Introjekte und Identifikationen, was in dem hier diskutierten Zusammenhang auf die Bedeutung der verschiedenen Jugendkulturen verweist, welche sich ab ca. 1965 auch in Deutschland entwickelten.

In diesen Jugendkulturen kommt es sicher auch z. T. zu Wiederholung infantiler Muster – das ist jedoch nicht ihr Charakteristikum und hier auch nicht Gegenstand meiner Überlegungen. Unsere Aufmerksamkeit müssen sie hier vielmehr erhalten, weil neben und gegen die Wiederholungen die Chance der Veränderung von einer Generation zur nächsten enthalten ist. Anna Freud hat die Stärkung narzißtischer Triebanteile, die »Unberechenbarkeit« und die »Unzuverlässigkeit« der Adoleszenten als zugehörig zum normalen Jugendlichen bezeichnet (1958, 1767). Siegfried Bernfeld hat die Kreativität, die revolutionäre Kraft der Jugendlichen betont. Die psychoanalytischen Annahmen zur Adoleszenz sollen deshalb noch einmal in Erinnerung gerufen werden, da sie gegenüber der allgegenwärtigen Betonung von Determinismus, Wiederholungszwang und der Bedeutung infantiler psychischer Bildungen leicht aus dem Blick geraten.

Psychoanalyse und Pubertät: Freuds Begriff des »zweizeitigen Ansatzes der Sexualentwicklung«

Wie auch Mario Erdheim in seiner Abhandlung über Adoleszenz und Kulturentwicklung betont, ist die Pubertät in der Psychoanalyse weniger systematisch in den Blick genommen worden, als dies für die Schicksale der infantilen sexuellen Entwicklungen der Fall war. Dies hat zu Rezeptionsmißverständnissen geführt: Freuds Diktum vom zweizeitigen Ansatz der Sexualentwicklung geriet in Vergessenheit und die pubertären Durchbrüche des Verdrängten (Erdheim 1984, 274) wurden oft als bloße Neuauflage oder Wiederholung der Bedingungen der infantilen Entwicklung gesehen. Die infantilen Bedingungen werden hierbei überbewertet, und die »zweite Chance«, von der Eissler in bezug auf die Pubertät spricht, wurde nicht als solche ernst genommen. Deshalb folgt zunächst eine kurze Skizze von Freuds Begriff des »zweizeitigen Ansatzes in der Sexualentwicklung«.

In den Phasen der infantilen Sexualentwicklung und unter den Bedingungen infantiler Beziehungen zu den Primärobjekten spielt sich ein Kompromiß zwischen den Bedürfnissen der Eltern und denen des Kindes ein, der in der darauffolgenden Latenzphase noch verfestigt wird. Alles zielt darauf ab, zugunsten der libidinösen Besetzungen der Primärobjekte eigene Wünsche – oft bis zur Unkenntlichkeit – so zu modifizieren, daß sie akzeptabel scheinen. Dies wird verständlich auf dem Hintergrund der totalen Abhängigkeit von den primären Objekten – zumindest in der frühesten Kindheit – sowie der emotionalen Abhängigkeiten, welche bis zur Adoleszenz weiter bestehen. Der Aspekt der Konstanz, der Kontinuität zwischen den Generationen ist hierin begründet.

Wie Erdheim (1984, 304) weiter ausführt, besteht in der Pubertät grundsätzlich die Chance zur »Erschütterung des familiären Realitätsprinzips«, zum Neuen. Bernfeld (1923, 754) hat, bezugnehmend auf die häufig in »heißen Gesellschaften« (Lévi-Strauss) zu beobachtende Erscheinung der »gestreckten Pubertät« ausgeführt, daß sich die Pubertät bzw. Adoleszenz revolutionär auswirkt.[8]

Wäre die Adoleszenz mit ihrem Triebdurchbruch und ihren sozialen Erschütterungen lediglich eine Neuauflage der infantilen Verhältnisse, so würden sich die aus den infantilen Beziehungen gespeisten Bindungen an die Eltern weiterhin nicht entscheidend verändern, sondern evtl. lediglich eine Verschiebung dieser Bindungstendenzen an soziale bzw. kulturelle Instanzen stattfinden. Dies ist ein mögliches Schicksal gescheiterter Adoleszenz, wie es z. B. Wirth (1984) für die industrialisierten Gesellschaften ausführt.

Sigmund Freud hat in seinen »Drei Abhandlungen zur Sexualtheorie« (1905) demgegenüber deutlich gemacht, daß die bedeutsame Leistung der Pubertätszeit gerade darin besteht, eine Loslösung aus den *infantilen* Bindungen zu erreichen. In dem Ausmaße, in dem diese Loslösung gelingt, gelingt auch die Verwirklichung des eigenen Selbst. Die libidinösen und anderen Triebregungen treten in den Dienst der eigenen Persönlichkeit und dienen nicht mehr, wie in der infantilen Situaton, gleichzeitig und oft vor-

---

8 »... d. h. sie erhebt Forderungen, vertritt Inhalte, Anschauungen, die denen der jeweiligen Erwachsenen widersprechen ...« (Bernfeld 1970, 756), und: »Diese Jugend ist von direkter, aktiver kultureller Bedeutung, einerlei, ob man sie gegebenenfalls für fördernd oder für schädlich erklärt ...« (ebd.).

dringlich der Befriedigung der elterlichen Wünsche. Indem die Jugendlichen somit »selbstsüchtig« werden, setzten sie sich in Gegensatz zur Elterngeneration, die damit ihren zentralen Platz im Leben der nächsten Generation verliert.

Diese Ablösung, die in keiner Generationenabfolge je völlig konfliktlos verlief, ist unter besonderen Bedingungen vollständig zum Scheitern verurteilt. Wo die unveränderte Zentrierung der Libido durch die Kinder auf die Eltern – wie dies den infantilen Verhältnissen entsprach – auch weiterhin für das psychische Gleichgewicht oder das psychische Überleben der Eltern entscheidend ist, werden sich dieselben mit aller ihnen zur Verfügung stehenden Macht gegen die Ablösungstendenzen ihrer Kinder zu Wehr setzen. Der nächsten Generation bleibt in diesem Fall lediglich die »Wahl« zwischen entweder einer erneuten inneren (und oft auch äußeren) Hinwendung zu den Libidoverhältnissen der frühen Kindheit – oder einem gewaltsamen Losreißen aus der Familie. Im letzteren Fall kommt es häufig zu einer Intensivierung und Reaktivierung der unbewußten Schuldgefühle aus den infantilen Verhältnissen. Diese spielen inbes. im Mutter-Tochter-Verhältnis eine Rolle. Selbständigkeit und Autonomie der Persönlichkeit können sich nur teilweise entwickeln[9]. Was die Identifizierungen angeht, so besteht die Tendenz zur Verleugnung eines Teils der weiterbestehenden Identifizierungsanteile mit den infantilen Objekten, soweit sie mit den Idealen und Werten der Adoleszenten unvereinbar werden. Gleichzeitig erfolgt oft eine mehr oder weniger bewußte (Gegen-)Identifizierung mit Werten und Objekten, die denen der frühen Kindheit entgegengesetzt sind. Die für die Adoleszenz entscheidende »zweite Chance« zur Entwicklung einer den persönlichen und kulturellen Bedingungen angemessenen Identität wird behindert, woraus sich verschiedene Formen der gescheiterten Pubertät entwickeln können (Erdheim 1984, 317 ff.; Wirth 1984). In seinem Buch »Die gesellschaftliche Produktion von Unbewußtheit« hat Mario Erdheim (1984) dem Thema Adoleszenz und Kulturentwicklung ein beeindruckendes Kapitel gewidmet. Nach meiner Erfahrung mit Analysandin-

---

9 Die in US-amerikanischen Texten bisweilen der Psychoanalyse unterstellte Gegensätzlichkeit von Autonomie und Beziehungswunsch scheint mir auf einer »misunderstood concreteness« in bezug auf den Autonomie- bzw. Individuationsbegriff zu basieren. Der psychoanalytische Begriff der Autonomie bedeutet immer Autonomie *von den infantilen Formen* der Beziehung zu den primären Objekten. Es ist jedoch denkbar, daß die Gleichsetzung von Autonomie und Abwesenheit von Beziehungswünschen, die z. T. von feministischen Autorinnen der »psycholanalytic theory« unterstellt wird, durch psychoanalytische Arbeiten im Rahmen und im Anschluß an die Ichpsychologie von Hartmann, Kris und Löwenstein entstanden ist. Klaus Horn hat u. a. in seiner Arbeit »Insgeheime kulturistische Tendenzen der Freudschen Orthodoxie« bereits auf die in der Ichpsychologie enthaltenen Gefahren durch die Bereinigung des Ichs vom Trieb hingewiesen.

nen stimme ich mit seiner Analyse überein, daß die sozialen, künstlerischen, institutionellen Leistungen der Jugendlichen in der Zeit nach 1945 nicht beurteilt und nicht analysiert werden können, wenn man an der Überbetonung allein der infantilen Verhältnisse für die Prozesse der Identifizierungen festhält. Diese Leistungen der Jugendlichen spielen jedoch in der Übermittlung und Verarbeitung psychischer, psychosozialer und kultureller Verhältnisse von der älteren Generation auf die jüngere eine entscheidende Rolle. Als deutsche Psychoanalytikerin der zweiten Generation nach dem Nationalsozialismus fühle ich mich ganz entschieden dazu aufgerufen, diesen Bedingungen der »zweiten Chance« zentrale Aufmerksamkeit zu schenken.

»Die Wiederkehr des Verdrängten« und »Die Geschichte wiederholt sich nicht«

In bezug auf den Nationalsozialismus insbesondere ist es zur Popularisierung[10] eines Konzepts von Sigmund Freud gekommen, wonach die im Es aufgehobenen, aus dem Bewußtsein verdrängten oder auf andere Weise abgewehrten unakzeptablen Triebwünsche, Überich-Inhalte etc. die Tendenz haben, beständig und erneut wieder zum Bewußtsein zu drängen. In diesem Zusammenhang ist ebenfalls das Konzept des Wiederholungszwangs von Bedeutung. Gefangen in einer fortwährend nötigen Abwehrarbeit, komme es beim Individuum zu Wiederholungen alter Strukturen eben auch dann, wenn seine bewußten Absichten in diametralem Gegensatz zu den NS-Werten stehen. Aufgrund dieser These wurden die »Grünen« Gegenstand der Überlegungen von PsychoanalytikerInnen. Janine Chasseguet-Smirgel hat in diesem Zusammenhang von einer Umkehr der Nazi-Werte gesprochen.[11] Während der von Anna Freud beschriebene Abwehrmechanismus einer Verkehrung ins Gegenteil auf der individuellen Ebene zweifellos auch im Übermittlungsprozeß zwischen den Generationen eine Rolle spielt, so scheint es mir trotz aller »szenischen Eindringlichkeit«, mit der Chasseguet-Smirgel ihre Argumentation vorbringt, nicht erlaubt, hiervon umstandslos auf kulturelle Erscheinungen in der Jugendbewegung zu schließen. Wie Bernfeld (1970, 757ff.) betont, gehört ein »idealistisch zu nennendes Interesse« an moralischen, kulturellen, künstlerischen, revolutionären, menschenfreundlichen Zielen zu jeder normalen

---

10 Siehe z. B. Bauriedl 1986.
11 1988, 156: »... Ziel ist es, die nationalsozialistischen Werte umzukehren und sich für die Rechte jener Völker einzusetzen, die damals als »minderwertige Rassen« galten.«

Pubertät. Desgleichen verhält es sich mit der Ausschließlichkeit und Eindringlichkeit, die im Kampf für die »hohen« Ziele bei Jugendlichen und im Rahmen der gestreckten Pubertät zu beobachten sind, so daß auch für die Generationen nach dem Nationalsozialismus dies nicht allein als kollektive Verleugnung der »niedrigen« Taten der Elterngeneration angesehen werden kann. Dies gilt zweifellos auch für das in der Tat ambivalente Verhältnis, welches die z. B. bei den »Grünen« organisierten jungen Deutschen zu den Juden und zu Israel haben. Während die zum Teil unangemessene Kritik »grüner« Politiker an der Politik Israels zu einem guten Anteil sich individuellen und unbewußten Schuldgefühlen zurechnen lassen muß, so kann man wiederum kaum die politischen und kulturellen Äußerungen in der Jugendkultur der Deutschen insgesamt als Ausdruck unbewußter Identifikation mit den Vernichtungstaten der Eltern am jüdischen Volk abtun wollen.[12]

In bezug auf das Verhältnis der jungen Deutschen zu den Juden und zur Judenvernichtung haben Chasseguet-Smirgel[13] sowie Brainin und Kaminer[14] gerade auch das Nichterwähnen von Judenverfolgung und Judenvernichtung als eine Folge unbewußt weiterbestehender Identifizierungen bzw. unbewußter Schuldgefühle hervorgehoben. Hier begegnen wir wieder der Bedeutung des Schweigens zwischen den Generationen zu Lasten der jungen Generation. Freuds Diktum »Wer sich nicht erinnert, muß wiederholen« wird hierbei jedoch allzu umstandslos im Rahmen eines Weiterbestehens der – inneren wie äußeren – Verhältnisse interpretiert, die in Deutschland zwischen 1933 und 1945 herrschten, und die nun in Taten und Unterlassungen der zweiten bzw. dritten Generation zum Ausdruck kommen.[15] Es kommt auf diese Weise zu fast unentwirrbaren Verflechtungen der Argumentation auf der individuellen und auf der gesellschaftlichen Ebene, die einer Veränderung, einer Aufhebung von Wiederholungszwang eher abträglich sind. Es wird häufig aus dem Weiterbestehen unbewußter Identifizierungen und unbewußter Schuldgefühle der Nachfolgegenerationen mit den Nazi-Eltern und -Großeltern geschlossen, daß Deutschland

---

12 Festzuhalten bleibt gleichwohl, daß es in bezug auf das Schicksal der Juden durch den Nationalsozialismus richtig wäre, Israel in bezug auf seine eigenen Probleme keine Lehren erteilen zu wollen. Hier wäre Schweigen angemessen – wenn auch dieses selbst nicht unproblematisch ist.
13 1988, 157 ff.: In diesem Zusammenhang sollte man darauf hinweisen, daß in den Broschüren der Grünen *die Juden nicht erwähnt werden.*« (Hervorhebung durch die Autorin)
14 Brainin und Kaminer 1982, 988, Fn: »Im Info für Kandidaten und Ausbildungsteilnehmer der DPU Nr. 17 (1981), dem 100. Geburtstag Max Eitingtons gewidmet, werden sein Leben und Werk dargestellt. *Nicht* erwähnt werden die Folgen der nationalsozialistischen Herrschaft: sein Rücktritt als Vorsitzender der DPG ...« (Hervorhebung von den Autoren)
15 Siehe auch Kaminer 1991.

ungeachtet der Entwicklung im Rahmen der westlichen Industriestaaten »für die Menschheit« weiterhin eine elementare und einzigartige Bedrohung darstellt: Die Geschichte wiederhole sich zwangsläufig auf der Ebene der gesellschaftlichen Ereignisse, wie dies im Rahmen der individuellen psychischen Entwicklung aufgrund des Wiederholungszwangs geschieht.[16] Diese Konzepte spielten eine große Rolle in der nicht nur von jüdischen Psychoanalytikern wie Chasseguet-Smirgel, Kaminer und Speier formulierten Kritik an der Verleugnung und dem Verschweigen der NS-Verbrechen, insbesondere der Judenvernichtung, durch die Mehrzahl der Deutschen nach 1945. Sie sind jedoch auch bei unseren Nachbarländern offenbar so weit in das Alltagsbewußtsein eingegangen, daß eine weiterhin drohende »deutsche Gefahr« – aufgrund des Wiederholungszwanges – von weiten Kreisen als feststehende Tatsache erlebt wird. Dies dürfte dem Argument entgegenwirken, daß es sich bei der von den zitierten Autoren vertretenen Kritik allein um eine Auffassung von jüdischer oder israelischer Seite handelt. So geht es mir auch nicht um eine Zurückweisung, sondern um eine Differenzierung ihrer Aussagen.[17] Deshalb betone ich in diesem Text, daß die individuelle und die gesellschaftliche Ebene zweierlei sind. Im Rahmen der Jugendbewegungen interagieren individuelle und soziale Gegebenheiten in der Art, daß sich für die individuelle Biographie eine »zweite Chance« ergibt. Dies kann durchaus für große Teile einer oder mehrerer Generationen von Bedeutung sein.

Zum Begriff des Generationentransfers

Unter dem Begriff des »Generationentransfers« versteht man in der psychoanalytischen Diskussion nach dem Nationalsozialismus die Bedingungen und Verhältnisse, in welchen sich unbearbeitete Traumen und Erlebnisse von der Opfer- bzw. Tätergeneration auf die Kinder und die Enkelkinder auswirken.

---

16 Die notwendige Diskussion der Übertragungsmöglichkeiten von Erkenntnissen aus individuellen Bedingungen auf die Ebene der sozialen und gesellschaftlichen Ereignisse kann ich hier nicht führen. Angemerkt sei nur, daß eine simple und unkritische Übertragung von der individuellen auf die gesellschaftliche Ebene nach dem Muster »wie beim einzelnen, so auch bei der Gruppe/bei der Gemeinschaft/bei der Gesellschaft« unzulässig ist. Welche Rolle Erkenntnisse der Psychoanalyse bei Analyse und Verständnis *gesellschaftlicher* Prozesse spielen können, könnte sich im Rahmen einer systematischen interdisziplinären Diskussion dieser Frage zwischen Psychoanalytikern und Gesellschaftswissenschaftlern erörtern lassen.

17 Es ist kritisiert worden, daß die oben zitierten Autoren sich bei ihrer Argumentation gerade gesellschaftlichen Gruppierungen zuwenden, die im Rahmen des »Jugendprotests« zu sehen sind. Neben den »Grünen« hat in diesem Zusammenhang die deutsche Friedensbewegung Aufmerksamkeit gefunden bzw. im Rahmen der Ereignisse des Golfkrieges das Verhalten der deutschen Jugendlichen insgesamt. Ich teile nicht die Art von Zurückweisung dieser Kritik u. a. durch Lohmann und Dahmer (*Psyche* 41, 1149).

Wie u. a. Chasseguet-Smirgel betont, ist zunächst die Aufmerksamkeit für die Tatsache der »Wiederkehr des Verdrängten« nicht in bezug auf die Kinder und Enkelkinder der Täter in den Blick gerückt. Vielmehr geschah dies in den Arbeiten von denjenigen[18], meist jüdischen Psychoanalytikern, die sich mit der Erkenntnis konfrontiert sahen, daß das verleugnete und das verschwiegene Trauma der Opfer nationalsozialistischer Verbrechen in einer gewissen Verkleidung in den Leiden der Kinder wiederkehrte (u. a. Chasseguet-Smirgel 1988, 177). In einer kürzlich in der *Psyche* erschienenen Arbeit hat Ilany Kogan dem Thema »Vermitteltes und reales Trauma in der Psychoanalyse von Kindern von Holocaust-Überlebenden«[19] einen Aufsatz gewidmet. Sie zitiert noch einmal die These von Phyllis Greenacre (1967)[20], die seitdem als vielfach belegt angesehen wird:

»Ein schweres Trauma, sei es durch ein einmalig auftretendes Ereignis oder durch chronische Zustände in den dem Kind nahestehenden Personen, speziell der Mutter, hervorgerufen, kann vom Kind unmittelbar, fast also ob es ihm selbst zugestoßen wäre, erlebt werden, wenn es sich dabei in einer Phase oder einem Zustand befindet, wo Mechanismen der Introjektion/Projektion vorherrschen.«

In Analysen hat es sich inzwischen gezeigt, daß hier wichtige Erkenntnisse auch für die Analyse der Kinder der Täter gewonnen werden können. Kogan diskutiert für die Kinder von Verfolgten und Überlebenden drei Aspekte solcher Traumatisierungen, die unbewußt auf die zweite und dritte Generation übertragen werden:

»1. Die projektive Abwehr des Traumas als lebensrettender Kunstgriff. Die Eltern benutzen das Kind unbewußt zur Wiederholung des Traumas, indem sie Trauer und Aggression projektiv abwehren, die sie aufgrund des verheerenden Ausmaßes nicht für sich behalten (contain) oder mit anderen Erwachsenen teilen können. Der Prozeß der projektiven Identifizierung hat zum Ziel, das ungeheure selbstzerstörerische Potential, das die Eltern zu fragmentieren droht, zu mindern ...

2. Die emotionale Unzulänglichkeit der Eltern. Das Kind versucht, den Erwachsenen zu trösten und dessen Bedürfnis nach völliger Empathie zu befriedigen, indem es sich an die unzulänglichen Eltern anklammert und sich so emotional völlig ausliefert. Dieser Versuch, eine einfühlsame Einheit herzustellen, dient nicht nur als Rettungsversuch für den bedürftigen Elternteil, sondern entspricht auch dem genuinen kindlichen Bedürfnis nach Fürsorge und Schutz ...

3. Das phantasierte Trauma tritt auf, wenn das Kind in dem hoffnungslosen Bestreben, die Eltern jeweils zu verstehen und ihnen zu helfen, zu erleben sucht, was sie erlebt haben, indem es in der Phantasie das traumatische Erlebnis und seine Folgen neu erschafft ...

---

18 Vgl. Grubrich-Simitis, Ilse, 1979: Extremtraumatisierung als kumulatives Trauma. Psychoanalytische Studien über seelische Nachwirkungen der Konzentrationslagerhaft bei Überlebenden und ihren Kindern. In: *Psyche* 33, 991–1023. Siehe auch ihre Literaturangaben ab 1020.
19 In: *Psyche* 44, 533 ff.
20 Bei Kogan 1990, 534, zitiert.

4. Durch die symbiotische Verschmelzung mit dem Kind streben die Eltern nach Restitution der verlorengegangenen (oft idealisierten) Objekte und nach Wiederherstellung des eigenen beschädigten Selbst. Das Kind versucht, die verinnerlichten Objekte der Eltern wiederherzustellen, indem es an ihre Stelle tritt. Das Trauma besteht hier im Aufgeben der eigenen Individualität ... (a. a. O., 354).

Wie Chasseguet-Smirgel formuliert, ist inzwischen bekannt, daß auch für die Kinder der »Henker« (1988, 138) die Wiederkehr des Verdrängten und des Verschwiegenen bei der nächsten Generation nach analogen Bedingungen verläuft und ähnliche Folgen für die Entwicklung der unbewußten Schuldgefühle und Identifikationen haben kann. Chasseguet-Smirgel befaßt sich mit dem Teil der deutschen Jugend, der vor allem in den Medien in Erscheinung tritt. So diagnostiziert sie anhand von Schriften und Handlungen der »Grünen« das Bestehen einer »culpabilité persécutrice«, d. h. eines projektiv abgewehrten unbewußten Schuldgefühls aufgrund der Taten der Eltern. Ihr Ansatz führt jedoch nicht weiter, da er fast immer im Wiederfinden des Nazi-Ungeistes endet.[21]

Dagegen eignen sich die Thesen von Kogan in beeindruckender Weise als Leitfaden für ein Verständnis der Bedingungen meiner Analysandinnen. Sie sind die Kinder oder Enkelkinder derjenigen Generation der Deutschen, die auf passive und oft auf aktive Weise an der Durchführung der Nazi-Verbrechen beteiligt waren, und die nicht bereit waren, die Verantwortung hierfür zu übernehmen. Auch bei ihnen wirkt sich aus, daß sie auf eine kollektive wie individuelle Mauer des Verschweigens und der Verleugnung gestoßen sind. Nicht nur haben die Nazi-Eltern ihre tatsächliche Schuld[22] nicht auf sich genommen, die Verantwortung für ihre Taten nicht

---

21 »Es hat Widerstandskämpfer in Deutschland gegeben. Wo sind die Straßenschilder, die ihren Namen tragen? Wo hat man ihnen Denkmäler errichtet? Wann ehrt man zum Beispiel den deutschen Diplomaten G. F. Duckwitz, der 1943 in Kopenhagen die dänischen Behörden von der bevorstehenden Deportation der Juden unterrichtete?« (1988, 160) – Sie verweist damit auf ein nationales Phänomen in Frankreich, wo nach der Befreiung durch die Alliierten jede Erinnerung an die Vichy-Zeit getilgt wurde, sofern sie sich nicht auf die FFI oder die Résistance bezieht. Tatsächlich gibt es in der südwestfranzösischen Stadt, in der ich zwei Jahre gelebt habe, viele Plaketten zur Erinnerung an die Deportierten, an die Patrioten, an die Résistance. Es gibt dafür keinen Hinweis auf das 13 km entfernte Lager Gurs, in dem u. a. Hannah Arendt eine Zeitlang interniert war. S. Laharie, Claude: Le camp de Gurs. 1939–1945. Un aspect reconnu de l'histoire de Béarn. Pau (J&D Éditions), 1985.

22 Von der Schuld wird gelegentlich behauptet, ihre Bedeutung sei nur im judeo-christlichen Kulturbereich so übersteigert. Wie z. B. Rohde schon 1898 betonte, war die Überzeugung der transgenerativen Wirkung der Schuld auch bei den Griechen (228) vorhanden: »Die Wolke des Unheils, in der That des Ahnen aufgegangen, hängt auch über dem Gemüthe des Sohnes und Enkels. Nicht aus einem eigenen Sinn und Charakter stammt der Wille zur Frevelthat.« Dieser alte und durchaus vorbildliche Gedanke des deterministischen Verhängnisses schwingt in allen Warnungen mit, welche die Saat des »Nazismus« z. B. bei den Grünen, der Friedensbewegung *unverändert* wieder aufgehen läßt.

übernommen; sie haben sich auch noch, wie dies in jeder Generation geschieht, als moralische und richtende Instanz gegenüber ihren Kindern aufgespielt. Dies geschah z. T. in der umstandslosen Identifikation mit US-amerikanischen Demokratie- wie auch Erfolgswerten (Wirtschaftswunder). Man kann sagen, daß die Kinder- und Enkelkindergeneration nicht nur Gefühle von Depression abwehren müssen, die sie zu überfluten drohen, sondern auch noch in der verrücktmachenden Situation sich befanden, daß ihre Eltern-Täter sich nach 1945 sehr schnell wieder als selbstgerecht-moralische Richter installiert haben – sowohl als äußere wie auch als innere Instanz. Werte wie Demokratie, Menschenrechte, Leistung etc. wurden – wiederum z. T. über direkte Identifikationsprozesse mit dem großen Bruder USA[23] – Teil der Ichideal-Bildung der Nach-Auschwitz-Generationen in Deutschland.

Meine Erfahrungen aus Analysen bestätigen durchaus, daß massive Eingriffe und Übergriffe der Nazi-Realität in die psychische Entwicklung der zweiten und dritten Generation nach den Tätern stattgefunden haben. Eltern gehabt zu haben, die Täter im Rahmen eines außergewöhnlichen Massenmordens gewesen sind, ist notwendig ein traumatisierender Eingriff in die *auf Phantasien über die Realität* beruhende Bildung der innerpsychischen Instanzen, wie sie in jeder Generation während der infantilen Entwicklung und im Rahmen der Pubertät in bezug auf die vorherige stattfindet. Die Realität der NS-Verbrechen ging oft über die infantilen Phantasien hinaus. Noch entscheidender ist jedoch, und das allein kann die Psychoanalyse zeigen, daß die individuelle Entwicklung von Frauen im Rahmen ihrer frühkindlichen Bedingungen von zahlreichen Übergriffen der Eltern gezeichnet ist. Es geht in der Verarbeitung durch die Frauen um Anteile der Trauer, der Depression und der Hoffnungslosigkeit, die ihren Ausdruck finden in den Verarbeitungsprozessen der Kinder und Enkelkinder im Rahmen der Erschütterungen von Pubertät und Adoleszenz. Diese haben sich gerade in den weiblichen Körper eingeschrieben.[24] Für meine Patientinnen bestand im Rahmen dieser Jugendkultur oft eine *erste Chance* einer eigenen Entwicklung, da die frühkindlichen Verhältnisse unter dem Diktat der Bedürftigkeit der Eltern standen.

Der von Chasseguet-Smirgel und anderen genannte Anteil betrifft nach meiner Analyse den Aspekt des Beharrenden im Generationentransfer, während ich die Aufmerksamkeit der Leser/innen auf den Anteil der Verän-

---

23 Es wäre vielleicht ganz aufschlußreich, das Umschlagen der ursprünglichen Amerika*identifikation* vieler Nachkriegsjugendlicher in Kritik im Rahmen von Anti-Schah- und Anti-Vietnamdemonstrationen einmal unter diesem Aspekt zu analysieren – statt immer nur über die »Undankbarkeit« der deutschen jungen Generation gegenüber den USA zu klagen.
24 Dies bedeutet auch eine Differenzierung der Kritik von Springer 1989.

derung, des Neuen, des Revolutionären – der zweiten Chance also – lenken möchte. Die zitierten Autoren haben diesen Aspekt, der jedoch allein »das Prinzip Hoffnung« umgreift, in ihrem gerechten Zorn als Verfolgte oder Kinder von Verfolgten nicht hervorgehoben. Sie haben damit auch übersehen, daß es nicht nur eine »Maskierung als Opfer« (Springer 1989) ist, wenn Frauen wesentliche Entwicklungs- und Lebensäußerungen vermissen lassen, sondern angemessene Folge einer Aufgabe von Lebenshoffnung. Als Grundlage hierfür sehe ich die unbewußte Annahme der vernichtenden Schuld der Eltern im eigenen Schmerz, in der eigenen Anerkennung der Unmöglichkeit zu leben, als sei »nichts passiert«, als sei »alles wieder gutzumachen«.

Die Einschreibung des Zeichens in den weiblichen Körper

In bezug auf die weibliche Adoleszenz wird deutlich, daß diese unbewußte Annahme von Schuld – und insbesondere Scham – sich gerade in den Schicksalen der Pubertät in den Körper der Mädchen einschreibt. Lebensmöglichkeiten – sowohl eigene als auch die Möglichkeit, Leben zu geben, – erscheinen vernichtet, soweit es nicht zu einer Bewußtmachung dieser unbewußt bleibenden Übernahme von Schuld und Scham kommt. Häufig höre ich als erste sprachfähige Formulierungen in der Analyse in diesem Zusammenhang die hoffnungslose Einschätzung, daß man »etwas so Böses« in sich trage, daß »etwas Vernichtendes« von einem selbst ausgehe, daß »ein Wahnsinn« in einem stecke – etwas, was nicht an die folgende Generation weitergegeben werden dürfe, was »aussterben« müsse. Die Hoffnungslosigkeit steht im Zusammenhang mit dem vernichtenden Ausmaß der Schuld: der tatsächlichen Schuld der Eltern – und der Scham und grandiosen unbewußten Schuldphantasien der Kinder. Hierin mischen sich nach meiner Erfahrung unbewußte grandiose Vorstellungen vom eigenen Bösen sowie Erlebnisse in der Außenwelt, wie z. B. die Konfrontation mit einer Gedenkausstellung zum Konzentrationslager Auschwitz; die Auseinandersetzung mit der einheitlichen Verurteilung der Nazi-Verbrechen in der gesamten nichtdeutschen Welt als nie dagewesens, einmaliges Verbrechen in der Menschheit.

Es geht in den Analysen immer darum, ein Stück dieser zunächst sprachlos und hoffnungslos bleibenden Übernahme der grandiosen Schuld bei Kindern und Enkelkindern der Nazi-Eltern herauszuarbeiten. Die entsprechenden Schuldgefühle können zunächst nicht erlebt werden. Sie werden »agiert«, durch die Einschreibung der traumatischen Konflikte vor allem unter Ausnutzung der Plastizität des eigenen, des weiblichen Körpers. Die Betroffenen fühlen sich in ihrer eigenen Fähigkeit zum Guten vernichtet und »behandeln« ihre Körper, ihre psychischen Fähigkeiten sowie ihre sozialen Beziehungen entsprechend. Vor der Bearbeitung unbewußter Identifikation, Schuldgefühle etc. geht es in der Analyse dieser Patientinnen darum, ihre im Körper, in der Seele und in den Beziehungen zum anderen »agierte«, d. h. szenisch dargestellte Traumatisierung zu verstehen. Nach meinen Erfahrungen finden sich die schwereren Einschränkungen bei Töchtern von Familien, bei denen das Wort »Lager« nicht nur vom Hörensagen eine Rolle gespielt hat. Sie hatten oft in der Familie (nahe) Angehörige, die in einem der zahlreichen Lager der Nazis eine Rolle gespielt haben. Hierbei ist ebenfalls auffällig, daß die Analysandinnen über genügend Fähigkeiten und Kenntnisse verfügen, um sich ein Bild von »den Lagern« machen zu können. D. h. sie haben als Kinder »mitbekommen«, daß »die Lager« in der Familie eine Rolle spielen –, und sie haben sich als Jugendliche bzw. junge Erwachsene politische und historische Erkenntnisse über die Nazi-Verbrechen erarbeitet. Sie sind in der Regel nicht in der Lage, zu verleugnen. D. h. sie sind der vollen Wucht der Verurteilung ausgesetzt und kämpfen mit einem Rest ihre psychischen Energie gegen die Vernichtung ihres gesamten psychischen Gleichgewichts. Sie haben gerade das nicht, was Chasseguet-Smirgel ein »persekutorisches Schuldgefühl« (1988, 151) nennt, – es sei denn, man weitet diesen Begriff auf das »Verfolgen« des eigenen Körpers aus. Eine Möglichkeit, die ihnen noch offen zu stehen scheint, besteht dagegen in der Preisgabe eines erheblichen Teils ihres Selbst. Die Beziehung zum eigenen Körper ist in jedem Fall in hohem Maße gestört, und in bezug auf die weiblichen Körperfunktionen geht das in der Regel bis an die eigene Existenzgrenze. Dies kann z. B. in einer Magersucht der Fall sein, welche entweder selbst lebensbedrohliche Formen annimmt oder doch zum mindesten die Analysandin in einem Gewichtsbereich hält, in dem die monatliche Regelblutung ausbleibt und sie folglich nicht in die »Gefahr« kommt, ein Kind in ›diese‹ Welt (welche? – die Welt nach Auschwitz?) setzen zu müssen. Ekel in bezug auf die »entsetzlichen Körperveränderungen bei einer Schwangerschaft« ist ebenfalls häufig zu beobachten. Erbrechen ist oft seit der frühen Kindheit üblich und bleibt als Reaktion in Konfliktsituationen erhalten. Es wird von den Analysandinnen auch berichtet, wie Magerkeit und Erbrechen in der Familie – meist gerade vom Vater – als »Provokation« erlebt wurden. Eine Analysandin, die kurz nach dem Krieg geboren wurde, wurde vom Vater regelmäßig geschlagen, wenn sie das »mühsam beschaffte Essen« immer wieder herauskotzte.

Auf diesem Hintergrund muß auch anders interpretiert werden, daß Beziehungen zum anderen Geschlecht oft nicht aufgenommen werden, was allerdings auf der Ebene des Alltagsbewußtseins von feministischen und/oder lesbischen Idealen untermauert sein kann. Heterosexuelle Beziehungen werden in der Regel von den Frauen abgebrochen, sobald sie in ihrer Tiefe und Konsequenz zu Mutterschaftswünschen führen könnten. So konnte sich viele Jahre in der »alternativen Szene« eine Art Kuschelsex halten, den eine meiner Analysandinnen »dieses-Brüderchen-und- Schwesterchen-Getue« nannte. Je nach den Bedingungen der übrigen Persönlichkeit haben nicht nur Analysandinnen aus der Single-Szene als junge Frauen eine geradezu »unheimliche« Begabung, sich nur solche Männer auszusuchen, die emotional und sozial unzuverlässig sind und sich in jedem Fall einer Vaterschaft entziehen würden. Dies geschieht häufig wieder in Übereinstimmung mit Inhalten des Alltagsbewußtseins der Frauen (und Männer), wie dies z. B. in den siebziger Jahren noch in folgendem »Szene«-Spruch zum Ausdruck kam: »Wer zweimal mit derselben pennt, gehört schon zum Establishment«.[25]

Die »Pille« sowie die Möglichkeit der Abtreibung spielt bei vielen Patientinnen eine enorme Rolle. Was sie bei der »Marlboro«-Werbung noch als Ideologie kritisch erkennen können – der »Duft von Freiheit und Abenteuer« –, scheint ihnen bei der Pillen-Werbung die reine Wahrheit. Häufig sind sie umgeben von Freundinnen, die bei einer »ungewollten Schwangerschaft« dringend und unnachsichtig zur Abtreibung raten. Wie eine Freundin einer Analysandin es sagte: »Wie kannst Du Dir als Frau nur Dein Leben vernichten wollen, und so ein Kind in die Welt setzen!«

Es ist dabei nicht nebensächlich, daß der Topos der »Lebensvernichtung« auch in den Fragmenten des weiblichen Alltagsbewußtseins der zweiten und dritten Generation in Deutschland eine solche Rolle spielt. Die Gleichsetzung von Leben-Geben (für die nächste Generation) mit der Gefahr eigener »Lebensvernichtung« ist mir aus mehr als einer Analyse und aus meinem eigenen sozialen Umfeld geläufig. Ich erlaube mir hier die Spekulation, ob dies nicht bereits eine Übernahme der unbewußten Schuldabwehr durch die Täter-Eltern ist, welche die Phantasie erkennen läßt: »Entweder ich oder der andere können nur überleben[26] – da ich überleben will, müssen ›die anderen‹, – und seien es meine Kinder – dran glauben«. Meine Analysandinnen haben es in ihren infantilen Beziehungen erlebt, daß im Zweifelsfall sie als die Kinder »dran glauben« mußten, wenn es darum ging, ob die eigene Bedürftigkeit oder die der Eltern die Familienbeziehungen gestaltet.

---

25 Auf die repressive Funktion dieser »Befreiung der Sexualität« hat Marcuse hingewiesen.
26 Mit dem Mythos des Überlebens – oder Überlegungen dazu, was das schließlich ist, was um jeden Preis zu überleben gewillt ist, kann ich mich ebenfalls nicht befassen. Verwiesen sei auf Hochstein 1984.

Ideologisch überhöhte Glorifizierungen des modernen Single-Lebens (Unabhängigkeit, Freiheit, Gleichberechtigung, freie Sexualität, beruflicher Erfolg etc.) als weitere Aspekte des Alltagsbewußtseins verstellen zunächst die Möglichkeit zur Selbstreflexion. Selbst das – im Alltagsbewußtsein so verstandene – »feministische Engagement«, die »Solidarität unter Frauen« kann so in den Dienst der Hoffnungslosigkeit gestellt werden. Eine Analysandin, bei der ein weibliches nahes Familienmitglied Täterin bei der »Vernichtung lebensunwerten Lebens«[27] war, entschloß sich im Laufe von wenigen Jahren zu mehr als vier Abtreibungen, wobei ihr dies zunächst psychisch und sozial keine Probleme zu machen schien. Sie war in der Bewegung »Mein Bauch gehört mir« engagiert und trieb, wenn sie schwanger wurde, eben »einfach ab«. Sie war ebenfalls eine entschiedene Helferin für Frauen, die nach Holland fahren wollten, um »von ihrem Recht auf Abtreibung Gebrauch zu machen«. Sie hatte an der moralischen Rechtfertigung des Kinderabtreibens ebensowenig Zweifel wie sie für die juristische Rechtfertigung aufgrund ihrer eigenen intellektuellen und beruflichen Kenntnisse stritt. Ihre glühenden Debatten zu eben dieser moralischen Rechtfertigung waren vollkommen ich-gerecht, so daß für lange Zeit ihre *auch* darin enthaltene unbewußte Identifizierung mit ihrer als Mutterfigur erlebten Verwandten, die Rechtfertigung von deren Taten bei der Ermordung »unheilbar kranker Kinder« unerkannt bleiben mußte. In bezug auf diese Analysandin mußte ich oft an die Formulierung Rohdes (1898, 229) denken, daß zur »vollen Buße für die Frevel der Ahnen« in den Tragödien des Aeschylos der Nachkomme noch selbst schuldig werden muß: »... um der Ahnen willen werden sie schuldig ...«

Diese Hinweise müssen genügen, um einen Eindruck davon zu geben, wie sehr bei Mädchen und Frauen die Teilnahme an der Lebensvernichtung durch ihre Nazi-Eltern, ganz besonders wenn es die Frauen in der Familie waren, in die körperliche, seelische und soziale Entwicklung einschneidet. Erst im Rahmen der in der Pubertät eingegangenen sozial-kulturellen Bindungen entscheidet sich, wieviel von dieser »Erbschaft an Lebensvernichtung« in der individuellen Biographie einer Frau bearbeitet werden kann, und wieviel in der unbewußten Wiederholung die eigenen Lebensmöglichkeiten bestimmt. Es ist dabei zu beobachten, daß die intellektuelle Entwicklung oft scheinbar ungestört verläuft. So handelt es sich bei den mir durch eigene Analysen oder durch Zusammenarbeit mit Kollegen und Kolleginnen bekannten Beispielen durchweg um intelligente, oft sehr erfolgreiche Frauen.[28] Eine Art »point of no return« scheint dabei die (Prä-)Puber-

---

27 Vgl. Klee 1983.
28 Vgl. zu diesem Punkt Reinke 1987.

tät darzustellen, die Zeit also, wenn es um die sexuelle Identität und die »Geschlechtsreife« der heranwachsenden Frauen – physisch wie psychisch – geht. Diese Entwicklung kann – auch für die individuelle Biographie – nur auf dem Hintergrund der Jugendgruppen und -kultur verstanden werden, in denen die Frauen viele Jahre ihres Lebens als Adoleszente und junge Erwachsene verbringen. Die Analyse der frühkindlichen Identifikationen reicht dazu keinesfalls aus. Analytikerinnen meiner Generation müssen sich zusammen mit ihren Analysandinnen zutrauen, die Aspekte dieser »zweiten Chance« in der Pubertät in einen lebensgeschichtlichen Sinnzusammenhang für Kinder und Enkelkinder der NS-Generation aufzunehmen.

Literatur

Abraham, Karl, 1924: Versuch einer Entwicklungsgeschichte der Libido auf Grund der Psychoanalyse seelischer Störungen. In: ders., *Psychoanalytische Studien*, Bd. I, Frankfurt 1971.
Bauriedl, Thea, 1986: *Die Wiederkehr des Verdrängten*. Psychoanalyse, Politik und der einzelne. München.
Bernfeld, Siegfried, 1970: *Antiautoritäre Erziehung und Psychoanalyse. Ausgewählte Schriften*. Drei Bände, hrsg. von L. v. Werder und R. Wolff. Darmstadt.
Brainin, Elisabeth/Kaminer, Isidor, 1982: Psychoanalyse und Nationalsozialismus. In: Psyche 36, S. 989–1012.
Brockhaus, Gudrun, 1991: »Schrecklich lieb ...« Anmerkungen zu einer deutschen ›Heldenmutter‹. In: Die Philosophin 3, 51–72 sowie andere Beiträge in diesem Heft. Hefttitel: Weimarer Republik und Faschismus. Eine feministische Auseinandersetzung.
Chasseguet-Smirgel, Janine, 1986: Das Grüne Theater. Ein Versuch zur Interpretation kollektiver Äußerungen einer unbewußten Schuld. In: dies.: *Zwei Bäume im Garten. Zur psychischen Bedeutung der Vater- und Mutterbilder*. Psychoanalytische Studien. München/Wien 1988; S. 135–161.
Chodorow, Nancy, 1978: *Das Erbe der Mütter. Psychoanalyse und Soziologie der Geschlechter*. München.
Das Tagebuch der Hertha Nathorff. Berlin/New York. Aufzeichnungen 1933–1945. Hrsg.: Wolfgang Benz 1987. Frankfurt/M. 1989.
Devereux, Georges, 1955: *A Study of Abortion in Primitive Societies*. New York 1976.
ders., 1982: *Frau und Mythos*. München 1986.
Diner, Dan, Hg.: *Zivilisationsbruch. Denken nach Auschwitz*. Frankfurt/M. 1988.
Domin, Hilde, 1974: *Von der Natur nicht vorgesehen. Autobiographisches*. München 1987.
Eckstaedt, Anita, 1989: *Nationalsozialismus in der »zweiten Generation«. Psychoanalyse von Hörigkeitsverhältnissen*. Frankfurt/M.
Erdheim, Mario, 1984: *Die gesellschaftliche Produktion von Unbewußtheit. Eine Einführung in den ethnopsychoanalytischen Prozeß*. Frankfurt/M. 1984, insb. Adoleszenz und Kulturentwicklung, S. 271–368.

Freud, Anna, 1958: Probleme der Pubertät. In: dies., *Schriften*, Bd. VI, S. 1738–1769.
Freud, Sigmund, 1905: *Drei Abhandlungen zur Sexualtheorie*. In: ders., Bd. V. Gesammelte Werke, Frankfurt/M. 1972, S. 37–134.
Gay, Peter, 1978: *Freud, Juden und andere Deutsche. Herren und Opfer in der modernen Kultur*. München 1989.
Gilligan, Carol, 1989: Teaching Shakespeare's Sister: Notes from the Underground of Female Adolescence. In: dies. u. a. (Hg.), *Making Connections*. Cambridge/London 1990, S. 6–29 (in deutscher Übersetzung in diesem Band).
Gilligan, Carol u. a., 1989: Epilogue – Soundings into Development. In: dies. u. a. (Hg.), *Making Connections*. Cambridge/London 1990, S. 314–334.
Gravenhorst, Lerke/Tatschmurat, Carmen (Hg.), 1990: *TöchterFragen. NS-FrauenGeschichte*, Freiburg i. Br., S. 414.
Haynal, André u. a., 1980: *Le fanatisme. Ses racines. Un essai historique et psychoanalytique*. Paris.
Hochstein, Beatrix, 1984: *Die Ideologie des Überlebens. Zur Geschichte der politischen Apathie in Deutschland*. Frankfurt/M.
Kaminer, Isidor, J., 1991: Der Widerschein der NS-Vergangenheit während des Golfkrieges. In: *Frankfurter Jüdische Rundschau*, Pessach-Ausgabe 1991, S. 11–14.
Klee, Ernst, 1983: *»Euthanasie« im NS-Staat. Die »Vernichtung lebensunwerten Lebens«*. Frankfurt/M. 1986.
ders., hrsg. 1985: *Dokumente zur »Euthanasie«*. Frankfurt/M. 1986.
Klein, Judith, 1991: »An unseren Schläfen perlt die Angst«. Traumberichte in literarischen Werken über das Grauen der Ghettos und Lager: In: *Psyche* 45, S. 506–521.
Kogan, Ilany, 1990: Vermitteltes und reales Trauma in der Psychoanalyse von Kindern von Holocaust-Überlebenden. In: *Psyche* 44, S. 533–544.
Landauer, Karl, 1935: Die Ich-Organisation in der Pubertät. In: ders., *Theorie der Affekte und andere Schriften zur Ich-Organisation*. Hrsg. von H.-J. Rothe, Frankfurt 1991, S. 234–276.
Leithäuser, Thomas, o. J.: *Untersuchung zur Konstitution des Alltagsbewußtseins*. Hannover.
Leithäuser/Volmerg u. a., 1977: *Entwurf zu einer Empirie des Alltagsbewußtseins*. Frankfurt/M.
Leithäuser/Volmerg u. a., 1979: *Anleitung zur empirischen Hermeneutik. Textinterpretation als sozialwissenschaftliches Verfahren*. Frankfurt/M.
Lockot, Regine, 1985: *Erinnern und Durcharbeiten. Zur Geschichte der Psychoanalyse und Psychotherapie im Nationalsozialismus*. Frankfurt.
Lohmann, Hans-Martin, Hg., 1984: *Psychoanalyse und Nationalsozialismus. Beiträge zur Bearbeitung eines unbewältigten Traumas*. Frankfurt/M.
Reinke, Ellen, 1978: Zur Diskussion über die psychosexuelle Entwicklung der Frau in der psychoanalytischen Bewegung. Ein kritischer Bericht. In: *Psyche* 32, S. 695–731.
dies., 1985: Widersprüche in der psychosexuellen Entwicklung der Frau. In: *Theorien weiblicher Subjektivität*. Frankfurt/M.
dies., 1987: Die Analyse der Angst vor dem anderen und ihre Grenzen. Essay über Georges Devereux' ›Frau und Mythos‹. In: *Soziologische Revue*, Sonderheft 2/87: Frauen. Soziologie der Geschlechterverhältnisse. Hg.: Ilona Ostner, S. 25–29.
dies., 1987: Über frühzeitige Ich-Entwicklung und weibliche Selbstentwertung – eine moderne Variante weiblicher Emanzipation. In: *Befreiung zum Widerstand. Aufsätze zu Feminismus, Psychoanalyse und Politik*. Hg. K. Brede u. a., Frankfurt/M. 1987, S. 204–212.

Ritsert, Jürgen, 1975: *Wissenschaftsanalyse als Ideologiekritik.* Frankfurt/M.
Rohde, Erwin, 1898: *Psyche, Seelencult und Unsterblichkeitsglaube der Griechen.* Darmstadt 1980.
Siegele-Wenschkewitz, Leonore (Hg.), 1988: *Verdrängte Vergangenheit, die uns bedrängt. Feministische Theologie in der Verantwortung für die Geschichte..* München.
Springer, Anne, 1989: Die Wiederkehr des Verdrängten in der Maskierung als Opfer. In: *Analytische Psychologie.* Hg.: H. Dieckmann, C. A. Meier. Basel, S. 282–303.
Steiner-Adair, Catherine, 1989: The Body Politic. Normal Female Adolescent Development and the Development of Eating Disorders. In: Gilligan, Carol u. a. (Hg.), *Making Connections.* Cambridge/London 1990, S. 162–182 (gekürzte Fassung in deutscher Übersetzung in diesem Band).
Stern, Lori, 1989: Conceptions of Separation and Connection in Female Adolescence. In: Gilligan, Carol u. a. (Hg.), *Making Connections.* Cambridge/London 1990, S. 73–87 (gekürzte Fassung in deutscher Übersetzung in diesem Band).
Weimarer Republik und Faschismus. Eine feministische Auseinandersetzung. *Die Philosophin* 3, 1991. Tübingen.
Wiggershaus, Renate, 1984: *Frauen unterm Nationalsozialismus.* Wuppertal.
Wirth, Hans-Jürgen, 1984: *Die Schärfung der Sinne. Jugendprotest als persönliche und kulturelle Chance.* Frankfurt/M.

Identität im Fluß

Zur Psychoanalyse weiblicher Adoleszenz im Spiegel des Menstruationserlebens*

Eva S. Poluda-Korte

1. Ein-Schnitt

Erwachsen-werden ist ein äußerst komplexer Prozeß, in dem über einen langen Zeitraum hin viele unterschiedliche Erfordernisse unter einen individuellen Hut versammelt, versöhnt und produktiv geformt werden müssen. Das mehr oder weniger konstante psycho-physische Entwicklungsgeschehen wird begleitet durch eine mehr oder weniger variable kulturelle Deutung, mit deren Zuschreibungen und Orientierungsangeboten sich die Jugendlichen auseinanderzusetzen haben.

Die geschlechtliche Reifung in der Adoleszenz markiert einen vielfach determinierten Persönlichkeitsumbruch, ein »Stirb und Werde«, das besonders »einschneidend« erlebt wird und die Jugendlichen einer Übergangsphase von hoher psychischer Verletzlichkeit aussetzt, vergleichbar den physischen Metamorphoseprozessen im Tierreich. Als »Schnitt« wird einerseits der Verlust der Kindheit erlebt, als einer relativ geschlossenen Struktur, in der das Individuum Schutz und Geborgenheit durch eine sexuell-zielgehemmte Bindung an die Ordnungsmacht der Elternautoritäten genießt. Die Hemmung der infantilen Sexualität ermöglicht dem Kind dabei auch eine noch unbestimmte geschlechtliche Ausrichtung, deren relative Beliebigkeit seinen grandios-omnipotenten Wünschen Raum läßt. Die Manifestation des einen biologischen Geschlechts in der Pubertät wird demgegenüber wiederum als »Beschneidung« von Möglichkeiten des Gegengeschlechts erlebt, die vorher offen schienen. Soweit das »Stirb«. Gleichzeitig bedeutet der Schnitt eine Öffnung der festen Kindheitsgrenzen, eine Er-Öffnung neuer Freiheiten, ein »Werde«, das euphorischen Freudentaumel auslösen kann.

---

* Für meine »kleine« Schwester und meine Töchter Anna, 24, und Kaya, 13

Die Bezeichnung der Menstruation als »kritische Tage« verweist vielleicht auf diese Krise des »Stirb und Werde« mit ihren Chancen und Gefahren und ihrer Bedeutung von Gewinn und Verlust zugleich. Die körperlichen Veränderungen der Jugendlichen erscheinen mir jedoch weniger dramatisch als die entsprechenden seelischen Umwälzungen. Wie ich 1970 in einer Untersuchung des Menstruationserlebens feststellen konnte, fungieren die körperlichen Veränderungen eher als eine konkrete Ebene, auf der das Unfaßbare dargestellt und zugänglich gemacht werden kann. Eine ähnliche Funktion scheinen die Initiations-Rituale der verschiedenen Gesellschaften zu haben. Ihre Aufgabe, den Jugendlichen für seine kulturspezifische Rolle zuzurichten, erfüllen sie z. B., indem sie die seelische Beschneidungsthematik aufgreifen und auf der konkreten Körperebene demonstrieren, oder in den religiösen wie säkularen Ritualen, die den sexuell »aufgebrochenen« Körpern der Jugendlichen uniform typisierte Schutzhüllen anbieten.

Während die Psychoanalyse generell überwiegend die Prägung des Individuums durch die Familie während der »Frühblüte der infantilen Sexualität« thematisiert, hat besonders Mario Erdheim die entscheidende Bedeutung der gesellschaftlichen Determinierung der Persönlichkeit während der genitalen Reifung in der Adoleszenz herausgestellt. Mir scheint, daß sich im Laufe der Entwicklungsstadien das Gewicht immer mehr zugunsten der Kultur verschiebt, was sich gerade auch während der Phasen der Adoleszenz beobachten läßt, wie ich zu zeigen versuchen werde.

Wenn man hier bildlich von altem Wein sprechen möchte, der nun in neue Schläuche gefüllt werden muß, so spielen für das Endprodukt psychosexuelle Reife sowohl die primären Umstände eine Rolle, unter denen sich der Wein entwickelt hat, als auch diejenigen neuen Schläuche, die eine Gesellschaft sich beeilt, ihren Heranwachsenden anzubieten, vor allem aber auch der Spiel- und Zeitraum, der dem Individuum für seinen Selbstfindungsprozeß im Rahmen seiner Sozialisation einerseits zur Verfügung gestellt und andererseits abgefordert wird.

2. Vor-Bilder: Die Bedeutung der frühen Kindheit für adoleszente Entwicklung

Als ich mich vor 20 Jahren unter dem Eindruck von Betty Friedans »Weiblichkeitswahn« zum ersten Mal mit der Bedeutung des Menstruationserlebens beschäftigte, bewegten mich Fragen nach der Qualität des Weiblichen in Relation zu den kursierenden ideologischen Konstrukten. Im Laufe langjähriger Untersuchungen zu psychosexueller Identität habe ich inzwischen gelernt, geschlechtsbezogene Fragestellungen grundsätzlich auf ein männlich-weibliches Gesamtkontinuum zu beziehen, da jede Aussage über Weibliches eine Aussage über Männliches impliziert und umgekehrt.

Seit z. B. Simone de Beauvoir festgestellt hat, daß die Tradition unserer Kultur zu einer Festschreibung des Männlichen als des Humanen schlechthin geführt hat, die des Weiblichen als des »Anderen« im Sinne einer Figur-Hintergrund-Relation bedarf, ist uns die Verknüpfung des Profilierten, Hervorragenden und Abgegrenzten mit dem Männlichen und die entsprechende Assoziation des Weiblichen mit dem Hintergründigen, Ungreifbaren und Unabgegrenzten bewußter geworden. Betty Friedans Aufdeckung des Wahnhaften an den biologistischen Geschlechtsstereotypen sowie die zunehmende Verbreitung von feministischer Gesellschaftskritik haben dem geschlechtlichen Selbstfindungsprozeß größere Freiheitsgrade eröffnet. Während die Jugendlichen sich früher von einer unerbittlichen »Natur« dazu verpflichtet fühlten, »richtige Männer und Frauen« zu werden (oder zu versagen), hat der Eingang der Erkenntnis von der Kulturgegebenheit der Geschlechtsbilder in das öffentliche Bewußtsein neuen Raum für individuelle Lösungen gegeben, die aber auch erst mühsam gefunden werden müssen.

Dennoch wirken die traditionellen Modelle – auch via unbewußter Elternimagines und mangels neuer Bilder – fort und prägen die geschlechtliche Entwicklung weiterhin entscheidend. So stellt sich das Problem der Abgrenzung bis heute im Sinne des Figur-Hintergrund-Musters dar: Mädchen und Frauen haben es immer noch schwer damit, sich aktiv abzugrenzen und die eigenen Interessen klar erkennbar zu behaupten. Statt dessen lieben sie die Anlehnung an profilierte Figuren, sorgen häufig nur indirekt für ihre Grenzen, indem sie andere dazu provozieren, sie einzuschüchtern, und können ihre Lust am Auffälligen am ehesten in der Konkurrenz mit anderen Frauen um männliche Zuwendung unterbringen. Demgegenüber neigen Jungen und Männer weiterhin eher zu entgegengesetzter »Trutzigkeit«, stabilisieren sich mit Härte-Idealen gegen weibliche Sirenenklänge und tun sich schwerer mit Entgegenkommen, Pluralismus und sozialer Anerkennung.

Die mit der Menstruation verbundenen Bedeutungen und Probleme spiegeln diese historische soziale Realität ebenso wider wie anthropologische Entwicklungskonstanten, ohne daß beides immer so leicht voneinander zu unterscheiden wäre. Immerhin können wir eindeutig als anthropologische Konstante festhalten, daß beide Geschlechter von Frauen geboren werden und ein weibliches Primärobjekt haben. Daraus ergibt sich, daß die Verzweigung der geschlechtlichen Entwicklungen sich qualifiziert, wenn das Kind den Geschlechtsunterschied und die heterosexuelle Gesellschaftsordnung zu realisieren beginnt.

Während die meisten psychoanalytischen Autoren dabei von etwa 18 Lebensmonaten ausgehen, setzt Melanie Klein die »Frühstadien des Ödipuskonfliktes« bereits zum Ende des ersten Lebenshalbjahres an. Melanie Klein faßt ihre Kategorien bekanntlich immer etwas früher als andere, – es ist aber sicherlich auch sinnvoll, die tiefsten Wurzeln des Ödipuskomplexes möglichst weit zurückzuverfolgen. Freud sieht zu diesem Zeitpunkt den Übergang zur oral-sadistischen Phase und setzt den ersten umfassenden Phasenwechsel zur Analität (der mit einer Verschiebung der erogenen Leitzone auf den Unterleib einhergeht) zum Ende des ersten Lebensjahres mit Abstilltrauma, Laufenlernen und Beginn der Sauberkeitserziehung an. Margret Mahlers Individuationspsychologie spricht von einer zweiten psychischen Geburt des Menschen in diesem Zeitraum. Freud und Mahler gehen jedoch wenig auf den geschlechtlichen Aspekt des Prozesses ein. Die 7-Monats-Angst, generell verstanden als Ausdruck eines Erschreckens des Kindes über die Tatsache seines Getrenntseins von der Mutter, muß meiner Meinung nach auch als reifendes Realisieren einer mit dem Mutter-Kind-Paar rivalisierenden Paarung der Mutter mit dem Vater begriffen werden, der nun immer deutlicher als zweites Objekt hervortritt. Auf der Grundlage von empirischen Untersuchungen, denen zufolge die Identifizierung mit einem Geschlecht (das die Umwelt dem Kind – u. U. im Gegensatz zu seinem biologischen Geschlecht – zuschreibt) ab dem 10. Lebensmonat irreversibel festlegt, habe ich mich entschieden, zu dieser Zeit (in der auch die physiologische Markscheidenreifung eintritt) die Entfaltung des frühen Ödipuskomplexes anzusetzen. Melanie Klein, deren Verdienst es ist, die ödipale Dimension der kindlichen Frühentwicklung herausgestellt zu haben, sieht das Kind zum Ende des ersten Lebensjahres bereits im (lebenslänglichen) Kampf um die »depressive Position«. Ihre Begrifflichkeit kann den Leser zuweilen vergessen lassen, daß es dabei immer auch um die Bewältigung des Ödipuskomplexes geht, d. h. um die Anerkennung der Sexualität der Eltern.

Meiner Meinung nach beginnt der ödipale Konflikt früh, entfaltet sich zum Ende des ersten Lebensjahres und wird im Verlauf der analen und frühgenitalen Phase weiterentwickelt und in der Schwebe belassen bis zu einer gewissen Entscheidung im Verlauf des späten Ödipuskomplexes. Da das Primärobjekt weiblich ist, beginnt der Ödipuskonflikt für das Mädchen »negativ«, für den Jungen »positiv«. Das männliche Kind begreift, daß ihm die Mutter nicht allein und nicht einmal vorrangig gehört. Wut und Schmerz darüber befördern seine Gewissensbildung und Separation. In einer partiellen Lösung von der Mutter identifiziert sich der Junge mit einigen ihrer versorgenden Anteile, macht sich unabhängiger von ihr und benutzt die von der Mutter partiell abgezogene Libido sowohl narzißtisch als auch zur Besetzung des Vaters, mit dem er in der Phantasie abwechselnd homosexuelle und rivalisierende Beziehungen eingeht. Die männertypischen Verschlingungsängste drücken die Gefahr aus, regressiven Wünschen nach der Mutter zu erliegen und die im Verlauf des frühen Ödipuskomplexes durch Einsicht in die Realität und Verzicht erkämpfte autonome Struktur wieder zu verlieren. Seine (negativ-ödipale) libidinöse Besetzung des Vaters hilft ihm, sich von der Mutter durch partielle Identifizierung mit ihr zu lösen, das homosexuelle Tabu setzt dem jedoch Grenzen.

Der frühe Ödipuskomplex fällt beim weiblichen Kind heftiger und tiefgreifender aus, da das Mädchen nicht nur ihr Getrenntsein von der Mutter und deren Bindung an den Vater akzeptieren muß, sondern in der Begegnung mit der heterosexuellen Geschlechterordnung außerdem hinnehmen muß, daß ihr die Frau als Lustobjekt – im Gegensatz zum Jungen – gänzlich versagt wird. Dieser Härte entsprechend heftig fällt die Wut des Mädchens und deren Bindung in ihr frühes Über-Ich aus. Daß sich dies strenger als beim Knaben entwickelt, hat schon Melanie Klein festgestellt. Das homosexuelle Tabu, dem das Mädchen im Verlauf des frühen »negativen« Ödipuskomplexes begegnet, drängt sie stärker als den Jungen dazu, ihre Objektbindung an die Mutter in eine Identifizierung zu verwandeln und das Objekt ihrer Wünsche zum Vater hin zu wechseln. Während ihr Drama bedeutet, die Mutter als Lustobjekt aufgeben, sich mit ihr identifizieren und den Vater begehren zu sollen, bedeutet die heterosexuelle Geschlechterordnung für den Jungen, die Mutter weniger aufgeben zu müssen, sich aber auch nicht so weitgehend mit ihr identifizieren zu dürfen wie das Mädchen. (Stoller spricht sogar davon, daß er sich aktiv von der Mutter entidentifizieren müsse.) Der Junge ist gehalten, den Vater als Lustobjekt wieder aufzugeben, sich statt dessen mit ihm zu identifizieren und auf dieser Basis die Mutter als Lustobjekt erneut verstärkt aufzugreifen.

Spätere Homosexualität beginnt für beide Geschlechter während der frühen Triangulierung damit, daß sie sich dem homosexuellen Tabu widersetzen und für eine Entwicklung entscheiden, die generell vom Gegengeschlecht vollzogen wird. Bei Akzeptanz des homosexuellen Tabus tritt eine heterosexuelle Entwicklung ein, die zunächst für das Mädchen härter ist und ein entsprechend strengeres Über-Ich bedingt. Sie wird deshalb angepaßter und motorisch defensiver als der Junge, früher »sauber«, aber auch früher selbständig als er. Die Wandlung der Objektbesetzung der Mutter zu einer Identifizierung mit ihr bedeutet zudem auch die Chance zu einer sexuell sublimierten narzißtischen Spiegelbeziehung zwischen der großen und der kleinen Frau, die die Entwicklung des Mädchens in spezieller Weise fördert und ödipalen Schutz gewährt, sowie eine Funktion, die ich »homoerotische Rückversicherung« genannt habe. Damit ist gemeint, daß das Mädchen im günstigen Fall bei der Mutter Liebe und Rückhalt finden kann, wenn sie vom Vater enttäuscht ist, was ihr neuen Mut zur Bewältigung heterosexueller Impulse geben kann. Die Empirie lehrt, daß Mütter mit ihren Töchtern mehr reden und mit ihren Söhnen mehr »knutschen«.

Eine vergleichbare Förderung für Jungen von ihren Vätern ist deutlich seltener. Obgleich viele Männer sich Söhne wünschen, bekommen unter den heutigen Bedingungen nur wenige Jungen die erotische Solidarität und den ödipalen Schutz von ihren Vätern, die sie nötig hätten. Beim männlichen Kind verläuft die bekanntere Spätphase des Ödipuskomplexes entsprechend dramatischer als beim Mädchen, weil er sich erst jetzt von der Mutter als Lustobjekt lösen muß. Beim Jungen entwickelt sich der Ödipuskonflikt von einem milden »positiven« zu einem »negativen« und schließlich zu einem heftigen späten »positiven« Komplex. Beim Mädchen beginnt der Konflikt heftig »negativ« mit der Doppelbelastung des Objektwechsels und entwickelt sich zu dem milderen späten »positiven« Ödipuskomplex, wenn sie auf den Vater verzichten muß, den sie zuvor nie so konkret besessen hat, wie jedes Kind die Mutter. Der mildere Verlauf des späten Ödipuskomplexes bei Mädchen ist schon Freud aufgefallen und hat zu seiner (unrichtigen) Einschätzung einer weiblichen Über-Ich-Schwäche geführt.

Der Effekt dieser Entwicklung für das Mädchen ist eine stärkere Bindung der Aggression in ein frühes Über-Ich als beim Jungen (Folgen sind Normanpassung und aggressive Hemmung) und eine stärkere homoerotisch-sublimierte Beziehung zum gleichgeschlechtlichen Elternteil (ein Vorteil für die gleichgeschlechtliche Kommunikation). Dem Jungen wird ein größerer Spielraum für seine aggressive Entwicklung gewährt, bei dessen späterer Beschneidung er aber weniger homoerotischen Trost erfährt als das Mädchen. Dabei ist der Vater für beide Geschlechter »Mangelware« und wird entsprechend idealisiert: vom Mädchen auf der Suche nach Lust, vom Jungen auf der Suche nach Selbstsicherheit.

In der Adoleszenz werden die frühen Erfahrungen von Strukturwandlungen wiederbelebt und thematisch aufgegriffen: der stufenweise Verzicht auf die Eltern als Liebesobjekte und das Wachsen von Eigenverantwortung und Triebkontrolle. In der Vorpubertät entwickelt sich eine neue Widersetzlichkeit als Ausdruck wachsenden Freiheitsdranges. Der ungeduldige Wunsch, mit der Geschlechtsreife die Klassenkameraden einzuholen und es endlich den Erwachsenen gleichtun zu können, überwiegt die Zukunftsängste. Beim Eintritt der Geschlechtsreife wird das unwillkürliche Ausfließen von Körperflüssigkeiten jedoch bei beiden Geschlechtern deutlich als Verlust von Substanz, Sauberkeit und Kontrolle erlebt, sowie als Symbol für eine beängstigend in Fluß geratene Identität. Die Verlustseite des

»Schnittes« tritt als orale Versorgungsthematik und anales Autonomieproblem in den Vordergrund und drängt die sexuellen Erwartungen zunächst wieder in den Hintergrund, zumal die unbewußte Hoffnung auf genitale Erfüllung mit den Eltern in der Konfrontation mit Inzest-Tabu und Generationsgrenzen als Illusion verloren geht.

Hier wird häufig ein Gegensatz zwischen den Geschlechtern angenommen: Während die Pollution des Jungen im Kontext von Lust auftrete, sei die Menstruation des Mädchens eher schmerzhaft. Ich möchte dem nicht unbedingt zustimmen, da ich erfahren habe, daß einerseits Pollution und Lust sich auch beim Jungen oft erst im Lauf der Zeit miteinander verbinden und daß andererseits die Menstruation des Mädchens auch deren Genitale stimuliert und ihre Lust befördert, auch wenn beim Menschen Blutung und Begattungslust nicht (mehr) so unmittelbar gekoppelt sind wie bei den übrigen Säugern. Menstruationsschmerzen scheinen eher Konversionsformen konflikthafter Sexualimpulse darzustellen, zumal viele Frauen eine Steigerung der genitalen Lust durch die Menstruation erleben. Immerhin mag es hier nicht nur interindividuelle Gradunterschiede geben, sondern auch eine generelle Tendenz zu stärkerer Lustverknüpfung beim Jungen.

Bei der Akzentuierung von Geschlechtsunterschieden besteht jedoch immer die Gefahr willkürlicher Zuschreibungen zur Bestätigung von realitätsverleugnenden Vorurteilen: Um die provokative Paradoxie von Gewinn und Verlust aufzulösen, wird der ambivalent erlebte Gesamtprozeß in seine widerstrebenden Anteile gespalten und auf die verschiedenen Geschlechter projiziert. Dann hat es das eine Geschlecht besser, dem der Lustgewinn zukommt, und das andere schlechter, das mit dem Ver-lust zu kämpfen hat. Dieser Mechanismus täuscht über die Realität hinweg, daß die Wandlung von jedem Individuum gleichermaßen einen Verlust und eine problematische Umstrukturierung oraler, analer und genitaler Modi fordert, in deren Verlauf Lust erst gewonnen werden muß. Die Komplementarität der Geschlechter bietet dazu hilfreiche Seiten, die aber schnell überstrapaziert und zu Vereinseitigungen mißbraucht werden können.

3. Die erste Phase

a) Thematisierung des eigenen Geschlechts

Der Eintritt der Geschlechtsreife wird also eher als enttäuschend und problematisch erlebt. Die genitale Aktivierung kann noch nicht integriert werden, da die inzestuösen Objekte noch libidinös besetzt sind, und das Körperschema noch ungeformt ist. So ist die erste Phase der Adoleszenz von der Aufgabe geprägt, das »Selbst« abzulösen und das damit verbundene Körperschema zu reorganisieren. Die Jugendlichen erleben nun eine verwirrende Doppeldeutigkeit der Reifungsphänomene, die weit über die Ambivalenz von Gewinn und Verlust hinausgeht. Im Widerstreit ihrer Gefühle erleben die Mädchen ihre Menstruation als schwer zu bewältigendes Paradoxon: als Geschenk und Zumutung, als Versorgung und Verfolgung zugleich, – sie werden hin und hergerissen von Triumph und Scham, Stolz und Kränkung, Lust und Ekel, Potenz und Schwäche, Selbstbehauptung und Unterwerfung. Sie realisieren eine genitale Ermutigung und gleichzeitige Einschüchterung durch die Inzestordnung, sie fühlen sich größer und kleiner, souveräner und abhängiger, wollen sich zeigen und verstecken. Indem sich ihr Selbst verfremdet, spüren sie einen ungekannten Kontakt mit dem Höchst-Eigenen und begegnen einer entmutigenden Diskrepanz zwischen Wunsch und Wirklichkeit, auf die sie mit Aufbauschen und Herunterspielen der Phänomene zu reagieren versuchen. Die neue Potenz wird wie eine Prüfung erlebt, die einen Makel offenbaren kann oder als Pflicht bewältigt werden muß. Der Erfolg bei der Verarbeitung dieses »Schnittes« hängt davon ab, wie dem Mädchen der Umgang mit ihrer allmächtigen Ambivalenz gelingt, – ob ihre Abwehrmechanismen sie sinnvoll entlasten können, ohne die Entwicklung übermäßig zu blockieren, ob sie Neues dosiert zulassen kann, ohne überrollt den Faden zu verlieren, ob sie die Tatsache ihrer Ambivalenz ertragen kann, ohne sich einseitig festzulegen und ihre widerstreitenden Anteile anerkennen und miteinander verbinden kann.

Auf psychosexueller Ebene setzen die Jugendlichen sich zunächst mit der Beziehung zum gleichgeschlechtlichen Elternteil auseinander und gewinnen Eigenständigkeit durch Übertragung der damit verknüpften erotischen und vor allem narzißtischen Bedürfnisse auf gleichgeschlechtliche Freundschaften. Gerade an der Dramatik von Mädchenfreundschaften wird die hohe narzißtische Bedürftigkeit und Labilität dieser Phase erkennbar. Diese Freundschaften haben eine wichtige Funktion als Neuauflage und Bearbeitung der Mutter-Tochter-Symbiose. Durch Vergleich, spiegelnde Bestätigung, Verbalisierung unbegriffenen sexuellen Erlebens, zärtliche Unterstützung und mühevolle Differenzierung spielen die Mädchen ihre homosexuellen Neigungen und Kränkungen miteinander durch und nutzen die in der Freundschaft sublimierte Erotik zur Modellierung ihrer Weiblichkeit und Erprobung von Selbstkonzepten.

Die Wendung zum gleichgeschlechtlichen Partner steht aber auch in der Nachfolge des »ödipalen Schutzes« und dient der Abwendung einer inzestuösen Gefahr durch die Anziehung des gegengeschlechtlichen Elternteils bei beginnender Geschlechtsreife. Diese Gefahr ist z. B. aus dranghaften Ansprüchen an die Eltern oder aus ängstlichen Zwangsvorkehrungen von Mädchen ablesbar, die fürchten, zufällig auf der Toilette vom Samen des Vaters befruchtet zu werden u. ä. Das mit der Menstruation verbundene Tabu verweist auf die Inzestgefahr und hilft dabei, die Intimsphäre des Mädchens abzugrenzen und einen schützenden Rahmen für ihren Prozeß intensiver Binnenstrukturierung zu schaffen.

Das Abgrenzungsproblem im Umgang mit der Menstruation und die Bedeutungen, die sich im Menstruationserleben niederschlagen, konfrontieren das Mädchen mit seinen »analen« Fähigkeiten und Schwächen. Obgleich die menstruellen Tatsachen eine neue genitale Potenz darstellen, erlebt das Mädchen sie auch als anal-narzißtische Kränkung, Substanzen des Körperinneren nicht mehr unter Kontrolle halten zu können. Im analen Bedeutungszusammenhang erscheint die Menstruation als weibliche Schwäche, die das kulturelle Vorurteil zu bestätigen scheint und erzeugt Unterlegenheitsgefühle bei projektiver Idealisierung des Gegengeschlechts.

Die anale Phase des weiblichen Kindes war geprägt durch eine frühe Sauberkeit. Bei Entdeckung der Geschlechterordnung wird das kleine Mädchen zu einer intensiven Identifizierung mit der Mutter gedrängt, was ihm die Erfüllung von deren Sauberkeitsanforderungen und die Abgrenzung seiner Identität (gegenüber dem Jungen) erleichtert. Durch die Menstruation mit Unsauberkeit und dem eigenen Geschlecht konfrontiert, beleben viele Mädchen wieder ihre ursprüngliche, zeitweise sauber verdrängte Wut, kein Junge zu sein, und fühlen sich verletzt, behindert und zurückgesetzt bzw. von der »natürlichen Ordnung« gekränkt und unterworfen. Auch diese Belebung des »negativen weiblichen Ödipuskomplexes« (ich bin dazu übergegangen, statt dessen vom »lesbischen Komplex« zu sprechen) qualifiziert die intimen Mädchenfreundschaften dieser Phase.

Die unausweichliche Realität der immer wiederkehrenden Menstruation bietet dem Mädchen aber auch Möglichkeiten an, sich mit dem weiblichen Körper am eigenen Leib zu befassen und Mutter und Wickelkind, sowie Frau und Frau mit sich selbst zu spielen und autoerotische Modi zu entdecken. So eröffnet die Menstruation einen körperlichen Handlungsspielraum, in dem Hinnahme und Unterdrückung, Erlebnissteigerung und technische Bewältigung konkretisiert und eingeübt werden können: eine Art leiblicher Bühne (vgl. Poluda-Korte 1970), die sich, besonders in Ausweitung auf den ganzen Menstruationszyklus, zur Darstellung unbewußter Phantasmen anbietet. Das menstruelle Geschehen eignet sich sowohl zur Vergegenwärtigung von Phantasien, die Triebüberflutung und sexuelle Grenzüberschreitung betreffen, als auch von solchen, die mit schöpferischer Hervorbringung, Quelle und Geburt zusammenhängen, als auch mit gegenläufigen Selbstreinigungs- und Beschneidungsritualen, mit Bedürfnissen, etwas ungeschehen zu machen oder es in eine schmutzige Tabuzone abzuschieben, um es loszuwerden.

Der Eintritt der Menstruation markiert den verwirrenden Beginn der ersten Adoleszenzphase, in der das Mädchen sich narzißtisch auf sich selbst zurück- und eine Grenze um sich zieht, innerhalb derer es sich auto- und homoerotisch mit dem eigenen Geschlecht beschäftigt. Die Wiederkehr der kindlichen Konflikte mit dem eigenen Geschlecht ist mit der Chance verbunden, die ehemalige Lösung zu revidieren. In der Spanne von gehorsamem Zustopfen und wildem Laufenlassen stellt sich erneut die Frage nach dem Maß von Aggression, das das bislang eher gehemmte Mädchen selbstbehauptend für sich in Anspruch nehmen will. Wenn die Rückzugsbewegung gegen Ende der ersten Phase wieder in Richtung Selbsterweiterung pendelt, werden die neuen Muster besonders bedeutsam, die sich im kulturellen Wandel entwickeln und dem Mädchen helfen können, den Wiederholungszwang der Tradition zu durchbrechen und ihren persönlichen Raum zu erweitern bzw. die bestehenden Muster schöpferisch zu erneuern. Der Einfluß der Kultur in Relation zu den anthropologischen Entwicklungskonstanten vergrößert sich spezifisch während der freiheits- und revolutionsberauschten Pubeszenz als der Phase, in der die Heranwachsenden ihren Platz in einem sowohl bestehenden als auch sich wandelnden Gefüge von Erwachsenenrollen suchen müssen. Ich denke, daß Frauengruppen und die feministische Bewegung insgesamt sich der selbstbezogenen Dynamik von Mädchenbindungen während der frühen Adoleszenz (die häufig lebenslang ihre Funktion behalten) bedient haben und so die Integration von kulturell als männlich reklamierten Qualitäten in neue weibliche Selbstkonzepte erarbeitet haben. Für diesen Selbstfindungs- und Profilierungsprozeß war die schützende Abgrenzung weiblicher Gruppenbildungen (auch mit Hilfe von Tabus) ebenso notwendig, wie zu Beginn der Pubeszenz.

b) Die Darstellung der ersten Phase im Märchen

Ähnlich habe ich das in einer psychoanalytischen Frauen-Selbsterfahrungsgruppe in den achtziger Jahren erlebt, in der das Märchen von Frau Holle eine Rolle spielte, als der Wunsch nach einer wegweisenden Initiationsfigur zu weiblichem Glück auftauchte. Dadurch fiel mir auf, wie in typischen Pubertätsmärchen die erste Adoleszenzphase dargestellt wird. Während für Hans z. B. eine Bohnenranke wächst (als Bild genitaler Reifung), die ihn auf dem Weg zur Prinzessin in Konfrontation mit einem Gigantenpaar (Elternimagines) bringt, spinnt sich die Goldmarie die Finger blutig und wird von der strengen Mutter kopfüber in den Brunnen gestürzt. Der Junge entdeckt die Höhe, das Mädchen die Tiefe ihres Geschlechts, er steigt, sie stürzt. Dennoch handelt es sich nicht um Gegensätze, sondern um verschiedene Richtungen der vertikalen Dimension, die hier die Genitalität als männlich-weibliches Gesamtkontinuum verkörpert, und für die es z. B. im Lateinischen nur ein Wort gibt: »altus«.

Die Wahl der Vertikalen zur Darstellung der Genitalität ist kein Zufall, sondern entspricht Körperempfindungen beim Erleben von Höhenunterschieden und einer regelmäßigen Symbolik des Unbewußten. Schon Freud ist aufgefallen, daß der Traum den Geschlechtsverkehr oft als Treppensteigen darstellt, – Onanie-Phantasien wählen nicht selten z. B. den Aufzug als Ort der Handlung: wenn der sich plötzlich in Bewegung setzt, manifestieren sich die Körperreaktionen bei vielen Menschen im Unterleib. Höhenrausch und Tiefenangst betreffen die Dimension orgastischen Erlebens, der die Jugendlichen im Verlauf der adoleszenten Aktivierung ihres Genitals begegnen.

Der typische weibliche Pubertätstraum in der Zeit, bevor sich ein realer Orgasmus ereignet, ist der Sturz, – eine Treppe hinunter, über eine Klippe, oder von einer Leiter, häufig aus einer Fluchtbewegung heraus in einem Verfolgungszusammenhang. Solche Träume gestalten sich im Lauf der Entwicklung erotischer und enden schließlich oft statt im Sturz in einem Orgasmus. Das Hinunterfallen bleibt dennoch lebenslänglich ein weibliches Traumsymbol für die orgastische Reaktion.

Das Eintreten der Geschlechtsreife wird in »Frau Holle« wie in »Dornröschen« mit einem ähnlichen Szenarium beschrieben: die weibliche Tätigkeit des Spinnens führt zu Blutung, Sturz und Trennung von der herrschenden bösen Mutterfigur. Dornröschen fällt in Tiefschlaf und zieht eine schützende Dornenhecke um sich, – die Goldmarie fällt durch den Brunnen (der ihr Geschlecht symbolisiert) in eine andere Welt. Das weiblich definierte Spinnen symbolisiert Masturbation als Kombination von feinmotorischem Gefummel mit Phantasieren (= spinnen). Der Beginn der Menstruation erscheint im Märchen wie eine Folge des »Spinnens«, – in der Realität verhält es sich wohl eher umgekehrt: der Eintritt der Menstruation fordert das Mädchen zur Beschäftigung mit ihrem Geschlechtsteil auf und regt sie dazu an, autoerotische Gewohnheiten zu onanistischen Praktiken fortzuentwickeln.

Die jungen Mädchen im Märchen scheinen wie infiziert von der Weiblichkeit der Mutter und dadurch von ihr weggestoßen. Auch in »Schneewittchen« führt die Konfrontation mit der bösen Mutter zu scheintotem

Niedersinken und Abkapselung des Mädchens. Bei meiner Untersuchung zum Menstruationserleben ist mir die betäubte Isolation Schneewittchens im gläsernen Sarg öfter als Bild für die Abkapselung in einer Tabuzone während des menstruellen Zustandes begegnet. Das Blut erscheint auch bei Schneewittchen am Rande: sie ist so rot wie das Blut ihrer Mutter im Schnee.

Der Eintritt der Geschlechtsreife zerschneidet die Mutter-Tochter-Beziehung, indem er aus der Tochter eine Frau macht. Wenn der erste Riß zwischen Mutter und Tochter durch die Wandlung der Mutter vom Lustobjekt (im Märchen symbolisiert durch den Tod der guten Mutter) zum Identifizierungsobjekt (die versagend-strenge Mutter im Märchen) geschah, so wird nun in der pubertären Wiederkehr der Ödipussituation die aggressive Seite der bislang auch libidinös-anlehnenden und spiegelnden Identifizierung thematisch. Identifizierungen sind prinzipiell ambivalent. Jedes Gleich-sein-Wollen mit einem noch so idealisierten Vorbild beinhaltet die vernichtende Ersetzung des Ideals durch die eigene Person, – hier die Abstoßung der überflüssig gewordenen Mutterautorität.

Diese Pubertätsmärchen scheinen mir die erste Phase der weiblichen Adoleszenz eindrucksvoll zu illustrieren: das Mädchen fällt aus einer zunehmend bedrohlich empfundenen Abhängigkeit von der Mutter in eine Art scheintoten Verpuppungszustand. Diese Isolierung schafft eine Grenze um das Mädchen, die sie mit ihrer Tiefe, als Bild ihres Unbewußten und ihres weiblichen Genitals konfrontiert. Was in diesem Zustand, sozusagen im Inneren der Puppe, des Brunnens, des Sarges, des Dornröschenschlosses, passiert, während das Mädchen einerseits auf die Aktivierung ihres Genitals und die Absturzträume mit Tagträumen und allmählicher Reifung der nächtlichen Träume autoerotisch reagiert, – das »Werde« nach dem »Stirb« –, das beschreibt andererseits das Märchen von Frau Holle näher: Eine archaische Mutterfigur initiiert das Mädchen in die Anforderungen der traditionellen weiblichen Rolle, die Goldmarie machte eine Art Lehre in Haushalt und Fürsorge durch, wird am Ende einer Prüfung unterzogen und als glänzende Frau entlassen. Dem zeigt sich ihre Schwester, die Pechmarie, nicht gewachsen, da sie die mühsame und leidvolle Internalisierung mütterlicher Fürsorge nicht leisten will und in kindlicher Anspruchshaltung verharrt.

Auch Schneewittchen übt erwachsene Mütterlichkeit in der anderen Welt der Zwerge. Und das Märchen vom Aschenputtel beschreibt ebenfalls eine Metamorphose zu äußerem Glanz als Resultat einer leidvollen Lösung von Kindheit und Mutter durch Identifizierung mit erwachsener Weiblichkeit, als Fähigkeit zu Geduld und Fürsorge. Dafür sieht sie sich am Ende belohnt, im Gegensatz zu den Schwestern, die sich um die Wandlung zur

Selbständigkeit durch gewaltsame Akte herumzumogeln versuchen. Das Blut im Schuh der Schwestern symbolisiert hier die nicht bewältigte und integrierte Menstruation.

Im Märchen schlüpft am Ende dieser Phase das Weibchen aus, ist das Kind »gestorben« und zur Frau »geworden«. Das Mädchen ist heiratsfähig, sie kann dem Prinzen begegnen, da das bearbeitete Selbst goldene Grundlagen geschaffen hat. Als mühe- und leidvoll wird der Verlust von mütterlicher Versorgung zugunsten von Selbständigkeit geschildert, die Mütter werden von ihrer bösen, versagenden Seite gezeigt, die das Mädchen zur Lösung anstößt, aber auch von ihrer verführerisch wieder vereinnahmenden Seite, die die Entwicklung des Mädchens zur Frau bedroht. Nur Frau Holle demonstriert orientierende Struktur, wenn auch im simplen Sinn einer Einführung in den ehemals zentralen Frauenberuf. Das ist Frau Holles Mitgift, das Gold. Die Fähigkeit, mütterliche Pflichten zu übernehmen, wird im Märchen mit der Liebe des Prinzen belohnt und der Verwirklichung genitaler Sexualität. Aschenputtel verliert ihren Schuh (Genital) an den Prinzen, der eben daran die Geliebte erkennt, die er sucht.

4. Die zweite Phase

a) Erotische Wendung

Heutzutage ist die Entwicklung komplizierter – wenn auch andererseits leichter –, da das Frauenschicksal weniger eng determiniert ist. Die Möglichkeit, traditionell männlich bestimmte Lebensformen für das persönliche Selbstkonzept zu beanspruchen, Leistung, Konkurrenz und Kameradschaft, sowie Zugang zu Öffentlichkeit und Mitbestimmung zu verwirklichen, wird oft antagonistisch zur Verwirklichung traditioneller Weiblichkeit erlebt, zu den Freuden von Hingabe, Anlehnung und Fruchtbarkeit.

Die zweite Phase der Adoleszenz ist jedoch wie eh und je durch die Begegnung mit dem Prinzen und der Liebe geprägt. Wenn es dem Mädchen gelungen ist, ihre kindliche Bindung ein Stück weit von den Eltern zu lösen, eine alternative Geborgenheit in Freundschaften und Peer-Gruppe zu finden, ein eigenständiges Leistungsniveau zu realisieren, ihr strukturelles Ambivalenz-Chaos in einem neuen Entwurf genital zu organisieren und sich mit dem Menstruieren als Teil ihres Körper-Selbsts zu versöhnen, hat sie das Selbstvertrauen gewonnen, das sie der Begegnung mit dem anderen Geschlecht zugänglich macht. Heterosexuelle Lieben und Freundschaften können nun ausprobiert und zu sexueller Differenzierung und partnerschaftlicher Rivalität genutzt werden.

Das Märchen vom Rumpelstilzchen thematisiert die Schwierigkeiten und Nöte des Mädchens, der Herausforderung durch das männliche Geschlecht (dem rumpelnden Stilzchen) zu begegnen, ihm ihren jungfräulichen Schmuck zu schenken, und mit ihm einen gemeinsamen Faden zu finden, um Gold aus Stroh zu spinnen. Nicht alle Märchen enden mit der Hochzeit, oft ist die Liebe eines Paares bei der Geburt eines Kindes wieder von Mutterfiguren bedroht, oder die Partner erleiden Liebesglück und Liebeskummer, finden und verlieren sich wieder, bis sie sich gegenseitig von der Macht der Elternfiguren erlöst und Rivalitäten durchgestanden haben. Ein schönes Beispiel für letzteres ist das Märchen vom Trommler.

Heutzutage steht eine frühe Liebesbindung aber nicht nur der Macht alter Bindungen gegenüber und natürlich der Konkurrenz, sondern Wünschen und Forderungen nach Individuation durch vielseitige Erfahrungen und berufliche Karrieren, wie sie zunehmend auch für Frauen bedeutsam geworden sind und durch frühe Bindungen behindert werden. Dennoch ist in der zweiten Phase der Adoleszenz mit dem Aufblühen der Genitalität die Bedeutung der Liebe und die Bindungsfähigkeit der Jugendlichen, fast Erwachsenen sehr groß. Die erste Liebesbindung bearbeitet das ödipale Drama der Kindheit aufs Neue und führt nicht selten, wenn auch manchmal erst nach Jahren, zu endgültiger Lebenspartnerschaft. (On revient toujours à son premier amour.)

b) Die kleine Seejungfrau

Eine besonders anrührende Liebestragödie erzählt Hans Christian Andersens Märchen von der kleinen Seejungfrau. Das Mädchen, dessen Element das Flüssige ist (das sich mit ihrer Menstruation identifiziert?) verliebt sich in den Prinzen, der in diesem Element versinkt und gibt sich selbst für diese Liebe auf. Sie opfert die kindliche Intaktheit ihres Fischschwanzes und läßt ihn zu zwei Beinen schneiden, sie opfert ihr Element, ihre Zunge/Sprache und ihre Selbstbehauptung, um den Prinzen zu erreichen. Die Liebe schneidet ihr tief ins Fleisch und öffnet ihr Geschlecht. Die Unbedingtheit ihrer Hingabe hat sie aber ihrer aggressiven Potenz beraubt bzw. sie so beschnitten, daß sie der Konkurrenz um den Prinzen nicht gewachsen ist und ihn an eine andere verliert. Im letzten Moment steht sie vor der Entscheidung, ob sie sich ihrer Aggression zum Überleben wieder bemächtigen will. Das hieße im Märchen: den Prinzen und die Konkurrentin in der Hochzeitsnacht zu töten; – das hieße im übertragenen Sinne, diese unglückliche Liebe in sich zu töten, um ihr eigenes Selbst zu retten (von der ödipalen Fixierung zu lösen) und wieder mit Libido zu besetzen. Statt dessen stirbt sie mangels Aggression (gegen die inneren Eltern) an der Liebesversagung, d. h. im ödipalen Sinne am Ausgeschlossen-Sein durch das Elternpaar. Sie löst sich auf zum Schaum auf dem Meer und verbindet sich wieder mit dem mütterlichen Element, das sie in der Konkurrenz nicht besiegen konnte.

Während die alten Volksmärchen beim Übergang vom Kind zum Erwachsenen die Lösung von den Eltern, das Erreichen der Genitalität und die Sozialisation in mittelalterlich vorgegebene Rollen thematisieren, stellt Andersens Kunstmärchen des späten 19. Jahrhunderts die Gefährdung des Individuums durch die Liebe dar, den Antogonismus von Objekt- und Selbstliebe. Auch Freud hat die Gefahr gesehen, in der Verliebtheit narzißtisch zu verarmen; bekanntlich hat er Lieben und Arbeiten als Reifungsaufgaben des Erwachsenen benannt, die neurotisch verfehlt werden können. Ungenügend aufgelöste inzestuöse Bindungen an die Eltern führen in der Verliebtheit zu einer aggressiven Hemmung oder narzißtischen Schwäche bzw. kindlichen Ohnmacht gegenüber dem geliebten Objekt, auf das das begehrte Elternteil übertragen wird, was, wie Freud beschreibt, beim Mann z. B. zu Impotenz führen kann: er kann nicht begehren, was er liebt, und nicht lieben, was er begehrt. Der und die zum ersten Mal Liebenden müssen lernen, die Bindung ans Objekt mit der Treue zu sich selbst zu versöhnen, um sich nicht aufzulösen, und um eben dadurch dem anderen die Möglichkeit zu geben, diese Liebe zu entgegnen; denn nur ein Partner, der Widerstand bietet und greifbar konturiert ist, gibt der Liebe des anderen den Anhalt, den sie braucht.

Anders als Freud, der Frauen für narzißtisch hielt und die Widerständigkeit narzißtischer Frauen als besonderen Liebesanreiz beschrieb, zeigt Andersen großes Einfühlungsvermögen in die Problematik weiblicher Liebeshingabe in der Moderne und die Schwierigkeit der Frau, sich dem Mann gegenüber erwachsen zu behaupten, wenn sie denn die Liebe wagt und sich nicht narzißtisch davor schützt. Sie wurde ja gerade zu selbstlos-mütterlicher Hingabe sozialisiert und besaß wenig politische Rechte zur Stützung eines erwachsenen Selbstbewußtseins. Sie sollte doch das »Andere«, der diffus-flüssige mütterliche Hintergrund für den profilierten Mann sein, – wurde sie das, so fürchtete der Mann, von diesem Meer verschlungen zu werden und wandte sich von ihr.

5. Studentinnen 1970:
Verlängerung der Adoleszenz um eine dritte Phase

Die jungen Frauen, die ich 1970, bevor der Feminismus zu Einfluß gelangte, untersucht habe, fühlten sich in der zweiten Phase der Adoleszenz zunächst durch die Möglichkeit der Liebe mit ihrem Geschlecht versöhnt und konnten die Menstruation als Potenz zur Fruchtbarkeit bejahen. Im weiteren Verlauf ihrer Entwicklung sahen sie sich jedoch zunehmend mit einem Antagonismus von Liebe und Fruchtbarkeit auf der einen und Individuation und beruflicher Leistung auf der anderen Seite konfrontiert. Während die Märchen eine Zeit spiegeln, in der die Entwicklung vom Kind zur Frau mit der zweiten Phase der Adoleszenz abgeschlossen war und in Heirat und Fruchtbarkeit mündete, können sich die heiratsfähigen Mädchen heute entscheiden, andere und neue Wege zu gehen, für die es jedoch keine modellhaften Anleitungen zur Lebenshilfe gibt. Die Emanzipation von alten Mustern kann nur durch Triebverzicht bzw. Aufschub gelingen, kulturelle Errungenschaften fordern hier auch von den Frauen ihren Tribut. Das heiratsfähige »Weibchen« muß sich einer weiteren Metamorphose unterziehen, wenn sie eine mündige Frau werden will, die den neuen kulturellen Idealen entspricht. Die Studentinnen, die ich 1970 untersucht habe, gehörten zum Teil zu denjenigen, die sich gegen eine frühe Ehe für ein anderes Frauenschicksal entschieden hatten. Um die Studienzeit zu bewältigen, mußten sie Bindungs- und Fruchtbarkeitsgelüste aufschieben, ihre Genitalität und den Fruchtbarkeitsmechanismus unter Kontrolle bringen und sich um die Verhütung kümmern. Liebe und Arbeit waren für sie eher gegenläufige Tendenzen, deren Integration im Kontext von zu erfindenen Lebensentwürfen erst noch zu entwickeln anstand.

Eine besondere Schwierigkeit ergab sich für sie aus der Tatsache, daß sie ihre Arbeitsziele als männlich definiert sahen, was sie in Konflikt mit ihrer weiblichen Identität brachte. Die Menstruation, verbunden mit dem Versprechen auf Fruchtbarkeit und der Möglichkeit von Familie wurde als Versuchung erlebt, sich einem Bestimmt-Werden durch das Leben zu überlassen. In Anbetracht der noch jungen Emanzipation standen viele junge Frauen in ständigem mehr oder weniger erfolgreichem Kampf gegen ihre triebhafte Passivität um Selbstbestimmung und Kontrolle über ihr Schicksal, und gingen entsprechend mißtrauisch mit ihrem fließenden Geschlecht um. Ihre Weiblichkeit drohte sie zu überfluten, ihre Sexualität sie vom Wege abzubringen, ihre Liebesfähigkeit drohte sie zu fesseln und auf das Modell ihrer Mütter zurückzuwerfen.

Demgegenüber brachten viele eine verbissene Disziplin auf, indem sie sich an der einzigen Modellalternative, einem männlichen Leistungsprofil orientierten, dabei aber unterschwellig Ängste bekamen, zu »vertrocknen«. In der konkreten Menstruation erlebten sie ihre aktuellen Lebenspolaritäten, indem sie ihnen als sinnliche Quelle von Gefahr und Trost, von Versuchung oder Befreiung erschien. Der Mangel an weiblichen Orientierungsidealen zeigte sich in einer deutlichen Assoziation der Menstruation als Weiblichkeitszeichen mit einer Schwäche ihres Geschlechts, die überwunden und kompensiert werden müsse.

Dennoch realisierten die Frauen auch ihre Freiheit, aus den Möglichkeiten ihrer Existenz zu wählen und Angebote anzunehmen oder abzulehnen, die mit dem Menstruieren verbunden waren. Als Preis für den Gewinn kultureller Leistungen, von Profil und Selbstsicherheit, für ein stolzes Mithalten in der Entwicklung der jungen Männer trat bei den von mir untersuchten Studentinnen immer wieder der Verlust der ersten tiefen und noch inzestuös geprägten Liebesbindung in den Vordergrund. War dieser schmerzliche und oft schwer zu verwindende Schritt getan, entwickelte sich mit der Menstruation häufig eine traurige Stimmung, ein Gefühl von Leere und Sinnlosigkeit, das Bewußtsein, etwas geopfert zu haben und ein unbestimmtes Erleben von Leerlauf abgewiesener oder ungenutzter Potenzen. Das Ende ihrer Adoleszenz scheint durch eine letzte Phase der Trauer um die erste Liebe markiert zu sein.

Vielleicht ist es eben diese Trauer, durch die unter heutigen Lebensbedingungen eine junge Frau mit langer Berufsausbildung zur Erwachsenen auf hohem Individuationsniveau reift, die sich behaupten und die die Verantwortung für sich selbst, für ihre Wünsche und deren Konsequenzen auch tragen kann. Da die erste Liebe unbewußt mit dem Vater verknüpft war, entspricht deren Ende einer Emanzipation von der ödipalen Bindung an einen Mann, zu dem sie aufschauen möchte. Dem Verlust der mütterlichen Versorgung folgt der Verlust väterlicher Autorität, wenn es ihr gelingt, sich von ihrer patriarchalen Definition als Tochterfrau zu lösen. Entsprechend folgt der Identifizierung mit mütterlichen Potenzen eine Identifizierung mit mütterlichen Potenzen eine Identifizierung mit väterlicher Selbstbestimmung. Dabei kann ihr heute sicher die feministische Ermutigung zu reflektierter Aggression im Rahmen eines weiblich verstandenen Selbstbildes helfen.

Die kleine Seejungfrau hat ihren Schwanz und ihr Element verloren, sie steht auf zwei Beinen und weiß, was sie das gekostet hat (da ist wieder der »Schnitt«), an Land hat sie auch noch ihr Herz verloren und ist »gestorben«, bevor sie endlich – hoffentlich! – als Frau wieder auftaucht und am Ende eines langen Entwicklungsprozesses einen Raum für sich zu beanspruchen gelernt hat, in dem sie eine Rolle spielt, die zu erforschen und mit der zu experimentieren sie ihr Leben Zeit hat.

Literatur

Andersen, H. C. 1872: Die kleine Seejungfrau. In: *Märchen und Historien*. Bayreuth 1980.
Balint, M., 1966: *Die Urformen der Liebe und die Technik der Psychoanalyse*. Stuttgart.
Beauvoir, Simone de, 1968: *Das andere Geschlecht. Sitte und Sexus der Frau*. Reinbek bei Hamburg.
Benjamin, J., 1988: *Die Fesseln der Liebe – Psychoanalyse, Feminismus und das Problem das Macht*. Basel/Frankfurt.
Chasseguet-Smirgel, J. (Hg.), 1974: *Psychoanalyse der weiblichen Sexualität*. Frankfurt.
Chodorow, N., 1978: *Das Erbe der Mütter*. München 1985.
Daly, C. D., 1928: Der Menstruationskomplex. *Imago*, Bd. XIV.
Deutsch, H., 1948, *Psychologie der Frau*. Bern.
dies., 1925: *Psychoanalyse der weiblichen Sexualfunktionen*. Wien.
Erdheim, M., 1984: *Die gesellschaftliche Produktion von Unbewußtheit*. Frankfurt.
Erikson, E. H., 1950: *Kindheit und Gesellschaft*. Stuttgart 1961.
Fast, I., 1984: *Gender Identity – A Differentiation Model*. Hillsdale, New Jersey.
Ferenczi, S., 1924: Versuch einer Genitaltheorie. In: *Schriften zur Psychoanalyse II*. Frankfurt 1982.
Freud, A., 1964: *Das Ich und die Abwehrmechanismen*. München.
Freud, S., 1900: *Die Traumdeutung*. GW II/III.
ders., 1905: *Drei Abhandlungen zur Sexualtheorie*. GW V.
ders., 1908: *Hysterische Phantasien und ihre Beziehung zur Bisexualität*. GW VII.
ders., 1913: *Totem und Tabu*. GW IX.
ders., 1916/17: *Vorlesungen zur Einführung in die Psychoanalyse*. GW XI.
ders., 1918: *Das Tabu der Virginität*. GW XII.
ders., 1920: *Das Unheimliche*. GW XII.
ders., 1920: *Über die Psychogenese eines Falles von weiblicher Homosexualität*. GW XII.
ders., 1920: *Massenpsychologie und Ich-Analyse*. GW XIII.
ders., 1920: *Der Untergang des Ödipuskomplexes*. GW XIII.
ders., 1930: *Das Unbehagen in der Kultur*. GW XIV.
ders., 1930: *Über die weibliche Sexualität*. GW XIV.
Friedan, B., 1970: *Der Weiblichkeitswahn*. Reinbek bei Hamburg.
Gallop, J., 1982: *The Daughter's Seduction. Feminism and Psychoanalysis*. London.
Grimm, Gebrüder, 1937: *Märchen der Brüder Grimm*. Gesamtausgabe. München.
Huber, M./Rehling, I., 1989: *Dein ist mein halbes Herz. Was Freundinnen einander bedeuten*. Frankfurt.
Irigaray, I., 1989: *Genealogie der Geschlechter*. Freiburg
Jung, C. G., 1927: *Die Frau in Europa*. Berlin.
Klein, M., 1928: Frühstadien des Ödipuskonflikts. In: *Internationale Zeitung für Psychoanalyse*. 1962.
Orbach, S./Eichenbaum L., 1987: *Bitter und süß. Frauenfreundschaft – Frauenfeindschaft*. Düsseldorf.
Poluda-Korte, E. S., 1970: *Untersuchungen über Verarbeitungsformen des Menstruationserlebens*. Unveröffentlichte Diplomarbeit, Köln.
dies., 1986: *Der lesbische Komplex: Die Bedeutung des homosexuellen Tabus für die Weiblichkeit*. Noch nicht veröffentlicht.

dies., 1988: Ein kreatives Potential. In: *Frauen und Pornografie*. Tübingen.
dies., 1988: Brief an eine Freundin. In: *Mein heimliches Auge. Jahrbuch der Erotik III.* Tübingen.
dies., 1990: Das Wasser war viel zu tief. In: *Konkursbuch* 24: Geschlechter-Verhältnis. Tübingen.
dies., 1992: *Freud und die Töchter – Versuch einer Emanzipation von patriarchalen Vorurteilen in der Psychoanalyse.* In: Jahrbuch der Psychoanalyse XXIX, Stuttgart.
Rohde-Dachser, Ch., 1991: *Expedition in den dunklen Kontinent.* Berlin/Heidelberg/New York.
Rotter, L., 1989: *Sexappeal und männliche Ohnmacht.* Freiburg.
Salber, W., 1966: Chancen und Begrenzungen des Faktischen. *Jahrbuch für Psychologie und Psychotherapie und medizinische Anthropologie.* 14. Jg., Heft 2–4, Freiburg/München.
Segal, H., 1964: *Melanie Klein. Eine Einführung in ihr Werk.* Frankfurt 1983.
Stoller, R., 1977: Primary femininity. In: Blum, H. P. (Hg.): *Female Psychology.* New York.

Die Preisgabe: Überlegungen zur Bedeutung der Menstruation in der Mutter-Tochter-Beziehung[1]

Helga Haase

Ethnologen haben seit Ende des letzten Jahrhunderts in vielen traditionellen Gesellschaften die unterschiedlichsten rituellen Bräuche menstruierender Mädchen und Frauen festgestellt, die Frazer (1906–1915) unter dem Begriff des Menstruationstabus geordnet hat. Nach Freud (1912–13) verschwindet ein Tabu, sobald das Individuum einer Gesellschaft die äußeren Verbote verinnerlicht hat, so daß diese von außen einwirkenden Verbote überflüssig werden. Aus dem einst kollektiven »Tabugewissen«, wie Freud es nennt (ebd., S. 85), sei dann ein individuelles Gewissen, das Über-Ich, entstanden.

Vor diesem Hintergrund mag die Fragestellung, ob in unseren hochentwickelten Industriegesellschaften ein Menstruationstabu besteht, zunächst widersinnig erscheinen. Haben wir in uns nicht ein stabiles Über-Ich errichtet? Wo gibt es bei uns Anzeichen, die auf ein Menstruationstabu hindeuten?

Ein Tabu ist in festumrissene, besonders für den fremdkulturellen Forscher gut sichtbare Rituale eingebunden. An diesen Ritualen läßt sich bei näherem Hinsehen die verborgene Bedeutung des Tabus ablesen.[2] Da es in unseren Industriegesellschaften keine festgefügten Ritualabläufe gibt, wie wir sie in traditionellen Gesellschaften vorfinden und wir unsere Beziehungen über Normen und Wertvorstellungen regeln, die eine Vielfalt von Verhaltensangeboten enthalten, aus denen jede/r – scheinbar relativ frei – wählen kann, läßt sich ein Menstruationstabu, sollte es denn existieren, nur schwer erkennen.

---

1 Die hier vorgestellte Interpretation ist Teil meiner Dissertation »Adoleszenz, Weiblichkeit, Kultur. Zur kulturellen Bedeutung der Menstruation und der Entwertung des Weiblichen«. Unveröffentlichtes Manuskript.
2 Freud (1912–13, 47–80) hat dies an der »Behandlung der Feinde«, am »Tabu der Herrscher« und am »Tabu der Toten« ausgeführt.

Bis vor etwa 25 Jahren war Menstruation kein Thema[3], über das öffentlich geredet wurde. Schamgefühle verhinderten den Dialog, die Frauen bluteten wortlos, stumm und heimlich im Verborgenen. Einzig die Mediziner, Psychiater und Gynäkologen erfuhren vom Blut der Frauen und behandelten es als Krankheit (z. B. Fischer-Homberger 1984). In der zweiten Hälfte der sechziger Jahre lockerte sich die Sexualmoral, der Staub der rigiden 50er Jahre wurde – scheinbar – weggefegt. Im Zuge der sexuellen Aufklärungskampagnen dieser Zeit wurde auch dem Thema Menstruation Aufmerksamkeit gewidmet. Das Schweigen, das bis dahin das Menstruationsblut verdeckt hatte, lüftete sich. Rückblickend scheint das Tabu der Menstruation nun überwunden, denn heute ist der monatliche Blutfluß von Mädchen und Frauen kein verschämt verschwiegenes Geheimnis mehr. Im Sexualkundeunterricht erfahren Drittklässler vom weiblichen Menstruationszyklus. Die Werbung thematisiert Menstruation unter dem Aspekt der Hygiene und preist Binden und Tampons an. Menstruation ist gesellschaftsfähig geworden (vgl. Hering/Maierhof 1991).

Es scheint, als unterliege die Menstruation nicht länger einem Tabu. Oder doch? Ist denn mit der Thematisierung der Menstruation unter dem Aspekt der Hygiene und der Zyklizität des weiblichen Körpers schon alles über das Phänomen Menstruation gedacht und gesagt worden? Ich bezweifle das und möchte die Frage stellen, ob durch eine öffentliche Diskussion auch des Menstruationsthemas sich nicht lediglich die Art und Weise, wie sich das Menstruationstabu repräsentiert, also die Menstruationsrituale, verändert haben, während das Tabu nach wie vor fortbesteht. Denn ein Tabu ist nicht nur ein einfaches Verbot. Ein Tabu ist, folgen wir Freud, ein Verbot, das sich durch gegensätzliche Strebungen, durch *Ambivalenz*, auszeichnet. Ambivalenten Strebungen ist es eigen, daß sie voneinander abgetrennt sind, damit sie »nicht zusammenstoßen können« (Freud 1912–13, 40). Die manifeste Strebung des Tabus »wird laut bewußt«. Sie ist für alle offenkundig, sichtbar, erkennbar. Die andere, die latente Strebung – bezeichnen wir sie, im Gegensatz zur »lauten« Strebung, als ›stumme‹ oder ›leise Strebung‹ – »ist unbewußt, die Person weiß nichts von ihr« (ebd.). Letztere ›stumme‹ Seite hat, so Freud, immer mit verdrängter Lust zu tun. Die daraus folgende »unerledigte Situation« (ebd., 39) tendiert dazu, sich unbemerkt durchzusetzen und nach Befriedigung zu streben.

---

3 In der neueren Literatur ist das Menstruationsthema vereinzelt diskutiert worden (vgl. z. B. Hug 1984, Klose u. a. 1986, Mahr 1985, Martin 1989, Schlehe 1987, Schröter 1984, Hering/Maierhof 1991). Insbesondere die ethnopsychoanalytische Diskussion (Erdheim 1982) hat das Thema der Menstruation, anknüpfend an die psychoanalytische Adoleszenz-Diskussion der zwanziger und dreißiger Jahre, vorangetrieben (vgl. dazu vor allem Waldeck 1988).

Fragen wir daraufhin nochmal nach dem Vorhandensein eines Menstruationstabus. Wäre es nicht möglich, daß sich aufgrund der in den 60er Jahren begonnenen sexuellen Aufklärungskampagnen das Aussehen des Tabus, das äußere, ›laute‹ Verbot geändert hat, während die latente, ›leise‹ Seite des Tabus nach wie vor unerkannt bleibt? Wenn Menstruation lange Zeit der öffentlichen Wahrnehmung entgangen ist und im öffentlichen Diskurs keine Sprache hatte, dann aber über das Menstruieren der Mädchen und Frauen geredet wurde, so muß das nicht heißen, daß das auf der Menstruation liegende Verbot, das Tabu eben, nicht mehr existiert. Es hieße lediglich, daß nicht nur die latente, ›leise‹ Seite, sondern auch die – inzwischen – ›laute‹, manifeste Seite des Tabus bislang der öffentlichen Wahrnehmung entgangen war. Erst jetzt, nachdem das Thema der Menstruation aus dem verschwiegenen Intimbereich herausgetreten ist, ist diese ›laute‹ Seite des Tabus für uns alle sichtbar und deshalb auch ansprechbar geworden. Der Körper der menstruierenden Frau wurde aus dem privaten und Sinnlichkeit gewährenden Schonraum herausgestoßen und ist nun umso mehr einer entsinnlichten, öffentlichen Verwaltung preisgegeben (vgl. Brückner 1989). Was wir von dieser entsinnlichten, öffentlichen Verwaltung des menstruierenden Frauenkörpers wahrnehmen können, – die Reinlichkeit, das zyklische Funktionieren – ist als das Manifeste, das ›Laute‹ des Menstruationstabus zu verstehen. Was das Latente, ›Stumme‹ sein könnte, wissen wir damit noch lange nicht.

Beide Seiten des Menstruationstabus – die ›laute‹ und die ›leise‹ Seite – möchte ich am Beispiel der ausschnittweisen Interpretation eines Interviews[4] aufzuzeigen versuchen. In diesem von mir durchgeführten offenen Interview erzählt eine 45jährige Mutter, Gudrun, wie sie die Menarche und die Zeit der folgenden Menstruationen ihrer damals knapp 13jährigen Tochter Maritta erlebt hat. Auffallend ist die Form ihrer Erzählung: Sehr häufig spricht Gudrun in wörtlicher Rede. Diese Erzählweise verstehe ich so, daß Gudrun sich an das bereits etwa ein Jahr zurückliegende Geschehen vital erinnert, daß es immer noch in ihr arbeitet und deshalb keineswegs erledigt ist, sondern daß es vielmehr eine »unerledigte Situation« (Freud, 1912–13, 39) sein dürfte.

---

4 In der folgenden Interpretation verwende ich die von Lorenzer (1986, 11–98) entwickelte tiefenhermeneutische Methode, bei der die Gegenübertragung zentral ist und beim Lesen des Textes hervorgerufene »Irritationen« zum Verstehen des Textes führen.
 Die der vorliegenden Interpretation zugrunde liegenden Irritationen wurden in einem Arbeitskreis, dem ich seit mehreren Jahren angehöre, erarbeitet. Angewandt wurde die tiefenhermeneutische Interpretationsmethode in verschiedenen Bereichen, vgl. z. B. Flaake 1989; Günter-Thoma 1991, Nadig 1986, Waldeck 1990; Zier 1987.

Szene 1: »Sie wußte jetzt einfach: ›Das ist es jetzt!‹«[5]

Gudrun leitet ihre Erzählung mit folgenden Sätzen ein:

> »Also, als die Maritta das allererste Mal ihre Tage hatte, da waren wir erst nicht zu Hause und kamen dann wieder mit einer Freundin. Und als die Freundin dann *endlich*[6] gegangen war, da kam sie zu mir und sagte: ›Du, ich hab' meine Tage gekriegt.‹ Und sie war schon irgendwie ärgerlich, oder vielleicht auch traurig, daß ich nicht da gewesen war und wir dann auch noch eine Freundin angeschleppt haben und ich erstmal nicht sprechbar war und sie das Gefühl hatte, daß sie auch nicht sagen konnte: ›Komm doch mal her!‹ und so.«

Auffallend sind die an diesem »allerersten Abend« auftretenden Zufälligkeiten, die Mutter und Tochter daran hindern, miteinander über das Ereignis der ersten Menstruation zu sprechen. Zuerst ist die Mutter nicht zu Hause, dann ist sie wegen der mitgebrachten Besucherin »nicht sprechbar«. Warum wartet Maritta geduldig, bis die Besucherin »*endlich* gegangen« ist? Was bedeutet Gudruns eigenartige Formulierung, sie sei »nicht sprechbar« gewesen? Was macht Maritta »irgendwie ärgerlich, oder vielleicht auch traurig«? Was ist es, daß Maritta zaudern und Gudrun »nicht sprechbar« sein läßt?

Daß etwas Unsichtbares und schwer Faßbares mit dieser Sache des ersten Blutes verbunden sei, deutet sich auch in der folgenden Passage an. Gudrun erzählt:

> »Wir hatten da schon länger drüber gesprochen und da standen wohl auch Binden 'rum im Bad, daß sie damit umgehen konnte und sie hatte früher auch wohl mal gefragt: ›Warum gehst Du nicht jeden Tag mit zum Schwimmen?‹ Das war so irgendwie normal. Ich weiß nicht, ob sie vielleicht auch schon darauf gewartet hat. Das ist ja auch manchmal so, daß mehrere Freundinnen die Periode schon bekommen haben und daß sie das Gefühl hatte: ›Ich will die auch kriegen.‹ Aber das war so ganz selbstverständlich. Sie wußte jetzt einfach: ›Das ist es jetzt!‹«

Gudrun sagt, sie habe mit ihrer Tochter »da schon länger drüber gesprochen«. Aber worüber haben sie gesprochen? Was ist jene als »das … da«

---

5 Originaltext zu Szene 1 (Kursivdruck bedeutet Hervorhebung der Stimme): »Also, als die Maritta das allererste Mal ihre Tage hatte, da waren wir erst nicht zu Hause und kamen dann wieder mit einer Freundin. Und als die Freundin dann *endlich* gegangen war, da kam sie zu mir und sagte: »Du, ich hab' meine Tage gekriegt«. Und sie war schon irgendwie ärgerlich oder vielleicht auch traurig, daß ich nicht da gewesen war und wir dann auch noch eine Freundin angeschleppt haben und ich erstmal nicht sprechbar war und sie das Gefühl hatte, daß sie auch nicht sagen konnte: »Komm doch mal her« oder so. Ich mein', wir hatten da schon länger drüber gesprochen, und da standen wohl auch Binden 'rum im Bad, daß sie damit umgehen konnte, und sie hatte früher auch wohl mal gefragt: »Warum gehst du nicht jeden Tag mit zum Schwimmen?« Aber das war so irgendwie normal. Ich weiß nicht, ob sie vielleicht auch schon darauf gewartet hat. Aber das war so ganz selbstverständlich. Sie wußte jetzt einfach: »Das ist es jetzt!«

6 Zur Bedeutung von Kursivdruck im Interviewtranskript, siehe Anmerkung 5.

bezeichnete Sache? Wovon spricht Gudrun, wenn sie sagt, daß ihre Tochter beim Anblick ihres Blutes zwischen den Schenkeln »jetzt einfach wußte, daß es jetzt« so sei? Was ist an diesem Wissen so »einfach« – und doch so kompliziert, daß »es« nicht einmal »sprechbar« ist? Was also steckt hinter dieser »normal« und »selbstverständlich« erscheinenden, dennoch so rätselhaften Sache des ersten Blutes?

Die gesamte Situation des »allerersten Mals«, als Maritta »ihre Tage hatte«, scheint von einem eigenartigen Schweigen begleitet, von einer seltsamen Distanz zwischen Mutter und Tochter überlagert. Es entsteht der Eindruck, als sei in dieser Angelegenheit der ersten Menstruation von vornherein keine Verständigung möglich, als gäbe es keine oder nur nichtssagende Worte für das, was sich mit diesem »allerersten Mal ihrer Tage« zwischen sie stellt. Es ist, als habe sich mit dieser »normalen« und »selbstverständlichen« Sache des ersten Blutes ein unsichtbarer Abgrund zwischen ihnen aufgetan, ein Abgrund, der mit »irgendwie ärgerlichen oder vielleicht auch traurigen« Gefühlen zusammenhängen dürfte. Was mag sich im Dunkel dieses Abgrunds verbergen?

Szene 2: »... daß der Vater eben auch überhaupt Kenntnis davon hatte!«

Gudrun erzählt weiter, den Vater habe sie bereits am »allerersten Abend«, als Maritta schon im Bett lag, dazugeholt:

»Das hab' ich ihm erzählt, also, daß der Vater eben auch überhaupt Kenntnis davon hatte ... Und der hat dann auch zu ihr gesagt: ›Na, Maritta, Du hast jetzt Deine Tage, jetzt bist Du groß, meine große Tochter!‹ Etwas später geht Gudrun nochmals auf die Vater-Situation ein: »An dem allerersten Abend, da hab' ich das dem Vater erzählt, als sie schon im Bett lag und da ist er dann nochmal hochgegangen zu ihr ans Bett und hat ihr gesagt, er freut sich, daß sie nun groß ist. Er wollte nicht, daß sie sich die Decke über den Kopf zieht und sich verkriecht, weil er auch, ja, so'nen wichtigen Anteil haben will.«

Daß der Vater in das erste Menstruationsgeschehen seiner Tochter einbezogen wird, stimmt völlig mit dem Geist sexueller Aufgeklärtheit überein. Ebenso wie es »irgendwie normal« und »selbstverständlich« ist, daß Tampons und Binden »im Bad 'rumstehen«, ist es normal und selbstverständlich, den Vater von der ersten Menstruation seiner Tochter rasch in »Kenntnis« zu setzen. Wenn der Vater sagt, »er freut sich« über Marittas Entwicklung zur »großen Tochter«, dann steht er als fortschrittlicher, aufgeschlossener Vater da, der an den »Tagen« seiner Tochter einen »wichtigen Anteil« haben möchte. In Gudruns Erzählung gibt der Vater seiner Tochter zu verstehen, daß für ihn Menstruation kein Tabuthema ist. Im Gegenteil, er freut sich sogar über seine nun »große Tochter« und scheint mit seiner Freude emotional positiver auf das Ereignis zu reagieren als die Mutter, die sich eigenartig distanziert zeigt.

Trotzdem liegt etwas im väterlichen Verhalten, das nicht ganz Marittas Wünschen entspricht. Wenn der Vater nicht wollte, »daß sie sich die Decke über den Kopf zieht und sich verkriecht«, dann deutet sich in dieser Formulierung an, daß Maritta, statt ihn neben ihrem Bett zu sehen, an diesem »allerersten Abend« sich tatsächlich lieber die Decke über den Kopf gezogen hätte. Er verhindert ihr Verkriechen und mischt sich – wie es scheint drängelnd – in das Menstruationsgeschehen seiner Tochter ein.

Mit seiner Einmischung gibt er seiner Tochter zu verstehen, daß ihre »Periode« keine Angelegenheit sei, die sie als ihr ureigenstes Körpergeschehen betrachten könne und unter ihrer Bettdecke privatisieren dürfe. Allerdings sind für ihn die »Tage« seiner Tochter kein Problem von Binden und Hygiene. Des hygienischen Problems hatte Gudrun sich ja bereits angenommen, was »normal« war, denn in Sachen Reinlichkeit war immer schon die Mutter zuständig gewesen. Marittas erstes Blut ist keine Angelegenheit, die durch ein kurzes Gespräch mit der Mutter und »Binden im Haus« zu erledigen wäre. »Die Tage« haben sie von einem Tag auf den anderen »groß« werden lassen. »Jetzt bist Du groß, meine Tochter«, sagt er zu ihr. Als »große Tochter« hat sie bei ihm einen anderen Status, selbst wenn am nächsten Tag der Schulalltag wie eh und je weitergeht. Maritta ist nicht mehr Kind, sondern auf dem Weg, eine Frau zu werden. Das betrifft auch ihn als Vater und als Mann.

Auch die Mutter will verhindern, daß Maritta sich an diesem Abend mit ihrem neuen Körpergeschehen zurückziehe und – mit ihrer blutenden Vulva und der Binde zwischen den Schenkeln – unter ihrer Bettdecke verkrieche. Nachdem Mutter und Tochter miteinander gesprochen haben, geht sie umgehend zum Vater und setzt ihn – recht formal und bürokratisch in »Kenntnis«. Damit unterstreicht auch sie den offiziellen Charakter, den sie der ersten Menstruation zuschreibt. Für den Teil der Hygiene hat sie sich allein zuständig gefühlt. Für das »Großwerden« zieht sie den Vater als weiteren Elternteil und offiziellen Repräsentanten der Männerwelt hinzu.

Szene 3: »Das geht ihn ja nichts an!«

Gehen wir nochmals einen Schritt zurück und versetzen uns in die Situation des »allerersten Abends«, als alles seinen Anfang nahm. Maritta zögert, wartet. Vermutlich war es spät, bis »die Freundin dann *endlich* gegangen war«. »Endlich« können Mutter und Tochter miteinander sprechen – woraufhin Gudrun zum Vater eilt, um ihm die Neuigkeit zu erzählen, und der geht »dann nochmal hoch … zu ihr ans Bett«.

Wozu die Eile? Hätte der Vater nicht am nächsten Tag oder irgendwann einmal in der nächsten Zeit mit seiner Tochter sprechen können? Warum

171

reichte die mütterliche Versorgung an diesem späten »allerersten Abend« nicht aus? Warum mußte in Gudruns Augen unbedingt der Vater – ein Mann also – diesen Abend durch seine Gegenwart mitgestalten? Konträr zu Marittas verhaltenem Zögern und Warten bringt Gudrun etwas Eiliges und Gehetztes in diese Situation des »allerersten Mals« hinein.

Schauen wir nochmals genauer hin, dann fällt nicht nur das eilige Hinzuziehen des Vaters auf, es kommt eine weitere Irritation hinzu: Gudrun erzählt nämlich, daß Maritta, wenn es nach ihr gegangen wäre, ihrem Vater gar nichts gesagt hätte. Sie hätte ihn gar nicht dabei haben wollen, weil sie der Meinung war, ihre Monatsblutung habe »mit Männern« und mit dem Vater »nichts zu tun«:

»›Das geht ihn ja nichts an!‹«

habe Maritta über den Vater gesagt. Gudrun erklärt sich die Haltung ihrer Tochter so:

»Ich glaub', sie hat ihre Periode als etwas angesehen, was nur mit Frauen zu tun hat, also, was *uns* gemeinsam war, eine Angelegenheit von Frauen, eine Frauensache oder so, womit Männer irgendwie nichts zu tun haben, ja.«

Maritta sieht ihr »allererstes« Blut als eine ihnen beiden, Mutter und Tochter, gemeinsame »Angelegenheit von Frauen«, als eine »Frauensache«. Dieser Sichtweise Marittas haftet, im Gegensatz zu Gudruns offizieller Zuschreibung, eher etwas Inoffizielles und Nichtöffentliches an. Auf die sich an dieser Stelle andeutende Kontroverse geht Gudrun nicht ein. Gerade, als sei das hier anklingende Problem bedeutungslos und Maritta nicht ernstzunehmen mit ihrer konträren Auffassung, ignoriert Gudrun den zwischen ihnen liegenden Konflikt und überläßt ihre Tochter dem Vater.

Worum geht es hier? Was könnte Maritta mit ihrer Ansicht, den Vater ginge dieses »erste Mal ihrer Tage« oder zumindest dieser »allererste Abend« nichts an, gemeint haben?

Um ein hygienisches Problem geht es nicht, denn wir wissen ja bereits: »... da waren seit längerem Binden im Haus, daß sie damit umgehen konnte«. Über was hätte Maritta, da sie ja »einfach Bescheid wußte«, noch weiter reden sollen? Maritta muß also noch etwas anderes von ihrer Mutter gewollt haben, etwas, das in ihren Augen mit Hygiene und Binden nichts zu tun hat. Was immer diese mit dem »allerersten Mal« virulent gewordene, schwer faßbare, rätselhafte Sache sein mag, die Maritta *ohne* den Vater von ihrer Mutter in Erfahrung bringen wollte – sie war ihr wichtig genug, sich an dem besagten Abend wachzuhalten und zu warten.

Im Gegensatz zu Marittas zögerlichem Warten ist Gudrun eindeutiger: Sie geht auf kühle Distanz, holt den Vater und signalisiert ihrer Tochter, daß sie für diese in Schweigen gehüllte »Frauensache« des ersten Blutes »nicht sprechbar« sei. Eilig, fast hektisch bricht sie die Zweisamkeit der Situation und die Gemeinsamkeit zwischen sich und ihrer Tochter auf. Sie korrigiert Marittas Vorstellung vom Menstruieren als etwas ihnen beiden Gemeinsames und einer intimen »Angelegenheit von Frauen«, und macht daraus schnellstens eine »normale« und »selbstverständliche« Angelegenheit, die alle – Frauen *und* Männer – etwas angeht. Gudrun liefert ihre Tochter dem Vater aus und gibt sie dem öffentlichen anderen, Dritten preis, ohne dem »irgendwie Ärgerlichen oder vielleicht auch Traurigen« nachgegangen zu sein. Das Ärgerliche oder Traurige löst sich danach – scheinbar – in Nichts auf.

Wir stehen wieder vor dem in Szene 1 erwähnten, mit dem ersten Blut zwischen Mutter und Tochter aufgetauchten unsichtbaren Abgrund. Mit aller Vorsicht können wir uns fragen, ob nicht für beide – Mutter und Tochter – etwas »irgendwie« Unbehagliches, vielleicht auch Unheimliches in dieser Situation der Zweisamkeit und Gemeinsamkeit sei; ob nicht Marittas erstes Blut eine ihnen beiden unbehagliche Intimität in ihre Beziehung bringe – weshalb die Tochter zögert, die Mutter für sich allein zu beanspruchen, während die Mutter der Tochter schnellstens einen Dritten, den Vater, ans Bett schickt?

Szene 4: »... als ihre Brüstchen anfingen zu wachsen«[7]

Unternehmen wir einen weiteren Versuch, uns der mit dem »allerersten« Blut zwischen Mutter und Tochter aufgetauchten in Stillschweigen gehüllte »Frauensache« zu nähern. Versuchen wir das »irgendwie Ärgerliche oder vielleicht auch Traurige« zu verstehen und gehen zurück in die Zeit *vor* Marittas erster Menstruation.

Zuerst ist das Traurige erkennbar. Gudrun erzählt, sie sei traurig gewesen, als Maritta in der Vorpubertät, »in diesem Vorfeld«, selbständiger wurde, z. B. als sie

---

[7] Originaltext zu Szene 4: »Gefühle von Trauer? – Das hat sich nicht an der ersten Periode festgemacht. Das ist mir an anderen Schritten aufgefallen, z. B. als sie das erste Mal alleine verreist ist und mit einer Jugendgruppe alleine weg war und daß sie Sachen, die wir schön finden, nicht mehr so schön findet, wie ins Hallenbad gehen, also so 'was, was früher mal so ganz attraktiv war. Da hab' ich das Gefühl gehabt, da geht sie jetzt so ihre eigenen Wege. (...) Ja, und auch schon mal das Gefühl, als ihre Brüstchen anfingen zu wachsen, daß man ab und zu schon mal gesagt hat: ›Ach Mensch, Maritta, jetzt wirst Du ja erwachsen, und es ist ja so, daß Du nun ein großes Mädchen wirst!‹ (...) Also, so in diesem Vorfeld waren schon mal Äußerungen dabei, daß sie auch so relativ zurückhaltend war oder so, daß es ihr auch nicht so recht ist, ja, daß sie ab und zu ganz gerne ..., also, daß sie auch nicht so gerne im Bad ist, wenn jemand dabei ist, daß sie es nicht so schätzt, wenn jemand dazukommt. Ja, so wenn man in ihr Zimmer kommt und sie gerade nackt ist, dann zieht sie sich schnell 'was an. Also, sie will einfach ihren Körper schützen, so kam mir das vor. (...) Mit Sexualität hatte das noch gar nichts zu tun, also, das faßt mir zu weit. Für mich war es milder. Vielleicht eher 'was Sexuelles, was aber noch mehr so – was also noch gar nicht so auf das andere Geschlecht bezogen ist, ja, also, was eigentlich noch so bei *ihrem* Körper bleibt.«

> »das erste Mal alleine verreist ist und mit einer Jugendgruppe alleine weg war und daß sie Sachen, die wir schön finden, nicht mehr so schön findet ... Da hab' ich das Gefühl gehabt, da geht sie jetzt so ihre eigenen Wege.«

Wenn Gudrun von »diesem Vorfeld« erzählt, dann erwähnt sie

> »auch schon mal das Gefühl, als ihre Brüstchen anfingen zu wachsen, daß man ab und zu schon mal gesagt hat: ›Ach Mensch, Maritta, jetzt wirst Du ja erwachsen, und es ist ja so, daß Du nun ein großes Mädchen wirst!‹«

Ihr »schon mal auftauchendes Gefühl« beim Anblick der Brustknospen und des jugendlichen Mädchenkörpers benennt Gudrun nicht. Sie bricht den Satz ab. Auch die Formulierung in der dritten Person, »daß man ab und zu ...«, läßt vermuten, daß Grudrun sich angesichts des nun heranwachsenden, verführerischen Körpers ihrer Tochter, ihrer »Brüstchen«, verunsichert fühlt und deshalb mit einem unpersönlichen »man« auf Distanz geht. In dem Satz: »Ach Mensch, Maritta, jetzt wirst Du ja erwachsen«, klingen sehr gemischte Gefühle an: Bedauern, Trauer zum einen, zum andern ein ärgerlicher Vorwurf: »Ach Mensch ...!« Gudrun scheint verunsichert und ebenso wie Maritta zwischen Ärger und Trauer hin- und hergerissen. Daß beide, Mutter und Tochter, sich miteinander verunsichert fühlen, zeigt sich auch in folgender Passage:

> »Also, so in diesem Vorfeld waren schon mal Äußerungen dabei, daß sie auch so relativ zurückhaltend war oder so, daß es ihr auch nicht so recht ist, ja, daß sie ab und zu ganz gerne ..., also, daß sie auch nicht so gerne im Bad ist, wenn jemand dabei ist, daß sie es nicht so schätzt, wenn jemand dazukommt. Ja, so wenn man in ihr Zimmer kommt oder sie im Badezimmer nackt ist, dann zieht sie sich schnell 'was an. Also, sie will einfach ihren Körper schützen, so kam mir das vor.«

»Relativ zurückhaltend« erinnert an das »Verkriechen«, an Marittas Wunsch, »den Kopf unter die Decke zu stecken« und sich mit ihrer ersten Menstruation zu verstecken. Beide Male geht es um Rückzug. Was Gudrun jedoch am »allerersten Abend« der Menarche im Verein mit dem Vater eilig verhindert, gestattet sie Maritta *vor* deren erstem Blut durchaus. Fast ebenso »zurückhaltend« und unsicher wie Maritta nimmt Gudrun die zaghaften Versuche ihrer Tochter wahr, ihren Körper mit seinen Regungen und sexuellen Erregungen für sich zu behalten. Marittas körperliche Scham und sexuelle Verunsicherungen respektiert sie ebenso, wie sie ihrer Tochter »milde« sexuelle Wünsche zugesteht:

> »Mit Sexualität hatte das noch gar nichts zu tun, also, das faßt mir zu weit. Für mich war das milder. Vielleicht eher 'was Sexuelles, was aber noch mehr so – was also noch gar nicht so auf das andere Geschlecht bezogen ist, ja, also, was eigentlich noch so bei *ihrem* Körper bleibt.«

Wir sehen, solange Maritta nicht menstruiert, darf sie ihre »milde ... sexuelle« Erregung »in ihrem Körper schützen«. Dann, mit dem »allerersten« Blut nimmt Gudrun ihr in aller Eile und mit der Hilfe des Vater das Bei-sich-Sein fort.

Szene 5: »›Aus meinem Körper kommt so 'was Blödes raus, so 'was Stinkiges, Ekliges, Blödes, Stinkiges!‹«[8]

Mit dem »allerersten Mal ihre(r) Tage« beginnt nun ein Prozeß, in dessen Verlauf Maritta sich von ihrem nun als weiblich definierten Körper allmählich entfremdet. Das zyklisch aus ihrem Körper fließende Blut wird zu einem Anliegen der Reinlichkeit. Fortan ist Maritta damit beschäftigt, ihren Körper, seine »milde« sexuelle Erregung nicht mehr, wie »im Vorfeld«, vor äußeren Einflüssen, sondern vielmehr vor inneren Einflüssen, vor ihrem eigenen, »stinkigen« Blut zu »schützen«. Maritta beschwert sich bei ihrer Mutter:

»›Aus meinem Körper kommt so 'was Blödes raus, so was Stinkiges, Ekliges, Blödes, Stinkiges!‹«

Und Gudrun sagt dazu:

»Naja, mir ist das auch lästig. Das ist halt auch so (...) und da geht's eben auch nicht vorbei an dem Stinkigen.«

Wir sehen, Gudrun kann und will Marittas »stinkiges« Menstruationserleben nicht verhindern. Sie ist selbst davon erfaßt: »Mir ist das auch lästig«, sagt sie zu ihrer Tochter. Als wolle sie die Tochter wegen ihrer monatlich »stinkigen« Stelle zwischen den Beinen trösten, versucht Gudrun Marittas Aufmerksamkeit vom »ekligen« Blut ab- und, ähnlich dem Vater in Szene 2 (»jetzt bist Du groß, meine Tochter«), auf ihr »erfolgreiches ... Großwerden« hinzulenken. Sie hebt die »Schönheit« ihres Körpers hervor und sagt zu ihrer Tochter:

»Mensch, Dein Körper ist schön! Er funktioniert gut! Alles ist so in Ordnung, so wie'n sehr großer Fortschritt. Das geht jetzt alles so weiter. Das ist so ein Entwicklungsschritt, der

---

8 Originaltext zu Szene 5: »Also, wir haben so darüber gesprochen, daß sie so das Gefühl hatte, daß es ihr lästig war. Und ich hab' gesagt, naja, mir ist das auch lästig, das ist halt auch so. (...) Und da kam dann schnell dieses Stinken dazu: »Aus meinem Körper kommt so was Blödes raus, ja, so was Stinkiges, Ekliges, Blödes, Stinkiges. Und ich will dieses zusätzliche Loch da, diese Scheide will ich überhaupt nicht haben.‹ (...) Naja, und dann ging's mehr darum, wie kann sie sich da auch helfen, daß sie die Binde häufiger wechselt oder so. Und dann ist es nun eben so, ja, da geht's halt auch nicht vorbei an dem Stinkigen. (...) Und ich hab' ihr dann gesagt: ›Mensch, Dein Körper ist schön! Er funktioniert gut! Alles ist so in Ordnung, so wie'n sehr großer Fortschritt. Das geht jetzt alles so weiter. Das ist so ein Entwicklungsschritt, der jetzt weiter dazugehört und erfolgreich ist, weil Dein Körper jetzt so anfängt, seine Entwicklung zu nehmen. Das ist halt so, was das Großwerden und Frauwerden beinhaltet. (...) Was mir eigentlich so wichtig war und wichtig ist, naja, daß sie ihre Menstruation vielleicht nicht als was Tolles erlebt, aber daß sie sie auch nicht als so was Scheußliches, Unangenehmes und nur Unangenehmes empfindet, sondern als etwas, was zum Großsein dazugehört.«

jetzt weiter dazugehört und erfolgreich ist, weil Dein Körper jetzt so anfängt, seine Entwicklung zu nehmen. Das ist halt so, was das Großwerden und Frauwerden beinhaltet.«

Gudrun fährt fort zu erzählen:

»Was mir eigentlich so wichtig war und wichtig ist, naja, daß sie ihre Menstruation vielleicht nicht als was Tolles erlebt, aber daß sie sie auch nicht als so was Scheußliches, Unangenehmes und nur Unangenehmes empfindet, sondern als etwas, was zum Großsein dazugehört.«

Weder »toll« noch »nur unangenehm« soll Maritta ihre Menstruation erleben. Ihr Menstruationserleben, ihr »Großsein und Frausein«, ihr Leben soll weder schön noch »nur« schlecht sein. Es soll keine Höhen und Tiefen haben, sondern »normal« und »selbstverständlich« (Szene 1) verlaufen. Wenn Marittas Blutfluß regelmäßig kommt und geht und ihr als nichts Besonderes erscheint, dann ist »alles so in Ordnung« und »erfolgreich«. Mag Marittas Leben als Frau vielleicht nicht »toll« sein – so lassen sich Gudruns Worte interpretieren –, dann sollten ihr, statt des »tollen« Lebens, ein »gutes Funktionieren« sowie Schönheit und Reinheit ihres weiblichen Körpers »wichtige« und »selbstverständliche« Werte sein. So gelesen, klingen Gudruns Worte rigide und streng, als würde sie – »vielleicht ärgerlich« – mit erhobenem Zeigefinger ihrer Tochter andeuten, Maritta möge ihr mit dem »allerersten« Blut begonnenes »Frauwerden« nur ja nicht »als was Tolles« erleben. Sie solle mit dem »ersten Mal (ihrer) Tage« ja nicht verrückt, »toll« werden und in ihrer Tollheit möglicherweise alles »Normale«, alle Konventionen, jegliche Regel über Bord werfen und den Rahmen der »selbstverständlichen Ordnung« zu sprengen versuchen. Vielmehr möge sie den »sehr großen Fortschritt« in dem »guten Funktionieren« ihres Körpers sehen.

Die Dreizehnjährige fügt sich jedoch nicht ohne weiteres. Sie rebelliert gegen diesen angeblich so »erfolgreichen Entwicklungsschritt«, indem sie sagt:

»›Ich *will* dieses zusätzliche Loch, da, diese Scheide will ich überhaupt nicht haben.‹«

Maritta will ihre »milde« sexuelle Erregung aus dem »Vorfeld« der Vorpubertät nicht gegen das »stinkige, eklige« Blut eintauschen. Wenn sie sagt: »... diese Scheide will ich überhaupt nicht haben«, so scheint sie sich in die heile Welt ihres ungeöffneten Körpers zurückzuphantasieren, gerade als müsse sie, wenn die »Scheide« nicht wäre, auch nicht von dem »milden Sexuellen in ihrem Körper« scheiden. Maritta – oder ist es Gudrun? – sagt aber noch etwas anderes. Sie beginnt den Satz: »Ich *will* dieses zusätzliche Loch«, um danach neu anzusetzen und von der »Scheide« zu reden, die sie jedoch *nicht* haben will. Was diese eigenartige Vorstellung eines »zusätzlichen Loches«, von dem Gudrun meint, daß Maritta es wolle, bedeuten könnte, läßt sich an folgender Szene darstellen:

Szene 6: »... und dann hat sie gesagt: ›Guck doch mal‹, und hat sich dabei aufs Bett gelegt.«[9]

Einige Monate sind seit dem »allerersten« Blut vergangen. Die gesamte Familie ist im Badeurlaub am Mittelmeer. Gleich am ersten Urlaubstag beginnt Maritta zu menstruieren. Weil sie nicht auf den am nächsten Morgen beginnenden Surfkurs verzichten will, schlägt Gudrun ihrer Tochter vor, Tampons auszuprobieren. Maritta ist einverstanden. Gudrun erzählt:

> »Maritta ist dann mit ihrem Paket Mini-Tampons aufs Klo. Nach einer Weile kam sie wieder 'raus und sagte: ›Das tut weh‹ oder so was. Ich glaub', sie hatte einfach Angst davor und war irgendwie so angespannt.«

Weshalb ist Maritta »irgendwie so angespannt«? Was ist es, das ihr »Angst« macht? In einer späteren Interviewpassage, als es darum ging, den Tampon wieder herauszuziehen, ist nochmals von ihrer Angst die Rede. Gudrun erzählt:

> »Vielleicht hatte sie Angst, weil sie im Sexualkundeunterricht in der Schule gesehen hatte, wie so ein Tampon im Wasser dicker wird. Vielleicht hatte sie Angst, also, daß das jetzt größere Tampon mehr wehtun könnte beim Rausziehen, ja, so hab' ich das dann verstanden, daß sie jetzt dachte: ›Ach, der ist jetzt so dick!‹ Am nächsten Tag, da ging das dann unproblematisch. Das war nur dieses erste Mal, dieser Anlauf also.«

Das »erste Mal« des »allerersten Abends« taucht hier wieder auf. Bisher war es in Schweigen gehüllt, jetzt kommt »Angst« hinzu. Die mit diesem »ersten Mal«, dem ersten Tampon, verbundene Angst bezieht sich auf die Vorstellung, daß etwas, das »größer« wird, zuerst in Marittas »Scheide« hinein und dann, wenn es »dick« ist, wieder heraus soll. Kann es hier Zweifel geben, daß der Dialog zwischen Gudrun und Maritta nicht nur davon handelt, wie ein zur Menstruationshygiene bestimmter Tampon in die

---

9 Originaltext zu Szene 6: »Maritta ist dann mit ihrem Paket Mini-Tampons aufs Klo. Nach einer Weile kam sie wieder 'raus und sagte: ›Das tut weh‹ oder so was. Ich glaub', sie hatte einfach Angst davor und war irgendwie so angespannt. Und dann hat sie gesagt: ›Guck doch mal‹, und hat sich dabei aufs Bett gelegt. Also, daß ich dies, dieses Kind nicht anfassen würde, also, das war ganz klar von mir aus, ja. Und ich hab' ihr dann auch gesagt: ›Also Maritta, entweder Du schaffst es alleine oder es geht eben nicht. Aber ich kann Dir den Tampon jetzt nicht in die Scheide schieben.‹ (...) Vielleicht hatte sie auch Angst, weil sie im Sexualkundeunterricht in der Schule gesehen hatte, wie so ein Tampon im Wasser dicker wird. Vielleicht hatte sie Angst, also, daß das jetzt größere Tampon mehr weh tun könnte beim Rausziehen, ja, so hab' ich das dann verstanden, daß sie jetzt dachte: ›Ach, der ist jetzt so dick‹ (...) Das fand ich merkwürdig, als sie sich so aufs Bett legte und ich hab' so gedacht: ›Das ist mir zu nah, das will ich nicht.‹ Also, das war mir auch gruselig. (...) Also, das war alles sehr dramatisch, also von der Erregung her. Ach, dramatisch ist vielleicht zuviel, aber ich mein' so. (...) Am nächsten Tag, also, da sind wir zum Strand gegangen, um Maritta vom Surfen abzuholen, und da hat der Vater dann die Strandtasche getragen und die Tampons mitgebracht, also, da wurde es auch gleich wieder selbstverständlich. Da war's dann normal.«

Vagina hineinzubringen ist, sondern gleichzeitig um eine wortlose Inszenierung, wie ein Penis in die Vagina eingeführt wird? Die gesamte Auseinandersetzung um die Tampon-Frage läßt sich ebensogut wie ein Gespräch über den ersten Geschlechtsakt lesen, wie ein Dialog über das »erste Mal«, vor dem Maritta »einfach Angst« hat – »Ach, der ist ja so dick!« – und sie »irgendwie so angespannt« ist, weshalb sich ihr »Scheiden-Loch« ängstlich verschlossen hält.

Obwohl in dieser Episode Marittas heterosexuelles Frauwerden im Zentrum steht, sind die in jenem für die Tochter ersten Experiment mit einem Tampon beteiligten Akteure zwei Frauen: Gudrun und Maritta, Mutter und Tochter. Der Vater, der am »allerersten Abend« eine so wichtige Rolle für Marittas offizielles »Großwerden« spielte, taucht hier real nicht auf. Daß trotz des heterosexuellen Themas keine männlichen, sondern nur weibliche Akteure beteiligt sind, irritiert. Es scheint mir wichtig, die sich in diesem Ritual der Menstruationshygiene manifestierende sexuelle Dynamik zwischen Mutter und Tochter genauer zu betrachten. Beide haben mit einer sich zwischen ihnen entfaltenden brisanten sexualisierten Situation umzugehen.

Gehen wir nochmals zurück an den Anfang dieser Szene. Maritta wendet sich an die Mutter, weil ihr der Tampon »weh tut«. Gudrun erzählt anschließend:

»Und dann hat sie zu mir gesagt: ›Guck doch mal‹, und hat sich dabei aufs Bett gelegt.«

Maritta will also, daß die Mutter ihr den Tampon in die Vagina hineinschiebt. Genau genommen bedeutet das, daß Maritta ihre Mutter auffordert, diese möge ihr »zusätzliches Loch« berühren. Wie sonst, wenn nicht durch konkretes Anfassen könnte der Tampon hineingleiten? Marittas Aufforderung läßt sich so verstehen, daß die aufmüpfige Dreizehnjährige ihre bisherige »relative Zurückhaltung« und Schamhaftigkeit (erinnern wir uns an Szene 4: »wenn sie im Badezimmer gerade nackt ist, dann zieht sie sich schnell 'was an«) aufgibt und nun auch die Mutter aus ihrer Reserve und kühlen Distanz herauszulocken versucht. Die adoleszente Tochter verlangt von der Mutter, sie möge sich ihren – nun nicht mehr kindlichen – Leib »angucken«, das Weibliche und Erotische ihres Körpers wahrnehmen, an der sie ängstigenden und schmerzenden »Anspannung« in ihrer Vulva – an ihrer Sexualität – Anteil nehmen. In diesem Sinne präsentiert Maritta ihrer Mutter ihr »zusätzliches Loch«: ›Guck doch mal‹, fordert sie die Mutter heraus und »legt sich dabei aufs Bett«. In Worte gefaßt sagt sie mit dieser Geste: Es »tut mir weh«, daß Du den Ort meiner Weiblichkeit als nicht existent betrachtest. Ich habe »Angst« vor den »angespannten« sexuellen Erregungen, die ich in meinem versteckten Ort zwischen den Beinen verspüre.

Weil Du meine Sexualität übersiehst, fordere ich Dich dazu heraus, meinen sinnlichen Ort – in Worten, mit den Augen, mit den Fingern? – zu berühren. »Guck mal«, schau mein »zusätzliches Loch« an, damit ich die darin enthaltenen Erregungen als zu meinem »normalen ... Frauwerden« zugehörig ansehen kann. Du sollst mir bestätigten, daß ich diese Erregungen haben darf und als meine eigene Sinnlichkeit und Lust in mein Selbstverständnis als Frau integrieren kann.

Hier zeichnet sich nun ab, was seit dem »allerersten Abend« die Mutter-Tochter-Beziehung unterschwellig bewegt und was Teil des zwischen ihnen liegenden »Nicht-Sprechbaren« ist. Es geht um das zwischen Mutter und adoleszenter Tochter liegende Problem, sich mit den Empfindungen in ihrem verborgenen weiblichen Ort zu befassen, zu »gucken«, eigene Worte zu finden, Empfindungen zuzulassen, um schließlich das Gesehene anzuerkennen, das Empfundene als Eigenes zu erkennen, das heißt für die Mutter-Tochter-Beziehung, das Eigene vom Fremden zu unterscheiden und es als jeweils getrenntes, eigenes Empfinden in einem Frau-zu-Frau-Dialog und für sich »sprechbar« zu machen.

Schauen wir, wie Gudrun auf Marittas Herausforderung zu »gucken« reagiert:

>»Also, daß ich dies, dieses Kind nicht anfassen würde, also, das war ganz klar von mir aus, ja. Und ich hab' ihr dann auch gesagt: ›Also, Maritta, entweder Du schaffst es alleine oder es geht eben nicht. Aber ich kann Dir den Tampon jetzt nicht in die Scheide schieben.‹«

Gudrun geht auf Marittas Bitte, zu »gucken«, nicht ein. Sie distanziert sich von dem töchterlichen »zusätzlichen Loch« und sieht nur ihre »Scheide«. Dennoch kann sie es nicht ganz vermeiden, daß sie wahrnimmt, was Maritta vor ihren Augen auf dem Bett ausbreitet. Sie bemüht sich, den Körper ihrer Tochter, auf den sie »guckt«, auch wenn die Realität sie Lügen straft, als kindlichen, nicht als weiblichen Leib zu sehen, um sich dann schnell von »diesem« Kind auf dem Bett zu distanzieren, sich nicht mehr als dessen Mutter zu verstehen, sondern als Mutter einer »großen Tochter«, deren Ort der Lust sie »ganz klar« – nicht »anfassen würde«. Während sie dem kleinen Kind früher diesen Ort zwischen den Beinen viele Male gewaschen, eingeölt und eingepudert haben mag, nach der »Scheide« ihrer »großen Tochter« schaut sie nicht.

Daß Gudrun sich weigert, die Vulva und Vagina ihrer »großen Tochter« zu berühren, ist verständlich und leuchtet unmittelbar ein. Schon die Vorstellungskraft versagt bei dem Gedanken, daß eine Mutter ihrer adoleszenten Tochter einen Tampon in die Vagina stecke; eine derartige Phantasie erscheint uns äußerst befremdlich, absonderlich und im wahrsten Sinne des Wortes undenkbar, »nicht sprechbar«, wie Gudrun sagt. Ist es so, daß ein dem Komplex des Menstruationstabus zugehöriges Denkverbot unsere Vorstellungskraft hemmt und einschränkt? Folgt unsere Denk- und Phantasietätigkeit leichter den – zwar auch verpönten, so doch wenigstens »sprechbaren« – gegengeschlechtlichen sexuellen Wünschen und heterosexuellen Orientierungen (vgl. Szene 2)?

Gudrun bemüht sich, Marittas »zusätzliches Loch«, ihre Erotik, auch wenn sie direkt auf den Schamhügel ihrer Tochter »guckt«, als etwas für sie nicht Existentes zu betrachten. Zwar ist sie – das ist gut nachvollziehbar – verunsichert. Diese Verunsicherung versucht sie aber durch kühle Distanz zu kontrollieren. Sie tut so, als sähe sie Marittas vor ihr auf dem Bett ausgebreiteten Ort erotischer Weiblichkeit nicht. Anders: Gudrun bemüht sich, die zwischen ihnen fließende Erotik weder real noch verbal zu berühren, sie nicht »anzufassen«. Sie ist nicht »sprechbar«. Daß trotzdem etwas Erotisches vorhanden und Gudrun nicht nur leicht verunsichert ist, sondern sich vielmehr in einem Momentgeschehen außerordentlich irritieren läßt, deutet sich in Gudruns folgender Bemerkung an:

»Das fand ich merkwürdig, als sie sich so aufs Bett legte und ich hab' so gedacht: ›Das ist mir zu nah, das will ich nicht.‹ Also, das war mir auch gruselig.«

Der Anblick der in ihrer gesamten kindlich-verführerischen Weiblichkeit nun vor ihr auf dem Bett ausgebreiteten Tochter, die sie auffordert, nach ihrem blutigen Versteck zwischen den Schenkeln »zu gucken« und in die Vulva hineinzuschauen, ist Gudrun »gruselig«, unheimlich. Gudrun fühlt sich von ihrer Tochter und deren »merkwürdigen« Anspruch auf zu große, wir können hinzufügen, erotische Nähe bedrängt und – was verständlich ist – in die Enge getrieben. »Das ist mir zu nah«, sagt sie. Sich mit dem sexuellen Ort ihrer Tochter zu befassen, macht ihr »gruselige« und unheimliche Gefühle. Gudrun fügt hinzu:

»Also, das war alles sehr dramatisch, also von der Erregung her. Ach, dramatisch ist vielleicht zuviel, aber ich mein' so.«

Die unspezifische Formulierung: »*Das* war alles sehr dramatisch« bezieht sich auf die gesamte Handlungsabfolge, die ihren »gruseligen« Höhepunkt mit Marittas Herausforderung »Guck doch mal!« erreichte. Mit jenem unspezifischen »Das« deutet sich an, daß nicht nur Maritta, sondern ebenso sie selbst, Gudrun, als Mitbeteiligte von einer »dramatischen Erregung« erfaßt wurde. Zwar versucht sie, diese »sehr dramatische Erregung« schnell zu relativieren, weil sie sagt, dramatisch sei möglicherweise übertrieben und »vielleicht zuviel«, aber sie »meint« trotzdem »so« irgend etwas, auch wenn sie das Aussprechen bleiben läßt.

Könnte es sein, daß es Gudrun gruselt, weil im Laufe dieser mütterlich-töchterlichen Auseinandersetzung über das Einführen eines Tampons

Phantasien und Wünsche aktualisiert werden, die tabuisiert sind und sie darauf mit einer »sehr dramatischen Erregung« reagiert? Wäre es möglich, daß das »Gruselige« – einem aufleuchtenden Signal vergleichbar – Gudrun ahnen läßt, daß in diesem winzigen Augenblick sich die Grenze zwischen Phantasie und Wirklichkeit zu verwischen droht und daß nun etwas Realität werden könnte, was sie bisher für etwas Phantastisches gehalten hat?

Über das in Gudrun anklingende Phantastische ließe sich folgende Annahme machen: Es könnte zum Beispiel sein, daß die Grenze zwischen Mutter und Tochter aufweicht, daß Kindsein und Frausein, Mutterschaft und Tochterschaft ununterscheidbar ineinanderfließen; daß Gudrun, während sie auf das schaut, was sich vor ihr herausfordernd mit einem »Guck doch mal!« ausbreitet, sich verführt fühlt und ihre eigene »Guck«- und Berührungslust sie phantasieren läßt, den vor ihr liegenden kindlich-weiblichen Ort der Lust – gerade als sei es ihr eigener und doch ein fremder – berühren und streicheln zu wollen. Über diese von heimlich-gruseliger Erregung begleiteten Berührungsphantasie könnte sie schließlich ein unheimliches Grausen gepackt haben: ein Grausen darüber, daß sich ihre Phantasie einer schwerwiegenden Tabuübertretung genähert hatte, nämlich der inzestuösen Wunschphantasie, sich der Tochter in homoerotischer Lust zu nähern und deren pubertätsbedingte Entgrenzung und Triebhaftigkeit sexuell zu mißbrauchen.[10] Auf diesem Hintergrund ist nur zu gut verständlich, daß Gudrun in jenem winzigen »Guck-doch-mal!«-Moment kühl und distanziert reagiert und sagt: »Also, Maritta, entweder Du schaffst es alleine oder es geht eben nicht.«

Die Bedrohlichkeit einer solchen Grenzverwischung zwischen Mutter und Tochter würde erklären, daß Gudrun, um die realitätsgerechten mütterlich-töchterlichen Grenzen zu stabilisieren, ein drittes bzw. fremdes Objekt[11] – symbolisiert durch das mit dem Tampon verbundene Heterosexuelle, oder, wie in Szene 2 durch das Herbeiholen des realen Vaters – wie eine Art Sicherheitspolster hinzuzieht. Gudrun greift, um ihrer Unsicherheit Herr zu werden, wie »selbstverständlich« auf die ihr vertraute heterosexuelle »normale ... Ordnung« zurück und wirkt damit der Gefahr eines Grenzverlusts entgegen.

Am nächsten Tag ist die alte Familienordnung wieder hergestellt und der Vater erneut in sein Recht eingesetzt. Gudrun erzählt:

---

10 Hier wird der Zusammenhang von Menstruations- und Inzesttabu deutlich. Zur Verbindung von Menstruations- und Inzesttabu unter dem Aspekt der Verwandtschaftsorganisation vgl. Durkheim (1898).
11 Vgl. hierzu Erdheim 1988, 237ff.

»Am nächsten Tag, also, da sind wir zum Strand gegangen, um Maritta vom Surfen abzuholen, und da hat der Vater dann die Strandtasche getragen und die Tampons mitgebracht, also, da wurde es auch gleich wieder selbstverständlich. Da war's dann normal.«

Wir sind wieder beim »Normalen und Selbstverständlichen« angekommen, bei Gudruns Eile, mit der der Vater gleich »am allerersten Abend« in das Geschehen von Marittas erstem Blut einbezogen wurde. Die inzestuös homo-autoerotische Erregung zwischen Mutter und Tochter ist hinter der Reinheit eines heterosexuellen Frauenbildes und hinter der Reinlichkeit des »Badehöschens« verschwunden. Die saubere, gesellschaftskonforme »selbstverständliche« Ordnung ist hergestellt, weil der mütterlich-töchterlichen Erotik Einhalt geboten ist. Maritta nimmt wie ein reinlich-reines »großes Mädchen« am Surfkurs teil und gesellt sich unter Gleichaltrige.

Das mütterlich-töchterliche Geheimnis der Vulva, dieses »zusätzlichen Loches«, liegt erneut hinter dem Schamhügel versteckt, wortlos, stumm, unsichtbar, »nicht sprechbar«, totgeschwiegen. Da es für die eigene weibliche Erotik und Sinnlichkeit keinen sozialen Ort gibt, muß sie unbewußt gemacht werden. Die »Scheide« siegt über das »zusätzliche Loch«. Wir stehen vor dem bereits in der Eingangsszene bemerkten unsichtbaren Abgrund, jenem für Mutter und Tochter unüberbrückbaren Dunkel.

»Zu gucken«, was sich hinter jenem Schamhügel zwischen den Schenkeln verbirgt, wie sich dieser Ort mit seinen verborgenen Lustbarkeiten anfühlt, wie er sich anschauen läßt und welche homo-autoerotischen Phantasien sich darin entfalten – diese Wunschvorstellungen gehören dem zwischen Mutter und Tochter »nicht Sprechbaren«, dem Totgeschwiegenen an. In Gudruns Gruseln, in der inzestuösen mütterlich-töchterlichen »dramatischen Erregung« hat sich die hinter dem Berührungsverbot verborgene »unbewußte … Berührungslust« (Freud, 1912–13, 40) in einem Momentgeschehen zu erkennen gegeben. Dieser der »stummen«, leisen Seite des Menstruationstabus zugehörige Splitter entzog sich – nachdem er ein kurzes Signal ausgesandt hatte – gleich wieder der Wahrnehmung. Auch wenn die zum Grausen gewordene inzestuöse homo-autoerotische Wunschphantasie sich fortan dem Bewußtsein entzieht, so ist sie dennoch nicht ganz verschwunden. Verwandelt und unkenntlich gemacht, bleibt die verbotene inzestuöse homo-autoerotische Lust erhalten. Sie verschiebt sich just auf die Sache, die die gefährliche Lust zum Vorschein gebracht hat: auf das Menstruationsblut. Die mütterlich-töchterliche Erotik materialisiert sich als Verbot an diesem blutigen weiblichen Körperprodukt und bleibt, als »stinkiger, ekliger, lästiger« Blutfluß unkenntlich gemacht, in verwandelter Form erhalten. Allmonatlich, mit jedem Blut zwischen den Schenkeln, erlebt die in Schweigen gehüllte inzestuöse homo-autoerotische Lust eine bedrohliche Erneuerung.

Zusammenfassend läßt sich feststellen: Marittas herausfordernde Geste »Guck doch mal« ist als Versuch zu verstehen, Gudrun möge ihre Sinnlichkeit und Erotik wahrnehmen und sie ihr bestätigen. Gudrun verweigert der Tochter diese Anerkennung und Bestätigung aufgrund tabuisierter, inzestuös homo-autoerotischer Wunschphantasien. Sie schiebt eine rigide heterosexuelle Norm als etwas Drittes, Fremdes zwischen sich und die Tochter. Maritta kann daraufhin keine eigene weibliche Erotik in ihr Körperbild aufnehmen. Der inzestuös homo-autoerotische Konflikt verschiebt sich auf das »stinkige, eklige« Menstruationsblut.

Abschließend sei angemerkt, daß das Schicksal mütterlich-töchterlicher Erotik keineswegs den hier vorgestellten Gang nehmen *muß*. Nicht zwangsläufig dient, wie in dieser Interviewinterpretation, ein ridiges heterosexuelles Beziehungsmodell und die Hinzuziehung des Vaters bzw. des Männlichen als Garant für eine mütterlich-töchterliche Grenzsetzung. Neben diesem Modell weiblicher Erotik sind andere Modelle denkbar. Denkwäre wäre z. B., daß eine Mutter sich mit ihren eigenen homoerotischen Wunschphantasien, die in ihr entweder im Laufe der Auseinandersetzung mit ihrer adoleszenten Tochter oder bereits früher aktualisiert wurden, auseinandersetzt und – ohne das Inzesttabu zu brechen – dieses homoerotische Weiblichkeitsmodell der Tochter als Entwicklungsmöglichkeit für die eigene Erotik anbietet. Denkbar wäre auch, daß die notwendige Grenzsetzung zwischen Mutter und Tochter – statt durch eine rigide Heranziehung des Männlichen – durch ein anderes, ihnen beiden gemeinsames Drittes hergestellt wird, wie z. B. durch ein von beiden geteiltes Interesse an einer Arbeit. Eine solche die mütterlich-töchterliche Nähe und Distanz regulierende Arbeit sollte möglichst eine »selbstbestimmte Arbeit« sein, die beide Frauen »libidinös besetzen können, eine Arbeit, die sie interessiert und betrifft und zu Veränderungen herausfordert –, sei es im Betrieb (...), in der Wissenschaft oder Kunst« (Nadig 1984, 104; dies. 1987). Eine gesellschaftliche Frauenarbeit also, in der sich die eigene weibliche Erotik widerspiegelt und auf diese Weise in veränderter Form in Frauenbeziehungen erhalten bleibt.

Literatur

Bell, Karin, 1991: Aspekte weiblicher Entwicklung. In: *Forum der Psychoanalyse*, H. 7, S. 111–126.
Brückner, Margrit, 1989: Die Begegnung der Geschlechter. In: *psychologie heute*, Oktober 1989, S. 32–37.

Cremerius, Johannes, 1989: Freuds Konzept der psychosexuellen Entwicklung der Frau schließt deren autonome Entwicklung in der psychoanalytischen Behandlung im Prinzip aus. In: Brede, Karola (Hg.): *Was will das Weib in mir?* Freiburg, S. 111–139.

Durkheim, Emile, 1898: La prohibition de l'inceste et ses origines. In: *L'année sociologique* I. Paris.

Erdheim, Mario, 1982: *Die gesellschaftliche Produktion von Unbewußtheit.* Frankfurt/M.

ders., 1988: Die Repräsentanz des Fremden. In: ders.: *Die Psychoanalyse und das Unbewußte in der Kultur.* Frankfurt/M., S. 237–251.

Fischer-Homberger, Esther, 1979: *Krankheit Frau.* Darmstadt 1984.

Flaake, Karin, 1989: *Berufliche Orientierungen von Lehrerinnen und Lehrern. Eine empirische Untersuchung.* Frankfurt/M.

Frazer, James, 1906–15: *The golden Bough.* London 1963.

Freud, Sigmund, 1912–13: *Totem und Tabu.* Gesammelte Werke, Bd. 9.

ders., 1919: *Das Unheimliche.* Gesammelte Werke, Bd. 12, S. 227–268.

Günter-Thoma, Karin, 1991: *Illusionen der Wirklichkeit. Bilder innen, Photos außen.* Unveröffentlichtes Manuskript.

Hering, Sabine/Gudrun Maierhof, 1991: *Die unpäßliche Frau*, Pfaffenweiler.

Hug, Brigitta, 1984: Die Menstruation in der Ethnologie. In: *Feministische Studien*, Jg. 3, H. 1, S. 165–177.

Kestenberg, Judith, 1961: Menarche. In: Lorand, Sandor/Henry I. Schneer (Hg.): *Adolescents.* New York.

Klose, Christiana u. a., 1986: *Zur Situation von Mädchen in der offenen Jugendarbeit in Hessen.* Projekt der Hessischen Landesregierung für Frauenangelegenheiten.

Lerner, Harriett E., 1980: Elterliche Fehlbenennungen der weiblichen Genitalien als Faktor bei der Erzeugung von ›Penisneid‹ und ›Lernhemmungen‹. In: *Psyche*, 1980, Jg. 34, S. 1092–1104.

Lorenzer, Alfred, 1986: Tiefenhermeneutische Kulturanalyse. In: ders. (Hg.), 1986: *Kultur-Analysen*, Frankfurt/M., S. 11–98.

Mahr, Erica, 1985: *Menstruationserleben.* Weinheim.

Martin, Emily, 1989: *Die Frau im Körper.* Frankfurt/M.

Nadig, Maya, 1986: *Die verborgene Kultur der Frau. Ethnopsychoanalytische Gespräche mit Bäuerinnen in Mexiko.* Frankfurt/M.

dies., 1984: Frauen in der Kultur: Macht und Ohnmacht. Zehn ethnopsychoanalytische Thesen. In: *Konkursbuch*, 20, S. 97–103.

dies., 1987: Der Wahn der Männer – die Arbeit der Frauen. In: Belgrad, Jürgen, u. a. (Hg.): Zur Idee einer psychoanalytischen Sozialforschung: Dimensionen szenischen Verstehens. Frankfurt/M., S. 245–258.

Schlehe, Judith, 1987: *Das Blut der fremden Frauen.* Frankfurt/M.

Schröter, Marion, 1984: *Das diskrete Tabu. Vom Umgang mit der Menstruation.* Ravensburg.

Torok, Maria, 1964: Die Bedeutung des Penisneides bei der Frau. In: Chasseguet-Smirgel, Janine (Hg.), 1974: *Psychoanalyse der weiblichen Sexualität.* Frankfurt/M., S. 192–232.

Waldeck, Ruth, 1989: *»Heikel bis heute«. Interpretation von Christa Wolfs Kindheitsmustern.* Dissertation am Fachbereich Gesellschaftswissenschaften der J. W. Goethe-Universität, Frankfurt/M.

dies., 1988: Der rote Fleck im dunklen Kontinent. In: *Zeitschrift für Sexualforschung*, 1988, Jg. 1, H. 3, S. 189–205; H. 4, S. 337–350.
Zeitschrift für psychoanalytische Pädagogik, 1931, Jg. 5 (Sonderheft Menstruation).
Zier, Ursula, 1987: *Die Gewalt der Magie. Krankheit und Heilung in der kolumbianischen Volksmedizin.* Berlin.

Die Frau ohne Hände

Über Sexualität und Selbständigkeit

Ruth Waldeck

»»Vater, sagte sie, macht mit mir, was ihr wollt‹, legte ihre beiden Hände hin und ließ sie abhauen.« Klaglos duldet das »Mädchen ohne Hände« des Grimmschen Märchens (Fassung von 1812, zit. n. Meyer zur Capellen 1980, 89 f.) den Verlust seiner beiden Hände. Nie wird die junge Frau etwas anfassen, festhalten und streicheln können, nie wird sie etwas wegstoßen, loslassen und verletzen können, nie wird sie die Hand gegen die Eltern erheben, nie wird sie ihr Leben in die Hand nehmen können.

Der Verlust ihrer Hände ist der Preis dafür, nicht in die Gewalt des Teufels zu geraten. Denn der Teufel hatte dem Vater Reichtum versprochen, wenn er ihm die Tochter überließe. Nachdem der Teufel aber das Recht an ihr verloren hat, läßt sie sich die abgeschlagenen Hände auf den Rücken binden und zieht in die Welt hinaus.

Die Mutter erscheint bei alledem unbeteiligt. Sie widerspricht dem Handel des Vaters mit dem Teufel nicht und greift nicht einmal ein, als der Vater der Tochter die Hände abschlägt. Sind auch ihr längst die Hände gebunden? Duldet auch sie klaglos patriarchale Macht und Gewalt, Verkauf und Verstümmelung der Tochter? Oder verhält sie sich still aus Neid auf die junge und begehrenswerte Tochter? Legt die Mutter die Hände in den Schoß und läßt den Mann handeln, weil so ihr Neid und ihr Haß befriedigt werden? Läßt sie der Tochter die Hände binden, damit sie ihr innerlich verbunden bleibt und kein freies und anderes Leben führen kann?

Wenn Frauen in die bestehenden Machtverhältnisse eingreifen und sie verändern wollen, wenn sie selbst handeln und Verantwortung übernehmen, etwas erreichen wollen, dann brauchen sie ihre Hände. Wie beschränkt oder wie frei Frauen im Gebrauch ihrer Hände sind, entscheidet sich in der Beziehung und in der Abgrenzung zwischen Tochter und Mutter. Bei der Frage, ob Frauen abhängig und unterlegen bleiben oder ob sie ihr Leben selbst in die Hand nehmen, spielen die Hände, wie ich hier zeigen möchte, nicht nur eine symbolische, sondern eine sehr konkrete Rolle.

Die Hände sind nötig, um etwas zu greifen, zu ergreifen – und um zu begreifen. Die konkrete sinnliche Erfahrung ist eine wichtige Voraussetzung für Vorstellungen und Phantasien. Die Pubertät als die Zeit des Übergangs vom Mädchen zur Frau ist die Zeit, in der das Mädchen sein zukünftiges Leben als Frau erträumt und entwirft und allmählich zu gestalten beginnt. Um sich vorstellen zu können, was eine Frau ist, muß das Mädchen zunächst den eigenen Körper begreifen. Denn der weibliche Körper ist die Basis der Identität als Frau. Und mit ihrem Körper und vom Körper aus setzt sich die Frau in Beziehung zur Welt.

Es kommt also sehr darauf an, wie die junge Frau ihren Körper erlebt, kennenlernt und begreift. Je unvollständiger das eigene Körperbild ist, desto bruchstückhafter ist auch die Wahrnehmung der Außenwelt. Und ob der eigene Körper eher als mangelhaft oder als vollständig, als abstoßend oder als liebenswert, als Schmerz- oder als Lustquelle erfahren wird, ist grundlegend für die Vorstellung von Weiblichkeit. Von der Körperwahrnehmung und vom Körperbewußtsein hängt also wesentlich ab, welche Wege das Mädchen am Übergang zur erwachsenen Frau einschlägt und welche Position sie in der Geschlechterbeziehung und in der Gesellschaft einnimmt.

Gelingt es den Erwachsenen, Müttern, Vätern, Pädagogen, ein Mädchen am Entdecken und Begreifen des eigenen Körpers zu hindern, so wird es sich umso leichter den bestehenden Regeln, Normen und Geschlechtsrollen fügen. In traditionellen Gesellschaften, wo es nicht erwünscht war, daß die Heranwachsenden von der gewohnten Lebensweise abwichen, wurden Mädchen und Jungen deshalb beim Eintritt der Geschlechtsreife mit Hilfe von Initiationsritualen unabänderlich in ihre zukünftigen Rollen sozialisiert. Tabus und Berührungsverbote trugen zur tiefgreifenden und fixierenden Wirkung der Rituale wesentlich bei. Bei den Mohave zum Beispiel, so berichtet Devereux (1950), wurde ein Mädchen bei Einsetzen der ersten Menstruation nicht nur, wie in vielen Gesellschaften, isoliert, sie durfte auch während der Blutung ihren Körper nicht berühren. Für den Fall, daß sie sich kratzen mußte, erhielt sie ein Stöckchen.

Das Menstruationsblut galt bisher in allen Gesellschaften als unrein und gefährlich, und diese Behauptung genügte wohl meistens, um das Mädchen vom Berühren des Blutes und der Vulva abzuhalten. Hier aber wird das Verbot, den Körper zu berühren, noch einmal ausdrücklich formuliert. Die junge Frau kann und darf sich nicht anfassen, nicht streicheln, nicht fühlen. Sie kann nicht erkunden, woher das Blut kommt, wie es sich anfühlt, riecht und schmeckt, sie kann also die gesellschaftliche Behauptung der Unreinheit und Gefährlichkeit des Blutes nicht in Frage stellen. Außerdem kann sie den vielleicht schmerzhaften, vielleicht auch erregenden Empfindungen bei der Blutung nicht durch Tasten, Massieren oder Selbstbefriedigung nachgehen. Sie kann also den Körpervorgang, der das Mädchen zur Frau macht, nicht selbst erfahren, erfassen, nicht begreifen, sondern ist angewiesen auf die Erklärungen, Begriffe und Verhaltensregeln, die ihr die älteren Frauen geben. So nimmt sie die von ihrer Gesellschaft vorgegebene Bestimmung von Weiblichkeit in sich auf (vgl. Waldeck 1988, 338 ff.).

Auch in unserer bürgerlichen Gesellschaft war die Enteignung des weiblichen Körpers das Instrument, mit dem die Frau auf ein Dasein als Hausfrau und Mutter festgelegt wurde. Die weisen Frauen, die den weiblichen Körper kannten, die über Verhütung und manches mehr, z. B. erotische Stimulantien, Bescheid wußten, wurden systematisch vernichtet. Jede Sexualität, die nicht der ehelichen Fortpflanzung diente, wurde mit massiven Mitteln bekämpft. Ärzte und Pädagogen beschworen die gesundheitsschädlichen Folgen der Onanie, und die Mütter übernahmen die Kontrolle über die Hände und das Handeln der Kinder.

Relikte solch einschüchternder Falschinformationen über die Unreinheit der Menstruation oder über die Gefahren der Selbstberührung sind gelegentlich noch heute zu finden. In einem der »Gespräche mit Frauen über ihre sexuellen Phantasien«, die Constanze Lawrenz und Patricia Orzegowski aufgezeichnet haben, erzählt eine junge Frau, daß sie sich früher gern an der Brust angefaßt habe: »Da muß ich von irgend jemandem gehört haben, daß man davon Brustkrebs kriegt. Ich glaube, es war meine Mutter« (Lawrenz/Orzegowski 1988, 104). Die Warnungen vor der Selbstberührung betreffen aber wohl nicht nur die Brust, denn die junge Frau sagt über ihre noch nicht lange zurückliegende Pubertät weiter: »Ich habe mir, glaube ich, damals nie so richtig zwischen die Schamlippen gefaßt. Eigentlich bin ich viel eher angefaßt *worden*, als daß ich mich selbst angefaßt habe. Das ist doch *Wahnsinn!*« (ebd., 106)

Noch immer kommt es also vor, daß der Mann den Körper der Frau »anfaßt« und die Lustorte dieses Körpers entdeckt, ehe die Frau selbst ihren Körper kennengelernt hat. In einer vergleichenden Studie über sexuelle Probleme iranischer und deutscher Frauen hat Parvaneh Gorishi unter anderem danach gefragt, ob die Frauen während der Pubertät ihre erogenen Zonen kannten. 20 % der deutschen Frauen verneinten das. Ebenso viele Frauen machten keine Angaben zu Fragen nach Selbstbefriedigung. Gorishi folgert daraus: »Dies könnte auch ein Hinweis darauf sein, daß die starken Vorurteile und auch Verbote gegen die Onanie auch in sexuell aufgeklärten Gesellschaten teilweise noch intakt sind« (Gorishi 1989, 43). Zu ähnlichen Ergebnissen wie Gorishi kam auch Clement: Während vor 20

Jahren nur etwa die Hälfte der Frauen angab, vor dem zwanzigsten Lebensjahr Onanieerfahrungen gemacht zu haben, bejahen dies heute drei Viertel der Frauen (Clement 1986, zit. n. Schröder 1991, 66).

Doch auch die Tatsache, daß die große Mehrheit der Frauen inzwischen mehr oder weniger häufig onaniert, besagt noch nicht, daß diese Frauen auch alle über ihre Hände und über ihr Handeln selbständig verfügen. Denn viele Frauen stellen sich beim Streicheln und Onanieren vor, es sei eine andere Person, die ihnen Lust bereitet, es seien also fremde Hände, die sie berühren. Für die Entwicklung des Selbstbildes und für die erwachsenen Beziehungen ist also nicht die Fähigkeit zu onanieren allein von Bedeutung, ebenso wichtig sind die begleitenden Phantasien. Laufer und Laufer betrachten Onanie und Onaniephantasien in der Adoleszenz als »Probehandeln«: Es dient den Heranwachsenden dazu, mit sexuellen Gefühlen, Gedanken und Befriedigungsformen zu experimentieren, um herauszufinden, wie sie sich Sexualität und Beziehungen als Erwachsene vorstellen und wünschen (vgl. Laufer und Laufer 1989, 61).

Dieses Probehandeln ist von früheren befriedigenden oder versagenden Erfahrungen ebenso beeinflußt wie von gesellschaftlich präsentierten Bildern, die umso eher aufgegriffen werden, je verunsicherter ein junges Mädchen ist. Auf der Suche nach Anregungen und Entwürfen stoßen Jugendliche auf ein massives Angebot von Gewaltszenen, in denen die Frau sich unterwirft, Schmerz zufügen läßt oder vergewaltigt wird. Wenn es der jungen Frau gelingt, sich mit solchen Phantasien bewußt auseinanderzusetzen, dann kann sie sie annehmen, ablehnen oder in eigener Regie verändern. So kann z. B. die Vorstellung einer fremden, aktiven und aggressiven Person einer Frau ermöglichen, die ihr oft schwer zugängliche Seite der Initiative und Aggression innerhalb sexueller Beziehungen kennenzulernen. Produktiv im Sinne einer Ich-Erweiterung werden Phantasien von Gewalt und Unterwerfung allerdings erst dann, wenn die Frau aktives und aggressives Verhalten schließlich ins eigene Selbstbild und Handeln übernimmt, wenn es ihr gelingt, sich sowohl als aktiv wie als passiv, sowohl als Verführerin wie als Verführte zu phantasieren und zu verhalten.

Manche Frauen können aber nur dann Lust erleben, wenn sie Aktivität, Aggression und Verantwortung einer anderen Person zuschreiben. Doch wenn sie sich schon in den Phantasien auf die passive Position beschränkten, fehlt ihnen das Modell für eine aktive Rolle in der realen Beziehung: »Ich bin in der Hierarchie immer unterhalb von diesen Männern«, sagte eine der Frauen in der schon zitierten Sammlung (Lawrenz/Orzegowski 1988, 121) über ihre Phantasien. Zwar ist es für die meisten Frauen selbstverständlich, daß sie solche Unterwerfungsbeziehungen in der Realität nicht wünschen, trotzdem aber haben sie männlicher Initiative und Dominanz oft wenig entgegenzusetzen. So sagt diese Frau über ihre sexuellen Beziehungen: »Auch heute fällt mir das noch schwer, genau zu sagen, was *ich* will. Ich weiß es oft einfach nicht, es bleibt für mich selbst diffus« (ebd., 124). Eine andere sagt: »Er hat die ganze Zeit dominiert, ich habe nichts eigenes dazugefügt« (ebd., 81). Beim Onanieren zu entdecken und zu erproben, was sie auch in der Liebesbeziehung leben und erleben wollen, ist für einige Frauen nach wie vor schwierig: »Ich hab' nämlich versucht, mir mit schönen Phantasien Lust zu machen. Aber das hat überhaupt nicht funktioniert« (ebd., 76).

Was also hindert immer noch manche Frauen daran, ihre Hände zur Entdeckung ihres Körpers und zur Selbstbefriedigung zu benutzen? Warum verhalten sie sich, als seien ihnen die Hände abgeschlagen oder auf den Rücken gebunden? Was hindert andere Frauen daran, ihre Hände als ihre eigenen zu begreifen und in Phantasie und Realität selbst aktiv zu handeln?

Wenn es einer Frau in der Pubertät Schwierigkeiten bereitet, ihren Körper einschließlich der Hände und der Genitalien als eigenen, weiblichen Körper zu begreifen, so hat sie meist schon in der Kindheit nicht die Sicherheit gehabt, über ihren Körper selbst verfügen zu können. Die adoleszenten Schritte zur Selbständigkeit sind oft davon überschattet, daß die frühkindlichen Ablösungs- und Trennungskonflikte keinen besonders ermutigenden Ausgang genommen haben. Dabei sind die ersten Schritte eines kleinen Kindes von der Mutter weg und in die Welt hinaus zunächst ein sehr beglückendes Erlebnis, begleitet von Neugier und Entdeckungslust. Je nachdem, wie die Bezugspersonen – bisher meist nur die Mutter – darauf reagieren, fühlt sich das Kind in seinen Selbständigkeitsbestrebungen bestärkt oder entmutigt.

Wenn ein kleines Mädchen seine wachsende Selbständigkeit zu genießen beginnt, wenn es Lust an Bewegung und sexueller Selbsterforschung findet, rührt dies bei vielen Müttern an eigene verdrängte Wünsche. Um sich nicht damit auseinandersetzen zu müssen, daß die kleine Tochter etwas leben kann, das sie sich selbst nicht gestatten, ziehen manche Mütter sich emotional von ihr zurück und erreichen dadurch, daß das Mädchen, von Verlustängsten bedroht, in Verhaltensweisen zurückfällt, die ihm die Liebe der Mutter sichern.

Auch wenn heutige Mütter nicht mehr der Überzeugung sind, daß Onanie gesundheitsschädigend und deshalb zu unterbinden sei, führt ihr Verhalten doch zuweilen noch dazu, daß die Tochter die Onanie aufgibt. Aufgrund ihrer eigenen Hemmungen können sich Mütter – vielleicht auch Väter – nicht immer unbefangen verhalten, wenn die kleine Tochter ihre Genitalien präsentiert, wenn sie sich selbst streichelt und Lust verschafft.

Sind Onanie und Homosexualität für die Mutter schambesetzt oder tauchen bei den Eltern angesichts der kindlichen Sexualität Mißbrauchs- und Gewaltphantasien oder Verletzungsängste auf, dann können sie der sexuellen Neugier und Lust der Tochter nicht mit offenem Blick begegnen. Das Mädchen wird dann in seiner Selbstentdeckung und Selbstbefriedigung nicht bestärkt und hat das Gefühl, etwas Falsches zu tun, etwas, das ihm die Zuwendung der Eltern entzieht. Gerade wenn die Mutter sich selbst autoerotische Aktivitäten nicht gestattet, spürt das Mädchen Neid, Mißbilligung und Verbot und unterdrückt seine sexuellen Wünsche. Die Hand des Mädchens kann »niemals das symbolisieren, was die Mutter sich selbst verbietet« (Torok 1974, 205), nämlich Instrument der Selbstbefriedigung zu sein.

Im Gefolge der Unterdrückung seiner sexuellen Neugier und Aktivität schränkt das Mädchen auch andere motorische und aggressive Regungen ein. »Die Wirkung des Masturbationsverbotes liegt genau darin, das Kind an den Körper der Mutter zu ketten und seinen eigenen vitalen Plänen Fesseln anzulegen« (ebd.). Ein verunsichertes Mädchen tobt und rauft weniger und unterdrückt Wutausbrüche und Haßgefühle. »So scheint die Liebe zwischen Müttern und schon kleinen Töchtern die kaum bewußte Notwendigkeit zu enthalten, daß die Töchter (…) sich selbst früh kontrollieren lernen, sexuelle, aggressive und egozentrische Bedürfnisse eher verhüllen, kurz, daß sie den Müttern auch ähnlich werden« (Schmauch 1987, 80).

Das körperliche Ergebnis einer solchen Unterdrückung und Kontrolle vitaler Regungen hat Wilhelm Reich als »totes Becken« bezeichnet: Da die Quelle sexueller Wünsche ebenso im Bauch sitzt wie das Empfindungszentrum für Wut und Angst, lassen sich die bedrohlich erscheinenden Gefühle durch flache Atmung, körperliche Verkrampfungen und Fehlhaltungen regelrecht abklemmen. »Unsere Patienten berichten ausnahmslos, daß sie Perioden in der Kindheit durchmachten, in denen sie es durch bestimmte Übungen im vegetativen Verhalten (Atem, Bauchpresse etc.) lernen, ihre Haß-, Angst- und Liebesregungen zu unterdrücken« (Reich 1987, 226). So kann es dazu kommen, daß Mädchen das Gefühl für ihren Körper verlieren, daß sie motorisch ungeschickt und gehemmt werden und die Lust an Bewegung und Aktivität verlieren. Dadurch ist ihnen die Innenwelt ebenso wie die Außenwelt nur noch beschränkt erfahrbar.

Nun ist aber mit der Kindheit die Entwicklung zum Glück noch nicht abgeschlossen. Die Pubertät bringt die Möglichkeit mit sich, Beschädigungen aus der frühen Kindheit zu heilen und Fixierungen aufzulösen. Denn die pubertäre Reifung stellt einen zweiten Entwicklungsschub dar, der es erforderlich macht, das Verhältnis von Körper, psychischer Struktur und sozialen Beziehungen neu zu ordnen. Die Notwendigkeit dieser Umstrukturierung beinhaltet zugleich die Chance, einengende und belastende Folgen der familiären Sozialisation zu überwinden. Dadurch, daß die Sexualreife dazu drängt, sich innerlich und äußerlich von der Familie zu lösen, verringert sich die bisher existentielle Abhängigkeit von den Eltern, während die Selbständigkeit in greifbare Nähe rückt. Die elterlichen Wünsche und Verbote verlieren an Gewicht, ihre Sexualtabus und Weiblichkeitsvorstellungen müssen für das junge Mädchen keine Gültigkeit mehr haben.

Die pubertären Körperveränderungen verlocken geradezu, den Körper zu betrachten und anzufassen und den Bedeutungen und Erlebensmöglichkeiten nachzuforschen, die diese Entwicklungen enthalten. War der eigene Körper bisher fremd oder nur bruchstückhaft vertraut, so wird er nun mit allen Funktionen genitaler Sexualität erfahrbar und kann zur Basis des weiblichen Selbstbildes werden. So erzählt eine junge Französin in einer Interviewsammlung über ihre pubertären Entdeckungen: »Meine eigene Scham finde ich wahnsinnig aufregend. Zum ersten Mal sah ich sie mir mit sieben Jahren an, aber da beeindruckte sie mich gar nicht. Mit zwölf dann noch mal, und diesmal erregte es mich« (Hans/Lapouge 1988, 181). Die erregenden Entdeckungen der Pubertät ermöglichen, den eigenen Körper als lustspendend und liebenswert neu zu erfahren oder diese Erfahrung zu erweitern.

Sexuelle Neugier ist schon deshalb wichtig, weil der Körper sich verändert und neu begriffen werden muß, sie ist umso wichtiger, wenn die weiblichen Genitalien in der Kindheit nur ungenau erklärt und benannt wurden. Mädchen wird oft nur gesagt, daß sie eine »Vagina« haben, »ohne daß weitere sprachliche Unterscheidungen in bezug auf die empfindlichen äußeren Genitalien des weiblichen Kindes getroffen werden. Es ist anzunehmen, daß dieses unvollständige, undifferenzierte und oft ungenaue Bild der weiblichen Genitalien das heranwachsende Mädchen daran hindert, Stolz auf seine Weiblichkeit zu empfinden, und Angst und Verwirrung hinsichtlich seiner Sexualität nach sich ziehen kann« (Lerner 1980, 1103). Körperliche Selbsterforschung in der Pubertät kann dieses ungenaue Bild vervollständigen. Da aber umgangssprachliche Begriffe, die weder entwertend noch medizinisch distanziert wirken, nach wie vor fehlen, ist eine differenzierte und liebevolle, die Selbstachtung stärkende Aneignung der weiblichen Genitalien immer noch erschwert.

Die Menstruation ist der entscheidende Körpervorgang für den Übergang vom Mädchen zur Frau. Noch immer wird die Menstruation vor allem als Anzeichen dafür erklärt, daß die junge Frau nun fortpflanzungsfähig ist und schwanger werden kann. Während die Möglichkeit zukünftiger Mutterschaft hervorgehoben wird, bleiben andere Aspekte unbeachtet und unbenannt. Dabei ist die Menstruation ein Körpervorgang mit ganz eigenen Qualitäten und Empfindungen. Menstruation bedeutet zunächst, daß in regelmäßiger Wiederkehr ein paar Tage lang Blut aus der Vagina fließt, das der Uterus mit pulsierenden Bewegungen aus sich herauslöst. War einem Mädchen das Wissen um seine Vagina verlorengegangen, so kann es nun diesen Teil seiner Genitalien wieder entdecken. Auch Existenz und Lage der unsichtbaren inneren Geschlechtorgane sind nun zu spüren und bilden eine wichtige Ergänzung des weiblichen Körperbildes. Wie wichtig gerade in den Wirren der Pubertät die Möglichkeit ist, zwischen Körperinnerem und Außen unterscheiden zu können, hat Judith Kestenberg bei adoleszenten Patientinnen beobachtet: In diesem körperlichen Erleben von Innen und Außen sieht sie eine Grundlage für die Fähigkeit, auch zwischen psychischem Innen und Außen, zwischen Phantasie und Realität unterscheiden zu können (vgl. Kestenberg 1975, 298 f.).

Und noch mehr und andere Erfahrungen ermöglicht die Menstruation: Wenn das Blut durch die Vagina bis zu den sensiblen äußeren Regionen der Genitalien fließt, kann das erregende und lustvolle Empfindungen auslösen. Hinzu kommt, daß sich die Genitalien während der Menstruationsphase verändern, wie Mary Jane Sherfey beschreibt: In den Tagen zuvor und in den ersten Tagen der Blutung sind Becken und Genitalien stärker durchblutet als in allen anderen Zyklusphasen. Die Menstruation begünstigt also die Möglichkeit zu leichterer sexueller Erregbarkeit und zu intensiverem sexuellen Genuß – vom Physiologischen her. Inzwischen werden Erregbarkeit und sexuelles Verlangen in dieser Zeit auch immer häufiger wahrgenommen. Sherfey berichtete 1974 lediglich von zwei Patientinnen, »deren größte sexuelle Ansprechbarkeit während dieser beiden Tage aufgetreten war« (Sherfey 1974, 157). Die 1985 veröffentlichte Studie zum Menstruationserleben von Erica Mahr stellt demgegenüber fest, daß ein Drittel der befragten Frauen »deutlich einen Wunsch nach Geschlechtsverkehr oder ein Bedürfnis nach Zärtlichkeit und Nähe des Partners während der Blutungsphase« artikulierte (Mahr 1985, 185). Demnach steigt der Anteil der Frauen deutlich, die sexuelle Erregung durch die Menstruation spüren und die deshalb auch das lang gültige Tabu des Geschlechtsverkehrs während dieser Tage nicht mehr achten.

Auffallend ist aber sowohl bei Sherfey wie bei Mahr, daß das sexuelle Verlangen während der Menstruation lediglich im Hinblick auf Sexualität mit einem Partner betrachtet wird. So enthält der Fragebogen zu Mahrs Untersuchung zwar Items wie »Ich fühle mich während meiner Regelblutung sexuell sehr anregbar« (Mahr 1985, 208), aber nicht ein Item, das die Möglichkeit der Selbstbefriedigung anspricht.

Die Verbindung von Menstruation, sexueller Erregung und Selbstbefriedigung ist in der Forschung bisher kaum thematisiert und repräsentiert. In den sexuellen Phantasien, die Nancy Friday (1980) und Lawrenz/Orzegowski gesammelt haben, werden von keiner Frau die menstruellen Körpervorgänge als erregender und lustvoller Anlaß zum Onanieren und Phantasieren genannt. Öffentliche Erwähnungen und Darstellungen bisher kaum bewußter, tabuisierter oder heimlich genossener sexueller Erlebensweisen, sei es in wissenschaftlicher oder erotischer Literatur, sind aber nötig, um den »dunklen Kontinent« der weiblichen Sexualität klarer und vollständiger erkennen zu können. Denn nur was gesellschaftlich repräsentiert ist und eine Sprache hat, kann in der Pubertät auch als Angebot zur Selbsterweiterung aufgegriffen und in das weibliche Selbstbewußtsein integriert werden. Wo es aber keine Begriffe gibt, kann eine Frau nichts begreifen, selbst wenn sie sich fühlt und anfaßt. Begriffe, Bilder und Vorbilder, die nicht von außen kommen und die Fremdbestimmung der weiblichen Sexualität fortsetzen, müssen Frauen für sich selbst und miteinander noch weiterentwickeln.

Die Pubertät macht durch den Anstieg des sexuellen Verlangens, durch die Körperveränderungen und, wie eben gesagt, auch durch die Erlebensmöglichkeiten der Menstruation vielfältige Angebote zur Erweiterung des weiblichen Selbstbildes. Der entscheidende Punkt dafür, aus dem Körpererleben heraus Bilder und Vorstellungen zu entwickeln und vorhandene Vorstellungen aufzugreifen, ist die sexuelle Lust. Welche Begriffe und Bilder mit dem Lusterleben verbunden werden, prägt den Entwurf der eigenen Weiblichkeit am tiefgreifendsten.

Die erregenden Wogen, die in der Pubertät aus dem Körper aufsteigen, verlangen nach sexueller Befriedigung – und das heißt für ein junges Mädchen zunächst: nach Selbstbefriedigung. Denn den eigenen Körper zu kennen und mit der Lust selbständig umgehen zu können, sich selbst anzufassen, ehe man ›angefaßt‹ wird, ist wesentliche Voraussetzung für eine stabile Identität und damit auch für die Gleichheit in zukünftigen Beziehungen. Aber Unabhängigkeit und Freiheit sind, so sehr sie auch ersehnt werden, zugleich mit Verunsicherung und Angst verbunden.

Mit der Pubertät beginnt die endgültige Ablösung von den Eltern. Für die Jugendlichen ist diese unwiderrufliche Trennung mit Schmerz und, nicht unbedingt bewußt, mit Todes- und Mordphantasien verbunden. »Wenn das Kind am Übergang zum Erwachsenenalter steht, wird dieser Schritt über die Leiche eines Erwachsenen vollzogen«, sagt Winnicott (1974, 163) über die unbewußten Phantasien. Erwachsenwerden heißt für das Mädchen, in Rivalität mit der Mutter zu treten, eine Rivalität, die nicht mehr den unrealistischen Charakter der frühen Kindheit hat. Die Tochter wird der Mutter ähnlicher, sie ist nun so jung und schön wie die Frau, die der Vater einst begehrte. Und die Tochter möchte zunächst auch dem Vater gegenüber die Attraktivität ihrer erwachenden Weiblichkeit erproben und von ihm Bestätigung erhalten. Die Konkurrenz um den Vater ist, manchmal nicht nur unbewußt, von lustvollen und ängstigenen Phantasien begleitet, die ›über die Leiche der Mutter gehen‹.

Ein junges Mädchen wird die Rivalität und Konkurrenz, in die die pubertäre Reifung es hineintreibt, umso schwerer ertragen können, wenn es sich in der Kindheit im Umgang damit nicht geübt hat. Hatte das kleine Mädchen aus Angst, die mütterliche Zuwendung zu verlieren, seine aktiven und aggressiven Regungen, auch seine Wut über die einschränkende oder verbietende Mutter unterdrückt, so konnte es die Wirkung seiner Aggressionen nie erproben und einschätzen. Das Mädchen weiß nicht, ob die Mutter Haß, Rivalität und Todeswünsche überleben würde, und diese Unsicherheit macht die pubertären Mord- und Todesphantasien umso bedrohlicher. Für manche Mädchen folgt daraus, daß sie sich – symbolisch – die Hände abschlagen lassen.

Denn ein möglicher Ausweg angesichts der mörderischen Ängste besteht darin, die sexuellen und aggressiven Regungen aufs Neue abzutöten. Wenn es gelingt, auf die Selbstbefriedigung zu verzichten oder gar das sexuelle Verlangen insgesamt wieder zum Schweigen zu bringen, so ist der entscheidende Anlaß für die Rivalität beseitigt und die Angst vor Tod und Mord besänftigt. Das bedeutet aber, daß das Körperinnere der Frau fremd bleibt und daß sie nicht lernen kann, mit ihren sexuellen und aggressiven Regungen selbständig umzugehen. Damit bleibt sie in ihren sexuellen Beziehungen abhängig von einem Partner, der ihr ›totes Becken‹ zum Leben erweckt, soweit sie überhaupt Empfindungen zuzulassen wagt. Denn ihren Unterleib, den Sitz von Lust und Wut, wird sie »als einen klaffenden Schlund fürchten, der sie und den Partner zerstören und in eine unbekannte Leere hineinziehen oder hinausschleudern wird. Sie wird die endgültige Vernichtung fürchten« (Gambaroff 1987, 196 f.). Wenn es der jungen Frau in der Pubertät nicht gelingt, ihre Aggressionen durch Rivalität und Abgrenzung für sich selbst produktiv zu nutzen, so drohen sie, ihr sexuelles Erleben zu stören oder zu zerstören.

Der zweite, wohl weit häufigere Ausweg aus dem Konflikt zwischen sexuellem Verlangen und Rivalitäts- und Mordängsten gegenüber der Mutter ist der, sich zwar die Selbstbefriedigung zu gestatten, die aktive und verantwortliche Seite aber von sich abzuweisen, indem sie in der Phantasie von einem anderen übernommen wird. Die Macht und Kontrolle, die die Mutter einst über den Körper und über die Sexualität des Mädchens hatte, wird zunächst in der Phantasie, dann aber auch oft in der Realität einem Mann zugeschrieben. Damit ist die Frau nicht verantwortlich dafür, daß sie Lust erlebt und vielleicht ein altes Verbot der Mutter übertritt. Wenn es nicht ihre eigene Hand ist, sondern die Hand eines – phantasierten – Mannes, die ihr Verlangen weckt und die sie zu einer sexuell attraktiven und genußfähigen Frau macht, dann wäre sie auch nicht verantwortlich dafür, wenn sie die Mutter von ihrem Platz vertriebe oder gar ins Grab brächte.

Beide genannten Auswege weichen davor zurück, sich als sexuell aktive Frau zu begreifen und zu zeigen, was in der Phantasie heißt: die Hand gegen die Mutter zu erheben, zur Mörderin der Mutter zu werden. Wenn aber die Tochter aus Angst, die Mutter zu vernichten, vor Rivalitäts- und Trennungskonflikten zurückschreckt, vergibt sie die Chance der Pubertät, ihre aggressiven und aktiven Anteile kennenzulernen und sich selbst ihres Körpers zu bemächtigen. Dann wird sie vom Mann erwarten, daß er in der sexuellen Beziehung, oft auch in anderen Bereichen, Aktivität, Initiative und Kontrolle übernimmt. An das männliche Geschlecht werden also die aggressiven Kräfte delegiert, die die Tochter gegenüber der Mutter nicht äußert, um eine ungetrennt, konfliktfrei und harmonisch wirkende Beziehung zu erhalten. Je weniger Frauen untereinander Rivalität und Abgrenzung einüben und aushalten lernen, desto mächtiger erscheint ihnen das männliche Geschlecht, das – auch im Auftrag der Frauen – Aggression, Kontrolliertheit und Verantwortung zu übernehmen hat (vgl. Waldeck 1991).

Im Probehandeln pubertärer Sexualphantasien, in denen die Frau keine aktive Rolle übernimmt, wird die Ungleichheit der Geschlechter als weibliche Unterlegenheit und männliche Dominanz eingeübt und damit in der nächsten Generation fortgesetzt. Patriarchale Macht wird also dadurch stabilisiert, daß die Mütter die Macht über die Sexualität der Töchter haben und behalten – in der Phantasie der Töchter. Denn in der Pubertät und von der Pubertät an, wenn die Tochter sich ja von den Eltern und ihrem Einfluß abgrenzen kann, ist es die Entscheidung der Tochter, ob sie der Mutter weiterhin die Macht zugesteht, über das Recht zu sexueller Aktivität zu entscheiden.

Die dritte Möglichkeit, mit den pubertären Rivalitäts- und Trennungskonflikten umzugehen, ist kein Ausweg, sondern der Weg in die Selbständigkeit. Wenn die Tochter sich das Recht zu sexueller Aktivität nehmen möchte, dann heißt das, sich mit dem inneren Bild der Mutter vor Augen den eigenen Körper anzueignen: »Dies ist mein Körper, dies ist meine eigene Hand«, mag die Tochter dann denken, »ich mache mir selbst Lust damit und genieße mein junges Leben. Du, Mutter, kannst mich nicht in deine Vorstellungen vom Frausein zwängen, ich bin anders als Du und werde ein anderes Leben führen.«

Ist der Schritt der Trennung und Abgrenzung gewagt, zeigt sich, daß die Angst der Tochter davor auf einer phantasierten Macht beruhte. Denn in der Regel halten Mütter sich an den Rat, den Winnicott den Eltern pubertierender, mit Rivalitäts- und Mordwünschen beschäftigter Kinder gibt: »Eltern können hier nur wenig helfen; das Beste, was sie tun können, ist, selbst zu überleben (...)« (Winnicott 1974, 164). Und meist überleben Mütter sogar ganz gut. Die 46jährige Mutter jener jungen Französin, die ihre pubertäre Selbsterforschung so erregend fand, erzählt im Interview: »Ich fing mit vierzig an zu leben. Da entdeckte ich erst meinen Körper« (Hans/Lapouge 1988, 183). Wenn die Tochter aus eigener Erfahrung weiß, daß eine Frau ihre Sexualität selbständig genießen kann, traut sie auch der Mutter zu, unabhängig von ihr glücklich zu werden.

Wenn die Tochter den Schritt in die Selbständigkeit gewagt hat, zeigt sich auch, daß das Zurückschrecken vor Rivalität und Trennung im Grunde nicht auf der Angst vor der Vernichtung der Mutter begründet war. Die Angst um die Mutter oder die Vorstellung einer verbietenden, mächtigen Mutter sind vorgeschobene Argumente, hinter denen sich die Angst verbirgt, unabhängig und damit auch allein zu sein und die Verantwortung selbst tragen zu müssen.

Das Zutrauen, allein sein und selbstverantwortlich handeln zu können, läßt sich durch das »Probehandeln« der Selbstbefriedigung gewinnen. Ist das sexuelle Lusterleben nicht mehr an den Wunsch nach einem aktiven und verantwortlichen Partner gebunden, dann sieht die Frau, daß sie alles allein in der Hand halten kann: Sie selbst hat die Macht, ihren Körper in Erregung zu versetzen, sie kann aktiv und passiv zugleich sein, sie kann sich auflösen und von allein die Kontrolle wiedergewinnen. Durch das körperliche Erleben stärkt sie ihre Selbstsicherheit und Selbstbewußtheit und erweitert das weibliche Selbstbild um die Anteile, die traditionell dem Mann zugeschrieben waren.

Aus dem Wagnis, sich mit eigener Hand Lust zu bereiten, erwächst der Frau »Macht, Selbstgefühl und, vor allem, *Vertrauen* in die eigenen Fähigkeiten und die eigene Zukunft« (Torok 1974, 207). »Kurz, es war wie ein *Erwachen*. Es hat mir Spaß gemacht«, zitiert Torok eine ihrer Patientinnen: »Es ist, als hätten Sie mir eine *Macht übertragen*« (ebd., 207 f.). Die Macht der Männer über die Frauen wird sich in dem Maße verringern, in dem die Frau selbst durch ihren Körper und über ihren Körper Macht gewinnt. Ob sich und wie weit sich das Geschlechterverhältnis ändert, hat also auch die Frau in der Hand.

Literatur

Clement, Ulrich, 1986: *Sexualität im sozialen Wandel*, Stuttgart.
Devereux, Georges, 1950: The Psychology of Feminine Genital Bleeding. In: *The International Journal of Psychoanalysis* 31, 4.
Friday, Nancy, 1980: *Die sexuellen Phantasien der Frauen*. Reinbek bei Hamburg.
Gambaroff, Marina, 1987: *Sag mir, wie sehr liebst du mich – Frauen über Männer*. Reinbek bei Hamburg.
Ghorishi, Parvaneh, 1989: *Sexuelle Probleme iranischer und deutscher Frauen. Eine empirische Untersuchung*. Unveröffentlichte Diplomarbeit am Fachbereich Psychologie der Universität Frankfurt.
Hans, Marie-Françoise/Lapouge, Gilles, 1988: *Die Frauen. Pornographie und Erotik. Interviews*. Frankfurt/M.
Kestenberg, Judith S., 1975: *Children and parents. Psychoanalytic studies in Development*. New York.
Laufer, Moses und Laufer, M. Eglé, 1989: *Adoleszenz und Entwicklungkrise*. Stuttgart.
Lawrenz, Constanze/Orzegowski, Patricia, 1988: *Das kann ich keinem erzählen. Gespräche mit Frauen über ihre sexuellen Phantasien*. Darmstadt.
Lerner, Harriett E., 1980: Elterliche Fehlbenennungen weiblicher Genitalien als Faktor bei der Erzeugung von »Penisneid« und Lernhemmungen. In: *Psyche* 34, S. 1092–1104.
Mahr, Erica, 1985: *Menstruationserleben. Eine medizinpsychologische Untersuchung*. Weinheim/Basel.
Meyer zur Capellen, Renate, 1980: Das schöne Mädchen. In: Brackert, Helmut (Hg.): *Und wenn sie nicht gestorben sind ...* Frankfurt/M.
Reich, Wilhelm, 1987: *Die Funktion des Orgasmus*. Köln.
Schmauch, Ulrike, 1987: *Anatomie und Schicksal*. Frankfurt/M.
Schröder, Achim, 1991: *Jugendgruppe und Kulturwandel*. Frankfurt/M.
Sherfey, Mary Jane, 1974: *Die Potenz der Frau*. Köln.
Torok, Maria, 1974: Die Bedeutung des »Penisneides« bei der Frau. In: Chasseguet-Smirgel, Janine (Hg.) 1974: *Psychoanalyse der weiblichen Sexualität*. Frankfurt/M.
Waldeck, Ruth, 1988: Der rote Fleck im dunklen Kontinent. In: *Zeitschrift für Sexualforschung*, Jg. 1, S. 189–205 und 337–350. Stuttgart.
dies., 1991: »Kassandra« – oder die Lust der Frauen am Krieg der Männer. In: *Ethnopsychoanalyse* 2. Frankfurt/M.
Winnicott, Donald W., 1974: *Vom Spiel zur Kreativität*. Stuttgart.

Räume zur Aneignung des Körpers

Zur Bedeutung von Mädchenfreundschaften in der Adoleszenz

Karin Flaake/Claudia John

1. Weiblichkeit und der Mangel am Körper

In der Adoleszenz gewinnt Körperlichkeit für Mädchen eine neue und besondere Bedeutung. Zur Frau werden ist wesentlich an körperliche Veränderungen – das Wachsen der Brüste, die Veränderung der Genitalien, die erste Menstruation – gebunden. Diese körperlichen Veränderungen können zur Quelle neuer Lusterfahrungen werden: es wird möglich, den Körper auf eine neue Weise sinnlich zu erleben und als erotisch erregend zu erfahren, sexuelle Wünsche können auf eine neue Weise entdeckt werden.

Betrachtet man die Entwicklungsschritte, die in psychoanalytischen Theorien für die weibliche Adoleszenz beschrieben werden, so scheint es für Mädchen allerdings nicht vorgesehen zu sein, daß sie sich ihren Körper selbst lustvoll aneignen und so einen eigenen Zugang zu ihrer Erotik und Sinnlichkeit finden. Im Vordergrund steht nicht die aktive Aneignung des eigenen Körpers und die Entdeckung sexueller Wünsche und Vorlieben, sondern eine Wendung zur Passivität: zum Wunsch nach Begehrtwerden durch einen Mann. In Hinblick darauf in der Tradition von Freud argumentierende Theoretikerinnen und Theoretiker sehen den Motor dieser Entwicklung in der Wiederbelebung einer narzißtischen Kränkung, die schon in der ödipalen Phase die Wendung der Tochter von der Mutter zum Vater ausgelöst hat: dem Fehlen eines als wertvoll angesehen Geschlechtsorgans. So gehen zum Beispiel Edith Jacobson und Peter Blos davon aus, daß die Wiederbelebung der Enttäuschung des Mädchens, keinen Penis zu haben, zu einem narzißtischen Gebrauch des ganzen Körpers führt, der von Männern betrachtet und bewundert werden soll. Edith Jacobson (1978) spricht von einem »enormen Bedürfnis der Mädchen nach narzißtischer Bestätigung von seiten der Männer, ein Bedürfnis, dessen Ursache in den narzißtischen Wunden der Vergangenheit liegt« (180).

Ähnlich argumentiert Peter Blos (1978): »Beim Mann ist das Genital weiter das Zentrum seines Narzißmus, während bei der Frau ein sekundärer Narzißmus besteht, der sich an den Körper als Ganzes bindet ... als einem Objekt, das betrachtet und bewundert werden soll« (190). Ähnlich der Hinwendung zum Vater in der ödipalen Phase suchen Frauen »ihr Gefühl der Vollständigkeit und auch die Erfüllung ihrer Femininität« (260) in der Beziehung zum Mann.[1]

Besonders deutlich wird ein solches auf Vervollständigung durch Männer angewiesenes Konzept von Weiblichkeit in den Argumentationen der französischen Psychoanalytikerin Christiane Olivier (1991). Wie von ihr auch für frühere Entwicklungsphasen angenommen wird (Olivier 1984), kann eine Bestätigung des Weiblichen nur vom anderen Geschlecht kommen: so erwartet das Mädchen in der Adoleszenz vom Jungen, »daß er es durch seine Worte ›narzissisiert‹« (Olivier 1991, 89), durch »Liebesworte«, denn »es sind genau diese Worte, auf die sie wartet, schon immer gewartet hat. Die Worte über ihren Körper, die ihr gefehlt haben, jetzt kann er sie ihr geben« (99). Es scheint unausweichlich, daß solche Worte nur vom anderen Geschlecht kommen und Beziehungen zum eigenen Geschlecht lediglich darauf bezogene, unterstützende Funktionen haben können: »Wie ich mich auf die Mädchenclique stützte, um mich sicher zu fühlen, und wie ich abhing von der Gruppe der Jungen, um einen Blick einzufangen oder ein Wort, das meine Weiblichkeit bestätigte ... Was haben doch die ersten Blicke und die ersten männlichen Worte für mich bedeutet!« (89)

Die zitierten psychoanalytischen Erklärungsmuster für Entwicklungen in der weiblichen Adoleszenz gehen von einem prinzipiellen Mangel des Weiblichen aus, der eine Suche nach Wertschätzung durch das andere Geschlecht notwendig macht. Dieser Mangel macht sich am Körper fest: Bei in der Tradition von Freud argumentierenden Theoretikerinnen und Theoretikern – wie Edith Jacobson und Peter Blos – am Fehlen eines als wertvoll angesehenen Geschlechtsorgans, bei sich als kritisch gegenüber Freudschen Positionen verstehenden Konzeptionen – wie es bei Christiane Olivier der Fall ist – am Fehlen der Möglichkeit einer erotischen Wertschät-

---

[1] Ähnlich argumentiert Freud (1905). In der Pubertät steht für ihn bei Mädchen das Aufgeben der Klitoris als erogener Zone und der entsprechenden autoerotischen Aktivitäten zugunsten der Vagina an, deren Erregbarkeit an sexuelle Beziehungen zu Männern gebunden ist. Dieser Wechsel der leitenden erogenen Zone und der damit verbundene »Verdrängungsschub, ... der gleichsam die infantile Männlichkeit beiseite schafft« (123), ist für Freud eine schwierige Entwicklung, die Frauen seiner Einschätzung nach zu neurotischen Symptomen prädisponiert. Diese Beschreibung kann als Widerspiegelung der Situation von Frauen um die Jahrhundertwende verstanden werden: als Beschreibung einer Realität, in der Frauen sexuelles Begehren nicht erlaubt war.

zung des weiblichen Körpers durch Frauen.² Dieser Mangel läßt nicht zu, daß Weiblichkeit ihren Kern haben kann in einem von männlichen Wertschätzungen unabhängigen positiven Verhältnis zum eigenen Körper: Frauen können der körperlichen Weiblichkeit nicht selbst Wert verleihen, können sie nicht selbst lustvoll besetzen und zur Quelle eigener Befriedigung machen.

Hier wird eine Bestimmung von Weiblichkeit – und der entsprechenden Entwicklungen in der Adoleszenz – vorgeführt, die die Angewiesenheit der Frauen auf Männer als unvermeidbar, weil in einem organischen Defizit wurzelnd, ansieht. Eine solche Position läßt sich ideologiekritisch als theoretisch überhöhte Absicherung männlicher Überlegenheit charakterisieren, zugleich trifft sie aber auch wichtige Merkmale weiblicher Sozialisation, wenn man sie als Beschreibung typischer Strukturen und Prozesse unter bestehenden gesellschaftlichen Bedingungen liest, nicht aber – wie es ihrer Intention entspräche – als Erklärung dieser Verhältnisse (vgl. Rohde-Dachser 1991). Denn psychoanalytische Theorien bezeichnen zentrale Problemkonstellationen, mit denen adoleszente Mädchen sich auseinandersetzen müssen: mit der Aneignung körperlicher Weiblichkeit unter Bedingungen, die dazu geführt haben, den eigenen Körper als durch einen Mangel geprägt wahrzunehmen. Diese narzißtische Wunde kann dafür sorgen, daß weibliche Abhängigkeit von Männern in der Adoleszenz auf subtile Weise festgeschrieben wird: Die jungen Frauen können der körperlichen Weiblichkeit dann nicht selbst Wert verleihen, vermögen sich ihren Körper nicht selbst lustvoll anzueignen, sondern sind in diesem zentralen Kern ihrer Identität abhängig von männlichen Bestätigungen.

2. Räume zur Aneignung des Körpers

Umschreiben ließe sich der Mangel, die Wunde, von der psychoanalytische Theorien zur weiblichen Adoleszenz sprechen, als Fehlen eines elementaren Gefühls für den Wert des eigenen sexuellen Körpers. Das Fundament

---

2 Psychoanalytische Ansätze, die sich – wie der von Nancy Chodorow – in feministischer Absicht an der Objektbeziehungstheorie orientieren, unterscheiden sich von den genannten insofern, als sie die Beziehungen unter Frauen nicht durch einen Mangel gekennzeichnet sehen, sondern ihnen – im Gegenteil – eine große emotionale Bedeutung beimessen, der gegenüber die der Männer nur sekundär ist. Körperlichkeit und Sexualität werden hier jedoch kaum thematisiert, im Vordergrund stehen soziale und intrapsychische Beziehungssituationen, in die die sexuelle Entwicklung eingebettet ist (z. B. Chodorow 1985, 149). Insofern vermeiden diese theoretischen Ansätze die Konfrontation mit einer besonders problematischen Dimension weiblicher Entwicklung: mit dem Verhältnis zu körperlicher Weiblichkeit und Sexualität.

dafür wird nach neueren entwicklungspsychologischen Studien schon früh gelegt und ist in starkem Maße abhängig von der Anerkennung und Wertschätzung, die die ersten Bezugspersonen, meist also die Mütter, den sexuellen Selbsterforschungen der kleinen Töchter entgegenbringen. Ab dem 15./16. Lebensmonat entdeckt das Mädchen seine äußeren Genitalien und seine Vagina, es lernt die Klitoris als erregendes Organ kennen und genießt die Lust, sich selbst zu berühren. Diese ersten Erfahrungen mit dem eigenen sexuellen Körper bilden ein Fundament, durch das die Möglichkeiten zur positiven Aneignung der eigenen Körperlichkeit in späteren Entwicklungsphasen wesentlich bestimmt werden. Diese ersten wichtigen Selbsterforschungen der Tochter scheinen bei Müttern jedoch häufig auf Barrieren zu treffen, die verhindern, daß das Mädchen in seiner weiblichen Körperlichkeit und seiner Lust von ihr bestätigt wird und über eine solche Bestätigung ein inneres Bild seiner Genitalien erwerben kann (vgl. Bell 1991, 120; Torok 1974, und den Beitrag von Ruth Waldeck in diesem Band). So bleibt anstelle der empfundenen Lust und der Orte der Lust oft eine »Leerstelle«, ein Bereich, der als »unbesetztes«, d. h. von den kleinen Mädchen innerlich nicht angeeignetes Gebiet erscheint.

In der Adoleszenz entfalten sich sexuelle Wünsche und Möglichkeiten ihrer Befriedigung jedoch auf eine neue Weise, es ergibt sich die Möglichkeit einer »zweiten Chance« für die Aneignung des Körpers; er kann jetzt, wenn er bisher als unvollständig erschien, mit allen Funktionen genitaler Sexualität erfahrbar und zur Basis des weiblichen Selbstbildes werden. Es scheint sich oft jedoch fortzusetzen, was auch in früheren Entwicklungsphasen für das Verhältnis zur Körperlichkeit und Sexualität kennzeichnend war: Daß Männern – wie es schon bei der Rolle des Vaters in der ödipalen Phase der Fall war (vgl. Bell 1991) –, die Wertschätzung und Anerkennung der Weiblichkeit vorbehalten bleibt und Frauen sich ihren Körper und ihre Sexualität nicht auf eine für sie spezifische Weise anzueignen vermögen, um dann auf der Basis eines solchen körperlich verankerten Selbstbewußtseins die Blicke des anderen Geschlechts auf sich wirken zu lassen.[3]

---

3 Wie wenig junge Frauen ihren eigenen Körper und ihre sexuellen Wünsche kennen, bevor sie sich Männern zuwenden und wie stark sie sich dann an männlichen Wünschen orientieren, zeigen die von Constanze Lawrenz und Patricia Orzegowski (1988) aufgezeichneten Gespräche mit Frauen über ihre sexuellen Phantasien. Typische Äußerungen der Frauen, die zwischen 21 und 32 Jahren alt waren, sind: »Mit ihm geredet habe ich eigentlich nicht, ich habe von ihm immer alles stumm gelernt; er war mein großer Lehrmeister. Und ich konnte meine Bedürfnisse auch gar nicht äußern, die kannte ich ja selber wenig. ... So habe ich mich immer voll auf ihn verlassen, weil er schon mit Frauen geschlafen hatte und wußte, wie es geht. Deshalb habe ich mich da eigentlich nicht selbst entdeckt« (26). »Dann wurde mir klar, daß wir weniger unsere als seine Sexualität lebten. Die Impulse sind alle von Christian ausgegangen, und ich habe darauf reagiert. ... Er hat die ganze Zeit dominiert, ich habe nichts eigenes hinzugefügt. ... Christian hat mich nicht danach gefragt; und ich selbst bin gar nicht auf die Idee gekommen, daß ich auch Phanta-

Die Adoleszenz kann für Mädchen jedoch dann zur zweiten Chance für die Aneignung des Körpers werden, wenn ihnen ein Raum zur Verfügung steht, der es ihnen erlaubt, ihr eigenes Begehren ohne Angst vor Einmischung, vor Verfolgung oder Verletzung zu entdecken. Jessica Benjamin (1990) sieht – in Anlehnung an Winnicott – die Herausbildung eines »Innenraums« als Voraussetzung für sexuelle Subjektivität. Dieser »Innenraum« kann sich durch die Erfahrung entwickeln, im Rahmen einer beschützenden Umwelt Triebimpulse als eigene und dem persönlichen Erleben zugehörige erfahren zu können. Beim Kind ist es die Spannung zwischen Alleinsein und unaufdringlicher, aber beschützender Gegenwart der Mutter, die es ermöglicht, »im entspannten Klima dieses Raumes ... eigene Impulse (Triebe) als von innen kommend spüren und als eigenes Begehren kennenlernen« (125) zu können. Dieser »Übergangsraum«, in dem die Fähigkeit zum Alleinsein gebunden ist an eine Person, die verfügbar ist ohne Anforderungen zu stellen, ermöglicht die Herausbildung eines »Innenraums«, wenn die beschützende Umwelt »introjiziert und in die Persönlichkeit des Individuums eingebaut « (Winnicott 1984, 45) werden kann.

In der Adoleszenz steht die Entdeckung des eigenen Begehrens, der eigenen Lust, für Mädchen auf eine neue Weise und zugleich unter besonderen Bedingungen an. Die Psychoanalytikerin Karin Bell (1991) beschreibt anhand von Fallbeispielen aus ihrer Praxis sehr anschaulich Wünsche ihrer Patientinnen, von der Mutter in der erotischen Besetzung des Körpers bestätigt und auf diese Weise in die Sexualität »eingeführt« zu werden. Die Mutter wird als weibliche Bezugsperson gewünscht, von der die Tochter »sich einerseits unabhängig fühlen, aber auch in ihrer sexuellen Entfaltung orientieren« (121) kann. (Zu Wünschen nach Bestätigung der Sexualität durch die Mutter und den damit verbundenen Problemen siehe auch den Beitrag von Helga Haase in diesem Band.) Zugleich steht aber auch eine innere Trennung von der Mutter an, ein Schritt hinaus aus den familialen Bindungen in größere soziale Zusammenhänge und ein eigenes Leben als erwachsene sexuelle Person. Dazu gehört auch, den eigenen Körper, die eigene Sexualität von der Mutter unabhängig zu machen, sie »in eigene Regie zu nehmen« (Rohde-Dachser 1990, 15). In dieser Spannung zwischen dem Wunsch nach Anerkennung der eigenen Sexualität durch die

---

sien von mir ausleben und probieren könnte, sondern habe einfach bedingungslos seine Welt übernommen« (81). »Mir fehlte dieses ganze Gefühl, mich sexuell zu erleben, zu spüren, ausgefüllt zu sein. Es ging mir schlecht damit, daß ich das gar nicht so intensiv genießen konnte. Ich hatte das Gefühl, daß da noch mehr kommen muß. Aber das hätte ich damals nicht so klar sagen können. Auch heute fällt mir das noch schwer, genau zu sagen, was ich will. Ich weiß es einfach oft nicht, es bleibt für mich selbst diffus« (124).

Mutter und nach Ablösung von ihr können Mädchenfreundschaften eine wichtige Funktion haben. Sie können einen »Übergangsraum« schaffen, der nicht auf familiale Zusammenhänge beschränkt ist, sondern den Weg in die »Welt« schon einschließt, ein »Übergangsraum«, in dem Mädchen ihre eigene Innenwelt ohne Angst vor vereinnahmenden Zugriffen erforschen können, in dem das Begehren sich frei entfalten und als authentisches Eigenes erlebt werden kann.

3. Die Bedeutung von Mädchenfreundschaften

In diesem Kontext soll im folgenden ausführlicher auf Helene Deutsch als einziger psychoanalytischer Autorin, die Beziehungen zwischen Mädchen und deren Möglichkeiten thematisiert, eingegangen werden. Eingebunden in ihre vielfältigen Beiträge zur psychoanalytischen Weiblichkeitstheorie[4] nimmt ihr Interesse an der weiblichen Pubertät und Adoleszenz[5] breiten Raum ein, wobei es hier allerdings nicht um eine vollständige Würdigung aller bei ihr formulierten Aspekte gehen kann. Im Vordergrund steht vielmehr die Betrachtung von Mädchenfreundschaften: die Wichtigkeit, die ihnen beigemessen wird für die Aneignung des eigenen Körpers, für die Auseinandersetzung mit den körperlichen und psychischen Veränderungen in dieser Zeit und als Raum für neue Erfahrungen auf dem Weg des Frauwerdens, aber auch die Betrachtung der Veränderungen und des endgültigen Stellenwerts dieser Beziehungen selbst.

Leitend dafür ist der Leseeindruck einer die Ausführungen Helene Deutschs begleitenden Atmosphäre des Bedauerns, Verzichts und des Abschieds von nicht realisierbaren Potentialen. Dieser Eindruck korrespondiert mit von ihr beschriebenen Aspekten im Erleben des pubertierenden Mädchens, die zugleich als eine zu bewältigende Aufgabe und darin zutreffende Beschreibung der den Weg zur Frau begleitenden Anforderungen verstanden werden können.

---

[4] Im feministisch-psychoanalytischen Diskurs fand Helene Deutsch kaum Beachtung oder wurde als reaktionär verworfen (was in auffälligem Gegensatz zu ihrer Lebenspraxis steht, wie Roazen (1989) betont); auch für die psychoanalytische Theorieentwicklung erscheint sie als nicht besonders interessante oder theoretisch innovative Figur, zeichnen sich ihre Texte durch ausführliche Beschreibungen und – in späteren Jahren in den USA – eine klinisch-pragmatische Orientierung aus. Im Rahmen der »Weiblichkeitsdebatte« ist sie, die sich immerhin als eine der ersten explizit mit der weiblichen Homosexualität beschäftigte, als Repräsentantin der Freud'schen Auffassung zu verstehen.

[5] Eine formulierte Differenz der beiden Begriffe findet sich bei Helene Deutsch nicht. Pubertät scheint jedoch eher den Entwicklungsaspekt, Adoleszenz den Zeitraum zu kennzeichnen.

So deutet auch Helene Deutsch Ausmaß und Anstrengung der gestellten Aufgabe an:

»Die nun eintretende Differenzierung (zwischen den Geschlechtern, Anm. C. J.) legt vor allem dem weiblichen Wesen ein viel größeres Maß von Arbeitsleistung auf, nicht nur im Körperlichen, sondern auch im Seelischen« (1925, 23).

Nur kurz erwähnt sei hier als die für Pubertät und Adoleszenz grundlegende Dynamik die Reaktualisierung frühkindlicher Konflikte, also die erneuten Auseinandersetzungen der präödipalen Zeit in der Vorpubertät, in der frühen Pubertät der Übergang von präödipaler zu ödipaler Zeit und die Erweiterung zu triangulierten Beziehungskonstellationen, in Pubertät und Adoleszenz schließlich die Wiederaufnahme der ödipalen Thematik. Anders ist allerdings, daß es diesmal eine endgültige Lösung anzustreben gilt. Zwar sind gerade in diesem Entwicklungszeitraum Lockerung und Veränderungen psychischer Strukturen möglich (und finden ja tatsächlich statt), das Ziel jedoch ist für Helene Deutsch fest umrissen: die Klitoris als erogene Zone muß aufgegeben, die Vagina besetzt werden:

»Es handelt sich jetzt um den endgültigen Verzicht auf die Klitoris als erogene Zone und um die Überführung der passiv-analen Strebungen ... auf die Vagina« (1925, 37).

Damit einhergehend überwiegen passive Strebungen, und die heterosexuelle Objektwahl wird gefestigt.

Auf dieser Folie nun ist die Entfaltung der Mädchenfreundschaften zu betrachten, in einer als »Zwischenzeit« definierten Periode, die es zu integrieren und zu lösen gilt: Von der Präpubertät als »(...) der Lebensperiode, in der das junge Mädchen zwischen Vergangenheit und Zukunft, zwischen Kindheit und Erwachsensein lebt« (1948, 11) zur Adoleszenz, in der »die Gegenwart dem Kampfe des adoleszenten Menschen um die harmonische Zusammenfügung dieser beiden Lebensperioden dient: Kindheit und Zeit des Erwachsenseins« (1948, 102).

Die Wichtigkeit sei noch einmal verdeutlicht:

»In dieser Periode werden die endgültigen Grundsteine für die zukünftige Persönlichkeit des Erwachsenen gelegt und das Schicksal der reifen Frau ist entschieden« (1948, 81).

Schon dem Übergang von der Latenz zur eigentlichen Pubertät – der Vorpubertät – widmet Helene Deutsch besondere Aufmerksamkeit als einem Zeitraum, der sich durch relativ große Freiheit von kindlicher Sexualität, dafür aber durch intensive Prozesse der Realitätsaneignung und -bewältigung und große auf die Umwelt gerichtete Aktivität auszeichnet. Mit »ehrgeizigen Bestrebungen« (1948, 11) und Wünschen nach Unabhängigkeit und Selbständigkeit ist die Lockerung alter Bindungen und »die Suche nach neuen Objekten in der Außenwelt« (11) verbunden.

Die Beziehung zu einer (gleichaltrigen) Freundin erhält eine große Bedeutung, sowohl als Repräsentantin des Ich-Ideals als auch als bestätigende »Gleiche«, mit der sie Phantasien agiert, Geheimnisse teilt, sich selbst in und mit der anderen entdecken kann.

»Die große, bewußt erlebte Liebe wendet sich einem anderen Mädchen zu. Das Interesse wird zwei Typen entgegengebracht: erstens dem älteren Mädchen im Sinne des oben erwähnten Ich-Ideals; zweitens der Gleichaltrigen, mit der sie sich im Zimmer abschließt, mit der sie kichert, die sie zur Trägerin der Geheimnisse macht und mit der sie die harmlose Art einer für dieses Alter typischen Selbstbefriedigung erlebt« (17).

Das frühere Interesse an den Geschlechtsunterschieden verlagert sich auf das Interesse am eigenen Körper, zentrales Thema der »Geheimnisse«, wofür die Beziehung zur Freundin einen schützenden, durch unterschiedliche Entwicklungstempi jedoch auch leicht gefährdeten, Rahmen schafft:

»Am eigenen Körper interessiert man sich weniger um den Fortschritt der genitalen Entwicklung, die Probleme gelten jetzt mehr dem Körperinneren, den Brüsten usw.« (18).

Darüber hinaus gewährleistet der enge Anschluß an eine Freundin ein Gefühl von Sicherheit, schützt vor einem diffusen Sich-Auflösen in zahlreichen Identifikationen und stärkt das Bewußtsein von einem unabhängigen Ich in der Beziehung zu einer Ähnlichen, der damit eine nicht zu unterschätzende Bedeutung zugewiesen ist.

»Die Wahl dieses Objektes ist von größter Wichtigkeit. Diese andere ist ein ›Alterego‹, eine Erweiterung des eigenen Ichs, in der Identität des Alters, der Interessen und der Wünsche« (17).

»... durch die Identifizierung mit der Freundin erweitert das schwache ›Ich‹ des Mädchens seine eigenen Grenzen und gewinnt im Kampf gegen Minderwertigkeitsgefühle mehr Selbstvertrauen« (85).

Nachdrücklich hebt Helene Deutsch den homosexuellen Charakter der Präpubertät hervor, womit nicht nur auf die wechselseitigen Identifikationsprozesse verwiesen ist, sondern die Freundin auch als (gleichgeschlechtliches) Liebesobjekt benannt ist.

»Wir haben die Phase der Vorpubertät eine ›homosexuelle‹ genannt, mit Rücksicht darauf, daß das Liebesobjekt gleichgeschlechtlich ist« (29),

wenn auch die narzißtische Komponente im Vordergrund der Betrachtung bleibt.

Das Potential der Beziehung zur Freundin in der Vorpubertät ist also in den verschiedenen Aspekten, die sie umfaßt, wie in ihren facettenreichen Ausdrucksformen zu sehen.

»Die Beziehung kann verschiedene Formen annehmen, entsprechend dem Grad der psychologischen Entwicklung: Tuscheln und harmlose Geheimnistuerei; oder die Gefahr voreiliger sexueller Nachahmung der anderen, Idealbildung oder stärkste gleichgeschlechtliche Leidenschaft, ...« (80).

Gestützt wird dies von der relativen Ambivalenzfreiheit der Freundschaft – darin vor allem von der Beziehung zur Mutter und der darin aktuellen Ablösungsproblematik unterschieden –, was eher die Seite aktiver Wendung zur Realität als regressive oder abwehrende Tendenzen verstärkt.

Das Fehlen oder der Abbruch einer solchen Freundschaft wäre ein Mangel und ein entscheidender schmerzlicher Einbruch:

»Das typische ›Trauma‹ der Vorpubertät liegt im Verlust der Freundin durch Trennung oder durch eine Untreue derselben zugunsten eines anderen Mädchens oder eines Burschen« (30).

Mit Beginn der Pubertät (und der Zunahme genitaler Regungen) erweitert sich die Beziehung zwischen zwei Mädchen hin zu triangulären Konstellationen; erste »Ausflüge« in (hetero-)sexuelle Erfahrungen werden gemeinsam unternommen bzw. einander berichtet. Zwischen homosexuellem und heterosexuellem Objekt ist noch nicht entschieden, was dieser Zeit ihren bisexuellen Charakter verleiht. Das dem eigenen Körper geltende Interesse richtet sich nun eindeutiger auf die Genitalien (insbesondere mit Beginn der Menstruation) und auf sexuelle Erfahrungen. Hier wird die Beziehung zur Freundin jedoch potentiell »gefährlich«, dann nämlich, wenn daraus keine Bewegung zu einem dritten Objekt resultiert:

»Eine Gefahr der gleichgeschlechtlichen Freundschaft liegt wie schon besprochen in der eventuellen Verankerung der homosexuellen Tendenzen und in dem Einfluß derselben auf den Verlauf der psychosexuellen Entwicklung später in der Adoleszenz« (32).

Die Entwicklungsrichtung, »... sich erst allmählich der Heterosexualität zuzuwenden« (32), beansprucht nicht nur Zeit, sondern ist mit Zögern und verschiedenen (wiederauflebenden) Konflikten verbunden, die lange über die Frühpubertät hinaus bestimmend bleiben können:

»Wie die Tendenz zur Identifikation kann auch das ›Dreieck‹ der Frühpubertät lange Perioden überdauern. Als Ausdruck der ›Bisexualität‹ kann es zum Tummelplatz der hetero- und homosexuellen Konflikte werden; es kann der Verteilung ambivalenter Gefühle, d. h. der Liebe und des Hasses, eine bestimmte Form verleihen und die männlich-aktiven und weiblich-passiven Tendenzen in einer oft komplizierten Kombination verbinden« (75/76).

Dennoch scheint hier ein Raum für verschiedene Möglichkeiten zu bestehen, können im Bestreben, »... das eigene Ich als eine selbständige Persönlichkeit gegenüber der Umwelt durchzusetzen« (27), offensichtlich mehrere Aspekte psychosexueller Identität als eigene erlebt und erprobt werden.

»Das Vorhandensein einer stark bisexuellen Phase knapp vor der Adoleszenz bzw. im Beginn derselben ist beim weiblichen Geschlecht weniger verdrängt als beim Knaben. Das Mädchen in dieser Lebensphase ist sogar gerne bereit, ›ihre Männlichkeit‹ zu betonen ...« (76).

In der Adoleszenz erfährt die Beziehung zur Freundin erneut eine Veränderung, indem sie komplizierter und zugleich in ihrer bisherigen Form unbefriedigend wird. Allerdings besteht auch weiterhin eine große emotionale Intensität.

»... gewöhnlich jedoch hat sie einen platonischen, wenn auch leidenschaftlichen Charakter« (106),

wenn auch ohne deutlich sexuelle Komponente, die eher abgewehrt oder auf ein nicht bedrohliches Objekt verschoben wird:

»sehr häufig wendet sich die homosexuelle Sehnsucht einem fernerstehenden Objekte zu und die Liebe wird außerordentlich leidenschaftlich, ja, *sie pflegt sogar stärkere Intensität zu haben als die heterosexuelle Sehnsucht je erreicht*« (106).[6]

So ist dies sicherlich ein Aspekt, der zur konstatierten »großen Vulnerabilität der Pubertät« führt.

Die Beschäftigung mit dem eigenen Körper wird jetzt geprägt vom Einfluß der Mutter und ihren Wertungen (beispielsweise das Bewahren der »Unversehrtheit« für einen Mann), wie auch vom Wiederaufleben infantiler Phantasien (insbesondere im Zusammenhang mit der Menstruation), die die eigenen Genitalien mit Vorstellungen von Schmutz, Beschädigtsein und mit Scham belegen – ein auffälliger Unterschied zu Präpubertät und früher Pubertät.

Hinzu kommt die Reaktualisierung des Genitaltraumas: die »Mangelhaftigkeit« der Klitoris, die Aufgabe der Erregung und Lust an ihr und das Erschrecken über das »Nichts«, steht die Vagina doch noch nicht ›zur Verfügung‹. Die »tief verankerte weibliche Passivität« (verstanden als nach innen gerichtete Aktivität) und eine Wendung nach innen treten deutlich hervor.

Erotik und bewußte Sexualität bleiben lange getrennt,

»... das weibliche Sexualorgan lange von direkter Teilnahme am Sexualleben ausgeschlossen« (104).

Hier hat die Freundin keine Bedeutung mehr (auch wenn die Freundschaft nicht abbricht und in verschiedenen Formen weiterdauern kann), denn:

»Die Vagina – ein völlig passives, rezeptives Organ – wartet auf das aktive Agens, um ein funktionierendes, erregbares Organ zu werden« (208).

---

6 Hervorhebung von mir, C. J.

»Das Erwachen der Vagina zu voller, sexueller Funktion hängt vollständig von der Aktivität des Mannes ab« (211).

Helene Deutschs Ausführungen zum Entwicklungszeitraum von (Vor-)-Pubertät und Adoleszenz resümierend ist eine eigenartige Diskrepanz zu erkennen:

Einerseits bietet die Beziehung zu einem anderen Mädchen Raum, den eigenen Körper zu entdecken und zu erforschen, dies zu teilen, zu vergleichen und damit doch auch anzueignen; andererseits scheint mit zunehmenden Triebansprüchen und sexuellen Wünschen der Körper immer fremder zu werden, die Regungen kaum zu lokalisieren und eher im Diffusen verbleibend. Das, was spürbar wird, wird phantasmatisch eher in Stimmungen als in Handlungen ausgestaltet und mündet in eine Leere, in eine Zeit des Wartens, aus der der Mann »erlöst«.

Auch hinsichtlich der Bedeutung von Mädchenfreundschaften vollzieht Helene Deutsch die widersprüchliche Bewegung, zwar einen Raum für Neues zu öffnen, ihn letztendlich jedoch nicht wertzuschätzen, indem er in seiner Eigenständigkeit und als Ansatzpunkt für ein anderes Verständnis weiblicher Entwicklung weitergeführt würde. So *wie* Helene Deutsch die Möglichkeiten entfaltet hat, die die Beziehung zum eigenen Geschlecht (der Freundin, aber auch zur Mutter) bietet – für die Aneignung des eigenen Körpers, die Auseinandersetzung mit den körperlichen und psychischen Veränderungen und für geschützte(re) neue Erfahrungen auf dem Weg des Frauwerdens –, die Intensität, die sie diesen Beziehungen zuerkennt, läßt auch eine andere Entwicklungslogik vorstellbar werden. Es bleibt uneinsichtig, weshalb dieses Potential aufgegeben werden sollte. Gerade an dieser Stelle verweist Helene Deutsch auf Biologie und Anatomie im Versuch, doch eine Folgerichtigkeit zu etablieren.[7] Zugleich aber lesen sich diese Passagen als zutreffende *Beschreibung* der den Weg zur Frau begleitenden Anforderungen unter gesellschaftlichen Bedingungen, in denen das Geschlechterverhältnis so konstruiert ist, daß »das Weibliche ... als Ergänzungsbestimmung eines sich absolut setzenden Männlichen ... in Erscheinung tritt« (Rohde-Dachser 1991, 95). So läßt sich der in der Adoleszenz endgültig notwendig werdende Verzicht auf die Nähe oder gar Liebe zum eigenen Geschlecht weitergehend verstehen als der strukturell verankerte (und sicher nicht ohne Widerstand vollzogene) Verzicht sowohl auf eine eigenständige weibliche, deutlich differente Sexualität, wie auf einen Lebensentwurf, der einen Selbstbezug weiterhin ermöglicht.

---

7 Damit ist ein Bruch und zugleich eine Argumentationsfigur markiert, wie sie in der psychoanalytischen Weiblichkeitsdebatte zahlreich anzutreffen sind: eine zu erklärende, offene Entwicklung wird an brisanter Stelle, die doch unabdingbar nach weiteren *Fragen* verlangt, mit einer Setzung eingeholt.

Die Möglichkeiten, die Beziehungen unter Mädchen in der Adoleszenz für die Aneignung des eigenen Körpers und die Entwicklung eines entsprechenden Selbstbewußtseins bieten können, beschreibt Eva Poluda-Korte sehr anschaulich in einem »Brief an eine Freundin«.

»Wenn Du und ich dahin sozialisiert worden wären, unsere intensive Mädchenfreundschaft auch erotisch verwirklichen zu dürfen, hätten wir uns damals nicht nur seelisch gegenseitig entdecken und bestätigen können, sondern auch sexuell inspirieren und unser Wissen und unsere erotische Kreativität mehren können. Wir hätten uns eine Basis an sexuellem Selbstbewußtsein geben können und beistehen im Umgang mit dem Fremden in uns und in den Männern, und ermutigen, dem Schrecken ins Auge zu sehen und dessen Faszination entspannter zu riskieren. Wir hätten uns unsinnige Kämpfe sparen können und sinnvolle entschlossener aufgenommen und wüßten heute vielleicht viel mehr! Ohne gegenseitige Demontage, um uns aneinander zu rächen für das kulturelle Verbot der Frauenliebe, das wir uns als persönliche Zurückweisung angelastet haben! Ohne sinnlose Kastrationswut gegen den Mann, den wir lieben, weil er uns nicht geben konnte, was wir uns unbewußt voneinander wünschten« (Poluda-Korte, 1988, 120).

Hier wird das Bild eines Raums entfaltet, in dem Weibliches eine eigenständige, von männlichen Bestätigungen unabhängige Bedeutung entwickeln kann (vgl. dazu Brückner 1991), ein Raum, in dem Mädchen die Möglichkeit haben, eine Wertschätzung ihres Körpers als Frauen und unter Frauen, ein im Körper verankertes Selbstbewußtsein zu entwickeln, das sie unabhängiger machen kann in ihren sexuellen Entfaltungs- und Entscheidungsmöglichkeiten.

Solche Räume für Mädchen sind nicht unabhängig vom Verhältnis erwachsener Frauen zu ihrer Weiblichkeit: Sie werden nur da entstehen, wo Frauen sich wechselseitig nicht nur über einen Mangel, über als ungenügend Empfundenes wahrnehmen, sondern auch in dem, was sie sich – jenseits aller Differenzen – zu geben haben.

Literatur

Apter, Terri, 1990: *Altered Loves. Mothers and Daughters during Adolescence*. New York.

Beauvoir, Simone de, 1986: *Memoiren einer Tochter aus gutem Hause*. Reinbek bei Hamburg.

Bell, Karin, 1991: Aspekte weiblicher Entwicklung. In: *Forum der Psychoanalyse* 7, S. 111–126.

Benjamin, Jessica, 1990: *Die Fesseln der Liebe. Psychoanalyse, Feminismus und das Problem der Macht*. Frankfurt/M. (engl.: The Bonds of Love. Psychoanalysis, Feminism and the Problem of Domination. New York 1988)

Blos, Peter, 1978: *Adoleszenz. Eine psychoanalytische Interpretation*. Stuttgart.

Brückner, Margrit, 1990: Zwischen Kühnheit und Selbstbeschränkung. Von der Schwierigkeit weiblichen Begehrens. In: *Zeitschrift für Sexualforschung* 3, S. 195–217.
dies., 1991: Von der Aneignung weiblicher Lebensräume oder Die Frau in der Tapete. In: *Kulturanalysen* 1, S. 83–99.
Burger, Angelika/Seidenspinner, Gerlinde, 1988: *Töchter und Mütter. Ablösung als Konflikt und Chance.* Opladen.
Chehrazi, Shahla, 1988: Zur Psychologie der Weiblichkeit. In: *Psyche* 42, S. 307–327.
Chodorow, Nancy, 1985: *Das Erbe der Mütter. Psychoanalyse und Soziologie der Geschlechter.* München (engl.: The Reproduction of Mothering. Psychoanalysis and the Sociology of Gender. Berkeley, Los Angeles, London 1978).
Deutsch, Helene, 1925: *Psychoanalyse der weiblichen Sexualfunktionen.* Leipzig/Wien/Zürich.
dies., 1944: *The Psychology of women*, Vol. I. New York. (dt.: 1948: Die Psychologie der Frau, Bd. I. Bern.)
Dinnerstein, Dorothy, 1979: *Das Arrangement der Geschlechter.* Stuttgart.
Flaake, Karin, 1990: Geschlechterverhältnisse, geschlechtsspezifische Identität und Adoleszenz. In: *Zeitschrift für Sozialisationsforschung und Erziehungssoziologie* I.
dies., 1990: Erst der männliche Blick macht attraktiv. In: *Psychologie heute*, Dezember.
Freud, Sigmund, 1905: *Drei Abhandlungen zur Sexualtheorie*, GW V, S. 27–145. Frankfurt/M. 1969.
ders., 1920: *Über die Psychogenese eines Falles von weiblicher Homosexualität*, GW XII. Frankfurt/M. 1969.
ders., 1925: *Einige psychische Folgen des anatomischen Geschlechtsunterschieds*, GW XIV. Frankfurt/M. 1969.
ders., 1931: *Über die weibliche Sexualität*, GW XIV. Frankfurt/M. 1968.
Galenson, E./Roiphe H., 1977: Some suggested revisions concerning early female development. In: Blum, H. P. (Hg.), *Female psychology. Contemporary psychoanalytic views.* New York, S. 29–57.
Glover, L./Mendell, D. 1982: A suggested developmental sequence for a preoedipal genital phase. In: Mendell, D. (Hg.), *Early female development.* Lancaster.
Heigl-Evers, Annelise/Weidenhammer, Brigitte, 1988: *Der Körper als Bedeutungslandschaft. Die unbewußte Organisation der weiblichen Geschlechtsidentität.* Bern/Stuttgart/Toronto.
Hettlage-Varjas, Andrea, 1987: Frauen zwischen Wunsch, Angst und Tröstungen. Neuere psychoanalytische Aspekte zur weiblichen Emanzipation und Sexualität. In: Simmel, Monika (Hg.), *Weibliche Sexualität. Von den Grenzen der Aufklärung und der Suche nach weiblicher Identität.* Braunschweig.
Jacobson, Edith, 1978: *Das Selbst und die Welt der Objekte.* Frankfurt/M.
Kleemann, J. A., 1977: Freud's views on early female sexuality in the light of direct child observation. In: Blum, H. P., *Female Psychology.* New York.
Laufer, Moses/Laufer, M. Eglé 1989: *Adoleszenz und Entwicklungskrise*, Stuttgart (engl.: Adolescence and Developmental Breakdown. New Haven, London 1984).
Lawrenz, Constanze/Orzegowski, Patricia, 1988: *Das kann ich keinem erzählen. Gespräche mit Frauen über ihre sexuellen Phantasien.* Frankfurt/M.
Lerner, Harriett E., 1980: Elterliche Fehlbenennung der weiblichen Genitalien als Faktor bei der Erzeugung von »Penisneid« und Lernhemmungen. In: *Psyche* 34, S. 1092–1104 (engl.: Parental mislabeling of female's genitals as a determinant of

penis envy and learning inhibitions, in: Blum, H. P., Female Psychology. New York, 1977).
Olivier, Christiane, 1984: *Jokastes Kinder. Die Psyche der Frau im Schatten der Mutter.* Düsseldorf.
dies., 1991: *F wie Frau. Psychoanalyse und Sexualität.* Düsseldorf/Wien/New York.
Poluda-Korte, Eva S., 1988: Brief an eine Freundin. In: *Mein heimliches Auge. Jahrbuch der Erotik III.* Tübingen.
Roazen, Paul, 1989: *Freuds Liebling Helene Deutsch: Das Leben einer Psychoanalytikerin.* München/Wien.
Rohde-Dachser, Christa, 1990: Das Geschlechterverhältnis in Theorie und Praxis der Psychoanalyse. In: Brandes, Holger/Franke, Christa (Hg.): *Geschlechterverhältnisse in Gesellschaft und Therapie.* Münster.
dies., 1991: *Expedition in den dunklen Kontinent. Weiblichkeit im Diskurs der Psychoanalyse.* Berlin/Heidelberg/New York.
Roiphe, H., 1979: Outlines of pre-oedipal sexual development. In: *Issue of Ego-Psychology,* S. 16–21.
Schmauch, Ulrike, 1987: *Anatomie und Schicksal. Zur Psychoanalyse der frühen Geschlechtersozialisation.* Frankfurt/M.
Schmidt-Honsberg, Louise, 1989: Gedanken zur weiblichen Homosexualität. In: *Psyche* 3, S. 238–255.
Torok, Maria, 1974: Die Bedeutung des »Penisneides« bei der Frau. In: Chasseguet-Smirgel, Janine (Hg.), *Psychoanalyse der weiblichen Sexualität.* Frankfurt/M.
Waldeck, Ruth, 1988: Der rote Fleck im dunklen Kontinent. In: *Zeitschrift für Sexualforschung* 1 und 2, S. 189–205; 337–350.
Winnicott, D. W., 1984: Die Fähigkeit zum Alleinsein. In: Ders., *Reifungsprozesse und fördernde Umwelt. Studien zur Theorie der emotionalen Entwicklung.* Frankfurt/M.

Das Kloster im Kopf

Weibliches Fasten von mittelalterlicher Askese zu moderner Anorexie

Christina von Braun

Die Legende der Heiligen Wilgefortis erzählt folgende Begebenheit: Wilgefortis war die siebte Tochter des Königs von Portugal – eines tyrannischen Herrschers, der für seine Grausamkeit gefürchtet war. Als Wilgefortis zwölf wurde, versprach ihr Vater die Hand seiner Tochter einem sizilianischen Sarazenenfürsten. Wilgefortis hatte sich jedoch geschworen, ihr Leben nicht einem Mann, sondern Gott zu weihen – ein Wunsch, der, nach einigen Versionen der Legende zu schließen, mit den »inzestuösen Aufmerksamkeiten« ihres Vaters zusammenhing. Um ihrer Weigerung zu heiraten Nachdruck zu verleihen, unterwarf sich Wilgefortis einer strengen Askese und nahm kaum mehr Nahrung zu sich. Gleichzeitig betete sie zu Gott, er möge sie aller Schönheit berauben. Gott erhörte sie: Er ließ ihr einen Bart wachsen. Der Bräutigam zog sich zurück, verständlicherweise. Wilgefortis' Vater aber ließ seine widerspenstige Tochter ans Kreuz schlagen. Am Kreuz betete sie, daß die Menschen der »Passion gedenken mögen, der alle Frauen unterworfen sind«.[1]

Die Legende um Wilgefortis muß irgendwann zwischen 700 und 1000 unserer Zeitrechnung entstanden sein. Lange Zeit blieb der Kult auf Portugal beschränkt. Ab 1200 aber – das heißt mit der endgültigen Festigung der Macht der christlichen Kirche – breitete er sich auch auf andere Länder Europas aus. So taucht die hl. Wilgefortis in einigen Gebieten Deutschlands als heilige Kümmernis auf, in Spanien als St. Liberata und in den Niederlanden als St. Ontkommena (Gessler 1938). Der Name Wilgefortis selbst ist eine Ableitung aus dem Lateinischen: virgo fortis (die starke Jungfrau). Schließlich kam der Kult auch nach England, wo aus Wilgefortis St. Uncumber wurde: eine Heilige, zu der Frauen beteten, die mit schwieri-

---

[1] Vgl. Lacy, Hubert J., 1982: Anorexia nervosa and a bearded female saint. In: *British Medical Journal* 285 (Juli/Dezember), 1816 ff. – Farmer, S. A., 1978: *Oxford Dictionary of Saints*. London. – Huysmans, J. K., 1903: *De tout*. 9. Auflage. Paris, 273–280; 309–311.

gen, launischen oder tyrannischen Ehemännern geschlagen waren. Mit Hilfe von St. Uncumber, die einem Vater und einem Ehemann widerstanden hatte, hofften sie, ihre Freiheit wiederzufinden: »to *un*cumber« hieß das in einer etwas ungewöhnlichen Wortschöpfung (Englisch: encumber = bedrängen; Französisch: encombrement = Bedrängnis, Enge). Eine Statue der bärtigen Heiligen Uncumbra ist heute noch in Westminster Abbey zu besichtigen – in der von Heinrich VII. erbauten Lady's Chapel.

Die Legende der Heiligen Wilgefortis ist in mehr als einer Hinsicht interessant: Sie verweist auf ein frühes (aber keineswegs das früheste bekannte) Beispiel einer jungen Frau, die sich durch Nahrungsverweigerung einer Zwangsheirat widersetzt; sie stellt den Zusammenhang zwischen inzestuösen Übergriffen und dem Wunsch her, der Sexualität für immer zu entkommen; sie verweist darauf, daß die Nahrungsverweigerung keineswegs mit dem Wunsch zusammenhängen muß, einem Schönheitsideal zu entsprechen (wie eine der gängigen »Erklärungen« für die Verbreitung der Anorexie in den modernen Industriestaaten unterstellt), sondern eher mit dem Bedürfnis, sich aller Anzeichen weiblicher Anziehungskraft zu *entledigen*. Schließlich deutet diese Legende auch auf die enge und zum Teil paradoxe Beziehung zwischen der weiblichen Nahrungsverweigerung und der christlichen Idealisierung des Martyriums hin: Schon die Tatsache, daß Wilgefortis gekreuzigt wird und von der »Passion aller Frauen« spricht, ist zu entnehmen, daß es sich hier um eine Erlösungsmetapher handelt. Ob mit dieser Metapher die Erlösung von der »Erbsünde«, Frau zu sein, gemeint ist, soll noch dahingestellt bleiben. Ich möchte aber hier schon kurz auf einen pägnanten Unterschied zwischen diesem »Erlösungstod« und dem Tod des christlichen Heilands hinweisen. Der Sohn Gottes opfert sich für die Menschheit: Der Gläubige empfängt die Gnade der Erlösung, indem er beim Meßopfer das Blut trinkt, das aus den Wunden des Heilands fließt. Im Fall von Wilgefortis hingegen scheint die »Erlösung« gerade darin zu besthen, daß das Blut aus der »Wunde« der Frau versiegt: Eine der deutlichsten folgen weiblicher Nahrungsverweigerung besteht im Ausbleiben der Menarche bzw. dem Versiegen der Menstruation. Dies ist einer von verschiedenen Hinweisen darauf, daß mit der weiblichen Nahrungsverweigerung letztlich die »Befreiung« vom weiblichen Körper gemeint ist – oder genauer: das Entweichen aus den Zuschreibungen, in denen dieser befangen ist.

Die »Heilige Anorexie«

Daß Eßstörungen unter jungen Frauen nicht neu sind und keineswegs nur mit der Moderne zusammenhängen, das zeigen immer mehr Untersuchungen der letzten Jahre, die sich mit den fastenden Frauen der Klöster befassen: Frauen, die wegen ihrer asketischen Lebensweise – und dazu gehörte vor allem die Nahrungsverweigerung – als Heilige verehrt wurden.[2] Der Historiker Rudolph Bell, der sich vor allem mit den Zeugnissen italienischer Klosterfrauen des 13. Jahrhunderts beschäftigt hat, weist darauf hin, daß fast die Hälfte der weiblichen Heiligen dieser Zeit anorektische Verhaltensmuster zeigten. (Er zählte insgesamt zweiundvierzig). Es entstand, so sagt er, in diesem Zeitalter ein neues Ideal weiblicher Religiosität, das eng mit der Nahrungsverweigerung zusammenhing (vgl. Bell 1985, 149).

(Bell hat von diesen »Heiligen Anorektikerinnen«, wie er sie nennt, ein sehr klinisches Bild entworfen, das er von den klassischen Lehrmeinungen der Psychologie und Psychiatrie über die Anorexie ableitet. Ich kann mich diesem Bild nur sehr beschränkt anschließen. Aber ich folge durchaus seiner These, daß die Essensverweigerung dieser Heiligen in engem Zusammenhang mit den Rollenzuweisungen an die Frau in der christlichen Gesellschaft zu sehen ist, und will im folgenden darzustellen versuchen, wo für mich die Parallelen zwischen dem religiösen Fasten von Frauen und den modernen Eßstörungen liegen.)

Das bekannteste Beispiel für die »Heiligen Anorektikerinnen« ist das der Caterina von Siena. Mit den Worten »Ich muß Gott dienen, nicht Männern!« verkündete sie ihrem Vater und ihren Brüdern den Entschluß, sich den Heiratsplänen der Familie zu widersetzen und in ein Kloster einzutreten (ebd., 42). Schon in frühem Alter begann sie zu fasten: eine Form der Askese, die mehr als jede andere Form das Verschwinden der Weiblichkeit – oder des weiblichen Körpers – beinhaltete.

Tatsächlich ist im Fasten einer der grundlegenden Unterschiede zwischen männlicher und weiblicher Askese im Mittelalter zu suchen – ein Unterschied, der eng mit den christlichen Lehren zusammenhängt: Während Mönche fasteten, um sich von der Sünde zu »reinigen«, die sich *außerhalb* ihres Körpers befand (mit dieser »Sünde« war alles Weltliche gemeint, vor allem aber die Unreinheit, die der Verkehr mit Frauen brachte), fasteten Frauen, um sich vom eigenen, vom weiblichen Körper zu befreien – diesem Körper, den das Christentum zum Ort der Niederlassung der »Sünde«

---

[2] Vgl. Aldo Borghi, 1973: Evoluzione Storica delle Conoscenze sul Problema della Cosidetta Anoressia Psicogena. In: *Episteme* 7, 243 ff. – I. S. L. Loudun, 1980: Chlorosis, anaemia, and anorexia nervosa. In: *British Medical Journal* 281 (20.–27. Dezember), 1669 ff. – Skrabanek 1983. – Parry-Jones, William L., 1985: Archival Exploration of Anorexia Nervosa, in: *Journal of Psychiatric Research* 19, 97 ff. – Brumberg, Joan Jacobs, 1988: *Fasting girls. The emergence of anorexia nervosa as a modern disease.* Cambridge/Mass., London.

erklärt hatte (vgl. Weinstein/Bell 1982). So gibt es auch kaum Beispiele eines männlichen Fastens »bis zum Tode«, während der Tod zum eigentlichen Ziel des weiblichen Fastens wurde. Das Fasten bedeutete für den Mönch den »Geist zu stählen für den Kampf zur Verteidigung des Glaubens« (Bell 1985, 17). Für die Frauen aber hieß das Fasten einerseits strikte Befolgung christlicher Lehren; andererseits beinhaltete es aber auch die »Erlösung« von diesen Lehren: die letzte Möglichkeit, die Autonomie zu erringen – eine Autonomie, die darin bestand, mit Gott in direkte Beziehungen zu treten – unter Umgehung von Vätern, Ehemännern und dem Klerus selbst. Diesem Paradoxon, daß die weibliche Symptombildung zugleich Bejahung und Verneinung darstellen kann, werden wir in der Geschichte weiblicher »Eßstörungen« immer wieder begegnen.

Die Vereinigung der Klosterfrauen mit Gott vollzog sich durch die Nahrungsverweigerung. In vielen Sprachen und in der Metaphernbildung verschiedener Kulturen ist Essen ein Synonym für Geschlechtsverkehr; so erstaunt es nicht, daß ausgerechnet die Nahrungsverweigerung zum Ausdruck einer verweigerten irdischen Sexualität und eines Vollzugs der Ehe mit Gott wird. Beim Lesen der Zeugnisse, die die fastenden Klosterfrauen hinterlassen haben, kann man sich aber schwerlich des Eindrucks erwehren, daß Gott für viele von ihnen zu einem »Instrument« wurde, dem Mann das Verfügungsrecht über den weiblichen Körper zu entziehen: ein, ob bewußt oder unbewußt, taktisch klug gewähltes Instrument. Denn die Kirche mußte den Willen Gottes oder Jesu über den des irdischen Mannes stellen. Cateria von Racconigi (die ebenfalls durch Nahrungsverweigerung den Heiligenstatus errang) widersetzte sich mit Erfolg den Anordnungen des Dominikanerordens, dem sie unterstand. Als das Oberhaupt ihres Ordens sie aufforderte, in ihre Heimatstadt zurückzukehren (aus der sie vorher vertrieben worden war), schrieb sie:

> »Vater, ich bin eine gehorsame Tochter, und ich habe mich durch mein Gelübde verpflichtet, bis zum Tode allen Gesetzen meines Ordens zu folgen – aber es gibt Dinge, zu denen mich das Gesetz nicht verpflichtet; und in diesem Fall will ich nicht gehorchen. Da (...) diese Rückkehr gegen den ausdrücklichen Willen Gottes geschähe, der nicht will, daß ich wieder in meiner Heimat lebe, so mögen Sie mir verzeihen, aber ich komme nicht heim« (zit. n. Bell 1985, 60).

Daß es bei einer solchen Verweigerung kirchlicher Befehle auch um weibliche Selbstbestimmung ging, das zeigen nicht zuletzt die Reaktionen der weiblichen Bevölkerung auf die asketischen Klosterfrauen, die noch zu Lebzeiten als Heilige verehrt wurden. Als Umiliana de' Cerchi, die sich einer strengen Fastenordnung verschrieben hatte, am 19. Mai 1246 starb, verbreitete sich die Nachricht wie ein Lauffeuer über Florenz. Eine Menschenmenge, die fast nur aus Frauen bestand, versammelte sich vor dem

Haus der Verstorbenen und trug sie im Triumphzug zur Kirche Santa Croce. Auf dem Weg wurde die Kleidung und sogar der Leichnam selbst von den gläubigen Frauen in Fetzen gerissen und als »Reliquie« in Gewahrsam genommen. Nur der Kopf der Verstorbenen konnte noch in der Nähe des Altars bestattet werden (ebd., 92).

Daß die Autonomie das eigentliche Ziel weiblichen Fastens darstellte, geht auch aus der unterschiedlichen Funktion des Klosters für Männer bzw. für Frauen hervor. Für den Mann bedeutete das Klosterleben die Verweigerung der umgebenden Kultur, weltlicher Macht und Reichtümer. Für die Frau jedoch stellte das Kloster einen Ort der Befreiung dar: der Freiheit, geistiger Tätigkeit nachzugehen und sich einem Sozialkodex zu entziehen, der sie der Herrschaft des Mannes unterwarf. Natürlich unterstand die Frau auch *im* Kloster diesem Sozialkodex, aber im Gegensatz zum Leben »draußen« bestimmte im Kloster sie selbst über die Disziplin, der sie sich unterwarf.

Das Fasten als »Kloster im Kopf«

Auch außerhalb der Klöster gab es viele »fastende Frauen«. Für sie wurde die Nahrungsverweigerung in vielleicht noch größerem Maße zu einem Instrument der Erringung von Unabhängigkeit. Denn das Fasten mußte gleichsam die schützenden Mauern des Klosters ersetzen. Bevor der Vater und die Brüder dem Wunsch Caterinas (von Siena), in ein Kloster einzutreten, nachgaben (der Kampf zog sich über Jahre hin), suchte sie im Fasten und in der Selbstkasteiung einen Ersatz. Ihrem Beichtvater erklärte sie: »Es genügt, Dir eine Zelle im Kopf zu bauen, aus der Du nie ausbrechen kannst« (ebd., 42). Für die jungen Frauen bot die Nahrungsverweigerung eine Möglichkeit, »Mauern um das Ich zu bauen« – Mauern, die das Ich gegen den eigenen Ausbruch wie auch gegen das Eindringen der anderen schützen sollten. Dieser Aspekt hat ebenfalls viel gemein mit der modernen Magersucht, die zugleich Auflehnung gegen die »feste Burg« Familie *und* die Konstruktion einer Festung um das Ich darstellt.[3]

Die Essensverweigerung als Kloster im Kopf, als Ersatz für das Leben hinter schützenden Mauern? Der Eindruck verstärkt sich, folgt man der weiteren historischen Entwicklung. Schon ab dem 14. und 15. Jahrhundert verbreitete sich das Fasten immer mehr auf Frauen außerhalb der Klöster. Bis zur Reformation, so schreibt Bell, ging der Anteil an »Anorektikerin-

---

3 Insofern ist das Bild des »Goldenen Käfigs«, das Hilde Bruch (1980) entwirft, ein treffendes.

nen« unter den weiblichen Heiligen zurück, aber der Impakt des »anorektischen Modells« (Bell) breitete sich aus: »Die Heilige Anorexie verließ das Kloster und ließ sich in den Häusern nieder – fast die Hälfte aller italienischen Heiligen des 14. und 15. Jahrhunderts sind nie Nonnen gewesen« (Bell 1985, 149). Die »Heilige Anorexie«, so könnte man aber auch sagen, ließ sich in dem Maße in den Häusern nieder, als auch Gott aus der Kirche in das »Herz« des einzelnen wanderte. Genau das – die Verlagerung Gottes »nach innen« – vollzieht sich ja mit der Reformation. (Ich vermute übrigens, daß eine Untersuchung unter dem Aspekt der Religionszugehörigkeit ergeben würde, daß die »säkulare Anorexie« zunächst vorwiegend in den protestantischen oder reformierten Gegenden auftaucht.)

Die Kirche versuchte, der Ausbreitung des Fastens durch strenge Kontrollen Herr zu werden. Verweigerte eine Frau die Nahrung, so hatte sie mehr Chancen, der Besessenheit durch den Teufel beschuldigt als heiliggesprochen zu werden. Es gab sogar mehrere fastende Frauen, die hingerichtet wurden, weil sie sich angeblich des »heimlichen Essens« schuldig gemacht hatten (vgl. Skrabanek 1983, 109)[4]. Berühmt wurde der Fall der Anna Lamenittia aus Augsburg im Jahre 1513. Von ihr hieß es, sie habe im Alter von zwei Jahren bis zum Alter von achtzehn Jahren keine Nahrung zu sich genommen. Unter ihren Zeitgenossen galt sie als Heilige. Man glaubte, sie verfüge über Wunderkräfte – und genau das beunruhigte den Klerus. Die Kirche ließ die junge Frau in ein Kloster bringen, das der Schwester des Kaisers Maximilian I. unterstand. Dort wurde sie Tag und Nacht beobachtet und schließlich des »heimlichen Essens« überführt. Sie gestand und wurde aus Augsburg verbannt. Fünf Jahre später wurde sie in Freiburg als Ehebrecherin ertränkt (ebd.). Offenbar übte Anna Lamenittia auf ihre Zeitgenossen immer noch eine große Anziehungskraft aus: Eine Aura des Heiligen umgab sie, die nur durch eine irdische Beschuldigung wie die des Ehebruchs – also durch den Vorwurf sexueller Zügellosigkeit – aufzuheben war.

Dank der Verbreitung des Buchdrucks liegen über die Fälle der »fastenden Jungfrauen« des 16. Jahrhunderts eine ganze Reihe von Berichten vor, die die allmähliche Säkularisierung der »Heiligen Anorexie« deutlich

---

4 1546 wurde zum Beispiel Margarethe Ulmer aus Eßlingen hingerichtet, weil sie des »heimlichen Essens« überführt worden war. Zum Tode verurteilt wurde auch die »heilige Jungfrau von Kent«, von der es hieß, daß sie nur von der Hostie lebte. Vgl. Skrabanek 1983, 114. Bell vermutet – und er steht nicht allein –, daß auch Jeanne d'Arc zu den fastenden Mädchen gehörte und daß dies die Aura mitbestimmte, die die »Jungfrau« umgab. Vgl. Bell 1985, Vorwort S. XI; s. a. Warner, Marina, 1981, Joan of Arc: the image of female heroism, London 1981.

machen.⁵ Diese Schriften zeigen, daß sich neben dem kirchlichen Interesse am weiblichen Fasten auch ein medizinisches Interesse an dem Phänomen zu regen beginnt. An den medizinischen Schriften ist auffallend, daß hier schon einige der Grundmuster auftauchen, die auch für den ärztlichen Umgang mit der modernen Anorexie bezeichnend sind. Vielen Ärzten des 16. Jahrhunderts ging es vornehmlich darum, nachzuweisen, daß die »fastenden Jungfrauen« Betrügerinnen seien und heimlich Nahrung zu sich nähmen.⁶ Sie verfolgten dabei ein anderes Ziel als der Klerus, der der Verweltlichung des Heiligenstatus Einhalt zu gebieten versuchte. Den Ärzten ging es vielmehr darum nachzuweisen, daß kein Mensch von Luft oder von der Hostie leben könne. Auf diese Weise sollte der Glaube an Wunderkräfte zerschlagen werden, auf dem nicht nur die Aura dieser Mädchen, sondern auch die Macht der Kirche beruhte. Es handelte sich also um eine Variante des Machtkampfs zwischen Glauben und Wissen, zwischen Kirche und Aufklärung, wie er sich im 18. Jahrhundert noch sehr viel deutlicher zeigen wird. Dieser Machtkampf wurde auf dem Territorium des Körpers der »fastenden Frauen« ausgetragen. Dabei war das Verhältnis zum weiblichen Körper aber sehr ähnlich bei Klerus und Ärzteschaft: Sowohl die Träger der transzendenten wie der säkularen »Heilslehre« zeigten ein tiefes Mißtrauen dem weiblichen Fasten gegenüber – und dieses Mißtrauen hat sich bis heute gehalten.

Die Vorstellung, daß sich hinter der Nahrungsverweigerung von Frauen eine Form von »Verlogenheit« verbergen könnte, zeigte sich an den scharfen Prüfungen, denen die »fastenden Mädchen« von Kirchenmännern oder Ärzten unterworfen wurden. Heute zeigt sie sich an Aussagen wie dieser: »Es ist eine wohlbekannte Tatsache, daß Magersüchtige selten, wenn überhaupt, die ganze Wahrheit sagen«, so schreibt eine sehr bekannte italienische Anorexie-Therapeutin (vgl. Palazzoli 1982, 26). Ich denke, hinter diesem Vorwurf der »Verlogenheit« verbirgt sich ein Schema, das eng mit der Vorstellung jedes Zeitalters von »Andersartigkeit« – und das hieß eben in erster Instanz: Weiblichkeit – zusammenhängt: Ihr, die fastenden Frauen, so besagt dieses Deutungsmuster, verweist auf eine unwahre Form von »Andersartigkeit«, auf ein »falsches Sein«, das nicht der »wahren Weiblichkeit« entspricht. Das heißt, die Tatsache, daß hinter der Nahrungsverwei-

---

5 Vgl. z. B. Lentulus, 1604: *Historia Admiranda de Prodigiosa Apolloniae Schreierae, Viriginis in agro bernensis, Inedia* (Bern). – Grünwald, L., 1542: Margaretha Weyss, das Wundermädchen von Roth. – Portius, S., 1541: *De Puella Germanica, quae fere biennium vixerat sine cibo, potuque*. Florenz. – Wierus, J., (1577): De lamiis liber, item de commentitiis jejuniis. In: Wieri, Joannis, 1660: *Opera omnia*. Amsterdam. – Rollin, P., 1587: *Histoire mémorable d'une fille d'Anjou laquelle a étée quatre ans sans user d'aucune nourriture, que d'un peu d'eau commun*. Paris.
6 Das galt besonders für Johannes Weyer, vgl. Anm. 5 [= Wierus].

gerung zunächst die »Unehrlichkeit« vermutet wird, deutet auf ein Paradoxon hin: Es wird zwar nicht bestritten, daß in der Nahrungsverweigerung von Frauen etwas spezifisch Weibliches zum Ausdruck kommt – aber dieses spezifisch Weibliche wird zugleich als »Unwahrheit« abgelehnt.

Auf diese Weise kann die Frage nach einer »weiblichen« Motivation für die Nahrungsverweigerung umgangen werden. Tatsächlich ist es bemerkenswert, daß sowohl in der Vergangenheit als auch heute nur sehr unbefriedigende Erklärungen dafür zu finden sind, warum das Fasten (sowohl das »heilige« der mittelalterlichen Nonnen als auch das »kranke« der heutigen Anorektikerinnen) weit mehr Frauen und Mädchen betrifft als Männer und Knaben. Die Ärzte der Vergangenheit erklärten sich diese Tatsache mit der vom Corpus Hippocraticum getroffenen »Feststellung«, daß »das Fasten für Knaben schwieriger ist als für Mädchen«) (nach Skrabanek 1983, 15). Heute werden oft vage Vorstellungen über das Schlankheitsideal oder das Modediktat, dem sich Frauen angeblich so leicht unterwerfen, als Erklärung für weibliche Eßstörungen herangezogen. Oder aber es ist die Rede davon, daß sich hinter der Nahrungsverweigerung junger Mädchen die »Angst, erwachsen zu werden« oder die »Ablehnung der Frauenrolle« verberge.[7] Fragt man danach, warum in unserem Zeitalter die »Angst, erwachsen zu werden«, oder die Verweigerung der Frauenrolle so auffallend zugenommen haben, so ist von der »Ich-Schwäche« der jungen Frauen oder gar von Selbstzerstörungswünschen die Rede.[8] Abgesehen davon, daß ein solches Erklärungsmuster einem Ideal von weiblicher »Abhängigkeit« und »Anfälligkeit« entspricht, das überhaupt erst im 19. Jahrhundert entstand – daß es sich also auch als Wunschbild unseres Zeitalters interpretieren ließe –, abgesehen davon also, steht das Bild magersüchtiger »Ich-Schwäche« in völligem Widerspruch zur allgemeinen Charakterisierung der »typischen Anorektikerin«. In den Lehrbüchern ist zu lesen, daß sich die Magersüchtigen durch besondere Willensstärke, Energie, Leistungsfähigkeit, Intelligenz, geistige Regheit auszeichnen (Palazzoli 1982, 48, 92). Sie werden als Menschen von »starker, explosiver, untergründiger Vitalität« umschrieben (vgl. Hiltmann/Clauser 1961, 173). Es wird ihnen eine »leidenschaftliche, wenn auch unterdrückte Liebe zum

---

[7] Vgl. z. B. Thomä, Helmut, 1961: *Anorexia nervosa. Geschichte, Klinik und Theorien der Pubertätsmagersucht.* Bern/Stuttgart. – Sommer, B., 1955/56: Die Pubertätsmagersucht als leib-seelische Störung einer Reifungskrise. In: *Psyche,* 9, 307 ff.

[8] Vgl. z. B. Schwartz, D./Thompson, M./Johnson, C., 1982: Anorexia nervosa and bulima, the socio-cultural context. In: *International journal of eating disorders* I, 20–36. – Wooley, S. C./Wooley, O. W., 1980: Eating Disorders, Obesity and Anorexia. In: *Women and psychotherapy,* hrsg. von A. Brodsky und R. Hare-Mustin. New York. – Garner, D. M./Garfinkel, P. E./Bernis, K. M., 1982: A multidimensional psychotherapy for anorexia nervosa. In: *International Journal of eating disorders I,* 24.

Leben« nachgesagt (Palazzoli 1982, 87) – Beschreibungen, die sich schwerlich mit »Ich-Schwäche«, dem Selbstzerstörungswunsch oder den Selbstzweifeln in Deckung bringen lassen, die gleichzeitig als Erklärung für anorektische Verhaltensmuster von Frauen und Mädchen herhalten müssen.

Schließlich sind die modernen Erklärungsmuster, die auf Ansätzen der Ich-Schwäche beharren, aber auch deshalb unbefriedigend, weil der geistesgeschichtliche Hintergrund der Symptombildung aus dem Blickfeld verschwindet (und durch ihn, wie ich meine, auch zum Verschwinden gebracht werden soll). Tatsächlich weisen aber sehr viele Faktoren darauf hin, *daß* es sich auch bei der modernen Anorexie um ein geistesgeschichtliches Phänomen handelt. Allein die Tatsache, daß *ein* Zeitalter das weibliche Fasten in den Bereich der »Heilslehre«, das *andere* aber in den Bereich der »Krankheit« verweist, sollte nachdenklich stimmen und den Blick von der Symptombildung auf die Interpreten richten helfen. Auf einen kultur- und sozialgeschichtlichen Hintergrund deutet aber auch die Tatsache hin, daß die Eßstörungen den Industrieländern vorbehalten bleibt, die allesamt aus der Tradition des Christentums hervorgegangen sind; oder die Tatsache, daß die moderne Anorexie zu derselben Zeit ihren Einzug hält wie der Hungerstreik, der im 20. Jahrhundert zu einem der wirkungsvollsten Instrumente des innenpolitischen Machtkampfs geworden ist (vgl. von Braun 1991). Überhaupt sind die Parallelen zum Hungerstreik auffallend: nicht nur weil die ersten großen kollektiven Hungerstreiks von den Suffragetten durchgeführt wurden, also von Frauen im Kampf um die Selbstbestimmung. An ihnen wurde auch, ebenfalls zum ersten Mal in der Geschichte des Abendlandes, die Zwangsernährung praktiziert. Es gibt noch einen anderen Zusammenhang zwischen Anorexie und Hungerstreik: Der Hungerstreik kann nur in einer Gesellschaft wirksam werden, die sich selbst als »Übermutter« begreift, mit all jenen Funktionen von Kontrolle und Fürsorge, die damit einhergehen. Bis zur Aufklärung war diese Rolle der Kirche vorbehalten geblieben. Mit der Säkuralisierung aber wird die »Mutter Kirche« abgelöst vom »Mutter Staat«. Es entsteht eine »Übermutter«, die (anders als die Kirche) das *leibliche* Wohl der Bürger ins Zentrum stellt und die eben deshalb auch keine leibliche Mutter neben sich duldet. So weist sie der einzelnen Frau die Rolle einer überfürsorglichen Mutter zu, die heute für die Eßstörungen der Töchter verantwortlich gemacht wird oder in anderen Formen von *mother blaming* ihren Niederschlag findet.

Ich möchte nun im folgenden die These entwickeln, daß der kulturgeschichtliche Hintergrund der modernen Anorexie in der Geschichte christlicher Vorstellungen über die Frau zu suchen ist *und* paradox genug – in tradierten Verhaltensmustern weiblicher Auflehnung *gegen* diese Vorstellungen. Dabei unterstelle ich natürlich nicht, daß es neben den kulturgeschichtlichen Hintergründen nicht auch ich-psychologische gibt. Ebensowenig erkläre ich dieses Deutungsmuster zum einzigen für die Verbreitung der Eßstörungen in den Industrieländern.

Historischer Überblick

Der Medizinhistoriker Petr Skrabanek unterscheidet drei Hauptphasen in der Geschichte weiblicher Eßstörungen (Skrabanek 1983).
I. Die christliche Periode, die vom 5. bis 13. Jahrhundert dauert. Auf Beispiele aus der Spätzeit dieser Phase habe ich schon verwiesen. Es gab aber auch sehr viel frühere. So ist uns ein Brief des Heiligen Hieronymus aus dem 4. Jahrhundert erhalten, in dem er an sein Mündel Eustochium, eine junge Frau aus wohlhabendem Hause, schreibt: »Laß Deine Kameraden Frauen sein, die blaß und dünn sind vom Fasten, so daß Du Dir jeden Tag mit wirklicher Aufrichtigkeit sagen kannst: »Ich begehre zu sterben und mit Christus zu sein«. Eustochiums Schwester, Blessila, die ebenfalls unter der Vormundschaft des Heiligen stand, starb an dieser Empfehlung.[9]
II. Eine Phase, die sich vom 16. bis 18. Jahrhundert erstreckt. In ihr vollzieht sich allmählich die Säkularisierung der weiblichen Nahrungsverweigerung, von der schon weiter oben die Rede war.
III. Eine Phase, die mit der späten Aufklärung beginnt, im Verlauf der Industrialisierung an Bedeutung gewinnt und das 20. Jahrhundert zum »großen Zeitalter« der Anorexie werden läßt.
Diese historische Abfolge der weiblichen Eßstörungen entspricht ziemlich genau den großen Etappen christlich-abendländischer Geschichte:
I. Christianisierung, Ausbreitung und Festigung der Macht der christlichen Kirche.
II. Renaissance und Neuordnung der Welt unter einem Christentum, das über die weltlichen Gesetze bestimmt und selber weltlich zu werden beginnt.
III. Aufklärung und Säkularisierung – wobei ich, und das ist in diesem Zusammenhang wichtig, die Säkularisierung nicht so sehr als *Überwindung* des Christentums verstehe, sondern eher als *Verweltlichung* christlicher Heilslehren umschreiben möchte.
Bell schließt aus der Entstehung und Ausbreitung der säkularen Anorexie, daß sich um die Zeit der Renaissance ein Bild der Frau durchzusetzen

---

9 Zit. nach Warner, M.: *Joan of the Arc*, vgl. Anm. 4.

beginnt, das weibliche »Heiligkeit« als die Konsequenz von Opferbereitschaft und Willensstärke der Frau betrachtet:

»Die heiligen Frauen konnten nicht mehr als passives Gefäß göttlicher Gnade betrachtet werden, das der männlichen Führung bedurfte. Das Bild der Frau als Objekt, das über keine innere Spiritualität verfügt, wurde vom Bild der Frau als Subjekt ersetzt, als Herrin ihres Schicksals. Eine lebendige, mächtige Alternative zu den beiden Marias, die Jungfrau und die konvertierte Prostituierte, hatte sich durchgesetzt« (Bell 1985, 150).

So sehr ich Bells Deutungen der »Heiligen Anorexie« für das 12. und 13. Jahrhundert folgen möchte, so wenig überzeugt mich diese Interpretation der säkularen Anorexie. Die Verbreitung des »anorektischen Modells«, das er konstatiert, scheint mir weniger das Resultat einer Akzeptierung weiblicher Autonomie und Spiritualität, als einer Verweltlichung und Verinnerlichung christlicher Lehren zu entsprechen. Das heißt, der Wandel besteht weniger darin, daß weibliche Opferbereitschaft und Willensstärke anerkannt werden, als vielmehr darin, daß die Opferbereitschaft *zu einem Teil des weiblichen Willens* geworden war. So wie mit der Renaissance und der Reformation »Gott nach innen genommen« wurde, hatte auch die Opferbereitschaft das weibliche Selbstbild zu prägen begonnen.

Die Säkularisierung des »Opfertodes«

Um diese These zu verdeutlichen, muß ich kurz ausholen[10]: Eine der Begleiterscheinungen des sich zunehmend verweltlichenden Christentums bestand in der Verweltlichung der Idee der »Erlösung«. Das zeigt sich auf vielen Ebenen: etwa im »Opfertod«, den der Soldat im Krieg auf dem »Altar« des Vaterlandes bringt (Hoffmann-Curtius 1991, 57 ff.) – ein Opfertod, dem eine Sakralisierung der Nation, des Staates, der Partei oder anderer politischer Gemeinschaften vorausgegangen war. Die Verweltlichung des Opfertodes zeigt sich aber auch an der Rolle, die der Frau in der säkularen Gesellschaft zugewiesen wird. (Wenn ich das Wort »Opfer« benutze, so geschieht das nicht im heute üblichen Sinne einer Gegenüberstellung von »Täter« und »Opfer«, sondern ich beziehe mich ausdrücklich auf die christliche Tradition des »Blutopfers«, das die »Erlösung« beinhaltet.)

Um etwa 1800, also mit der Durchsetzung des Säkularisierungsprozesses, taucht in der Literatur und den bildenden Künsten eine Fülle von Frauengestalten auf, die Elisabeth Bronfen so treffend mit dem Begriff der

---

10 Ich bin an anderer Stelle ausführlicher auf diese Thematik eingegangen. Vgl. von Braun 1992 b, s. a. von Braun 1992 a.

»Schönen Leiche« umschrieben hat (vgl. Bronfen 1987). Es sind Frauengestalten, die eine frappierende Ähnlichkeit mit der Gestalt des Erlösers aufweisen: Frauen, die geopfert werden oder die sich selbst opfern, damit ein Mann die Erlösung findet. »Erlösung« bedeutet aber Erringung der Unsterblichkeit. So wie der Christ durch den Opfertod des Heilands von der Erbsünde erlöst wird und daher Anrecht auf das ewige Leben erlangt, so erlangt auch der Mann durch den Tod der Geliebten die Unsterblichkeit – eine *irdische* Unsterblichkeit: als Dichter, Künstler oder Wissenschaftler.

Hier liegt der entscheidende Unterschied zwischen dem Opfertod des »Helden« und dem der »Geliebten«: Während der gefallene Soldat durch seinen Opfertod für sich die Unsterblichkeit erringt, verschafft der weibliche Opfertod einem anderen, dem Geliebten, die Erlösung, d. h. das Anrecht darauf, unsterblich zu werden.

(Klaus Theweleit hat dargestellt, wie viele Frauenopfer das Werk verschiedener Schriftsteller, Wissenschaftler und Künstler gefordert hat, und er fügt hinzu, dieses Werk hätte auch ohne den (physischen oder psychischen) Tod der betroffenen Frauen entstehen können. Wahrscheinlich stimmt das, aber Theweleit unterschätzt, so meine ich, die Bedeutung des Opfertodes als Mittel der Sakralisierung eines Werkes: Mag sein, daß in den Augen dieser Künstler ihr Werk nur dann der Zeit widerstehen (ihnen also die Unsterblichkeit verschaffen) wird, wenn auch ein Opfertod damit verbunden ist. Vgl. Klaus Theweleit, Das Buch der Könige, Frankfurt/M. 1989 ff.)

Mit anderen Worten: Die Gestalt des Heilands, der sich für die anderen opfert (das Konzept des »Selbstopfers« unterscheidet die christliche Heilslehre von allen anderen Religionen) und dessen Keuschheit und »unbefleckte Geburt« ihn ohnehin androgyn oder ungeschlechtlich erscheinen läßt, nimmt mit der Säkularisierung zunehmend weibliche Züge an. (So ist auch die Gestalt der Heiligen Wilgefortis selbst immer wieder als »weiblicher Christus« interpretiert und verehrt worden). Dieser Vorgang vollzieht sich auf vielen Ebenen: metaphorischen, psychologischen und realen.

Die Ebene des realen Opfertodes möchte ich darstellen am Beispiel des Dichters Friedrich von Hardenberg, genannt Novalis.[11] Hardenberg lernt seine Verlobte Sophie von Kühn kennen, als diese zwölf Jahre alt ist. Bald danach findet auf sein Drängen die Verlobung statt. Ein halbes Jahr nach der Verkündung ihrer Verlobung mit Friedrich von Hardenberg erkrankt Sophie. Mit knapp 15 Jahren stirbt sie. Ihr Todestag fällt auf den 18. März. In einer fiktiven Hochzeitsanzeige, die er einige Zeit zuvor zum Spaß aufgesetzt hatte, wählte Novalis eben dieses Datum für seine Eheschließung mit Sophie.

---

11 Vgl. v. Braun, Christina: Männliche Hysterie, weibliche Askese. Zum Paradigmenwechsel der Geschlechterrollen. In: dies., 1989, 51 ff.

Der Tod seiner Verlobten Sophie von Kühn, so schreiben viele Novalis-Biographen, sei die »Geburtsstunde des romantischen Dichters Novalis« gewesen (vgl. Schulz 1969, 63). Ihr Verscheiden habe »erst die Potenzen seines Fühlens und Denkens ausgelöst« (Kühn 1970, 212). Das ist keineswegs nur eine Erfindung der Biographen. Daß Novalis im Tod Sophies seine »Erlösung« gesehen hat, geht aus seinen eigenen Aufzeichnungen hervor: Sie verraten Trauerarbeit, aber eine Trauerarbeit, die zugleich »Neugeburt« bedeutet. Novalis schließt sich zunächst für Tage im Zimmer der Verstorbenen ein (wo er die Zeit damit verbringt, seine eigenen Briefe an Sophie zu lesen). Außerdem führt er ein Tagebuch, in dem der seine Gefühle sorgfältig aufzeichnet. In einer der letzten Tagebucheintragungen aus dieser Zeit berichtet er von einer Vision am Grabe seiner Braut, in dem ihm Sophie mit Christus oder als Christusgestalt – man weiß es nicht genau – erscheint: »Aus der verblaßten irdischen war in geradezu blasphemischer Freizügigkeit eine mythische Gestalt geworden«, schreibt der Novalis-Forscher Gerhard Schulz dazu (vgl. Schulz 1969, 69).

Wie sehr Novalis den Tod Sophies als quasi-religiöse »Erlösung« empfunden hat, geht auch aus einem Brief hervor, den er kaum einen Monat nach ihrem Tod an seinen Freund Friedrich Schlegel schreibt:

»Mein Herbst ist da und ich fühle mich so frey, gewöhnlich, so kräftig – es kann noch etwas aus mir werden. Soviel versichre ich dir heilig – daß es mir ganz klar schon ist, welcher himmlische Zufall ihr Tod gewesen ist – ein Schlüssel zu allem – ein wunderbarschicklicher Schritt. Nur so konnte so manches rein gelößt, nur so manches Unreife gezeitigt werden. Eine einfache mächtige Kraft ist in mir zur Besinnung gekommen. Meine Liebe ist zur Flamme geworden, die alles Irdische nachgerade verzehrt.«[12]

Schlegel antwortet ihm nicht minder deutlich: »Du glaubst nicht, wie ganz ich bey Dir bin, und wie ganz ich in Deine Lage eingehen kann. Aber ich versichre Dich, daß ichs oft beneidenswürdig finden könnte, einen solchen Verlust gehabt zu haben.«[13]

Daß es sich bei dieser »Trauerarbeit« um eine neue Form von irdischem Glauben handelt – dem Glauben an eine Erlösung durch das »Selbstopfer« einer Frau –, geht auch aus dem Werk von Novalis hervor: Dort taucht wiederholt das Motiv der jungen Frau auf, die ihr Leben läßt, damit der Held das Heil erringen kann. Im *Heinrich von Ofterdingen* zum Beispiel muß Mathilde sterben, damit Heinrich zum Mann und Dichter werden kann – und sie tut es mit Inbrunst: Der Wunsch zu sterben wird zum höchsten Ausdruck ihrer Liebe selbst. Mathilde sagt zu Heinrich:

---

12 Brief vom 13. 04. 1797. In: Novalis 1960, 220.
13 Brief vom 5. 05. 1797. In: Novalis 1960, 226.

»Ich weiß nicht, was Liebe ist, aber ich kann dir sagen, daß mir ist, als finge ich erst jetzt zu leben an, und daß ich dir so gut bin, daß ich jetzt gleich für dich sterben wollte.«[14]

Für Mathilde wird Liebe also zu einem Synonym für Sterben – und diese Vorstellung wird im Verlauf des 19. Jahrhunderts für das Verhältnis der Geschlechter bestimmenden Charakter einnehmen.

Die symbiotische Liebesbeziehung als Opfer und Erlösung

Das Ideal des »Liebestodes« spiegelt sich auch in einem neuen Ideal von Zweisamkeit wider, das von Begriffen wie »Symbiose« und »Harmonie« definiert wird – also gerade in der Aufhebung der Zweiheit besteht und die Verwandlung von Zweisamkeit in Einsamkeit beinhaltet. Dieses neue Ideal der Symbiose zeigt sich u. a. an der Forderung nach der »Liebesehe« und der Ablehnung der »Vernunftehe«. Ehe und Liebesbeziehung werden als ein »Wir« konzipiert, als eine »feste Burg«, in der es kein »Du« mehr gibt. (Ich erinnere hier an das Fasten als »Kloster im Kopf«, sozusagen als Burg in der Burg.)

Dieses neue Liebesideal findet seine Entsprechung in einem literarischen Topos, der ab etwa 1800 auftaucht und in den Werken des 19. Jahrhunderts zunehmend an Bedeutung gewinnt: der Topos einer inzestuösen Liebesbeziehung zwischen Bruder und Schwester. In der Literatur vor 1800 taucht das Motiv kaum auf – und wenn, dann als »Fluch«, der auf einer Beziehung lastet. Nun aber erscheint die Vereinigung von zwei Gleichen wie die höchste, die perfekteste Form »wahrer Liebe« – keiner Liebe, die Verzicht auf Sexualität bedeutet, ganz im Gegenteil: Der Inzest wird zum Ausdruck der letzten Erfüllung, einer Erfüllung, die jenseits der Grenzen des Ichs führt und die in den literarischen Vorlagen fast immer mit dem Tod der Schwester/Geliebten endet – also so endet wie das vorher beschriebene Brautverhältnis von Novalis und seiner Verlobten.

Daß ausgerechnet der Inzest zum Inbegriff des weiblichen Liebestodes wird, hängt seinerseits eng mit christlichen Traditionen zusammen, die nun aber weltlichen Charakter annehmen. Dabei spielt die Vorstellung von »Reinheit« eine wichtige Rolle: Das Blut des Opfers muß rein sein, soll es zur Erlösung führen. Das Blut des Heilands ist rein, weil er in Keuschheit gezeugt wurde. Das Blut der Schwester aber ist »rein«, weil es identisch ist

---

14 Novalis, 1984: *Heinrich von Ofterdingen*. Textvision und Nachwort von Wolfgang Frühwald. Stuttgart, 120.

mit dem Blut des Geliebten und somit keine »Vermischung« mit »fremdem« Blut gekannt hat. Nur so sichert ihr »Selbstopfer aus Liebe« die Erlösung. Aber auch auf psychischer Ebene beinhaltet der Inzest den Opfertod: Keine andere Liebesbeziehung setzt so wie diese die völlige Aufgabe des Ichs und der Autonomie voraus; keine andere bringt so wie diese das Spiegelbild zum Verschwinden, das die Sicherheit fremder und eigener Andersartigkeit in sich trägt. Das heißt, der Inzest stellt die völlige Vereinnahmung und damit den Verzicht auf weibliches Anders-Sein dar.

Ich kann an dieser Stelle nicht auf die zahlreichen literarischen Stellen eingehen, in denen der Topos der Liebesbeziehung zwischen Bruder und Schwester auftaucht (vgl. von Braun 1989, 81 ff.), aber wie eng das Ideal einer inzestuösen Liebesbeziehung mit christlichen Heils- und Opfervorstellungen verwoben ist, läßt sich am Beispiel des Dichters Georg Trakl besonders deutlich darstellen. Trakl verband eine nicht nur imaginäre, sondern auch reale inzestuöse Liebesbeziehung mit seiner Schwester Grete. »Karfreitagskind« nennt er sie in seinem Gedicht *An die Schwester*, und im Dramenfragment *Offenbarung und Untergang* schreibt er:

> »O, die Schwester singend im Dornbusch und das Blut rinnt von ihren silbernen Fingern. Schweiß von ihrer wächsernen Stirn. Wer trinkt ihr Blut?«[15]

Viele Frauen haben die Rolle, in ihren Liebesbeziehungen für den Opfertod des Heilands einzustehen, bereitwillig übernommen. Die Anziehungskraft dieser Rolle ist nicht schwer zu verstehen, impliziert sie doch eine mythische Aufwertung des Weiblichen, dem bis dahin im Christentum höchstens die Keuschheit – also der Verzicht auf eine Liebesbeziehung zum »Anderen« – als Ideal zugewiesen worden war. Man kann sich sogar fragen, ob Frauen im Verlauf des 19. Jahrhunderts gerade deshalb das Recht, sich öffentlich zu äußern, zugebilligt wurde, *weil* sie in ihren Werken diesem neuen Liebesideal des weiblichen Opfertodes eine originäre Bestätigung »aus der Feder von Frauen« lieferten. Karoline von Günderode zum Beispiel schrieb in einem ihrer Liebesgedichte: »Eins im Andern sich zu finden/ Dass der Zweiheit Gränzen schwinden/ Und des Daseins Pein« (Günderode 1979, 90). Mit 28 Jahren nahm sie sich das Leben. Eine solche »weibliche Literatur«, die sich im Verlauf des 19. und 20. Jahrhunderts an einigen der großen Dichterinnen und Schriftstellerinnen exemplarisch wiederholen wird – von den Bronte-Schwestern über Virginia Woolf (die, das sei hier keineswegs am Rande erwähnt, von ihren Halbbrüdern sexuell

---

15 Trakl, Georg, 1947: Offenbarung und Untergang. In: *Die Prosadichtung*. Salzburg. An einer anderen Stelle in demselben Dramenfragment heißt es: »Tochter, weiße Stimme im Nachtwind, gerüstet zu purpurner Pilgerfahrt; o du Blut von meinem Blute, Pfad und Träumende in mondener Nacht.«

mißbraucht wurde und zeitlebens unter Eßstörungen litt (vgl. DeSalvo 1990)) bis zu Sylvia Plath oder Ingeborg Bachmann –, eine solche »weibliche Literatur« läßt sich einerseits als ein verzweifeltes Gegen-den-Todanschreiben interpretieren, wie Bronfen zu Recht schreibt (Bronfen 1987); aber gerade die zentrale Bedeutung der Thematik Tod in den Schriften dieser Frauen und nicht zuletzt das gewaltsame Ende, das jede von ihnen fand, muß auch als Hinweis darauf begriffen werden, daß die Todeszuweisung als übermächtig erfahren wurde.

Die Anorexie als Verweigerung des Opfertodes

Nun wäre es einfach, zu sagen, die Magersucht, die sich in dieser Zeit – der dritten »Phase« der weiblichen Eßstörungen, um bei den Einteilungen von Skrabanek zu bleiben – in großem Maße auszubreiten beginnt, wäre nichts anderes als die Aneignung der neuen weiblichen Rolle, die der Frau in der Liebesbeziehung den Untergang zuweist. Tatsächlich ist die Sache aber komplizierter. Denn wenn in der Anorexie eines zum Ausdruck kommt, so die Weigerung, eine weltliche Liebesbeziehung einzugehen, die Liebesbeziehung zu einem Mann aus Fleisch und Blut. Hinter der Nahrungsverweigerung der »Heiligen Anorektikerinnen« verbarg sich, wie ich weiter oben darzustellen versuchte, der Kampf um Autonomie. (Mit dem Begriff der »Autonomie«, das möchte ich hier präzisieren, ist eine Form von »Selbstdefinition« gemeint. Diese Autonomie bedeutet nicht: völlige Unabhängigkeit vom »Anderen«, sondern die Bestimmung der eigenen Andersartigkeit in Abgrenzung gegen einen Anderen, dessen Dasein aber eben deshalb auch als existentiell notwendig erfahren wird (von Braun 1985).) Um eine solche »Selbstdefinition« geht es in der heiligen wie in der modernen Anorexie: Die Heiligen Anorektikerinnen widersetzten sich ihrer Vereinnahmung oder dem Verschwinden ihrer Andersartigkeit durch den Dialog mit Gott – dem Anderen schlechthin. Die säkulare Anorektikerin aber, für die es den Ausweg über Gott nicht mehr gibt, vollzieht eine Spaltung des Ichs: dem sichtbaren, körperlichen Selbst wird ein idealisiertes, körperloses Ich gegenübergestellt, das gleichsam an die Stelle Gottes rückt. War Gott mit der Säkularisierung zunehmend »nach innen« genommen worden, so spaltet sie ihn als Ich-Ideal wieder ab. In beiden Fällen geht es darum, den Bezug zu einem »Du« zu erhalten, das dem Ich die notwendige Seinsbestätigung liefert.

Es mag paradox erscheinen, daß ausgerechnet die Anorexie zum Ausdruck eines weiblichen »Neins« zum »Opfertod« sein soll, beinhaltet diese

Form der Verweigerung doch in vielen Fällen den realen Tod. Aber – und das ist das Entscheidende – der Tod der Magersüchtigen ist kein Opfertod: Er bringt den anderen keine Erlösung. Im Gegenteil: Er löst Entsetzen aus. Tausende von Familien, eine Armee von Therapeuten werden mobilisiert, ihn zu verhindern. Tatsächlich gibt es kaum eine andere Krankheit, die ihre Umwelt derart beunruhigt und in Bewegung setzt, keine andere Symptombildung, die so tiefe Veränderungen in der Familienstruktur herbeizuführen vermag wie die Magersucht. In der Magersucht drückt sich also nicht so sehr die Weigerung aus, »Frau zu werden«, als vielmehr die Weigerung, die der Weiblichkeit zugeschriebene Opferrolle zu übernehmen. Eine Weigerung – ich komme auf dieses Bild zurück –, die in der Metaphorik des Blutes selbst einen merkwürdig beredten Ausdruck findet: Der Gläubige trinkt das Blut, das aus der Wunde des Heilands fließt, um gerettet zu werden; das deutlichste Symptom der Anorexie und anderer Eßstörungen besteht aber darin, daß das Blut der Frau versiegt. Die Magersüchtige weigert sich, ein Liebesverhältnis einzugehen, das mit Tod gleichgesetzt wird, und sie weigert sich, ihren Tod zur »Erlösung« der anderen herzugeben. Bei der Bedeutung, die dem weiblichen Blut in der säkularen Religion beigemessen wird – dem »reinen« und »geopferten« Blut der Schwester –, können solche Symptombildungen auch als Körper gewordene Sprache begriffen werden.

Die Magersüchtige und das Ideal der symbiotischen Familie

Die Magersüchtige verweigert aber auch in einer anderen Hinsicht das »Selbstopfer«. Edward Shorter weist mit Recht darauf hin, daß die ersten Fälle einer neuen weiblichen Nahrungsverweigerung, die die Aufmerksamkeit der ebenfalls neu geborenen psychiatrischen Wissenschaft auf sich zieht, Anfang des 19. Jahrhunderts auftauchen – also lange bevor das Schlankheitsideal für Frauen eine Rolle spielt. (Erst gegen Ende des 19. Jahrhunderts berichten einige Ärzte über Fälle von Essensverweigerung, die die Mädchen oder Frauen mit dem Gefühl, »zu dick« zu sein, begründen (Shorter 1988, 81). Von seinen Arbeiten über die Geschichte der modernen Familie ausgehend, sieht Shorter einen Zusammenhang zwischen der Geburt der Magersucht und der Entstehung eines neuen Familientypus im 19. Jahrhundert:

> »Ich glaube, daß die sentimentale Familie des 19. Jahrhunderts über eine ganz eigene emotionale Dynamik verfügte und daß diese Dynamik eine neue Art von Konflikten bei dem Kampf um psychische Trennung und persönliche Autonomie hervorgebracht hat.

In dem Maße, in dem junge Frauen eine größere emotionale Autonomie anstrebten, bedurfte es neuer Hebel, mit denen autoritäre und überprotegierende Eltern in Bewegung gesetzt werden konnten. Einen solchen Hebel mochte der freiwillige Hungertod darstellen.

(...) Eine Drohung mit freiwilliger Selbstzerstörung durch den Hungertod erscheint nur glaubwürdig in einem Familienklima, in dem die verschiedenen Familienmitglieder durch Gefühle und Zärtlichkeiten aneinander gekettet sind. Im traditionellen Familienleben wäre die Drohung, nichts zu essen, entweder mit einem Gähnen aufgenommen worden, oder sie hätte einen Besuch beim örtlichen Priester zur Folge gehabt, um die ›Dämonen‹ auszutreiben. Im Kontext der modernen Familie des 19. Jahrhunderts können wir die Anorexie vielleicht als eine der neuen ›Neurosen der Intimität‹ betrachten« (ebd. 83f.).

Die Anorexie als Mittel zur Sprengung der Familienketten? Die These ist nicht neu, eher schon die historische Sicht auf diesen Zusammenhang. Ich würde allerdings hinzufügen, daß es weniger die Familienbande an sich sind, die verweigert werden, als die Künstlichkeit der Gefühle, die dieses neue Familienharmonie-Ideal begleiten. Aber auch dann erklärt dieses Interpretationsmuster noch lange nicht, warum nur die Frauen oder Töchter unter dem neuen Symbiose-Ideal gelitten haben sollen. Wenn die neue Familienliebe als Einschränkung emotionaler und geistiger Autonomie empfunden wurde, hätten auch die Söhne darunter leiden und ähnliche »Hebel« in Bewegung setzen müssen wie die Töchter. Daß sie es nicht taten, scheint mir darauf zurückzuführen, daß auch die neue Idee der »Familie« – ähnlich der Liebesbeziehung zwischen den Geschlechtern – zutiefst geprägt war von einem Weiblichkeitsideal, in dem der Frau die Rolle der »Erlöserin« zugewiesen wurde. Das zeigt sich besonders deutlich am Ideal der »aufopfernden Mutter«, das ebenfalls um diese Zeit seinen Einzug hält. Bei diesem Ideal ging es freilich um ein *psychisches* Selbstopfer. Tatsächlich beinhaltet die Zuweisung des »Opfertodes« an die Frau ein Paradoxon, das mit der Verweltlichung des Opfertodes selbst zusammenhängt: In der transzendenten Vorstellung des Opfertodes gibt es nur *einen* Tod, nämlich den des Heilands; mit dem säkularen Opfertod aber ist jede einzelne Frau gemeint. Das Paradoxon besteht nun darin, daß die Frau einerseits sterben muß, um dem anderen die »Erlösung« zu bringen, daß sie andererseits als Verschiedene aber nicht mehr verschieden (also anders) ist. Durch ihr Versterben, ihre physische Inexistenz kann sie nicht mehr die Trägerin einer Andersartigkeit sein, die an sie delegiert wurde: die Andersartigkeit, sterblich zu sein, die den Mann seinerseits zum *Un*sterblichen macht. Wenn die Frau aber einen *symbolischen* Tod stirbt, so läßt sich das Paradoxon lösen, daß sie einerseits den Opfertod verkörpern soll, andererseits als Tote aber nicht »verkörpern« kann. Eben diesen symbolischen Tod stirbt sie in den neuen Modellen von Familien- und Liebesbeziehungen, die das 19. Jahrhundert zeitigt.

Daß es sich bei diesem neuen Ideal einer symbiotischen Liebe und einer symbiotischen Familie in hohem Maße um die Zuschreibung des Opfertodes an die Frau handelt, das zeigt sich auch an einem anderen Phänomen, das ebenfalls der Moderne vorbehalten blieb: Fast alle Worte, mit denen das Weiblichkeitsideal der bürgerlichen Familie umschrieben wird, sind Synonyma für den Tod: Passivität, Schweigen, Unwissen, Blaßheit etc. – Begriffe, die im Schönheitsideal der schwindsüchtigen Frau ihren sichtbaren Ausdruck fanden. Das heißt das Schema »Bürgerliche Familie« und der Sozialkodex, in den es die Frau einbindet, lösen den Widerspruch, den die Verweltlichung des weiblichen Opfertodes nicht zu lösen vermag: den Widerspruch, daß die Frau nur auf Kosten ihrer körperlichen Existenz den Tod verkörpern kann – also eben nicht verkörpern kann. In der bürgerlichen Familie und in den symbiotischen Liebesbeziehungen wird ihr aber der Tod als soziale Rolle zugewiesen. Sie stirbt den sozialen Tod – eine Erscheinung, die sich keineswegs nur in der Rollenzuweisung innerhalb der Familie widerspiegelt, sondern etwa auch an der Tatsache abzulesen ist, daß in den Industrieländern die große Mehrheit der Menschen, die unter der Armutsgrenze leben, Frauen sind.

Auch hier wieder dieses Paradoxon: Die Anorexie erscheint einerseits wie das Spiegelbild der Rolle, die der Frau in der Familie zugewiesen wird. Andererseits – und hier komme ich auf Shorters »Neurose der Intimität« zurück – richtet sich das Nein der Magersüchtigen aber gegen die engen Familienbande, gegen die »feste Burg« Familie. Vor dem Einsetzen der Eßstörungen, so heißt es, sei das anorektische Mädchen oft überangepaßt; konfliktunfähig, ja sie wird sogar als Trägerin der Familienharmonie beschrieben (vgl. Minuchin u. a. 1978): Mit dem Beginn der Eßstörungen aber setzen Konflikte ein, die die gesamte Familienstruktur in Frage stellen – Konflikte, die nicht mit Worten, sondern mit dem Körper ausgetragen werden. In vielen Lehrbüchern wird die Auflehnung der Mädchen auch mit einer Auflehnung gegen die Mutter interpretiert, die als Kern der »festen Burg« Familie betrachtet wird. Ich möchte dagegen die These aufstellen, daß es sich nicht um eine Auflehnung gegen die Mutter, sondern um eine Auflehnung gegen die »geopferte Mutter«, die ichlose Mutter handelt: gegen dieses Konstrukt der aufopfernden Mutter, das überhaupt erst mit der Säkularisierung entstand[16], und von Denkern der Aufklärung wie Rousseau zur weiblichen »Natur« deklariert wurde. Eine solche Interpretation wird durch Untersuchungen gestützt, laut denen die Magersucht

---

16 Vgl. Elisabeth Badinter, *Die Mutterliebe. Geschichte eines Gefühls vom 17. Jahrhundert bis heute.* Aus dem Französischen von Friedrich Griese, München/Zürich 1981; Monika Simmel, *Erziehung zum Weibe. Mädchenbildung im 19. Jahrhundert.* Frankfurt/M. 1980; von Braun, 1985.

besonders häufig in solchen Familien auftaucht, in denen erstens eine besonders rigide Vorstellung von »Familienharmonie« vorherrscht und zweitens die Ehefrau zu Beginn der Ehe auf jedes Eigenleben, insbesondere den Beruf, verzichtet hatte. Und zwar mit Widerwillen verzichtet hatte (Palazzoli 1982, 279). Kestemberg, Kestemberg und Décobert schreiben, daß die Mütter der von ihnen beobachteten magersüchtigen Mädchen auf die Anforderungen des Familienlebens mit »märtyrerhafter Anpassung«, »Selbstverwirklichung durch Verblassen« und »totaler Hingabe, die sich in Intoleranz, Perfektionismus und Ritualen ausdrückt«, reagieren (Kestemberg u. a. 1972, 126 f.). Dieses »Verblassen« der Mutter (das selber schon wie eine Karikatur des »Selbstopfers« erscheint und damit auch als Verweigerung interpretiert werden kann) greifen die magersüchtigen Töchter auf und verstärken es durch ihre Symptombildung. Das heißt, durch die Magersucht versucht sich die Tochter nicht gegen die Mutter abzugrenzen, sondern das *Verblassen der Mutter* sichtbar zu machen; sie weigert sich nicht, erwachsen zu werden, sondern wie die Mutter zur »toten Frau« zu werden. Man könnte – entgegen den landläufigen Thesen über das Verhältnis zwischen Töchtern mit Eßstörungen und ihren Mütter – sogar die Behauptung aufstellen, daß die magersüchtige Tochter eine Art von Solidaritätskampf mit der Mutter – oder einen Unabhängigkeitskampf für die Mutter führt. Tatsächlich gehört zu den tiefgehenden Umwälzungen, die die Magersüchtigen – oder deren Therapie – in den Familien herbeiführen, sehr oft die, daß die Mutter ihren eigenen Weg zu suchen beginnt.

Daß die engen Familienbande allein noch keine befriedigende Erklärung für die Entwicklung von Eßstörungen bieten, darauf verweisen auch Erkenntnisse, die bei einer transkulturellen Betrachtung zutage treten. Ich möchte nur eine andeuten: Wenn die Anorexie tatsächlich eine »Neurose der Intimität« darstellte, dann müßte sie unter orthodoxen jüdischen Familien in der Diaspora besonders verbreitet sein. Diese Familien erfüllen – in geradezu idealtypischer Form – alle Kriterien, die in den Lehrbüchern als typische Voraussetzungen für die Entwicklung von Eßstörungen beschrieben werden: enge, manchmal auch als erdrückend beschriebene Familienbande, mit einer Mutter im Zentrum, zu deren wichtigster Aufgabe die Erziehung der Kinder und die Kontrolle der Ernährungsgewohnheiten gehört. Nach den Kriterien der Lehrbücher müßten orthodoxe jüdische Familien geradezu reihenweise Töchter mit Eßstörungen produzieren. Das ist aber nicht der Fall. Es gibt eine ganze Reihe von Untersuchungen, die gezeigt haben, *daß* es Formen psychischer Störungen gibt, die in jüdischen Familien häufiger vorkommen (Angstneurosen z. B.) oder seltener sind (Alkoholprobleme z. B.) als in anderen Familien.[17] Ich habe aber in keiner dieser Untersuchungen einer Hinweis auf Eßstörung finden können. Auch in der Literatur taucht das Thema nicht auf. In den Erzählungen und Romanen von jüdischen Frauen, die Anfang dieses Jahrhunderts mit ihren Familien aus Osteuropa in die USA emigrierten und dort, gerade als Frauen, mit einer völlig neuen Lebenswelt konfrontiert wurden, spielt die Thematik der Emanzipation aus der »festen Burg« Familie, die Ablehnung der traditionellen Frauenrolle und die damit einhergehenden Konflikte mit der Mutter eine wichtige Rolle. Auch die Verwerfung der Speisegesetze wird thematisiert.[18] An keiner Stelle taucht aber die Magersucht als Metapher für diesen Konflikt auf. Mir scheint, daß hier ein (gewiß hypothetischer, aber nicht ganz zu verwerfender) weiterer Hinweis darauf zu sehen ist, daß die heutigen weiblichen Eßstörungen mit einer »Neurose der Intimität« zusammenhängen, die nicht allgemein, sondern christlich-säkularen Ursprungs ist –, eine »Neurose«, die weniger mit den einzelnen Familienmitgliedern als mit der synthetischen Struktur der modernen Familie zu tun hat. Dieser Eindruck wird noch durch die Tatsache verstärkt, daß inzwischen – im Gegensatz zu den jüdisch-orthodoxen Familien – eine ganze Reihe von Untersuchungen über Eßstörungen in afro-amerikanischen Familien vorliegen, in Familien also, in denen christliches Gedankengut vorherrschend geworden ist.[19] (Dasselbe gilt auch für Japan, das für christliches Gedankengut offenbar sehr empfänglich gewesen ist: Das offenbart nicht nur die Verbreitung des »anorektischen Modells« in Japan[20], sondern auch die Tatsache, daß antisemitische Schrif-

---

17 Um einige Untersuchungen zu nennen: Ailon Shiloh u. Ida Cohen Selavan, Hg., *Ethnic Groups of America: Their Morbidity, Mortality and Behavior Disorders, Bd. 1: The Jews.* Springfield, Ill. 1973/74; Richard M. Goodman, *Genetic Disorders among the Jewish People*, Baltimore, MD, 1979; Richard M. Goodman u. Arno G. Mortulsky; *Genetic Diseases among Ashkenazi Jews*, New York, 1979; Henry Rothshild, »Diseases of the Jews«, in: ders., *Biocultural Aspects of Disease*, New York 1981.
18 Vgl. Gisela Ecker, Einzug in das *Promised Land* oder *Lost in Translation?* Ostjüdinnen auf dem Weg vom »shtetl« zum »American dream«, in: *Jüdische Kultur und Weiblichkeit in der Moderne*, hrsg. von S. Schilling, I. Stephan, S. Weigel, Köln 1992; vgl. auch dies., *The Body in Transition – the Body in Translation. Cultural und Sexual Difference in Texts by Jewish-American Women*, unveröffentlichtes Vortragsmanuskript 1991.
19 S. u. a. L. K. G. Hsu, Are the eating disorders becoming more common in blacks? Int. J. Eating Disorders 1987, 6, 113–124; A. J. Pumaregia, P. Edwards, u. C. B. Mitchell, Anorexia nervosa in black adolescents, J. Amer. Acad. Child. Psychiat. 1984, 23, 111–114; P. H. Robinson u. A. Andersen, Anorexia nervosa in American blacks, J. Psychiat. Res. 1985, 19, 183–188; T. J. Silber, Anorexia nervosa in black adolescents, J. Nat. Med. Assn. 1984, 76-29-32. Ähnliche Untersuchungen gelten auch für Briten aus den ehemaligen Kolonialgebieten: J. H. Lacey, u. B. M. Dolan, Bulimia in British Blacks and Asians, Brit. J. Psychiatry, 1988, 152, 73–79.
20 Vgl. z. B. Suematsu, H. Ishikawa, H. Kuboki, T. u. Ito, T., Statistical Studies on Anorexia Nervosa in Japan: Detailes clinical data on 10011 patients. Psychother. Psychosom. 43, 1985, S. 96–103; Nogami, Y., u. Yabana, F., On kibarashi-gui (binge eating), Folia Psychiat. Neurol. Japon, 31, 1977, 159–166.

ten in Japan sehr verbreitet sind. Dabei wissen die meisten Japaner kaum, was ein »Jude« ist, noch stehen sie in der Tradition des christlichen Antijudaismus. Die Empfänglichkeit Japans für christliches Gedankengut mag sich mit verschiedenen Faktoren erklären: die jahrhundertelange Abgeschlossenheit der Insel, die Japan, das kaum mit anderem Denken in Berührung kam, wenig immun gegen das »Fremde« machte; die rasche Industrialisierung des Landes, die eine tiefgreifende Akkulturation und damit vielleicht auch eine übergroße Bereitschaft mit sich brachte, sich den Normen der »postchristlichen« Gesellschaft anzupassen; und schließlich die ohnehin enge Verwandtschaft des Christentums mit dem Buddhismus, die sich nicht zuletzt an der beiden Religionen gemeinsamen Idealisierung der Keuschheit und der Askese offenbart.[21]

Anorexie und Autonomie

Der Theorie, daß enge, erdrückende Familienbande am Ursprung anorektischer Verhaltensmuster seien, steht mittlerweile auch eine völlig andere Theorie gegenüber, die die Eßstörungen als Reaktion auf die im 20. Jahrhundert an Frauen herangetragene Forderung, »autonom« zu sein, interpretiert. Statt von der Verweigerung, bevormundet zu werden, ist hier also von der Verweigerung, Selbstbestimmung zu üben, die Rede. Als Beispiel für diese Theoriebildung sei etwa auf die Arbeiten von Tilmann Habermas (1990) verwiesen sowie auf eine von Catherine Steiner-Adair zitierte Untersuchung unter amerikanischen College-Studentinnen. Laut dieser Untersuchung waren die Frauen, die einem Weiblichkeitsideal von Erfolg und Unabhängigkeit nacheiferten (»super woman« genannt) für Eßstörungen anfälliger als die »wise woman«, die sich von diesem Ideal distanzierten.[22] Steiner-Adair bezieht sich bei der Interpretation der Untersuchung auf die Thesen von Carol Gilligan, laut denen die Bedürfnisse der weiblichen Psyche eher nach Einbindung in ein Beziehungsgeflecht als nach individueller Autonomie verlangen (Gilligan 1980). So deutet sie die Eßstörungen der »super woman« als Anpassung an das moderne Ideal der unabhängigen Frau – eine Anpassung, die den weiblichen Bedürfnissen entgegenliefe und

---

21 Vgl. u. a. Eliade, Mircea, Histoire des croyances et des idées religieuses, Bd. II: De Gautama Bouddha au triomphe du christianisme, Paris 1978; auf die Verwandtschaft von Buddha und Christus verweist auch Edouard Schuré, Les grands initiés, Paris 1889 (deutsch: Die großen Eingeweihten, 1925). Schuré war zugleich ein Wegbereiter der Wagnerianischen und antisemitischen »Heilsidee« in Frankreich.
22 Catherine Steiner-Adair, Körperstrategien ... (in diesem Band).

auf die viele Frauen deshalb mit Eßstörungen reagierten. Das Verhalten der »wise woman« aber interpretiert sie als Folge einer gelungenen Integration in das soziale Beziehungsgeflecht und als Fähigkeit, an »eigenen, mit den anderen in Widerstreit liegenden Werten« festzuhalten. Nun möchte man ihr entgegnen: Worin besteht Autonomie, wenn nicht gerade darin, die Existenz des Anderen – und damit auch die eigene Abhängigkeit – zu akzeptieren und am eigenen Urteil auch dann festzuhalten, wenn die umgebenden Wertvorstellungen anders sind? Aber das scheint mir nicht der entscheidende Punkt. Vielmehr offenbart diese Theoriebildung, daß heute zwei völlig gegensätzliche Vorstellungen von »Autonomie« miteinander konkurrieren. Eben diese Konkurrenz scheint mir aber den Schlüssel zur Frage zu bieten, warum in der einen Theoriebildung die Eßstörung als Reaktion auf *mangelnde Autonomie*, in der anderen aber als *Verweigerung der Autonomie* interpretiert werden können.

Meine These in wenigen Worten: Mit der einen Autonomie ist das gemeint, was ich vorher als Selbstdefinition umschrieben habe – eine Autonomie also, die die Existenz des Anderen akzeptiert und in ihr auch die für das Ich notwendige Seinsbestätigung findet. Dieser Autonomie steht heute eine andere gegenüber, die ich als fremddiktierte Autonomie umschreiben möchte. Oder anders gesagt: Das Ideal von Harmonie und Symbiose in den zwischengeschlechtlichen Beziehungen – ein Ideal, dies sei noch einmal betont, das in enger Beziehung zur Zuschreibung eines verweltlichten »Selbstopfers« an die Frau steht – spiegelt sich nicht nur in der Rolle der »verblassenden« Frau wider. Es zeigt sich auch an seinem Gegenbild: der »emanzipierten Frau«, die zum Weiblichkeitsideal des 20. Jahrhunderts geworden ist. Und dieses lebendige, fleischliche Gegenbild verdeutlicht erst recht, warum ausgerechnet Eßstörungen zu *der* »Frauenkrankheit« der Moderne wurden.

Fast gleichzeitig mit dem Ideal der »verblassenden« oder »geopferten« Frau entsteht im 19. Jahrhundert ein neuer Weiblichkeitsentwurf, der in den Gestalten von Carmen, Lulu oder Salome seinen Prototyp findet. Es entsteht also ein Frauentypus, der mit den Begriffen von Leidenschaft, Lust, Lebendigkeit umschrieben werden kann – also genau dem Gegenteil von Sterblichkeit. Es ist ein Weiblichkeitsideal, das aus »heißem Blut« und »unersättlichem Fleisch« gemacht ist. Nicht durch Zufall entstand dieses Weiblichkeitsideal jedoch in den Köpfen von männlichen Literaten und Künstlern.[23] In den Texten der Schriftstellerinnen, die um die Selbstdefinition von Frauen kämpften, taucht es nicht auf. Dieser Typus von Frau, der

---

23 Vgl. v. Braun, Christina: Von der Liebeskunst zur Kunst-Liebe: Don Juan und Carmen. In: dies., 1989, 37 ff.

sich nicht nur durch seine »Leidenschaftlichkeit« auszeichnet, mit dem vielmehr auch die erfolgreiche, die »emanzipierte« Frau gemeint ist, eine Frau, die sich von niemandem etwas sagen läßt und die in keiner Abhängigkeit steht, schon gar nicht von einem Mann (insofern tritt hier die von Steiner-Adair zitierte »super woman« zu Vorschein) – dieser Frauentypus hat heute normativen Charakter gewonnen für jede Frau, die eine »echte Frau« sein will. Das bedeutet aber, daß die Frau nur dann zu einer weiblichen Person aus Fleisch und Blut werden kann, wenn sie sich in die »Kopie« einer imaginären Frau verwandelt, die in Männerköpfen entstanden ist (und die, das sei hier nur am Rande angemerkt, letztlich ein Phantasma »männlicher Weiblichkeit« darstellt) (vgl. von Braun 1989). Weibliche Selbstdefinition verschwindet also auch in einem Kontext, in dem der Frau nicht die Rolle des »Opfertodes« zugewiesen wird, sondern die, »Lebendigkeit« zu verkörpern.

In der Symptombildung der Magersüchtigen kommt aber die Weigerung zum Ausdruck, den Körper zur »Kopie« werden zu lassen. Die Anorektikerin wehrt sich dagegen, wie Carmen (die nicht durch Zufall zeitgleich mit der Photographie geboren wird) »reproduzierbar« zu werden. In den Eßstörungen der Moderne drückt sich der Versuch aus, Schöpfer des eigenen Körpers zu bleiben. Bei der Anorexie, so schreibt Selvini Palazzoli, geht es um die »Beherrschung der Triebe«, um die »Unterwerfung des Körpers« (Palazzoli 1982, 102). Die Eßstörungen ließen sich also auch als Versuch interpretieren, die Fleischwerdung der falschen – lies: phallschen – Frau im eigenen Körper zu verhindern. In diesem Kontext bekommen die Worte, mit denen Selvini Palazzoli den innersten Trieb ihrer anorektischen Patientinnen umschreibt, einen völlig neuen Sinn: »Diese Form der Unfleischlichkeit«, so schreibt sie, »ist kein Todeswunsch – ganz im Gegenteil. Sie ist im wesentlichen eine irreale Spannung und eine Ablehnung der Existenz qua Leben und Sterben im Körperlichen« (ebd., 102). In den Eßstörungen kommt also der verzweifelte Versuch zum Ausdruck, den eigenen Körper der »Fremddefinition« zu entziehen.

Inzest und Magersucht

Daß es sich bei der Magersucht um eine Auflehnung gegen das symbiotische Liebesideal der Moderne handelt – und mit diesem symbiotischen Liebesideal ist auch die Forderung gemeint, daß Frauen zu Kopien männlicher Entwürfe werden –, zeigt sich nicht zuletzt an der engen Beziehung, die immer wieder zwischen Inzest, sexuellem Mißbrauch einerseits und Eßstörungen andererseits hergestellt werden. Der sexuelle Mißbrauch stellt die Vereinigung aller »Opfertode« dar, die weiter oben beschrieben wurden: 1. des Selbstopfers in der symbiotischen Liebesbeziehung; 2. des Selbstopfers in der »harmonischen« Familie. Der Inzest beinhaltet 3. aber auch das Phantasma der Verwandlung der Frau in eine »Kopie« männlicher Entwürfe – ein Phantasma, das im Verkehr mit der »selbsterzeugten Frau«, der Tochter, seine Realisierung und Erfüllung findet.

Wie verbreitet Inzest und sexueller Mißbrauch in der Vergangenheit gewesen sind, wird sich nie in Erfahrung bringen lassen. So wird auch niemand feststellen können, ob die Zunahme weiblicher Eßstörungen mit einer Zunahme »inzestuöser Übergriffe« in einen direkten Zusammenhang zu bringen ist. Aber es gibt indirekte Hinweise: An den schon erwähnten literarischen Beispielen, ebenso wie an den Schlagzeilen der Massenblätter läßt sich sehr wohl ablesen, daß das Inzestverbot in den letzten zweihundert Jahren eine Aufweichung erfahren hat. Mehr noch: daß der Inzest im allgemeinen Denken an erotischer Anziehungskraft gewann. Das heißt, nicht nur hat sich der »Fluch«, der einst auf dem Inzest lag, verflüchtigt, darüber hinaus verdeutlichen die Präsenz und die Darstellung der Inzestthematik in der Literatur und den Medien, daß für das Begehren eine neue »Norm« entstanden ist. Dabei ist es gleichgültig, ob sich dieses neue Begehren offen als Lust am Inzest ausdrückt[24] oder hinter pseudo-moralisierenden Anklagen gegen die »Täter« versteckt.

Das entscheidende Merkmal dieses neuen Begehrens besteht darin, daß es seine Erfüllung im Untergang des »anderen« – beziehungsweise umgekehrt im eigenen Untergang – sucht. Die Magersucht stellt aber, wie ich weiter oben darzustellen versuchte, eine Reaktion auf die Zuschreibung des Selbstopfers an die Frau dar. Das heißt – und auch das widerspricht dem gängigen Erklärungsmuster, daß die Anorexie eine Auflehnung gegen die Mutter darstelle –, hinter den weiblichen Eßstörungen verbirgt sich letztlich eine Abweisung des (realen oder imaginären) Vaters: jenes Vaters, der im »kollektiven Imaginären« mit Inzest und sexuellem Mißbrauch gleichgesetzt wird. Dabei kann natürlich auch die Mutter eine wichtige Rolle spielen – etwa dann, wenn sie dem eigenen »Tod« zu entgehen versucht, indem sie die Tochter als Opferersatz anbietet, also zur schweigenden Komplizin des sexuellen Mißbrauchs wird. In jedem Fall scheint es mir aber wichtig zu erkennen, daß es heute nicht nur den realen sexuellen Mißbrauch gibt, sondern daß der Inzest als »sexuelle Norm« erfahren wird. Anders ausgedrückt: Es geht nicht nur darum, ob eine Frau mit ihrem Bru-

---

24 Für einige Beispiele vgl. v. Braun, Christina: Nada Nada Ada – Oder die Liebe nach dem Jüngsten Gericht. In: dies., 1989, 143 ff.

der/Vater/Onkel schläft, sondern auch darum, daß sie an ein Liebesideal glauben lernt, das den Inzest zur gültigen Norm erfüllten Begehrens erhebt. Im einen wie im anderen Fall wird sie Liebe als Opfertod und Begehren als Sehnsucht nach Untergang erfahren. Im einen wie im anderen Fall spürt sie, daß eine »erfüllte Sexualität« ihren Tod, den Verlust ihrer Andersartigkeit fordert. Kann es unter diesen Umständen erstaunen, daß viele Frauen die »sexuelle Erfüllung« nicht suchen?

Literatur

Bell, Rudolph, M., 1985: *Holy Anorexia*. Chicago, London.
v. Braun, Christina, 1985: *Nicht ich. Logik Lüge Libido*. Frankfurt/M.
dies., 1989: *Die schamlose Schönheit des Vergangenen. Zum Verhältnis von Geschlecht und Geschichte*. Frankfurt/M.
dies., 1992: *Die Angst der Satten. Über Hungerstreik, Hungersnot und Überfluß*. Köln.
dies., 1992: Zur Bedeutung der Sexualbilder im rassistischen Antisemitismus. In: Schilling, Sabine/Stephan, Inge/Weigel, Sigrid (Hg.): *Judentum und Weiblichkeit in der Moderne*. Köln.
dies., 1992b: »Der Jude« und das »Das Weib« – Zwei Stereotypen des »Anderen« in der Moderne. In: Heid, Ludger/Knoll, Joachim (Hg.): *Deutsch-jüdische Geschichte. Von der Aufklärung bis zur Gegenwart*. Bonn/Stuttgart.
Bronfen, Elisabeth, 1987: Die schöne Leiche. In: Berger, Renate/Stephan, Inge (Hg.): *Weiblichkeit und Tod in der Literatur*. Köln/Wien.
Bruch, Hilde, 1980: *Der goldene Käfig. Das Rätsel der Magersucht*. Frankfurt/M.
DeSalvo, Louise, 1990: *Virginia Woolf. Die Auswirkungen sexuellen Mißbrauchs auf ihr Leben und ihr Werk*. München.
Gessler, J., 1938: *La vierge barbue*. Brüssel/Paris.
Gilligan, Carol, 1980: *Die andere Stimme*. München.
v. Günderode, Karoline, 1979: Die eine Klage. In: *Karoline von Günderode. Die Schatten eines Traums. Gedichte, Prosa, Briefe, Zeugnisse von Zeitgenossen*. Hrsg. und mit einem Essay von Christa Wolf. Darmstadt.
Habermas, Tilmann, 1990: *Heißhunger. Historische Bedingungen der Bulimia nervosa*. Frankfurt/M.
Hiltmann, H./Clauser, G. (Hg.), 1961: Psychodiagnostik und aktiv-analytische Psychotherapie Jugendlicher, dargestellt an der Pubertätsmagersucht. In: *Praxis der Psychotherapie*.
Hoffmann-Curtius, Kathrin, 1991: Opfermodelle am Altar des Vaterlandes seit der Französischen Revolution. In: Kohn-Waechter, Gudrun (Hg.): *Schrift der Flammen. Opfermythen und Weiblichkeitsentwürfe im 20. Jahrhundert*. Berlin.
Kestemberg, E./Kestemberg, J./Décobert, J., 1972: *La faim et le corps*. Paris.
Kuhn, Hugo, 1970: Poetische Synthesis. In: Schulz, Gerhard (Hg.), 1970: *Novalis*. Darmstadt.
Magli, Ida., 1972: Il problema anthropologica-culturale del monachesmio feminile. In: *Enciclopedia delle religione*, Bd. III, S. 627ff. Florenz.

Minuchin, S./Rosman, B./Baker, L., 1978: *Psychosomatic Families. Anorexia nervosa in context*. Cambridge/Mass.
Novalis, 1960: *Schriften. Die Werke Friedrich von Hardenbergs*. Hrsg. von Paul Kluckhohn und Richard Samuel. Stuttgart 1960ff., 2. Auflage, Bd. IV.
Palazzoli, Mara Selvini, 1982: *Magersucht*. Stuttgart.
Schulz, Gerhard, 1969: *Novalis*. Reinbek bei Hamburg.
Shorter, Edward, 1988 (Summer): The First great Increase in Anorexia Nervosa. In: *Journal of Social history*, S. 69ff.
Skrabanek, Petr, 1983: Notes towards the History of Anorexia Nervosa. In: *Janus, Révue internationale de l'histoire des Sciences, de la Médicine, de la Pharmacie et de la Technique*, Nr. LXX, Amsterdam, S. 109ff.
Weinstein, Donald/Bell, Rudolph M., 1982: *Saints and Society. The Two Worlds of Western Christendom*, 1000–1700. Chicago.

Körperstrategien*

Weibliche Adoleszenz und die Entwicklung von Eßstörungen

Catherine Steiner-Adair

Die Erforschung der Ursachen von Magersucht und anderen Eßstörungen konzentrierte sich bis in jüngste Zeit fast ausschließlich auf drei Untersuchungsfelder – die Psychodynamik, Familienstrukturen und organische Funktionen. Keine dieser Theorien kann jedoch erklären, warum Eßstörungen gerade heute immer häufiger vorkommen, noch warum sie anfangs nur bei (hauptsächlich weißen) Frauen aus Mittel- und Oberschicht aufgetreten sind und mittlerweile auf breitere Gesellschaftsschichten und andere ethnische Gruppen übergreifen. Da die vorherrschenden Theorien keine Erklärung des derzeit epidemischen Erscheinungsbildes liefern, wurde in späteren Forschungen von folgender Überlegung ausgegangen: Möglicherweise sind es soziokulturelle Einflüsse, welche junge Frauen heute anfällig für solche Störungen machen, die mit Diät- und Eßgewohnheiten in dieser Lebensphase verbunden sind. Historische Forschungen haben gezeigt, daß im 19. Jahrhundert hysterische Symptome von Frauen und Mädchen häufig mit den kulturellen Normen der Zeit und den entsprechenden medizinischen Auffassungen über normales weibliches Verhalten zusammenhingen. Analog dazu könnten auch im späten 20. Jahrhundert repressive kulturelle Kräfte junge Frauen in ihrer Entwicklung behindern und, gemeinsam mit individuellen und familiären Erfahrungen, die heutige Symptomatik der Eßstörungen erzeugen. Mit anderen Worten: Möglicherweise stellen anorexia nervosa, Bulimie und anorexie-ähnliches Verhalten aufgrund bestimmter soziokultureller Einflüsse Bewältigungsstrategien für Anforderungen

---

* Die in diesem Beitrag diskutierte Studie ist Teil einer umfassenderen Untersuchung zur psychischen Entwicklung von Mädchen, die von Carol Gilligan und ihren Mitarbeiterinnen von 1981 bis 1984 an der Emma-Willard-School, einer High School für Mädchen, durchgeführt wurde. Die deutsche Fassung ist leicht gekürzt. Aus: Making Connections. The Relational Worlds of Adolescent Girls at Emma Willard School, hg. von Carol Gilligan, Nona P. Lyons, Trudy J. Hanmer, Cambridge/London 1990, S. 162–182.

dar, mit denen junge Frauen bestimmter Bevölkerungsschichten heutzutage konfrontiert sind.

Ein Vergleich neuerer Untersuchungen über »normales« weibliche Adoleszenzverhalten mit solchen zur Psychodynamik von Eßstörungen fördert ein merkwürdigs, auffälliges Paradoxon zutage: Genau das, was die kulturelle Idealvorstellung von körperlicher und geistiger Gesundheit weiblichen Jugendlichen heute nahelegt, drückt sich auch in dem psychopathologischen Erscheinungsbild von Eßstörungen aus. Nach Forschungen zur weiblichen Adoleszenz ist es normal, wenn Mädchen sich exzessiv mit dem eigenen Körper beschäftigen und Schwierigkeiten beim Ablösungs- und Individuationsprozeß haben. Einerseits ist die ständige Sorge um das Schlanksein aber auch ein typisches Merkmal der Anorexie (Bruch 1978); andererseits ist die kalorienarme Ernährungsweise ein sozial durchaus angepaßter Verhaltenstypus von Mädchen, der selbst dann als normal gilt, wenn es keine medizinische Notwendigkeit zum Abnehmen gibt. (...)

Ablösung/Individuation und weibliche Adoleszenz

Theorien zur Psychodynamik von Objektbeziehungen und zu Familienstrukturen bezeichnen das Mißlingen von Ablösung, Individuation und Autonomieentwicklung als das Kernproblem der Anorexie. Sowohl in unserer Kultur (Rothchild 1979) als auch der klinischen und der Entwicklungspsychologie gilt Autonomie grundsätzlich als das Ziel des Reifungsprozesses. Es ist allerdings fraglich, ob sich diese Vorstellung von gelungener Entwicklung ohne weiteres auf junge Frauen übertragen läßt. Jüngste Untersuchungsergebnisse zeigen nämlich, daß Ablösung, Individuation und Autonomie per se bei ihnen nicht dieselbe Rolle spielen wie bei jungen Männern (Gilligan 1982). Während für diese die Ablösung eine Stärkung der geschlechtlichen Identität bedeutet (Erikson 1968), sind gerade Bindungen und Beziehungen besonders wichtig für die Ausformung der weiblichen Persönlichkeit (Gilligan 1982). Marcia überprüfte Forschungsansätze, die von der Wiederkehr von Individuations- und Ablösungsproblemen in der Adoleszenz ausgehen, und kam zu dem Schluß, daß nur solche Theorien dem Problem angemessen sind, die »hinsichtlich der Erklärung von Krisen und Fixierungen genau dort ansetzen, wo normalerweise auch die Entwicklung weiblicher Identität ihr Zentrum hat: im Aufbau und in der Aufrechterhaltung von Beziehungen« (1980, 9). Die Erforschung der Eßstörungen aber übersieht offensichtlich, wie wichtig Beziehungen für junge Frauen sind, und rückt nach wie vor Trennung und Individuation in den Vordergrund. Als zentral wird die Entwicklung von Autonomie betrachtet; die Pathologie von Eßstörungen bei Mädchen wird auf diese Weise innerhalb der Logik von extremer Beziehungsabhängigkeit und gescheiterten Autonomiebestrebungen beschrieben und definiert.

Bei einer der ersten Untersuchungen etwaiger Unterschiede zwischen männlicher und weiblicher Adoleszenz interviewten Douvan und Adelson (1966) 2005 elf- bis achtzehnjährige Mädchen und 1054 vierzehn- bis sechzehnjährige Jungen. Sie kamen zu dem Ergebnis, daß Mädchen »›Identität im Zuge eines Prozesses‹ herstellen, in dessen Verlauf das Individuum die eigenen inneren Normen mit Hilfe seiner Bindungen an andere findet und definiert« (Benedek 1979, 10). Sie fanden keinen Beweis dafür, daß das Durchbrechen der familiären Bindungen für Mädchen genauso wichtig ist wie für Jungen. Konnte bei diesen die Konzentration auf wachsende Unabhängigkeit bei der Entwicklung innerer Normen als sicherer Maßstab für künftige Ich-Stärke gewertet werden, so wurzelte im Gegensatz dazu die Ich-Stärke von Mädchen in der Qualität ihrer Beziehungen zu anderen Menschen.

Seit einigen Jahren verlagert sich in der Entwicklungspsychologie das Paradigma weiblicher Adoleszenz weg vom traditionell männerzentrierten Modell – Erwerb von Autonomie durch Trennung – in Richtung auf ein anderes Modell, das die weibliche Identitätsbildung als Selbstdifferenzierung innerhalb von Beziehungsgeflechten darstellt. Mit anderen Worten: Junge Frauen finden zur eigenen Identität, indem sie sich in persönlichen Bindungen erfahren (vgl. Chodorow 1974) (...)

Die Vorstellungen unserer Gesellschaft davon, was »Frau-Sein« bedeutet, haben sich in den letzten 20 Jahren geändert. Möglicherweise sind so die einander widersprechenden Anforderungen entstanden, mit denen sich Mädchen in der Adoleszenz auseinandersetzen müssen. Heutzutage werden Mädchen dazu sozialisiert, die Bedeutung von Beziehungen zu entwerten und Unabhängigkeit und Autonomie, die als Charakteristika männlicher Identität gelten, hochzuschätzen. Broverman und Broverman (1972) fanden heraus, daß Jugendliche bereits zu Beginn der Adoleszenz feste Vorstellungen davon haben, welche Eigenschaften »typisch weiblich« oder »typisch männlich« sind. Mädchen und Jungen (und auch die ebenfalls befragten Psychologen) bewerteten in dieser Untersuchung »typisch männliche« Persönlichkeitsmerkmale (»stark, leistungsfähig, furchtlos, dominant«) positiv, »typisch weibliche« (»schwach, unfähig, ängstlich, passiv«) negativ. Männer wurden für Rationalität und emotionale Kontrolle geschätzt, Frauen wurden als übermäßig emotional, mitfühlend und abhängig abgewertet. Die Idealvorstellung menschlicher Entwicklung wurde gleichgesetzt mit dem, was als männlich galt. Und Männlichkeit wurde über Unabhängigkeit definiert. Während aber adoleszente Mädchen einerseits vorrangig mit dem Aufbau und Erhalt von Beziehungen beschäftigt sind, werden diese Bestrebungen andererseits weder von ihnen selbst noch von ihren männlichen Altersgenossen noch von den kulturellen Normen bejaht. Wie soll eine junge Frau stolz auf einen Teil ihrer Persönlichkeit sein können, den sie nach gesellschaftlichen Maßstäben verachten muß?

Körperbild und normale weibliche Adoleszenz

In einer ähnlich schwierigen Situation befinden sich junge Mädchen, wenn es darum geht, den eigenen Körper zu akzeptieren und als Teil ihrer selbst zu betrachten. Bis zu einem gewissen Grad sind beide Geschlechter während der dramatischen physischen Veränderungen in der Adoleszenz intensiv mit ihrem Körper beschäftigt, ängstlich und mit ihm unzufrieden (Hamburg 1974). Die soziokulturellen Einflüsse auf das Körperbewußtsein sehen bei jungen Frauen allerdings ganz anders aus als bei jungen Männern. Denn die Ich-Entwicklung von Mädchen scheint gleichermaßen abzuhängen von den beschriebenen Selbstdifferenzierungsproblemen innerhalb von Beziehungen wie von der Aneignung des eigenen Körpers.

Während zahlreiche psychodynamische Interpretationen die Unfähigkeit der Magersüchtigen betonen, ihren Körper so zu akzeptieren, wie er ist (Galdston 1974; Masterson 1977; Bruch 1979), zeigen neuere Untersuchungen, daß Mädchen generell so sozialisiert werden, daß sie ihren Körper gar nicht akzeptieren können (Rosenbaum 1979). In der Adoleszenz sollen sie lernen, mit den biologischen Gegebenheiten des Körpers zurechtzukommen – dies aber in einer Gesellschaft, die Frauen nach dem Aussehen beurteilt und sie dazu auffordert, ihren Körper so zu verändern, daß er einem eng umrissenen Schönheitsideal entspricht. (...)

Wie Wooley und Wooley (1980) feststellten, stehen Mädchen in größerem Maße als Jungen unter dem Einfluß kultureller Normen und reagieren dementsprechend leichter auf den Zwang, der von standardisierten Schönheitsidealen ausgeht. Bar-Tal und Saxe (1976) stellten fest, daß in unserer Gesellschaft Frauen stärker als Männer nach ihrem Aussehen beurteilt werden. Selbstvertrauen, Selbstbewußtsein und Angstgefühle sind bei Frauen häufiger als bei Männern davon abhängig, ob sie sich selbst für attraktiv halten (Fisher 1975). Wenn Frauen bestraft oder zu etwas verurteilt werden, spielt ihr Aussehen dabei eine größere Rolle als bei Männern (Elder 1969). Nach Clausen (1975) schließlich hat die Figur einer jungen Frau direkten Einfluß auf ihre Erfolgschancen, ihr Prestige und ihre Beziehungen. Die

Gesellschaft belohnt Jungen für Erfolg und Leistungen in der Schule – und Mädchen hauptsächlich fürs Schlanksein!

Mädchen wissen, daß Schönheit sich an Äußerlichkeiten festmacht. Bereits als Fünfjährige haben sie gelernt, Fettleibigkeit zu hassen und eine kulturelle Schlankheitsnorm zu akzeptieren, die das Idealgewicht in gefährlicher Nähe zum für die Selbsterhaltung notwendigen Mindestgewicht ansiedelt. Während, wie Rosenbaum feststellte, ein Junge seinen Körper eher prahlerisch zur Schau stellt, machen sich Mädchen Gedanken über ihre Figur und vergleichen sich untereinander, sind kritischer und befangener. Wie groß der Leidensdruck ist, der entsteht, wenn körperlicher Schönheit nicht nur übergroßer Wert beigemessen, sondern sie auch noch im Rahmen eines strengen und einseitigen Ideals definiert wird, zeigt sich in den vielen Untersuchungen, aus denen hervorgeht, daß weibliche Jugendliche weit mehr um ihr Aussehen besorgt sind oder seinetwegen leiden als männliche (Clifford 1971).

Junge Frauen sind es demzufolge gewohnt, »mit ihrem Körper unzufrieden zu sein, und gleichzeitig wird von ihnen erwartet, daß sie sich viel mit ihrem Aussehen beschäftigen, um die Eigenliebe wiederherzustellen« (Benedek 1979, 5). Alles, was an den Mädchen einzigartig und ganz natürlich ist, wird von der Gesellschaft nicht gewürdigt, sondern entwertet. Auch in der Entwicklungspsychologie gibt es diese Tendenz, wie folgender Vorschlag, die Menarche zu betrachten, zeigt:

»Wenn Mädchen Schwankungen im Gefühlsleben eindeutig und bewußt mit der Tatsache des Menstruierens in Zusammenhang bringen würden, könnten sie vielleicht zumindest die Gefühle, die aus der prämenstruellen Spannung resultieren, als *nicht dem Selbst* zugehörige betrachten. Sie könnten sagen: Zu diesem Zeitpunkt bin ich nicht ich selbst, denn ich bekomme bald meine Tage und bin dementsprechend stark von Veränderungen im Inneren meines Körpers betroffen; *dieses Verhalten ist eigentlich nicht meines.*« (Douvan 1970, 34; Hervorhebungen von mir; d. A.)

Dieses Zitat macht deutlich, daß es in unserer Kultur allgemein üblich ist, die weibliche Konstitution abschätzig zu bewerten oder sie gar zu leugnen, anstatt einem Mädchen dabei behilflich zu sein, daß es seinen Körper liebt, ihn kennt und lernt, seine zyklische Natur kreativ zu nutzen. Gemäß jener Haltung ist es nicht »gesund«, sozial angepaßt zu sein noch erstrebenswert für ein Mädchen, seinen Körper zu akzeptieren; in der Tat überzeugt die Gesellschaft junge Mädchen davon, daß es krankhaft ist, das eigene Aussehen einfach hinzunehmen.

Aufgrund der Literatur über normale weibliche Entwicklung kann angenommen werden, daß die gesunde Entwicklung von Frauen in jeder Gesellschaft gefährdet ist, die den Beziehungsaspekt der weiblichen Identitätsfindung unterdrückt. Im Gegensatz zu Theorien über Psychodynamik und Familienstrukturen, die Eßstörungen auf ein Mißlingen von Autonomiebestrebungen zurückführen, lautet die Hypothese der folgenden Studie, daß Eßstörungen in unserer Gesellschaft grassieren, weil Frauen in gesundheitsschädlicher und unangemessener Weise zu Autonomie gedrängt werden. Eßstörungen hängen nach dieser Hypothese mit dem Einfluß kultureller Maßstäbe zusammen, die es Mädchen schwermachen, Beziehungen in ihren Lebensentwurf zu integrieren und sie ernstzunehmen.

Anlage der Untersuchung

Der Konflikt zwischen den Beziehungsaspekten weiblicher Identität und einem kulturellen Ideal, das eigenständig erreichten Erfolg verlangt, wurde an 32 vierzehn- bis achtzehnjährigen Schülerinnen der Emma-Willard-School untersucht. Diese Gruppe wurde nach dem Zufallsprinzip ausgewählt. Ziel der Untersuchung war es, Anzeichen für Eßstörungen zu finden, die nach den üblichen Kriterien nicht zur Kategorie der Symptome gehörten. Drei Wochen nach einem zwanzigminütigen, zum Teil strukturierten Interview füllten die Teilnehmerinnen zwei diagnostische Fragebögen aus.

Instrumente

Drei verschiedene Meßinstrumente wurden verwendet: das klinische Interview, ein Test zu den Eßgewohnheiten («Eating Attitudes Test« = EAT;» Garfinkel und Garner 1982) und die gekürzte Version eines von Surrey (1982) am Wellesley College entwickelten Fragebogens. Das Interview gehörte zu einer Längsschnittuntersuchung, die Gilligan u. a. durchführten; die Hypothese, die überprüft werden sollte, war den Interviewern selbst nicht bekannt. Die Fragen drehten sich hauptsächlich darum, wie Mädchen kulturelle Werte sowie gesellschaftliche und individuelle Weiblichkeitsideale wahrnahmen. Themen wie Ernährung, Diät oder Eßstörungen wurden dabei nicht erwähnt. Zur Analyse der Antworten diente ein spezielles Codierungssystem.

Drei Wochen nach den klinischen Interviews wurden die Mädchen gebeten, am EAT, dem Test zu ihren Eßgewohnheiten, teilzunehmen. Er gilt als derzeit verläßlichstes psychodiagnostisches Instrument zum Nachweis von Eßstörungen anhand von Selbstdarstellungen in nicht-klinischem Zusammenhang (...)

Der Wellesley-Fragebogen sollte herausfinden helfen, welche und wie schwere Eßstörungen in einer zufällig ausgewählten Gruppe von Erstsemestern an einer normalen Mädchenschule auftreten. In der kürzeren Version (AWQ) ging es um Berichte der Mädchen über ihre Ernährungs- und Eßgewohnheiten und um Fragen zum Körpergewicht. (...)

Ergebnisse

Analytisches Interview

Die Antworten der Schülerinnen auf Fragen, die Rollenzuschreibungen und Idealvorstellungen in der heutigen Gesellschaft betrafen, ergaben zwei unterschiedliche Grundmuster. 60 Prozent der Befragten antworteten im Rahmen eines Schemas, das »kluge Frau« (wise woman) genannt wurde. »Kluge Frauen« waren sich der Tatsache bewußt, daß die Gesellschaft heute andere Ansprüche und Erwartungen an Frauen hat als früher; als speziell neue Werte wurden hier Autonomie, eigenständige Leistungen und gutes Aussehen genannt. Das gesellschaftliche Idealbild, das diese Werte verkörpert, wurde als solches identifiziert und dann in Frage gestellt oder abgelehnt. Schließlich waren »kluge Frauen« in der Lage, ein individuelles, von der kulturellen Norm abweichendes Ich-Ideal zu formulieren, das in der eigenen Persönlichkeit begründet liegt. Mädchen, die so antworteten, wußten zwar, daß von Frauen heute Unabhängigkeit und Selbständigkeit erwartet werden, bezeichneten aber andere, auch gegensätzliche Werte wie die Bedeutung zwischenmenschlicher Beziehungen als wichtig für das eigene Selbstverständnis. Dieser Prozeß der persönlichen Distanzierung von der Kultur erfordert selbstreflexives Denkvermögen und äußert sich als starkes Selbstbewußtsein.

Die Antworten der übrigen 40 Prozent folgten einem Schema, das »Superfrau« (super woman) genannt wurde, weil die Mädchen diese Bezeichnung häufig benutzten. Dieser Typus glaubt zwar, daß Frauen heute noch in den Augen der Gesellschaft vor allem gefühlsbetont und fürsorglich sein sollten, sieht das kulturelle Ideal aber in der erfolgreichen, unabhängigen »Superfrau« und möchte selbst eine solche sein. Das, was die »Superfrau« vor allen anderen auszeichnet, ist ihre totale Unabhängigkeit. Sie ist eine »self-made«-Frau. Zu ihrem Image gehört die Fähigkeit, den eigenen Körper einem unerbittlichen Schönheitsideal anzugleichen.

Häufig werden hoher, schlanker Wuchs, eine Aktentasche und hohe Leistungsfähigkeit mit ihrem Bild assoziiert. Beziehungen werden eher wie Ergänzungen oder Anhängsel beschrieben: »Sie hat zwar einen Liebhaber, braucht ihn aber eigentlich gar nicht«. Im Schema »Superfrau« fehlt der reflexive Blick, der die Distanzierung und damit die kritische Beurteilung sozialer Normen und Werte ermöglicht.

Als die Mädchen gefragt wurden, wie sie sich ihre Zukunft beziehungsweise ein erfülltes Leben vorstellten, offenbarte sich der entscheidende Unterschied zwischen den beiden Grundmustern. »Superfrauen« benutzten häufig Superlative: »eine berühmte Schauspielerin, eine Aufsichtsratsvorsitzende werden« oder »sagenhaft reich sein«. Im Gegensatz dazu spielte in den Antworten vom Typus »kluge Frau« die eigene Persönlichkeit die wichtigste Rolle: »Selbstverwirklichung«, »Selbstvertrauen«, »mit sich zufrieden sein«. »Kluge Frauen« ließen sich nicht vom Ideal der »Superfrau« beeindrucken und waren in der Lage, sich als Erwachsene zu sehen, die sowohl sich selbst als auch andere Menschen wichtig nehmen. Diese Vision fördert den Reifungsprozeß. »Superfrauen« identifizieren sich nämlich mit dem kulturellen Ideal der autonomen, unabhängigen Frau und können keine Vision von der Zukunft bilden, die sie als Menschen in Beziehungen zeigt. Das Heranwachsen wird für sie ein Prozeß, bei dem sie in dieser Hinsicht nichts gewinnen, aber viel verlieren.

Die Fragebögen (EAT und AWQ)

Alle Mädchen vom Typ »Superfrau« hatten hohe Werte auf den Eßstörungsskalen; das war bei keinem Mädchen vom Typ »kluge Frau« der Fall. Die Auswertung des AWQ-Tests ergab, daß das Normalgewicht dieser Schülerinnen um fünf bis zehn Pfund vom jeweiligen Idealgewicht differierte. »Kluge Frauen« bemühten sich in deutlich geringerem Maße als »Superfrauen« darum, ihr Idealgewicht zu halten oder zu erzielen und eventuelle Fettpolster loszuwerden, aßen seltener kalorienarm und hielten sich auch weniger streng an etwaige Diätpläne. Ihr Selbstwertgefühl hing weniger stark mit ihrem Körpergewicht und ihrem Aussehen überhaupt zusammen, sie verglichen sich weniger mit anderen und machten sich auch nicht so oft Gedanken um die Wirkung ihres Aussehens auf andere. Trotzdem hielten »kluge Frauen« in beinahe dem gleichem Maße wie »Superfrauen« eine bewußte Ernährungsweise für wichtig.*

---

* Im Original mit statistischen Angaben; Anmerkung der Herausgeberinnen.

Die Auswertung aller Testergebnisse führt zu dem Schluß, daß Mädchen nicht zu Eßstörungen neigen, wenn sie in der Lage sind, das heutige Frauenideal und die Gefahren einer Identifikation mit ihm zu erkennen und es abzulehnen, indem sie ein eigenes Weiblichkeitsideal ausbilden. Ein Mädchen dagegen, das dem Ideal der überschlanken Karrierefrau nacheifert und nicht sieht, wie schädlich diese Identifikation sein kann, geht das Risiko ein, Eßstörungen zu entwickeln. (...)

Die Untersuchungsergebnisse können insofern eine Diskussion darüber eröffnen, ob es einen direkten Zusammenhang gibt zwischen den der »normalen« weiblichen Adoleszenz (unter den gegebenen gesellschaftlichen Bedingungen) inhärenten konflikthaften Prozessen und der Entwicklung von Eßstörungen. Die Ergebnisse bestätigen andere Untersuchungen, nach denen es für eine junge Frau von heute ganz normal ist, sich mit ihrem Gewicht zu beschäftigen. Wie bereits erwähnt, kann es jedoch leicht zu eßgestörtem Verhalten führen, wenn Schlanksein und Diäthalten mit einem Ideal assoziiert werden, das sich auf Autonomie und nicht auf Beziehungen stützt. Auch »kluge Frauen« achten auf ihr Gewicht und ihr Äußeres, ohne aber Eßstörungen zu entwickeln. Es kann vermutet werden, daß sie sich stärker für das andere Geschlecht und überhaupt für ihr soziales Umfeld interessieren, was sich positiv auf ihre psychosoziale Entwicklung auswirkt. Für die »Superfrau« dagegen ist Schlanksein anscheinend gleichbedeutend mit Autonomie, Unabhängigkeit, Erfolg und Anerkennung für selbständige Leistungen – mit Begriffen eben, die sich im kulturellen Ideal von der »neuen« Frau vereinen. Diese Vision von Autonomie läßt das Verbundensein mit anderen und ein reflektiertes Verhältnis zu sich selbst nicht zu. Es ist also denkbar, daß ein gleitender Übergang zwischen normal verlaufender Adoleszenz und der Entwicklung von Eßstörungen besteht, wenn für Mädchen Schlanksein symbolisch mit Leistungsfähigkeit, Karrierebewußtsein und der Unabhängigkeit von anderen verknüpft wird. Aus dieser Perspektive ist es möglich, daß Eßstörungen während der Adoleszenz auftreten, weil Frauen sich in dieser Entwicklungsphase an einem Wendepunkt sehen, an dem sie von einer beziehungsorientierten Lebensweise zu einer autonomen wechseln müssen – ein Wechsel, der dann einen unerträglichen Verlust bedeutet, wenn Unabhängigkeit mit Vereinzelung verknüpft wird. (...)

Körperstrategien

(...) Die große Bedeutung der Beziehungen, die die neue entwicklungspsychologische Literatur erkannt hat, spiegelt sich auf höchst interessante

Weise in der Körpersymbolik wider, die in der vergleichenden Anthropologie erforscht wird: Die Rundungen des weiblichen Körpers stehen überall auf der Welt symbolisch für die zentrale Rolle, die Beziehungen im Leben spielen, für Verwandtschaft und gegenseitige Abhängigkeit (Neumann 1955). Am deutlichsten äußert sich diese Symbolik in der vollbusigen, breithüftigen und schwangeren Gestalt der »großen Mutter«.

Es ist wohl eine Eigentümlichkeit der menschlichen Natur, daß der Körper »strategisch« eingesetzt werden kann, um zum Beispiel durch Fasten und freiwillige Auszehrung (auch durch Brech- und Abführmittel) politische, soziale oder religiöse Erklärungen abzugeben. Mit »Körperstrategien« meine ich die Demonstration eines politischen Programms am eigenen Körper; in Form etwa des Hungerstreiks, der langen Haare der Männer in den 60er Jahren oder des Durchstechens des Ohrläppchens bei homosexuellen Männern.

Wenn wir nun das Massenphänomen hungernder Mädchen aus der Mittel- und Oberschicht unserer Gesellschaft nicht als Krankheitsbild, sondern als Politik des Körpers sehen, werden die abgemagerten Frauen zu Symbolen für eine Kultur, in der die weibliche Entwicklung keine Unterstützung findet und nicht anerkannt wird, wie wichtig Beziehungen für die Identitätsfindung einer jungen Frau sind. Am Äußeren von Jugendlichen lassen sich häufig aktuelle soziale Spannungen ablesen (Gilligan 1982). »Achtet man auf die gesellschaftlichen Bedingungen, mit denen Jugendliche zurechtkommen müssen, dann sieht man auch, welche Probleme in der Adoleszenz auftauchen« (Erikson 1968, 128). Unsere Kultur hat keinen Platz für die Prinzipien des Teilens, der Fürsorge und der gegenseitigen Verbundenheit, die von Gilligan »die andere Stimme« (1982) genannt wurden und symbolisch mit den Rundungen von Brüsten und Bauch der Frau verknüpft sind. Das kann dazu führen, daß junge Mädchen in Konflikt mit der kulturellen Norm geraten und ihre symbolisch bedeutsamen Körperteile ablehnen. Möglicherweise ist anorexia nervosa also das »natürliche« Produkt einer Kultur, die viele weibliche Belange ausschließt, indem sie die ganz schlanke Frau als Vorbild darstellt. Gleichzeitig ist die Magersucht eine Form des Protests, durch den junge Mädchen ausdrücken, daß sie, aus welchen Gründen auch immer, zum Verstummen gebracht worden sind.

Im Hinblick auf die Traditionen und Ziele, die Menschen auf der ganzen Welt und zu allen Zeiten zum Fasten veranlaßt haben, erinnern die heute so weit verbreiteten Eßstörungen, unter denen ein ganz bestimmter Teil der Bevölkerung leidet, stark an das rituelle Fasten Jugendlicher während einer Initiationsphase. Eine ausgedehnte Hungerzeit verzögert Initiation und Übergang in die Welt der Erwachsenen und wirkt wie der Hungerstreik einer Gruppe, die Unheil und Gefahr heraufziehen sieht.

Diese jungen Frauen verkünden, manche von ihnen unter Opferung des eigenen Lebens, möglicherweise auch die kritische Vision von der Verarmung einer Kultur, die glaubt, auf zwischenmenschliche Beziehungen verzichten zu können. In unserer Gesellschaft herrscht ein Mythos von Autonomie, der die Abhängigkeit der Menschen voneinander leugnet. (...) Daß ich in dieser Studie besonderen Wert darauf lege, deutlich zu machen, wie krank eine Kultur ist, die eine gesunde weibliche Entwicklung behindert, und es für ausgeschlossen halte, daß sich die derzeitige Zunahme der Eßstörungen ohne Berücksichtigung möglicher kultureller Ursachen erklären läßt, soll keineswegs heißen, daß ich Eßstörungen ausschließlich auf kulturelle Einflüsse zurückführe. Vielmehr halte ich es für wichtig zu sehen, wie sich pathologische Erfahrungsmuster innerhalb der Familie mit pathologischen Anforderungen der Gesellschaft verflechten. Gerade weil sich Familie und Gesellschaft gegenseitig widerspiegeln, finden »Superfrauen« nur schwer zu einer kritischen Sichtweise. In unabgegrenzten Familienbeziehungen ist Erwachsenwerden oft mit Verrat und Isolation verbunden. Magersüchtige Mädchen wollen sich häufig nicht von Mutter und Vater abgrenzen, weil sie den Verlust der Bindungen fürchten. Hierin spiegelt sich die Tendenz unserer Gesellschaft wider, Erwachsensein als Zustand der Unabhängigkeit und nicht des Verbundenseins mit anderen zu definieren.

Mädchen mit Eßstörungen nehmen die gefährlichen Spannungen im System der kulturellen Werte in gesteigerter und gleichzeitig wirrer Form wahr. Sie können ihr Wissen nicht in Worte fassen, da die Kultur ihnen die Wirklichkeit ihrer intuitiven Wahrheit verächtlich abspricht – so erzählen sie ihre Geschichte mit dem Körper. Möglicherweise lautet ihre Mitteilung an die Gesellschaft, daß es unendlich schwierig ist, als Frau in einer Kultur aufzuwachsen, die die weibliche »Stimme«, das heißt Mitteilungen über Beziehungen und Interdependenzen einfach nicht hören will. Diese Mädchen werden erst dann mit dem Fasten aufhören, wenn sie sicher sein können, daß Erwachsenwerden nicht mehr heißt, die Bedeutung von Beziehungen zu leugnen.

Übersetzt von Michaela Röhrs

Literatur

Bar-Tal/Saxe, L., 1976: Physical attractiveness and its relationship to sex-role stereotyping. In: *Sex Roles* 2, S. 123–133.
Benedek, E. P., 1979: Dilemmas in Research on Female Adolescent Development. In: *Female Adolescent Development*, hrsg. von M. Sugar. New York.
Broverman, I./Broverman, P./Vogel, S. R./Clarkson, F. E./Rosenkrantz, P. S., 1972: Sex role stereotypes. A current appraisal. In: *Journal of Social Issues* 28, S. 56–78.
Bruch, H., 1979: Anorexia Nervosa. In: Feinstein, S./Giovacchini, P., *Adolescent Psychiatry. Development and Clinical Studies*, Nr. 5, New York.
dies., 1978: *The Golden Cage. The Enigma of Anorexia Nervosa*. Cambridge. (dt.: Der goldene Käfig. Das Rätsel der Magersucht, Frankfurt/M. 1980)
Burdwick/J./Douvan, E./Horner, M./Gutman, D., 1970: *Feminine Personality and Conflict*. Belmont, Calif.
Button, A. J./Whitehouse, A., 1981: Subclinical anorexia nervosa. In: *Psychological Medicine* 2, S. 509–516.
Chodorow, N., 1974: Familiy Structure and Feminine Personality. In: *Women: Culture and Society*, hrsg. von M. Rosaldo und L. Lamphere. Standorf, Calif.
dies., 1978: *The Reproduction of Mothering. Psychoanalysis and the Sociology of Mothering*. Berkeley. (dt.: Das Erbe der Mutter, München 1985)
Clausen, J. A., 1975: The Social Meaning of Differential Physical and Sexual Maturation. In: *Adolescence in the Life Cycle*, hrsg. von S. E. Dragastur und G. H. Elder, Jr. New York.
Clifford, E., 1971: Body satisfaction in adolescence. In: *Journal of Perceptual and Motor Skills* 33, S. 119–125.
Crisp., A. H., 1980: *Anorexia Nervosa. Let Me Be*. New York.
Douvan, E., 1970: New Sources of Conflict in Females at Adolescence and Early Adulthood. In: *Feminine Personality and Conflict*, hrsg. von Burdwick u. a.. Belmont, Calif.
Douvan, E./Adelson, J., 1966: *The Adolescent Experience*. New York.
Ehrenreich, B./English, D., 1979: *For Her Own Good. 150 Years of the Experts' Advice on Women*. New York.
Elder, G. H., 1969: Appearance and education in marriage mobility. In: *American Sociological Review* 34, S. 519–33.
Erikson, E., 1968: *Identity, Youth and Crisis*. New York. (dt.: Jugend und Krise, Stuttgart 1970)
Fisher, S. A., 1975: *Body Consciousness*. New York.
Freud, A., 1968: The Role of Bodily Illness in the Mental Life of Children. In: *The Writings of Anna Freud*, Nr. 4. New York. International Universities Press, S. 260–79.
Galdston, R., 1974: Mind over matter. Observations on 50 patients hospitalized with anorexia nervosa. In: *Journal of the American Academy of Child Psychiatry* 13, S. 246–63.
Gallatin, J., 1975: *Adolescence and Individuality. A Conceptual Approach to Adolescent Psychology*. New York.
Garfinkel, P./Garner, D., 1982: *Anorexia Nervosa. A Multidimensional Perspective*. New York.
Garner, D. M./Garfinkel, P. E./Bernis, K. M., 1982: A multidimensional psychotherapy for anorexia nervosa. In: *International Journal of Eating Disorders* 1, S. 24.

Geist, R., Therapeutic dilemmas in the treatment of anorexia nervosa. A self-psychology perspective. Im Erscheinen.
Gilligan, C., 1985: Female development in adolescence. Implications for theroy. Unveröffentlichtes Manuskript. Harvard University.
dies., 1986: Remapping development. The power of divergent data. Im Erscheinen.
dies., 1977: In a different voice: Women's conceptions of the self and of morality. In: *Harvard Educational Review*, 47, S. 481–517.
dies., 1979: Woman's place in man's life circle. In: *Harvard Educational Review*. 29 (4).
dies., 1982: *In a Different Voice*. Cambridge. (dt.: Die andere Stimme. München 1984)
Goodsitt, A., 1979: Narcissistic Disturbances in Anorexia Nervosa. In: *Adolescent Psychiatry. Development and Clinical Studies*, Nr. 5, hrsg. von Feinstein und Giovacchini. New York.
Gray, S., 1977: Social aspects of body image. Perceptions of normalcy of weight and affect on college undergraduates. In: *Journal of Perceptual and Motor Skills* 45, S. 1035–40.
Gull, W. W., 1873: Anorexia nervosa (apepsia hysteria, anorexia hysteria). In: *Transactions of the Clinical Society of London* 7, S. 22–28.
Hamburg, B., 1974: Early adolescence. The specific and stressful age of the life cycle. In: *Coping and Adaptation*, hrsg. von G. Coelho, D. A. Hamburg und J. E. Adams. New York.
Josselson, R., 1973: Psychodynamic aspects of identity formation in college women. In: *Journal of Youth and Adolescence* 2 (1), S. 3–52.
Kaufman, M., 1965: *Evolution of Psychosomatic Concepts. Anorexia Nervosa, a Paradigma*. London.
Kagan, J., 1964: Acquisition and Significance of Sex Typing and Sex Role Identity. In: *Review of Child Development Research* 1, hrsg. von M. L. Hoffman und L. W. Hoffman. New York., S. 137–67.
Kagan, J./Moss, H. A., 1983: *Birth to Maturity*. New Haven, Conn.
Kohlberg, L./Gilligan, C., 1971: The adolescent as a philosopher. In: *Daedalus* 100.
Lasaque, C., 1873: De L'anorexie hystérique. In: *Evolution of Psychosomatic Concepts. Anorexia Nervosa, a Paradigm*, hrsg. von R. M. Kaufman und M. Heiman. New York.
Laufer, M., 1968: The body image, the function of masturbation, and adolescence. Problem of ownership of the body. In: *Psychoanalytic Study of the Child*, 23, S. 114–37.
Lever, J. 1976: Sex differences in the games children play. In: *Social Problems* 23, S. 478–87.
Masterson, J. F., 1977: Primary anorexia nervosa in the borderline adolescent. An object-relations view. In: *Borderline Personality Disorders. The Concept, The Syndrome, The Patient*, hrsg. von P. Martocollis. New York.
Marcia, J, 1980: Identity in Adolescence. In: *Handbook of Adolescent Psychology*, hrsg. von J. Adelson. New York.
Minuchin, S./Rosman, B./Baker, L, 1978: *Psychosomatic Families. Anorexia Nervosa in Context*. Cambridge.
Neumann, E., 1955: *The Great Mother*. Princeton, N. J.
Rosenbaum, M. B., 1979: The Changing Body Image of the Adolescent Girl. In: *Female Adolescent Development*, hrsg. von M. Sugar, S. 234–53.
Rothchild, E., 1979: Female Power: Lines to Development of Autonomy. In: *Female Adolescent Development*, hrsg. von M. Sugar, S. 274–96.

Schwartz, D./Thompson, M./Johnson, C., 1982: Anorexia nervosa and bulimia, the socio-cultural context. In: *International Journal of Eating Disorders* I, S. 20–36.
Sherman, J. A., 1971: *On the Psychology of Women. A Survey of Empirical Studies.* Springfield, Ill.
Steiner-Adair, C., 1984: The body politic. Normal female adolescent development and the development of eating disorders. Diss. phil., Harvard Graduate School of Education.
Sugar, M., 1979: *Female Adolescent Development.* New York.
Thompson, M./Schwartz, D., 1982: Life adjustment of women with anorexia nervosa and anorexic-like behavior. In: *International Journal of Eating Disorders.*
Weitzman, L., 1975: Sex Role Socializaton. In: *Women: A Feminist Perspective*, hrsg. von J. Freeman. Palo Alto.
Wooley, S. C./Wooley O. W., 1980: Eating Disorders, Obesity and Anorexia. In: *Women and Psychotherapy*, hrsg. von R. Hare-Mustin. New York, S. 135–59.

Vorstellungen von Trennung und Bindung bei adoleszenten Mädchen*

Lori Stern

Bei einem Vergleich von Theorien zur Adoleszenz und von Theorien zur weiblichen Entwicklung zeigt sich zunächst ein widersprüchliches Bild von adoleszenten Mädchen. Während Adoleszenztheorien Ablösung, Individuation und das Streben nach Autonomie in den Vordergrund stellen, gehen Theorien zur weiblichen Entwicklung davon aus, daß für Frauen enge Beziehungen eine unvermindert wichtige Rolle spielen (...) Wenn wir beide Theorien akzeptieren, müssen wir uns fragen, wie es jungen Mädchen gelingt, diese gegensätzlichen Bestrebungen miteinander in Einklang zu bringen, sich also gleichzeitig abzulösen und Bindungen zu haben. Wie formulieren Mädchen die Fragen, über die sich Theoretiker/innen uneins sind? Verzichten sie zugunsten von Beziehungen auf Autonomie, oder kann sich die eigene Persönlichkeit auch dann weiterentwickeln, wenn die Bindungen fortdauern? Der vorliegende Text geht diesen Fragen nach und untersucht die Vorstellungen, die junge Mädchen in strukturierten Interviews über die Themen Selbstbild, Moralgefühl, Beziehungen und Erwartungen an die Zukunft äußerten. (...)

Selbstdarstellung

Zunächst wurden Antworten auf die Frage »Wie würdest Du Dich selbst beschreiben?« analysiert, die zu dem an der Emma-Willard-School geführ-

---

* Die in diesem Beitrag vorgestellte Untersuchung ist Teil eines umfangreichen, von Carol Gilligan und ihren Mitarbeiterinnen von 1981 bis 1984 an der Emma-Willard-School, einer High School für Mädchen, durchgeführten Forschungsprojekts zur psychischen Entwicklung von Mädchen. Die in der vorliegenden Teilstudie befragten Schülerinnen waren im ersten Untersuchungsjahr durchschnittlich 15 Jahre alt. Die deutsche Fassung ist leicht gekürzt. Aus: Making Connections. The Relational Worlds of Adolescent Girls at Emma Willard School, hg. von Carol Gilligan, Nona P. Lyons, Trudy J. Hanmer, Cambridge/London 1990, S. 73–87.

ten Interview gehörte. Die 23 Mädchen, die daran teilnahmen, wurden über einen dreijährigen Zeitraum hinweg jedes Jahr neu befragt. Diese Selbstdarstellungen lieferten zwar kein vollständiges Bild von jeder Persönlichkeit, sie machen aber deutlich, welchen Aspekten die Teilnehmerinnen gerade besondere Bedeutung beimaßen und nach welchen Kategorien sie sich selbst beurteilten. (...)

Es fällt auf, wie oft diese Mädchen von ihren Beziehungen zu anderen Menschen sprechen. Gilligan (1982) hat auf das offensichtliche Paradoxon hingewiesen, daß Frauen, die sich selbst beschreiben sollen, sehr oft auf andere Menschen Bezug nehmen. Das würde die Theorie bestätigen, nach der sich das weibliche Selbstgefühl über Beziehungen definiert. Die Mädchen zeigen aber auch eine deutliche Tendenz, sich selbst in Begriffen wie zum Beispiel »unabhängig« zu schildern. Obwohl die Anzahl entsprechender Statements nur ein Viertel derjenigen zum Beziehungsleben beträgt, ist das Thema stets präsent. Eine Auszählung, wie oft dieser Punkt genannt beziehungsweise nicht genannt wurde, zeigte, daß 19 der 23 Teilnehmerinnen sich die ganzen drei Jahre über auch als unabhängig bezeichneten. Dadurch wird die Vermutung bestätigt, daß es in der Adoleszenz für diese Mädchen zumindest bis zu einem gewissen Grad wichtig ist zu sehen, inwiefern sie sich von anderen unterscheiden. Fragen der Unabhängigkeit haben also einige Bedeutung für das Selbstbild der Frauen, auch wenn das bei weitem größte Interesse ihren Beziehungen gilt.

Um besser verstehen zu können, was die Unabhängigkeit, von der diese Mädchen sprechen, für die weibliche Adoleszenz bedeutet, werde ich vier verschiedene Arten, mit dem Thema umzugehen, erörtern. Ich habe diese Aussagen ausgewählt, weil sie stark voneinander differieren und deshalb sehr verschiedene Möglichkeiten darstellen, wie junge Mädchen mit Ablösung und Unabhängigkeit umgehen. Es ist besonders interessant zu untersuchen, wo, bei allen Unterschieden zwischen den Aussagen, Gemeinsamkeiten auftauchen.

Vier Ansichten

(...) Jane formuliert ihre Gedanken über Ablösung im wesentlichen so, wie es der psychoanalytischen Theorie entspricht. Für Judy hingegen ist die Beziehung zu ihrer Mutter von allergrößter Bedeutung. Anne und Becky vertreten die verbreiteteren Mischformen, in die die beiden extremen Positionen einfließen.

Den Bruch mit ihren Eltern betrachtet Jane, genauso wie die psychoanalytischen Theoretiker/innen, als notwendigen Entwicklungsschritt. Sie sagt: »Ich versuchte unbedingt zu rebellieren, und zwar ziemlich lange; es hat aber sehr gut geklappt, denn ich habe es geschafft, mich von meinen Eltern zu lösen.« Im Unterschied zu den anderen jungen Frauen glaubt sie, daß ihre Mutter eher von ihr abhängig ist als umgekehrt: »Meine Mutter hängt sehr an mir ... Sie liebt sich in mir, und ich glaube, es war für meine Mutter sehr schwierig, uns als getrennte Wesen zu sehen. Das geht jetzt besser, denn sie merkt, daß zumindest ich uns auseinanderhalte.«

Ganz im Gegensatz dazu beschreibt Judy sich als jemanden, dem es schwerfällt, sich zu lösen. Sie sagt: »Meine Mutter gehörte so sehr zu meinem Leben, daß ich überhaupt nicht gemerkt habe, wie wenig ich mich als eigenes Wesen fühlte.« Am liebsten möchte sie, daß sich an der Beziehung zu ihrer Mutter nichts ändert: »Ich möchte, daß sie immer meine Mutter bleibt. Ich will gar nicht, daß sie ein eigenes Leben führt.« Sie findet es schwierig, erwachsen zu werden und trotzdem immer dasselbe Verhältnis zur Mutter zu haben; vor die Wahl gestellt, würde sie lieber nicht älter werden. »Es wäre gar nicht schlecht, das ganze Leben lang 16 zu bleiben ... jung genug, um zu Hause leben zu können und von meiner Mutter jede Bestätigung zu bekommen, die ich brauche.« Allerdings sieht sie ein, daß das unmöglich ist, und lebt mit der wenig verlockenden Aussicht, von ihrer Mutter »wegwachsen« zu müssen.

Becky fühlt sich, ähnlich wie Judy, anhaltend mit ihrer Mutter verbunden. »Ich denke, sie ist mittlerweile der einzige Mensch, von dem ich mich praktisch überhaupt nicht lösen kann.« Für Becky ist die Bestätigung durch die Mutter nach wie vor wichtig. Trotz einiger schwerer Konflikte ist sie nicht der Meinung, daß diese Beziehung ihrem Reifungsprozeß schadet; in der Schule hat sie viele Führungsaufgaben übernommen. Wenn die Beziehung zur Mutter erfordern würde, ihre eigene Sichtweise zu verleugnen, würde sie sich darum bemühen, beides miteinander in Einklang zu bringen und nicht ihren eigenen Standpunkt zu opfern. Sie sagt: »Ich werde meine Mutter wohl nicht vor Weihnachten besuchen, denn sie ist nicht zum Gespräch bereit. Sie ist wohl dazu bereit, mich sagen zu hören: Oh, du hattest recht, Mama. Und solange sie sich nicht mit mir unterhalten will, habe ich keine Lust, gegen eine Wand zu laufen.«

Anne bezeichnet Unabhängigkeit als einen wichtigen Bestandteil des Erwachsenwerdens, gleichzeitig nimmt sie aber ihre Beziehungen sehr ernst. Daß Identitätsbildung für sie zwischenmenschliche Dimensionen hat, wird daran deutlich, wie sie ihre eigenen Veränderungen reflektiert: »Die Leute werden älter, und man selbst mit ihnen.« Sie erzählt, wie sie darum kämpft, sich unabhängig zu verhalten, weil sie nicht wie ein Automat reagieren, sondern ihre eigene Persönlichkeit zur Geltung bringen möchte. Allerdings achtet sie stets darauf, in welcher Weise andere von ihren Handlungen betroffen sind und wie ihre Beziehungen davon beeinflußt werden – »unabhängig zu sein und gleichzeitig in der Lage zu sein, diejenigen unter meinen Mitmenschen, die mir am meisten bedeuten, glücklich zu machen. Und wenn ich das kann, dann kann ich wohl auch erfolgreich sein.«

Was heißt »Unabhängigkeit«?

Dieser Begriff spielt zwar eine wichtige Rolle für die jungen Frauen; es ist allerdings noch nicht klar ersichtlich, welche Konzepte dahinterstehen. Im allgemeinen Sprachgebrauch werden Unabhängigkeit und Ablösung als abstrakte Vokabeln benutzt, die alles mögliche von körperlicher Selbstgenügsamkeit bis hin zu Autonomie im psychischen Sinn bedeuten können. Um zu verstehen, was speziell diese Mädchen damit meinen, ist es notwendig, ihre Konzepte von Unabhängigkeit genau zu untersuchen: Was ist »Unabhängigkeit«, was »Ablösung«? Wie verwenden die jungen Frauen diese Wörter, und welche Bedeutungen sind damit verknüpft?

Im ersten Interview war Unabhängigkeit für Anne etwas Wünschenswertes und gleichzeitig in gewisser Weise Mysteriöses. Sie sagt zum Beispiel, als sie ihre eigene Entwicklung beschreibt: »Du kommst aus der Zeit, in der deine Mutter für dich sorgt, in eine Phase, wo du irgendwie eigenständig wirst, und dann willst du noch mehr Unabhängigkeit, und schließlich bist du unabhängig.« Unabhängigkeit ist also zunächst etwas Fremdes. Man »bekommt« sie. Ihr Kampf darum, sich eigenständiges Verhalten zunächt anzugewöhnen, bevor sie es als angenehm empfinden kann, führte zu einem moralischen Dilemma. Sie schildert, wie sie einmal beschloß, eine Freundin zu besuchen, ohne ihre Mutter um Erlaubnis zu bitten:

> »Ich bin sicher, ich war an einem Punkt angelangt, wo es darum ging, um Unabhängigkeit zu kämpfen oder es anderen Leuten zu überlassen, mein Leben zu regeln. Irgendwie sollte ich sie für mich entscheiden lassen, denn sie regelte ja mein Leben. Aber dann gab es da eben auch die andere Seite. Unabhängigkeit, und ich muß da herauskommen, und ich muß selbst Entscheidungen treffen. Irgendwann steht das einfach an, und es ist meine Entscheidung, und ich sollte es tun.«

Interessant ist, daß sie diesen Kampf um Unabhängigkeit als moralische Frage definiert. Sie sieht ihn allerdings nicht als ein Kräftemessen mit anderen Menschen. Es ist eher ein inneres Ringen, bei dem es darum geht, offensichtlich von außen kommende Maßstäbe zu verinnerlichen. Unabhängiges Handeln wird hier als etwas wahrgenommen, was getan werden *sollte*. Die Gründe dafür wirken ziemlich rätselhaft. Diese Grundstimmung spiegelt sich auch darin wider, wie sie ihre Handlungsweise einschätzt. Das hängt stark von der Zustimmung ihrer Mutter ab. Auf die Frage »Warst du dir sicher, den richtigen Entschluß gefaßt zu haben? Und warum?« antwortete sie folgendermaßen:

>»Uh-huh ... weil sie es mir sowieso erlaubt hätte, und ich wollte es ja tun, und für meine Freundin war es wichtig, daß ich es tat – drei Wege, die in dieselbe Richtung weisen, das ist schön. (»Wie konntest du wissen, daß es die richtige Entscheidung war?«) Gar nicht. Ich wußte es überhaupt nicht. (»Woran hast du es später gemerkt?«) Ich stellte fest, daß meine Mutter einverstanden war, das war also in Ordnung. (»Kannst du die Gründe zusammenfassen, die es zu einer richtigen Entscheidung machten?«) Meine Unabhängigkeit, das Einverständnis meiner Mutter und die Gefühle meiner Freundin – deswegen war es der richtige Entschluß.«

Obwohl Anne über Eigenständigkeit so spricht, als wäre sie per se schon ein Ziel, zeigt es sich deutlich, daß ihre persönlichen Interessen allein ein Verhalten noch nicht rechtfertigen. Tatsächlich stellt sie ihr persönliches Interesse neben die offensichtlich widersprüchlichen Wünsche, ihrer Freundin einen Gefallen zu tun und die Billigung der Mutter zu erhalten. Ist dies ein Beispiel für ungenügend entwickelte Selbständigkeit, oder drücken Annes Überlegungen eine Komplexität aus, mit der man sich näher befassen sollte? Betrachten wir noch ein paar ihrer Aussagen:

Darum gebeten, ihre persönliche Entwicklung zu beschreiben, erzählt sie, daß sie mit der Zeit immer mehr Anteil am Geschehen um sich herum nimmt. Sie führt das auf ihren wachsenden »Individualismus« zurück. Dieser Begriff wird oft mit hoher Eigennützigkeit assoziiert. Anne allerdings setzt ihn in Kontrast zu einer egozentrischen Weltsicht.

>»Ich bin jetzt an einem Punkt angelangt, wo ich über meine Nasenspitze, über meine eigene kleine Welt hinausblicken und mich mit Dingen beschäftigen kann, die mich vielleicht gar nicht direkt betreffen. Ich schaue, denn ich will sehen, was los ist und was gerade passiert, und ich will auch Individualismus entwickeln. (»Individualismus«?) Eben nicht jedem x-beliebigem meine Angelegenheiten überlassen.«

Nach Annes Meinung hat Unabhängigkeit mit einer größeren Fähigkeit zu tun, nicht mehr nur sich selbst zu sehen – genau das Gegenteil von dem Sinn also, in dem das Wort gemeinhin verwendet wird. Becky definiert es ähnlich paradox: »Unabhängig sein bedeutet, daß ich mit meinen persönlichen Krisen fertig werden kann, ohne davon zerrissen zu werden – ich meine, stark genug zu sein, um Krisen zu überstehen und auch von anderen Menschen abhängig zu sein.« Der Gedanke, daß Unabhängigkeit heißt, von anderen Menschen abhängig sein zu können, ist ziemlich ungewöhnlich. Haben wir hier noch ein Beispiel dafür, daß jemand nicht weiß, was Unabhängigkeit bedeutet? Oder wollen diese jungen Frauen Unabhängigkeit eher in dem Sinne verstanden wissen, daß sie erlaubt, gegenseitige

Abhängigkeit zu akzeptieren, und nicht verlangt, diese völlig abzulehnen?«

Becky sagt dazu weiter: »Ich glaube nicht, daß irgend jemand völlig auf sich allein gestellt leben kann, keine Frau ist eine Insel. Und ich glaube, mit jeder Krise, die du durchlebst, mußt du natürlich selbst fertig werden, aber es gibt halt auch immer Hilfe.« Jane äußert sich ähnlich: »Jeder Mensch ist abhängig von anderen Menschen, denn alles, was irgendwem Freude macht, kommt von anderen Menschen. Du liest ein schönes Buch – gut, aber irgendjemand hat es geschrieben. Du siehst einen guten Film – irgendjemand spielt darin mit.« Judy erklärt ganz direkt, daß Unabhängigkeit nicht bedeutet, Bindungen zu zerstören: »Ich habe wohl erkannt, daß ich meiner Mutter immer nah sein kann, auch wenn es etwas anderes ist als abhängig von ihr und ihr deswegen nah zu sein ... man kann unabhängig sein und trotzdem jemandem so nahestehen.«

Verbirgt sich hinter solch widersprüchlichem Sprachgebrauch nur mühselig der unerfüllte Wunsch, abhängig zu bleiben? Die Mädchen schildern allerdings sehr lebendig ein Gefühl des Abscheus davor, jemand anderem zu sehr zu gleichen oder viel zu nahe zu sein. Das zeigt sich in der Art, wie Anne die Beziehung zu ihrer Schwester schildert:

»Es ist auch wichtig, daß wir Dinge oft ähnlich wahrnehmen ... und auch die Fähigkeit, ähnlich zu fühlen, die gleichen Gedanken zu haben, das hilft uns, uns weiter nahe zu stehen, denn wir müssen dann nicht sofort erklären, warum wir das und das fühlen, sondern wir wissen es ganz einfach – Intuition oder so.«

Sie fährt aber fort:

»Ich hasse es, wenn jemand sagt: Du bist genau wie sie. Ich fasse es als Kompliment auf, aber ich will nicht genauso sein wie sie. Ich will überhaupt nicht wie irgendjemand sein. Es ist nämlich wichtig, daß ich ich selbst bin.«

Ist es ein Widerspruch in sich, wenn Anne möchte, daß ihre Schwester so denkt und fühlt wie sie selbst, ohne genau wie sie zu sein? Anscheinend gibt es einen schmalen Grat zwischen einer Ähnlichkeit, die gegenseitiges Verständnis bedingt, und einer, die so groß ist, daß das Gefühl für die eigene Einzigartigkeit verlorengeht. Anne sagt: »Ich glaube, jede von uns muß ein gewisses Maß an Individualität haben, obwohl ich es auch gut finde, wenn wir in vieler Hinsicht das gleiche fühlen. Es ist auch wichtig, daß wir nicht total gleich sind.« Es fehlt ihr also nicht an Differenzierungsfähigkeit, sie beschreibt vielmehr eine Gleichzeitigkeit von eigener Identität und Nähe, so daß sie die gleichen Erfahrungen wie ihre Schwester machen und trotzdem ihr eigenes Selbst behaupten kann.

Janes Beschreibung, wie ihr bewußt wurde, daß sie kein Duplikat und auch keine Verlängerung der Persönlichkeit ihrer Mutter ist, zeigt eine ähnliche Auffassung:

»Indem meine Mutter mein Leben so gestaltete, wie sie es wollte, hat sie ihr Selbst vermutlich irgendwie auf mich übertragen; und weil ich ihre Tochter bin, hat sie vermutlich geglaubt, ich wäre sie. Nicht im wörtlichen Sinne, meine ich, nicht verrückt, ein zweites Ich mit ihr im selben Zimmer. Mehr so eine völlige Übereinstimmung, die gar nicht existiert. Wir sind in vieler Hinsicht ähnlich, Mutter und Tochter eben, aber wir sind nicht dasselbe, nicht ein- und dieselbe Person. Unter bestimmten Umständen erwartet sie, daß ich genauso reagiere wie sie, und ich glaube, das ist zum Teil verantwortlich für das Schuldgefühl, das ich als Kind oft hatte. Ich glaubte, ich wäre im Unrecht, wenn ich nicht so reagierte wie sie. (»Was empfindest du heute in bezug auf ihre Art und Weise, dich wahrzunehmen?«) Naja, früher hat es mich wirklich aufgeregt, und heute verstehe ich es. Also ärgert es mich nicht mehr; manchmal ist es etwas unangenehm. Ich liebe sie nämlich so oder so; und es stört unsere Beziehung nicht, abgesehen davon, daß sie oft Schwierigkeiten hat, mich zu verstehen.«

Becky erzählt, wie schwer es ihr fällt, damit zurechtzukommen, daß sie ein eigener biologischer Organismus ist:

»Da fällt mir ein, das ist wirklich seltsam, aber manchmal fühle ich mich irgendwie von Furcht überwältigt. Dann schaue ich in den Spiegel und sage: Das bin ich, das sind meine Hände, und ich bin ganz allein und klebe nicht an einem anderen Menschen. Dann habe ich viel weniger Angst vor mir selbst und davor, allein und nicht mit anderen zusammen zu sein.«

Demnach akzeptieren, ja sogar schätzen diese jungen Frauen die Fähigkeit, sich von Familienmitgliedern oder Freundinnen zu unterscheiden. Gleichzeitig haben sie jedoch das Gefühl, daß ihre Erfahrungen mehr wert sind, wenn sie sie mit anderen teilen können. Becky beleuchtet dieses Thema von zwei Seiten: »Jetzt weiß ich, ich bin so und so, und die Freundschaften, die ich jetzt schließe, sind welche mit Leuten, die mich so sehen und mich mögen müssen, wie ich bin.« Später sagt sie allerdings: »Was meine Mutter angeht – ich würde immer zuerst auf sie achten, denn in irgendeiner verrückten Weise hätte es gar keinen Wert, etwas nur für mich zu tun, denn wem sollte ich mich dann mit dem präsentieren, was ich gemacht habe?«

Auch wenn das auf den ersten Blick wie eine Fessel aussieht – die Mädchen nehmen es nicht als solche wahr. Und das ist gerade das Interessante an ihrer Vorstellung von Unabhängigkeit. Selbstgewählte Ziele und solche, bei denen andere Menschen berücksichtigt werden, können nebeneinander existieren. Obwohl Unabhängigkeit in unserem Sprachgebrauch genau das Gegenteil von Abhängigkeit bedeutet, erklären die jungen Frauen, daß sich die beiden Erfahrungen nicht gegenseitig ausschließen müssen. Tatsächlich stellen die Mädchen ungewöhnliche Zusammenhänge her, indem sie Ablösung und Bindung miteinander verknüpfen. Nach Beckys Ansicht bedeutet es unabhängig zu sein, wenn man in der Lage ist, von anderen abhängig sein zu können; Jane sagt, daß sie ihre Eltern nur deshalb wirklich lieben kann, weil sie sich von ihnen gelöst hat. Für Judy kann Unabhängigkeit von der Mutter Nähe zu ihr beinhalten; und Anne sagt, Individualität bedeute, nicht nur sich selbst zu sehen. Zwar bezeichnete jede von ihnen Unabhängigkeit als etwas Positives, sie alle fanden aber auch so etwas wie »Fehler« an diesem Konzept. Offensichtlich bedeutet Selbständigkeit für diese jungen Frauen nicht, auf zwischenmenschliche Bindungen zu verzichten.

Angesichts dieser widersprüchlichen Darstellungen stellt sich die Frage, warum diese jungen Frauen überhaupt Wert auf Unabhängigkeit legen. Wozu ist sie gut, und warum ist sie erstrebenswert? Lassen wir diese vier Frauen selbst antworten.

Warum unabhängig werden?

Eine immer wiederkehrende Feststellung ist die, daß Ablösung und Unabhängigkeit auf die Dauer gar nicht zu vermeiden sind. »Du mußt dich ernähren, selbst auf dich aufpassen und schauen, wo du bleibst, sonst kannst du gar nicht überleben«, sagt Anne. »Als Kind dagegen kannst du immer gewiß sein, daß du am Leben bleibst, denn es ist immer jemand da.« Diese Sorge um physische Bedürfnisse taucht im ersten Interview mit Anne auf; zwei Jahre später nennt sie ähnlich pragmatische Gründe dafür, möglichst nicht abhängig zu sein:

> »Es kann ziemlich bitter sein, wenn du, sagen wir, dich immer auf ein- und dieselbe Person verläßt, denn wenn diese Person dich total im Stich läßt oder dein Vertrauen mißbraucht, ist es aus mit dir. Du weißt nicht, an wen du dich wenden sollst.«

Judys Ansicht ist ähnlich: Für sie ist es wichtig, Selbstvertrauen zu entwickeln.

> »Ich werde eine eigene Persönlichkeit haben, das muß ich ja sowieso, denn ich hoffe, daß ich stabil bin und Vertrauen zu mir selbst habe, wenn meine Mutter nicht mehr da ist und ich 50 bin. Ich versuche nämlich immer noch, mir bei meiner Mutter Sicherheit zu holen. Ich frage immer: ›Mama, ist das in Ordnung?‹«

Daß in diesen Aussagen Unabhängigkeit und Ablösung als etwas gesehen werden, das nicht so sehr auf eigenen Wünschen beruht, sondern von außen auferlegt wird, ist bemerkenswert, besonders wenn man an die psychologischen Theorien denkt, die die Schwierigkeiten von Frauen beim Ablösungsprozeß beschreiben. Allerdings nennen alle Mädchen auch Motive, die als von innen kommend erfahren werden. Wieder klingen diese Äußerungen paradox – die jungen Frauen behaupten, daß sich Unabhängigkeit positiv auf ihre Beziehungen auswirkt. Jane, die in dieser Gruppe am heftigsten den Wunsch nach Unabhängigkeit vertritt, sagt ganz deutlich:

»Ich habe es geschafft, mich von meinen Eltern zu lösen, von den Gefühlen, die ich für sie hatte. Ich konnte sie nicht wirklich lieben, bevor ich mich nicht von ihnen gelöst und meine eigene Identität abgesteckt hatte. Und jetzt kann ich sie viel mehr lieben als früher.«

Das klingt um einiges verschieden von Blos' Beschreibung des »Lockern(s) infantiler Objektbindungen, um ein Mitglied der Gesellschaft im allgemeinen oder einfach der Welt der Erwachsenen zu werden«. Während die psychoanalytische Theorie Ablösungsbestrebungen als Mittel bezeichnet, das Individuum in die »Gesellschaft« einzuführen, diente Janes Ablösungsprozeß dazu, die Beziehung zu ihren Eltern wieder aufnehmen zu können – und zwar mit größerer Liebesfähigkeit. Im Fall von Jane wird nicht ganz klar, inwiefern ihre Unabhängigkeit die Beziehung verbessert, die anderen jungen Frauen gehen jedoch auf diese Frage näher ein.

Anne meint, indem sie lerne, für sich selbst zu sorgen, könne sie die Fähigkeit entwickeln, ihre Mutter als eigene Persönlichkeit anzuerkennen, und so die Beziehung verbessern.

Für Becky »gibt es eine Zeit, in der jedes Kind aufhört, die Eltern für perfekt zu halten, und beginnt, sie als menschliche Wesen zu betrachten.« Wie Anne spricht sie von einer neu erworbenen Fähigkeit: Die Mutter wird nicht mehr als omnipotente Beschützerin und Versorgerin, sondern realistisch gesehen. Attanucci (1984) hat diese Fähigkeit, andere so zu sehen, wie sie sind, mit »ehrlicher und wechselseitiger Beziehung« in Zusammenhang gebracht. Anne nennt die neue Erfahrung, andere wirklich wahrzunehmen, »die totale Beziehung«. Nach Meinung dieser Mädchen beruht diese Fähigkeit auf wachsender Unabhängigkeit.

Selbständigkeit heißt auch, für sich selbst sorgen zu können. Indem die Mädchen versuchen, zur Deckung ihrer Grundbedürfnisse andere Menschen immer weniger in Anspruch zu nehmen, können sie diese anderen in einem neuen Licht sehen: als Persönlichkeiten. Das eröffnete neue Perspektiven für Beziehungen, beispielsweise zu den Eltern. Gilligan (1982) betont, daß wirklich gegenseitige Beziehungen das Bewußtsein für das eigene Selbst und das des anderen erfordern. Eine deutlichere Wahrnehmung des anderen bedeutet also, mehr Aspekte seiner Persönlichkeit berücksichtigen zu können und damit eine engere Verbindung zu schaffen.

Anne beschreibt, wie sich umgekehrt die Beziehungen positiv auf ihre persönliche Entwicklung auswirken:

»Ich werde eigenständiger, und mir wird wohl immer klarer werden, wie unsere Beziehung aussehen kann ... Ich stelle fest, daß meine Mutter nicht nur meinetwegen auf der Welt ist, und indem ich unabhängiger werde, höre ich auf, es für ganz selbstverständlich zu halten, daß meine Mutter immer alles für mich tun wird. Wenn sie nichts für mich täte und ich alles selbst erledigen würde, wird sie auf einmal ein Mensch, nicht mehr jemand, der Gott ist und herumläuft, um alles für mich zu tun. Wenn es in deinem Leben viele Menschen gibt, mit denen du glücklich bist und die dir gut tun, dann helfen sie dir auch, dich selbst zu mögen, so oder so, indirekt oder direkt. Und das bedeutet, daß du aktiv werden und vieles machen kannst, viel mehr als du ohne das könntest, weil du ein gutes Gefühl hast.«

Der Wunsch, bessere Beziehungen führen zu können, ist das stärkste Motiv für das Streben nach Unabhängigkeit. Die Beziehungen wiederum sind in zweifacher Hinsicht mit der Erfahrung von Unabhängigkeit verknüpft. Solange diese den Beziehungen förderlich ist, ist sie für die Mädchen sehr wertvoll, gleichzeitig gestatten gute Beziehungen ihnen auch, sich weiter in die Eigenständigkeit voranzuwagen. Winnicott (1958) formulierte die These, daß die Fähigkeit, allein zu sein, das Bewußtsein von der Gegenwart des anderen voraussetzt.

Ähnlich schreibt Bowlby (1980):

»Paradoxerweise zeigt sich ein Mensch mit wirklichem Selbstvertrauen in diesem Licht mitnichten so unabhängig, wie unsere kulturellen Klischees es glauben machen wollen. Ein grundlegender Bestandteil (des Selbstvertrauens) ist eben die Fähigkeit, sich vertrauensvoll an andere zu wenden, wenn die Situation es erfordert, und zu wissen, wem man vertrauen kann.«

Folgerungen

Adoleszenztheoretiker/innen haben betont, wie wichtig die Entwicklung von Unabhängigkeit in dieser Zeit ist, während Theoretiker/innen der weiblichen Entwicklung die gleichbleibend große Bedeutung von Beziehungen für das Leben der Frau beschrieben haben. Mädchen stehen sozusagen im Schnittpunkt dieser widersprüchlichen Gedankengänge. Bisher ist angenommen worden, daß sie sich entweder für Ablösung und damit Reife oder für Bindung und damit Weiblichkeit entscheiden müssen. Um verstehen zu können, wie junge Mädchen diese Probleme wahrnehmen, und um darzustellen, wie sie mit ihnen umgehen, habe ich mit den Ergebnissen der Interviews gearbeitet.

Es hat sich gezeigt, daß die Themen »Ablösung« und »Bindung« zwar beide sehr wichtig sind, daß die Mädchen aber selten das Gefühl haben, entweder das eine oder das andere wählen zu müssen. Ablösung und Bindung werden vielmehr als Aspekte einer Person gesehen, die sehr wohl miteinander vereinbar sind. Sie existieren nicht nur nebeneinander, sondern können auch in gegenseitigen Dienst gestellt werden. Unabhängigkeit zu entwickeln heißt, besser für sich selbst sorgen zu können, so daß andere

Menschen als Persönlichkeiten und nicht nur instrumentell als Versorgende wahrgenommen werden können. Weniger Fürsorge zu erwarten führt nach den Aussagen aller auch dazu, weniger ich-bezogen zu sein und andere Menschen zu berücksichtigen. Gleichzeitig liefern die Beziehungen die für die Persönlichkeitsentwicklung nötige Selbstbestätigung. (...)

Dieser Beziehungskontext ist die grundlegende Voraussetzung, die man verstehen muß, wenn man die Formulierungen der Mädchen richtig deuten will. Zu schildern, wie die Entwicklung individueller Fähigkeiten (der »Unabhängigkeit« vergleichbar) nicht dazu dient, Beziehungen aufzulösen, sondern sie neu zu gestalten, offenbart eine sehr vielschichtige Auffassung vom Wesen der Beziehungen. Ablösung richtet sich also nicht gegen Bindung, sondern führt zur Fähigkeit, auf den anderen wieder neu einzugehen und Verbundenheit herzustellen (...).

Übersetzt von Michaela Röhrs

Literatur

Attanucci, J., 1984: *Mothers in their own terms.* Diss. phil., Harvard Graduate School of Education.
Blos, P., 1967: The Second Individuation Process of Adolescence. In: *The Psychoanalytic Study of the Child*, Nr. 22, S. 162–86. New York.
Bowlby, J., 1969, 1973, 1980: *Attachment and Loss.* New York.
Chodorow, N., 1974: Family Structure and Feminine Personality. In: *Women, Culture, and Society*, hrsg. von M. Rosaldo und L. Lamphere. Stanford, Calif.
dies., 1980: Gender Relation and Difference in Psycholanalytic Perspective. In: *The Future of Difference*, hrsg. von H. Eisenstein und J. Jardine. Boston.
Douvan, E./Adelson, J., 1966: *The Adolescent Experience.* New York.
Erikson, E., 1968: *Identity, Youth and Crisis.* New York: W. W. Norton. (dt.: Jugend und Krise, Stuttgart 1970)
Freud, A., 1958: Adolescence. In: *The Psychoanalytic Study of the Child*, Nr. 13, S. 255–78. New York.
Freud, S., 1962 (Orig. 1905): The Transformations of Puberty. In: *Three Essays on the Theory of Sexuality.* New York. (dt.: Die Umgestaltungen der Pubertät. In: Drei Abhandlungen zur Sexualtheorie)
Gilligan, C., 1982: *In a Different Voice.* Cambridge, Mass.
Josselson, R., 1980: Ego Development in Adolescence. In: *The Handbook of Adolescent Psychology*, hrsg. von J. Adelson. New York.
Kegan, , R., 1982: *The Evolving Self.* Cambridge, Mass.
Miller, J., 1984: The Development of Women's Sense of Self. Wellesley, Mass.
Offer, D., 1969: *The Psychological World of the Teenager.* New York.

Stiver, I., 1982: The Meanings of Dependency in Male and Female Relationships. Wellesley, Mass.

Winnicott, D. W., 1958: »The Capacity to Be Alone.« In: *The Maturational Processes and the Facilitating Environment* (1965). New York. (dt.: Reifungsprozesse und fördernde Umwelt, München 1974)

Trennung und Bindung bei adoleszenten Mädchen aus psychoanalytischer Sicht

Mechtild M. Jansen, Annemarie Jockenhövel-Poth

Eine Betrachtung der Thematik von Bindung und Trennung in der weiblichen Adoleszenz aus psychoanalytischer Sicht erfordert eine Untersuchung der Ursprünge von Bindungs- und Trennungserfahrungen in ihrer je spezifischen, an den Entwicklungsprozeß gebundenen Konfliktualität.

In Ergänzung, aber auch in Abgrenzung zu entwicklungspsychologischen Konzeptionen, in denen die »bewußten« Vorstellungen von weiblichen Adoleszenten zu ihren Autonomie- und Abhängigkeitsstrebungen untersucht und interpretiert werden (vgl. auch den Beitrag von Lori Stern in diesem Band), wird im folgenden versucht – jenseits des »gesprochenen Wortes« –, latente und unbewußte Prozesse und Phantasien im psychoanalytischen entwicklungs- und persönlichkeitstheoretischen Verständnis in bezug auf Bindungsverhalten darzustellen.

Entwicklungspsychologische Aspekte von Bindungsverhalten

In unendlich vielen Interaktionsbewegungen entsteht zwischen Mutter und Tochter ein feines, sich immer weiter verbreiterndes Geflecht von erlebten »Einigungs- versus Nichteinigungssituationen« (Lorenzer 1973), die als Niederschlag die basale Struktur der Psyche bilden. Die Bildung von psychischen Strukturen kann somit verstanden werden als zunächst in den infantil-weiblichen Körper eingelassene Gravuren aus mütterlich-gesellschaftlicher Praxis und kindlichem Bedürfnisrepertoire (Lorenzer 1972, 1974). Diese Spurenbildung ist nichts anderes als ein verdichteter Erfahrungskomplex des Kindes (der Tochter) mit seiner Mutter, der sich in Befriedigungs- und Frustrationssituationen, in der Erfahrung von innigem Verbundensein und »tödlichem Getrenntsein« konstituiert. All jene Erfahrungen, die von Beginn an nicht sprachlich waren und wegen ihrer präsymbolischen Erlebnisqualität nie sprachlich eingebunden werden können, fallen der Verdrängung anheim und bleiben unbewußt. Hierzu zählen die basalen Elemente des interaktiven Wechselspiels im frühesten Bindungsverhalten zwischen Mutter/Vater und Kind.

»Bindung« beschreibt eine spezifische Qualität des Pflege-, Aufzucht- und Allgemeinverhaltens einer individuell einzigartigen Mutter zu ihrem individuell-subjektiv-einzigartigen Kind. D. h. Kinder entwickeln von Beginn des Lebens an, auch wenn sie als stimulussuchende Wesen (D. Stern, 1985) beschrieben werden, unterschiedliche Färbungen des Bindungsverhaltens zu ihrem Gegenüber. Das basale Element einer Kette von Bindungserleben, denn als solche realisiert es sich im Kind, ist nach Lorenzer die erlebte Einigungs- versus Nicht-Einigungssituation zwischen der Mutter und dem Kind. Damit das Kind überhaupt Bindung als solche fühlen und erleben kann, muß es einen relativ unabhängigen, »nichtgebundenen«, d. h. einen von der Mutter getrennten Zustand erfahren und gut »überlebt« haben. Diese Erfahrung ist um so eher störungsfrei möglich, je stabiler und konfliktfreier die Bindung zur Mutter erlebt wird, deren wesentliche Voraussetzung nach Winnicott (1989) eine »good-enough-mother« ist. Trennung und Bindung können daher nicht unabhängig voneinander erlebt und gedacht werden, sondern stehen in einem sich bedingenden, dialektischen Verhältnis zueinander; denn nur das Erleben einer intensiven Bindung läßt auch ein, wenn auch schmerzlich zu ertragendes, aber gelungenes Trennungserlebnis zu. Jessica Benjamin (1990) beschreibt diese Problematik der »ersten Bindung« (ebd., 15 ff.) im theoretischen Kontext von Intersubjektivitätsvorstellungen. Für sie setzt Differenzierung notwendig eine reziproke Beziehung zwischen »... dem Selbst und der Anderen voraus: also ein Gleichgewicht zwischen Selbstbehauptung und Anerkennung« (ebd., 27).

Die Individuation des kleinen Mädchens zur Frau, die entlang von geschlechtsspezifischen, psychosexuellen Reifungs- und Sozialisationsprozessen der Wiederannäherungskrise (Person u. Ovesey 1983, Rotmann 1978), der Triangulierung sowie der Bearbeitung und Integration von oralen, analen und phallisch-genitalen Modalitäten führt, erfährt mit der Pubertät zunächst einen weiteren, tiefgreifenden Einschnitt, um dann mit Beendigung der Adoleszenz zu einer weitgehend stabilen psychischen Neustrukturierung und Manifestation der Persönlichkeit zu gelangen.

Aus psychoanalytischer Sicht verläuft menschliche Sexualentwicklung zweiphasig; sie setzt ein in der frühesten Kindheit, im Säuglingsalter, und erfährt in den geschlechtlichen Reifungsprozessen der Pubertät eine Neuauflage und eine Neugestaltung. Ehe die endgültige Sexualentwicklung, wie Freud 1905 formulierte, »im Primat der Genitalität« mündet, kommt es zu einer Wiederbelebung früher ödipaler und präödipaler Trieb- und Objektmodalitäten. Wie die Wiederbelebung von psychosexuellen, damit aufs engste verbunden von psychosozialen Erfahrungen und die diese begleitenden unbewußten Phantasien verarbeitet und integriert wird, hängt wesentlich von den Beziehungen der Mädchen und Jungen zu ihren primären Bezugspersonen, ihren frühen Liebesobjekten ab.

Dieser Prozeß verläuft unterschiedlich beim Mädchen und Jungen; nicht nur daß Trennungs- und Individuationsprobleme beim Mädchen länger dauern, sondern der Entwicklungsprozeß des kleinen Mädchens muß sich aus einer sehr engen, gleichgeschlechtlichen Beziehung heraus differenzieren. Eng an die Mutter gebunden stehen der Differenzierungsaufgabe der Tochter, ein von der Mutter abgegrenztes und in sich umgrenztes Bild des eigenen Selbst zu konstruieren, Gefahren von inadäquaten Verschmelzungsvorstellungen und Identitätskonfusionen im Wege. Die Wahrnehmung und Unterscheidung zwischen eigenen inneren und äußeren und nicht eigenen Prozessen und Grenzziehungen ist aufgrund des geschlechtlichen Gleichseins wie auch des subtilen Wechselspiels mit den mannigfaltigen Spiegelungen, die das Mutter-Tochter-Verhältnis kennzeichnen, äußerst schwierig zu realisieren. Die Wahrnehmung von Unterschieden muß das kleine Mädchen aus dieser Gleichheit heraus, die sich nicht des Gegengeschlechtes als Abgrenzungsrealität und -kategorie bedienen kann, bewerkstelligen. Die allgegenwärtigen Tendenzen der Verleugnung von Unterschieden werden durch die »Gleichseins-Botschaft« begünstigt. Eindrücklich wird diese Wahrnehmungsverzerrung am Buchtitel von B. Franck (1979): »Ich schaue in den Spiegel und sehe meine Mutter« deutlich. Die Entwicklung von Selbst- und Objektrepräsentanzen ist somit ständig von Abwehrprozessen der Verleugnung, aber auch durch introjektive und projektive Vorgänge gefährdet. Schwarz (1992) spricht in diesem Zusammenhang davon, daß »von Natur aus gegebene Tendenzen der Mutter zur projektiven Identifizierung« (S. 73) miteinbezogen werden müssen. D. h. Mütter projizieren unbewußt abgewehrte, ihren Vorstellungen unverträgliche Impulse und Phantasien auf ihre Töchter, um sich dann mit diesen Anteilen über die Verbundenheit mit der Tochter wieder identifizieren zu können. Diese Bewegung ist u. E. ebenso in entgegengesetzter Richtung zu reflektieren; auch Töchter, insbesondere im adoleszenten Alter weisen unangenehme, besonders verpönte aggressive, sexuell anstößige Vorstellungen und Phantasien der Mutter zu und müssen sich auf diese Weise nicht selbst mit ihnen konfrontieren. Vor allem aggressive, auf Trennung und Unterscheidung zielende Lösungsprozesse im Gleichklang einer Mutter-Tochter-Beziehung müssen abgewehrt werden, und dies nicht zuletzt deshalb, weil jeder Abgrenzungsschritt vom mütterlichen Selbst – ob der Verbundenheit der Tochter mit der Mutter – auch eine aggressive Attacke gegen das eigene, töchterliche Selbst bedeutet.

Im Mittelpunkt frühkindlicher weiblicher Sozialisationsvorgänge stehen somit Gefühle und Phantasien aus der primären Identifikation, die aggressiv determinierte Prozesse von Loslösung und Getrenntsein weniger zulassen und eher dem männlichen Kind zugestanden werden. Die für Mädchen im Vergleich zu Jungen spätere Desidentifikation von der primären Liebesbeziehung (Balint 1981) fundiert und affektiert während der ersten drei Lebensjahre ein längeres Verweilen in einem weniger differenzierten und getrennten Zustand, der sich in einem basalen Gefühl von Gleichheit und Verbundensein zwischen Frauen äußert – ein Gefühlszustand, der dem Mechanismus des primärprozeßhaften, präsymbolischen Denkens unterliegt. In diese Matrix der frühen Selbst- und Identitätsentwicklung verwoben sind die sexuellen und aggressiv libidinösen Triebmodalitäten der präödipalen psychosexuellen Phasen. Je intensiver und enger die Bindung zwischen Mutter und Tochter ist, um so desexualisierter und »bindungsaffizierter« ist die Ich- und Identitätsentwicklung.

Bindungsverhalten in der weiblichen Individuation wird dann weitestgehend libidinös besetzt, wenn die Bedürfnisbefriedigung des kleinen Mädchens unter Bezogenheits- und Verbundenheitswünschen steht. Dies geschieht u. M. nach zu Ungunsten der ebenso notwendigen Entwicklung der aggressiven Potentiale.

Weibliche Triebentwicklung kann somit von frühester Kindheit an »umgelenkt« werden auf eine, von aggressiven Triebanteilen befreite und entsexualisierte Beziehungsform des »related-to« (z. B. Gilligan 1982). Gesellschaftliche Vorstellungen von »weiblichem Normverhalten« wie Anpassungsfähigkeit, Hilfsbereitschaft, Freundlichkeit und ein an die Bedürfnisse des anderen angepaßtes Sozialverhalten, um nur einige Eigenschaften zu nennen, sind an Bindungsverhalten orientierte Entwicklungsprodukte. Der Schritt, Abhängigkeits- und Passivitätswünsche als zentrale Beziehungsphantasien zu verinnerlichen, liegt den Mädchen von daher sehr nahe.

Tiefgreifende psychosexuelle, innere und äußere körperliche Veränderungen, die Reifung von primären und sekundären Geschlechtsmerkmalen mit der Fähigkeit, wie Freud (1905, 113) es nannte, »... Geschlechtsprodukte zu liefern, respektive (die) (J.u.J.-P.) Gestaltung eines neuen Lebewesens« zu ermöglichen, stehen zur Zeit der Pubertät und Adoleszenz als zu bewältigende Aufgaben an. Wir verwenden die Begriffe »Pubertät« und »Adoleszenz« i. S. von P. Blos (1983, 13 f.). »Pubertät« bezieht sich hiernach auf die körperlichen Manifestationen der sexuellen Reifung, während

»Adoleszenz« die psychische Anpassung an diese Entwicklungsphase erfassen soll. Die Voraussetzung hierfür ist, daß der »Sexualtrieb«, der bisher vorwiegend autoerotisch war, nun das Sexualobjekt findet (Freud 1905, 112). Diese zunächst schlicht anmutende Vorstellung Freuds, ein »Sexualobjekt«, eine(n) LiebespartnerIn außerhalb der familialen Gemeinschaft zu finden, verweist beim genaueren Hinschauen auf eine Vielzahl von notwendigen Veränderungen. Neben den biologisch-sexuellen Reifungsprozessen haben Jugendliche weitere umfassende Entwicklungsaufgaben wie Aufnahme von neuen Beziehungen zu gleich- und gegengeschlechtlichen Partnern, eng damit verbunden die Ablösung von den ödipalen Objekten, die Auseinandersetzung mit dem gesellschaftlich vorgegebenen Werte- und Normsystem sowie die Berufsfindung zu bewältigen.

Die Ausführungen von K. Flaake (1990) verdeutlichen wesentliche Aspekte der weiblichen Adoleszenzproblematik, die sowohl aus gesellschaftlich produzierten bewußten, insbesondere aber auch *unbewußten* Strukturen hervorgeht und perpetuiert wird: Die defizitäre bzw. nicht vorhandene gesellschaftliche Bereitstellung von symbolischen und präsymbolischen Repräsentanzen für weibliche Entwicklung und Weiblichkeit selbst bedeutet, daß es Mädchen und jungen Frauen nicht möglich ist, sich ohne Vorgabe männlicher Symbolik und Attribute finden und wiederfinden zu können. In allen gesellschaftlichen Bereichen wie Wissenschaft und Kunst, Schule und Ausbildung sowie im Arbeitsbereich sind die Leitlinien und -bilder weitgehend patriarchalisch ge-, sprich ver-formt. Die Nähe und Bindungsbereitschaft zur Ursprungsfamilie kann dadurch wiederbelebt und womöglich verstärkt werden, was weibliche Loslösungsbemühungen insgesamt verkompliziert.

Autorinnen und Autoren wie z. B. A. Freud, Blos, Erikson, Kaplan, Dalsimer charakterisieren diesen Lebensabschnitt zwischen dem zehnten/ elften und dem zwanzigsten Lebensjahr als eine der schwierigsten und krisengeschütteltsten Phasen im Leben des Menschen. Anna Freud meint hierzu: »... 1. daß die Pubertät ihrem Wesen nach die Unterbrechung einer Periode friedlichen Wachstums bedeuten muß; und 2. daß das Weiterbestehen von innerem Gleichgewicht und Harmonie während der Pubertät eine abnorme, nicht eine normale Erscheinung ist« (1980, 1766). E. H. Erikson (1981) spricht von der Jugendzeit als »Krise« (s. a. Laufer und Laufer, 1989). In der Regel sind es gelungene Entwicklungsverläufe, aus denen junge Frauen und Mädchen hervorgehen; jedoch kommt es bei einer größeren Anzahl von Jugendlichen zu maladaptiven Entwicklungsergebnissen. Alltags- wie klinische Erfahrungen mit Adoleszenten lassen zuweilen eine breite Palette von psychischen wie psychosomatischen Fehlentwicklungen zu Beginn der Erwachsenenphase erkennen: Hörigkeit und Unterwerfung,

Identitätsstörungen und neurotische Fehlanpassungen, Eßstörungen bis hin zur suizidalen Destruktion sind nur Schlaglichter auf das Spektrum der vornehmlich während der *weiblichen* Adoleszenz auftretenden Pathologien (Habermas 1990). Wir sehen einen wichtigen Grund hierfür in nicht gelungenen Trennungs- und Bindungsverläufen von weiblichen Jugendlichen, insbesondere von ihren Müttern (und z. T. von ihren Vätern). Diese Tatsache, daß die Adoleszenz eine problematische Schwellensituation ist, darf aber nicht den Blick dafür verstellen, daß die Adoleszenz auch *die* Phase im Leben von Mädchen und Jungen ist, die die Möglichkeit einer grundlegenden Umstrukturierung und damit eine Korrektur vorangegangener psychischer Strukturbildung ermöglicht (Erdheim 1988).

Wir wollen unsere Fragestellung an dieser Stelle nochmals präzisieren, indem wir nach der Bedeutung von Bindungs- und Trennungskonflikten im Verlauf pubertär-adoleszenter Entwicklung bei weiblichen Jugendlichen fragen. Implizit sprechen wir damit den gegenwärtig sehr kontrovers diskutierten Bereich der weiblichen Autonomiebildung an (s. beispielhaft: Gilligan 1982, Davis 1991, Litwin 1992).

Aspekte weiblicher Pubertät und Adoleszenz

Mit dem zeitlichen Schnitt der Vorpubertät, der den Eintritt in die Geschlechtsreifung und damit den Abschied von der Kindheit einläutet, möchten wir unseren Diskurs beginnen. Bedingt durch das Reifen von Geschlechtshormonen kommt es, wie Kaplan (1988) beschreibt, zu ersten Anzeichen von Merkmalen des erwachsenen weiblichen Körpers, zu tiefgreifenden Veränderungen, Schambehaarung und Busen, eine veränderte Taille, äußere und innere Geschlechtsorgane entwickeln sich rapide (Olivier 1991, 105 ff.) und differenzieren nach Form und Farbe. Diese Veränderungen werden unterschiedlich erlebt und rufen in der Regel ambivalente Gefühle und Phantasien hervor. Zum einen nähert sich das Mädchen endlich den Körperformen der erwachsenen Frau, denen der Mutter an, zum anderen entstehen große Ängste und Befürchtungen ob der Prozesse, die sich am Körper ohne eigenen, steuernden Einfluß ereignen. Diese körperlichen Veränderungen müssen als psychische Selbstrepräsentanzen im Körperbewußtsein ihren Niederschlag finden, um ein stabiles körperliches Identitätsgefühl zu ermöglichen.

Das Wachstum der gonatropinen Hormone mit ihren spezifischen Sexualstoffen löst einen somatischen Triebschub aus, der die Quelle für eine zunächst gesteigerte Masturbation – sexuelle Betätigung im weitesten Sinne

– und die sich hieraus speisenden Phantasien, Tagträume und romantischen Vorstellungen bildet. Letztere dienen der Spannungsregulierung, helfen über große Unsicherheiten hinweg und ermöglichen ein Terrain antizipatorischen Handelns. »Die Masturbation bewirkt normalerweise neue Verschiebungen, Verbindungen und Abgrenzungen gedanklicher Bilder und ihrer Besetzungen, stabilisiert daher Objekt- und Selbstrepräsentanzen, und ermöglicht so die Einstellung zur Genitalität« (Blos 1983, 185). Losgelöst von psychologischen Schwierigkeiten der Beziehung zu einer anderen Person, kann das Mädchen sich selbst Lust verschaffen und ihren geheimsten Phantasmen mit sich und für sich nachgehen. Zwischen dieser autoerotischen Erfahrung, die nahezu ausnahmslos ein sexuell beglückendes Erlebnis darstellt, und dem Ereignis des ersten Geschlechtsverkehrs klafft oft eine große Diskrepanz. Angstbesetzte Phantasien, heftige Schmerzen zu erleiden, insbesondere aber verletzt zu werden, verhindern oft orgiastische Befriedigung über einen langen Zeitraum. Findet keine selbstbefriedigende pubertäre Sexualität statt, so kann dies auf eine gravierende Hemmung vorangegangener frühkindlicher Masturbationsentwicklung zurückgeführt werden, die eine integrierte, lustvolle Aneignung adoleszenter und zunehmend erwachsener Sexualität erschwert und eine Störung der sexuellen Entwicklung hervorruft (Laufer u. Laufer 1989).

Mit dem einschneidenden Ereignis der Menarche, die endgültig den Übergang vom Mädchenstatus zu dem einer jungen Frau signalisiert, setzt für das Mädchen eine langer, zunächst hormonell gesteuerter Prozeß ein, der eine Auseinandersetzung mit der blutenden Vagina, der eigenen Fruchtbarkeit und dem damit verbundenen »Generationenauftrag« fordert. Wie das Mädchen auf die erste Menstruation reagiert, ist wesentlich abhängig vom Umgang der Mutter mit ihrer Körperlichkeit und ihren Neid- und Rivalitätsgefühlen der Tochter gegenüber. Fühlt sich die Mutter unbewußt und bewußt von der geschlechtsreifen Tochter in ihrer eigenen Weiblichkeit bedroht, stehen der Tochter schwierig zu bewältigende psychische Barrieren im Weg. Negative Einstellungen, aber auch allzu aufmerksame Beobachtung der töchterlichen Körpervorgänge, die zwischen wohlwollender Begleitung und starker Kontrolle oszillieren, erschweren eine adäquate libidinöse Besetzung und Integration der inneren weiblichen Genitalität. Tiefe Ängste und archaische Phantasien über eine Verletzung, Beraubung und Zerstörung des inneren Raumes werden wiederbelebt (Horney 1984, 105). Das Ausmaß dieser Ängste hängt davon ab, wie positiv und bedeutend die Phantasie einer »helfenden« inneren Mutterrepräsentanz entwickelt werden konnte, die den Zerstörungsphantasien Einhalt gebietet (M. Klein 1987, 239). Die individuelle Ausformung von angstbesetzten Gefühlen gegenüber dem weiblichen Geschlecht kann nicht losgelöst von äußeren, gesellschaftlich bedingten Tabus und kollektiven, patriarchalischen Phantasien gesehen werden, die die blutende Vagina mit einer Wunde und schmutziger Verunreinigung assoziieren. Mit den psychischen Abwehrmechanismen von Verleugnung und Ungeschehenmachen wird die Menstruation ihrer zentralen Bedeutung für die weibliche Identitätsbildung beraubt (Waldeck 1988).

Inwieweit junge Frauen ihre menstruellen Blutungen positiv besetzen können, ist eng verknüpft mit einer gelungenen Identifikation mit bestimmten weiblichen Funktionen, insbesondere mit ihrer Gebärfähigkeit. Im Kontext unserer Fragestellung könnte somit jede Menstruation der Tochter die Verdichtung von verschiedenen Trennungs- und Verlusterfahrungen beinhalten: zum einen als ein Trennungserlebnis von einem besonderen Körpersekret und zum anderen als eine zunehmende Wegbewegung aus der Verbindung mit der Mutter und eine Hinwendung zur eigenen Weiblichkeit. Diese fortschreitende Erfahrung läßt eine Vorahnung auf einen intrasubjektiven Trennungs- und Beziehungsprozeß aufkommen: jede Blutung ist ein Anzeichen für einen »nicht gefüllten inneren Raum«, ihr Ausbleiben über einen bestimmten weiblichen Lebensabschnitt hinweg bedeutet dagegen einen mit neuem Leben »gefüllten Raum«. So wie die Menstruation der Tochter die produktive weibliche Phase, Kinder zu gebären, initiiert, bedeutet sie für ihre Mütter das baldige Ende dieser Phase. Wut und Neid, aber auch Trauer und depressive Gefühle begleiten das mütterliche Erleben eines sich neigenden Lebensabschnittes.

Es sind aber nicht nur die menstruellen Erlebnisse, die das Verhältnis zwischen Tochter und Mutter in dieser Entwicklungsphase nachhaltig bestimmen, es kommen weitere Konfrontationen mit dem mütterlichen Körper, der oft unheimlich anmutet, dem mütterlichen Selbst und ihrer Identität hinzu. Im Seelenleben des jungen Mädchens regen sich daher heftige Ambivalenzgefühle in bezug auf die Annahme des weiblichen Körpers und den damit verbundenen Phantasien und Gefühlen. »Auch wenn sie (die Tochter, J., J.-P.) mit Freude der pubertären Veränderung entgegensieht, die sie in dem beruhigenden Vergleich mit ihresgleichen absichert, so beunruhigt es sie doch, diesen Körper, mit dem sie zehn Jahre von der Mutter entfernt gelebt hat, die Formen von *dieser* da annehmen zu sehen, die sie als ›schlecht‹ verworfen hatte, weil sie ihr nicht von Anfang an gab, was sie zur ›Frau‹ gemacht hätte« (Olivier 1991, 85). Obwohl das kleine Mädchen ihre Weiblichkeit durch eine direkte Identifikation mit der Mutter erwirbt (Benjamin 1990), kommen im Prozeß der konkreten Aneignung von Weiblichkeit bedrohliche Phantasien auf.

Es scheint, daß die körperliche Angleichung an den mütterlichen Körper für das Mädchen in der Phantasie gerade deshalb einen hoch konfliktuösen Zustand bedeutet, weil er an die schwierigen Bemühungen, sich aus der geschlechtlichen Gleichheit mit der Mutter heraus eine eigene Geschlechtsidentität anzueignen, erinnert und eine nach diesem Vorbild gestaltete Konfliktsituation neu entstehen läßt.

Nicht ganz so abrupt und auch erst später als beim kleinen Jungen, aber dafür umso schwieriger und zäher gestaltet sich der weibliche Differenzierungsprozeß, die Suche nach dem eigenen, weiblichen Selbst, einer eigenen von der Mutter getrennten Sexualität und einem eigenen Begehren. Problematisch wird der töchterliche Individuationsprozeß nicht nur durch die Tatsache, daß die Mutter für das Mädchen das erste Liebesobjekt ist und ihr Körper als der Inbegriff aller Bedürfnisbefriedigung, Versorgung und Glückszustände erscheint, sondern auch dadurch, daß die sukzessive Trennung, die die Tochter vornehmen muß, eine Trennung von der potentiell eigenen Körperlichkeit bedeutet. Es ist, wie Halberstadt-Freud beschreibt, die Besonderheit der »doppelten Bindung zwischen Mutter und Tochter«, die es zu lösen gilt, die zum einen in der »homosexuellen Objektbeziehung, mit der sie ihr Leben beginnt, verwurzelt und zum anderen in den unzähligen Identifikationen mit der Mutter begründet ist« (1987, 139).

Von seiten der Mutter steigen im Wechselspiel der mütterlich-töchterlichen Beziehungen eigene psychosexuelle Probleme und Rollenkonflikte wieder auf, weil durch die Entwicklung der Tochter die eigene weibliche Identität – ihre Geschlechtsrollenidentität – wieder aktualisiert wird (Schwarz 1992, 84). Spektrum und Qualität der unbewußten Phantasien und Triebimpulse von seiten der adoleszenten Tochter speisen sich aus früheren Entwicklungsphasen, insbesondere der analen bzw. der Wiederannäherungsphase im Alter von 18 Monaten, in der die Wahrnehmung der Geschlechtsidentität eine große Rolle spielt. Die Intensität und Qualität der Haßgefühle der Mutter gegenüber, aber auch die heftigen Annäherungswünsche von jungen Mädchen ihren Müttern gegenüber lassen den regressiven Zug erkennen, der aufgrund der triebgesteuerten Lockerung der psychischen Strukturen Phantasieebenen vorangegangener Entwicklungsstufen aktualisiert. Es scheint, als müsse sich die Tochter nun an der Mutter für alle früheren Kränkungen, Zurückweisungen und Demütigungen rächen, und insbesondere dafür, nicht an der elterlichen Sexualität partizipieren zu dürfen – dafür, daß die Mutter der Tochter nichts von ihrer Sexualität »abgibt«. Einzureihen sind diese Triebimpulse vornehmlich in den Bereich der analerotischen, anal-sadistischen Stufe, Impulse, die einst als Abwehrphantasien gegen Vorstellungen der versagenden, aber auch verschlingenden, mächtigen Mutterimagines gewendet wurden (Chasseguet-Smirgel 1974, 1988).

Die Schärfe der Auseinandersetzung trägt oft Züge eines Kampfes »auf Leben und Tod«, geht es denn auch – metaphorisch gesprochen – um den psychischen Mutter- und Vatermord. Todes- und Vernichtungsphantasien der Mutter gegenüber, gespeist aus dem Kampf um eine Vorrangstellung beim Vater, signalisieren den endgültigen Abschied vom mütterlich ödipalen Objekt. Diese, für Mütter (und auch Töchter) recht schwierig zu ertragenden Gefühle sind aber von zentraler Bedeutung für die Ablösung und Individuation der Tochter. Nicht geführte aggressive Auseinandersetzungen zwischen Mutter und Tochter führen, wie die psychoanalytische Erfahrung mit anorektischen jungen Frauen (um exemplarisch nur ein Krankheitsbild zu nennen) zeigt, dazu, daß vielfach »brave Töchter kranke Töchter« sind (vgl. A. Freud 1980, 1752; L. Rotter 1989, 185 ff.). Die Vermeidung der unumgänglichen Auseinandersetzung mit Mutter und Vater führt zu einer unzureichenden eigenen Ich-Ideal- und Über-Ich-Entwicklung und bleibt somit in weiten psychischen Bereichen kindlichen und damit neurotisch anfälligen Positionen verhaftet. Unter günstigen Bedingungen gelingt es der Tochter über einen Umweg zum Vater noch einmal, die ödipale, nun aber adoleszente Rivalität aufleben zu lassen, bevor sie sich einem außerfamilialen Sexualobjekt zuwendet. Eine wichtige Rolle spielen in diesem schmerzlichen, aber lebensnotwendigen Trennungsprozeß erotische, aber auch sexuelle Beziehungen zu gleich- und gegengeschlechtlichen Jugendlichen der eigenen Altersstufe. Eindrücklich beschreibt Dalsimer (1986) die mit diesen Entwicklungsschritten verbundenen tiefen Angst- und Unsicherheitsgefühle, aber auch Verlust- und Trauergefühle anhand von literarischen Beispielen wie »The Member of the Wedding« von C. McCullers oder »The Prime of Miss Jean Brodie« von Muriel Spark. (Im deutschsprachigen Bereich finden sich vergleichbare Schilderungen u. a. in »Das Tagebuch der Anne Frank« oder U. Prokops Interpretation der »Emilia Galotti« von G. E. Lessing.)

Als zentrale Affekte dieser Entwicklungsperiode dominieren über lange Phasen hinweg Schuld- und Schamgefühle insbesondere der Mutter gegenüber. Schuldgefühle darüber, daß die Tochter vielleicht doch mit ihrer inneren Ablösung die Mutter um einen Selbstanteil beraubt und sie mit ihren aggressiven Attacken, sowohl in der Phantasie als auch »real« – weil die Tochter nun an die Stelle der Mutter tritt und die Generationsabfolge realisiert –, »ausschaltet«.

Um so eher es der Tochter gelingt, ihre tiefsitzenden Ressentiments abzuschwächen und allmählich mit der Mutter die »Situation der Gleichheit« (Olivier 1990, 91) zu realisieren, um so ambivalenzfreier kann das Mädchen sich dann in eine erste Liebesbeziehung hineinbegeben. Für die Beziehung zur Mutter bedeutet dies, daß sich die Tochter aus der ödipalen Verstrickung und Konkurrenz lösen kann, um eine Identifikation mit ihrer Geschlechtsrolle aufzunehmen. Der Ablösungsprozeß erfordert eine

»regelrechte Trauerarbeit ... für die ersten Liebesobjekte sowie für die verlorene Kindheit« (Rotter 1989, 187). Erst nach Bewältigung dieser Trauer können die Bindungen der Kindheit und Jugend endgültig transformiert werden.

Im Gegensatz hierzu ist das Verhältnis von Töchtern zu Vätern während der Adoleszenzphase eher positiv besetzt; der Vater wird noch einmal gesucht und die »identifikatorische Idealisierung« (Benjamin 1990, 104) wird insbesondere dann, wenn der Vater in der Wiederannäherungsphase körperlich und psychisch abwesend war (Olivier 1984), wiederbelebt. Väterliche Bewunderung und Wertschätzung der körperlichen Anzeichen der töchterlichen Weiblichkeit sind von großer Bedeutung, da dies zur Festigung der Geschlechtsrollenidentität und zur »Konsolidierung des geschlechtlichen Selbst als Subjekt und Objekt des Verlangens« (Schwarz 1992, 86) wesentlich beiträgt (Stork 1986). Werden Väter dagegen sehr angesprochen durch die sexuelle Attraktivität der Töchter und vermitteln diesen darüber, sich von der Partnerin nicht verstanden zu fühlen, kann sich dies verhängnisvoll für die Loslösungsphase und außerfamiliale Orientierung der Tochter auswirken. Töchter verbleiben so in einer sekundär-narzißtischen Position; nichtintegrierte ödipale Ängste, Wünsche und Phantasien, doch das »einzige« und eigentliche Liebesobjekt des Vaters zu sein und zu bleiben, behindern die Entwicklung einer eigenständigen, auch vom väterlichen Liebesobjekt unabhängigen Weiblichkeit (Rohde-Dachser 1991, 280). Eine so gefärbte Vater-Tochter-Beziehung, die sich wesentlich aus neurotischen Quellen speist, stellt eine andere, gleichfalls schwierig zu lösende Variante väterlich-töchterlichen Bindungsverhaltens dar.

Eine dramatische Dimension erfährt der Ablösungsprozeß von den elterlichen Bindungen dann, wenn Trennungskonflikte bewußt, besonders aber unbewußt mit Verrat assoziiert und entsprechend erlebt werden. Eine so gestaltete Konfliktualität bringt Töchter in kaum überwindbare Loyalitätsprobleme. Diese Probleme können dazu führen, daß Töchter sog. »Doppelidentitäten« entwickeln, die als »Über-Ich-Figuren« (Wurmser 1987, 14) einen Kernkonflikt der weiblichen Adoleszenzentwicklung beinhalten. »Der Doppelidentität liegt eine Art doppeltes Gewissen zugrunde, dem radikale Wertkonflikte und Gegensätze in der Idealbildung entsprechen. Die zeitweilige Verwirklichung der einen Identität erfordert die Verleugnung ihres Gegenspielers« (ebd., 14 f.). Die diesen Teilidentitäten korrespondierenden Spaltungsmechanismen sind u. E. wesentlich dafür verantwortlich, daß viele Frauen in projektiver Weise mit ihren Schuld-, Scham-, Haß- und Neidgefühlen umgehen und sich ihren Ambivalenzen nicht aussetzen können.

Eine eigenständige weibliche Identität könnte sich entwickeln, wenn die Bandbreite der adoleszenten Wünsche, Bedürfnisse und Vorstellungen von Mädchen und jungen Frauen als eigene, weder an mütterliche noch an männlich-väterliche Vorgaben fixierte psychische Gegebenheiten realisiert werden könnte. Eine theoretische Betrachtung jugendlich-weiblicher Entwicklungsstrebungen und -tendenzen sollte die Besonderheit der spezifisch weiblichen Individuationsverläufe in all ihren Schattierungen untersuchen. Autonome, selbstbestimmte Weiblichkeit sollte nicht mit einer falschen Unabhängigkeitsvorstellung, die bestimmten Männlichkeitsattributen das Wort redet, gleichgesetzt werden. Die allzu leicht und häufig vorgenommene Verwechslung von »Unabhängigkeit« und »Beziehungslosigkeit« – letztere kann nur als Abwehrbewegung von tiefen Sehnsüchten und Abhängigkeitswünschen zu verstehen sein –, wäre ebenso kritisch zu beleuchten wie die unbedenkliche Übernahme eindimensionaler Bindungsvorstellungen.

Literatur

Alpert, J., 1992: *Psychoanalyse der Frau jenseits von Freud*. Berlin/Heidelberg/New York.
Andreas-Salomé, L., 1985: *Die Erotik*. Frankfurt/M./Berlin.
dies., 1990: *Das »zweideutige« Lächeln der Erotik*. Freiburg i. Br.
Balint, M., 1981: *Die Urformen der Liebe und die Technik der Psychoanalyse*. Frankfurt/M./Berlin.
Benjamin, J., 1990: *Die Fesseln der Liebe*. Basel/Frankfurt/M.
Blos, P., 1983: *Adoleszenz. Eine psychoanalytische Interpretation*. Stuttgart.
Bowlby, J., 1975: *Bindung. Eine Analyse der Mutter-Kind-Beziehung*. München.
Chasseguet-Smirgel, J., 1974: *Psychoanalyse der weiblichen Sexualität*. Frankfurt/M.
dies., 1988: *Zwei Bäume im Garten. Zur psychischen Bedeutung der Vater- und Mutterbilder*. München/Wien.
Chodorow, N., 1985: *Das Erbe der Mütter. Psychoanalyse und Soziologie der Geschlechter*. München.
Dalsimer, K., 1986: *Female Adolescence. Psychoanalytic Reflections on Literature*. New Haven/New York.
Davis, K., 1991: *Die Rhetorik des Feminismus. Ein neuer Blick auf die Gilligan-Debatte*. In: Feministische Studien, 9. Jg., Nr. 2.
Dinnerstein, D., 1979: *Das Arrangement der Geschlechter*. Stuttgart.
Erikson, E. H., 1981: *Jugend und Krise*. Stuttgart.
Erdheim, M., 1988: Adoleszenz zwischen Familie und Kultur. In: M. Erdheim, *Die Psychoanalyse und das Unbewußte in der Kultur*. Frankfurt/M.
Flaake, K., 1990: Geschlechterverhältnisse, geschlechtsspezifische Identität und Adoleszenz. In: *Zeitschrift für Sozialisationsforschung und Erziehungssoziologie* 1.
Franck, B., 1979: *Ich schaue in den Spiegel und sehe meine Mutter*. Hamburg.
Frank, A., 1955: *Das Tagebuch der Anne Frank*. Frankfurt/M.
Freud, A., 1980: Probleme der Pubertät (1958). In: *Die Schriften der Anna Freud*. Bd. VI. München.

dies., 1980: Das Ich und die Abwehrmechanismen (1936). In: *Die Schriften der Anna Freud*, Bd. 1.
Freud, S., 1905: III. Die Umgestaltungen der Pubertät. In: *Drei Abhandlungen zur Sexualtheorie*. Studienausgabe, Bd. V. Frankfurt/M. 1982.
Freud-Halberstadt, H. C., 1987: Die symbiotische Illusion in der Mutter-Tochter-Beziehung. In: Psychoanalytisches Seminar Zürich (Hg.): *Bei Lichte betrachtet wird es finster. Frauensichten*. Frankfurt/M.
Gilligan, C., 1982: *Die andere Stimme*. München.
Habermas, T., 1990: *Heißhunger. Historische Bedingungen der Bulimia nervosa*. Frankfurt/M.
Kaplan, L. J., 1988: *Abschied von der Kindheit*. Stuttgart.
Klein, M., 1987: Die Auswirkungen früher Angstsituationen auf die weibliche Sexualentwicklung. In: *Die Psychoanalyse des Kindes*. Frankfurt/M.
Laplanche, J./Pontalis, J.-B., 1973: *Das Vokabular der Psychoanalyse*. Frankfurt/M.
Laufer, M./Laufer, M. E., 1989: *Adoleszenz und Entwicklungskrise*. Stuttgart.
Litwin, D., 1992: Autonomie: Ein Konflikt für Frauen. In: Alpert, J., 1992, *Psychoanalyse der Frau jenseits von Freud*, S. 194–225.
Lorenzer, A., 1972: *Zur Begründung einer materialistischen Sozialisationstheorie*. Frankfurt/M.
ders., 1974: Die Wahrheit der psychoanalytischen Erkenntnis. Frankfurt/M.
Mahler, M. u. a., 1984: *Die psychische Geburt des Menschen*. Frankfurt/M.
Olivier, Ch., 1984: *Jokastes Kinder. Die Psyche der Frau im Schatten der Mutter*. Düsseldorf.
dies., 1991: *F wie Frau. Psychoanalyse und Sexualität*. Düsseldorf/Wien/New York.
Orban, P., 1973: *Sozialisation*. Frankfurt/M.
Person, E. S./Ovesey, L., 1983: Psychoanalytic Theories of Gender Identity. In: *J. Am. Academ. Psychoanal.*, Vol. 11, 2, 1983, S. 203–226.
Prokop, U., 1986: Emilia Galotti. Ein Drama über die Zerstörung der Wünsche. In: A. Lorenzer (Hg.), *Kultur-Analysen*. Frankfurt/M.
Psychologie und Erziehung. Bd. 2. Kindlers Psychologie des 20. Jahrhunderts (1978). Weinheim 1986.
Rohde-Dachser, Ch., 1991: *Expedition in den dunklen Kontinent*. Berlin/Heidelberg/New York.
Rotmann, M., 1978: Über die Bedeutung des Vaters in der »Wiederannäherungsphase«. In: *Psyche* 32, S. 1105.
Rotter, L., 1989: Die Dynamik der Pubertät. In: *Sex-Appeal und männliche Ohnmacht*. Freiburg i. Br.
Schwarz, A. E., 1992: Einige Bemerkungen zur Entwicklung der weiblichen Geschlechtsrollenidentität. In: Alpert, J., *Psychoanalyse der Frau jenseits von Freud*, S. 66–89.
Spitz, R. A., 1973: *Die Entstehung der ersten Objektbeziehungen*. Stuttgart.
Stern, D., 1985: *The Interpersonal World of the Infant*. New York.
Stern, L., 1992: *Vorstellungen von Trennung und Bindung bei adoleszenten Mädchen*. In diesem Band.
Stork, H. (Hg.), 1986: *Das Vaterbild in Kontinuität und Wandlung*. Stuttgart.
Waldeck, R. 1988: Der rote Fleck im dunklen Kontinent. Teil I u. II. In: *Zeitschrift für Sexualforschung*, Nr. 3 und 4, S. 189–205; 337–350.
Winnicott, D. W., 1989: *Vom Spiel zur Kreativität*. Stuttgart.
Wurmser, L., 1987: *Flucht vor dem Gewissen*. Berlin/Heidelberg/New York.

Die Autorinnen

Braun, Christina von, Filmemacherin und Autorin, verfaßte Bücher, Aufsätze, Filmdokumentationen und Fernsehspiele zu literarischen und geistesgeschichtlichen Themen. Promotion in Philosophie. Lehrtätigkeit an verschiedenen Universitäten in Deutschland und Österreich. Zur Zeit Fellow am Kulturwissenschaftlichen Institut in Essen.

Flaake, Karin, Soziologin und Hochschullehrerin am Psychologischen Institut der FU Berlin im Arbeitsbereich Feministische Wissenschaft. Arbeitsschwerpunkte: Geschlechterbeziehungen im Bildungsbereich sowie psychoanalytische Erklärungsansätze zu Problemen weiblicher Identität.

Gilligan, Carol, Psychologin und Professorin für Pädagogik an der Harvard University. Arbeitsschwerpunkte: Entwicklungspsychologie, insbesondere Forschungen zur weiblichen Identitätsbildung, Adoleszenz und Moralentwicklung.

Haase, Helga, Soziologin, arbeitet an der Verknüpfung von soziologischen, psychoanalytischen und ethnologischen Fragestellungen mit frauenspezifischem Schwerpunkt.

Hagemann-White, Carol, Professorin für Allgemeine Pädagogik/Frauenforschung in Osnabrück, hat in Harvard, Bonn und Berlin studiert, in Philosophie promoviert und in Soziologie habilitiert. Seit 1974 bildet Frauenforschung – besonders anwendungsbezogene Empirie außerhalb der Hochschule – das Zentrum ihrer Arbeit. Als Mitbegründerin im Vorstand des BIS entwickelt sie dort u. a. geschlechtsbezogene Jugendforschung. Seit Mai 1992 wissenschaftliche Leitung des Instituts Frau und Gesellschaft in Hannover.

King, Vera, Soziologin und wissenschaftliche Mitarbeiterin am Fachbereich Gesellschaftswissenschaften der Universität Frankfurt a. M. Arbeitsschwerpunkte: Sozialpsychologie des Geschlechterverhältnisses; Methoden psychoanalytisch orientierter Sozialforschung.

Jansen, Mechtild M., Sozialpädagogin und Erziehungswissenschaftlerin, 1973-87 Referentin der Erwachsenenbildung im Bistum Limburg, seit 1987 Referentin der Hessischen Landeszentrale für politische Bildung; Bereich: Frauen, AusländerInnen, Umwelt; Lehrbeauftragte im Fachbereich Erziehungswissenschaften der Universität Marburg.

Jockenhövel-Poth, Annemarie, Soziologin und Psychologin. Seit 1983 freie Mitarbeiterin in der Erwachsenenbildung, von 1988-91 wissenschaftliche Mitarbeiterin im Institut für Psychoanalyse des Fachbereichs Psychologie der Universität Frankfurt a. M. Ausbildungskandidatin am Institut für Psychoanalyse und Psychotherapie Gießen.

John, Claudia, Psychologin, wissenschaftliche Mitarbeiterin im Arbeitsbereich Feministische Wissenschaft am Psychologischen Institut der FU Berlin; Arbeitsschwerpunkte: psychoanalytische Weiblichkeitstheorie, weibliche Homosexualität in der Psychoanalyse.

Overbeck, Annegret, Priv. Doz., venia legendi für das Fach Psychotherapie/Psychosomatik, als Psychoanalytikerin in Frankfurt a. M. tätig. Ruf auf Professur für Erziehungswissenschaften, Schwerpunkt Psychoanalytische Pädagogik an der Universität Frankfurt a. M. Wissenschaftliche Arbeitsschwerpunkte: Familien- und Sozialtherapie als angewandte Psychoanalyse, psychoanalytische Sozialisationstheorie. Supervision in Institutionen. Langjährige klinische Erfahrung in der psychoanalytischen Behandlung von Eßstörungen.

Poluda-Korte, Eva S., drei Kinder. Studium der Germanistik und Psychologie in Köln. Tätigkeit als Psychologin in einem Heim für dissoziale männliche Jugendliche. Psychoanalytische Ausbildung in Gießen (Abschluß 1981). Als Psychoanalytikerin in eigener Praxis und in der Fortbildung von Kollegen tätig in Gießen, später Kassel, heute Brühl bei Köln. Wissenschaftliche Arbeitsschwerpunkte: Entwicklung psychosexueller Identität, Sexualität, Handhabung der Gegenübertragung. Ordentliche Mitgliedschaft in der Deutschen Psychoanalytischen Vereinigung (1991) mit einer Arbeit über patriarchale Vorurteile in der Psychoanalyse.

Reinke, Ellen, Psychoanalytikerin in eigener Praxis und Professorin für Psychologie in Bremen. Forschung und Veröffentlichungen besonders zu Themen der weiblichen Sexualität, Pubertät, Methodologie, Randgruppenarbeit sowie zu den Folgen des Nationalsozialismus für die zweite und dritte Generation.

Steiner-Adair, Catherine, Psychologin, arbeitet gegenwärtig in einer privaten Praxis in Lexington, Mass. und ist wissenschaftliche Mitarbeiterin am Zentrum für Study of Gender, Education, and Human Development.

Stern, Lori, Psychologin und Mitarbeiterin für Klinische Psychologie am Massachusetts General Hospital und der Harvard Medical School. Arbeitsschwerpunkte: weibliche Entwicklung, Objektbeziehungstheorie, angewandte Psychologie.

Waldeck, Ruth, Pädagogin und Psychologin, lebt in Frankfurt a. M. und ist als Psychotherapeutin tätig. Promovierte über Frauen und Nationalsozialismus. Arbeitet zur weiblichen Adoleszenz und zum Zusammenhang von Sexualität, Aggression und Machtverhältnissen. Lehraufträge in Darmstadt, Paderborn und Frankfurt a. M.

Aus unserem Programm

Brigitte Brück, Heike Kahlert, Marianne Krüll, Helga Milz, Astrid Osterland, Ingeborg Wegehaupt-Schneider

Feministische Soziologie

Eine Einführung

Mit Zeichnungen von Marie Marcks
und einem Beitrag von Luise F. Pusch
Reihe Campus Studium Band 1063
1992. 293 Seiten

Feministische Wissenschaft rückt die Geschlechtszugehörigkeit als zentrale Kategorie der Gesellschaftsanalyse in den Vordergrund. Denn – so die grundlegende Kritik – die herkömmlichen patriarchalen Denkmodelle haben in allen Wissenschaftszweigen verzerrte, unvollständige und einseitige Erkenntnisse hervorgebracht: weil sie sich nur am männlichen Teil der Menschheit orientieren. Dennoch werden diese Erkenntnisse immer noch als objektiv und universell ausgegeben.

Diese Einführung schildert lebendig und informativ die Geschichte und Theorie der feministischen Soziologie. Sie stellt die zentralen Fragen und Ergebnisse der nunmehr fünfzehnjährigen sozialwissenschaftlichen Frauenforschung dar. Marie Marcks' und Luise Puschs Witz und Ironie würzen zudem die anregende Lektüre auf ihre Art.

Aus dem Inhalt: Theorie und Methodologie der Frauenforschung oder: Ich frauenforsche, was Mann nicht sieht – Geschlechterdifferenz und Gesellschaftsstruktur oder: Frauen sind anders – aber wie? – Sozialisation: Wie werden Frauen und Männer gemacht? – Der respektlose Umgang mit Frauenarbeit oder: Von Gratisarbeit und Niedriglohn – Die Familie – das Reich der Frau? – Liebe, Sexualität und patriarchale Gewalt – Von schlauen Mädchen und schlechten Chancen: Bildungssoziologie aus feministischer Perspektive – »Gemeinsam sind wir stärker«: Über Lernprozesse von Frauen an der Hochschule – Frauenstudien und Frauenforschung in den Sozialwissenschaften in Deutschland: Ansätze der Institutionalisierung – Ladies first: Übungen zum frauenzentrierten Denken

Campus Verlag · Frankfurt am Main

Aus unserem Programm

Ingelore Ebberfeld

»Es wäre schon schön, nicht so allein zu sein ...«

Sexualität von Frauen im Alter

1992. Ca. 240 Seiten

In der letzten Zeit häufen sich Veröffentlichungen zum Thema der »Alterssexualität« von Frauen. Aber – so die zentrale Frage der Autorin – ist überhaupt von »der Alterssexualität« zu sprechen? Wie sieht Sexualität im Alter aus? Gibt es einen für jede Frau gültigen Maßstab? Erwartet Frauen im Alter ein plötzlicher Umbruch, so daß es zur sogenannten Alterssexualität kommt?

Ingelore Ebberfeld macht sich auf den Weg, den Dschungel des wissenschaftlichen Materials zu sichten. Sie zeigt, daß die bisherigen Untersuchungen sowohl hinsichtlich der Erhebungsgrundlage als auch in ihrer Auslegung höchst dubios sind. Sie belegt, wie männlich geprägt der Forscherblick ist, so daß Kategorien und begriffliche Konstruktionen durch die männliche Sexualität normiert sind, orientiert an der Physiologie und Anatomie des Mannes: an der »Bio-Maschine Mann«.

Ihr Einblick in die Arbeitsweise und die Forschungsergebnisse der Sexualwissenschaft räumt viel Wissensmüll aus dem Weg und erlaubt eine Relativierung der Aussagen über weibliche Sexualität.

Die Autorin zeigt darüber hinaus Alternativen zur herkömmlichen Erfassung sexuellen Verhaltens auf, öffnet die Sicht auf die wirklichen Sachverhalte und entwickelt neue Perspektiven für die zukünftige Forschung.

Campus Verlag · Frankfurt am Main